Ihr Vorteil als Käufer dieses Buches

Auf der Bonus-Webseite zu diesem Buch finden Sie zusätzliche Informationen und Services. Dazu gehört auch ein kostenloser **Testzugang** zur Online-Fassung Ihres Buches. Und der besondere Vorteil: Wenn Sie Ihr **Online-Buch** auch weiterhin nutzen wollen, erhalten Sie den vollen Zugang zum **Vorzugspreis**.

So nutzen Sie Ihren Vorteil

Halten Sie den unten abgedruckten Zugangscode bereit und gehen Sie auf **www.galileocomputing.de**. Dort finden Sie den Kasten **Die Bonus-Seite für Buchkäufer**. Klicken Sie auf **Zur Bonus-Seite /Buch registrieren**, und geben Sie Ihren **Zugangs-code** ein. Schon stehen Ihnen die Bonus-Angebote zur Verfügung.

Ihr persönlicher **Zugangscode**: th39-byjm-ex7q-p6fc

Nicolai Schwarz

Drupal 7

Galileo Press

Liebe Leserin, lieber Leser,

auf der Suche nach einem soliden und flexiblen Content-Management-System hat unser Autor Nicolai Schwarz – nach Testflügen mit Textpattern, Joomla!, TYPO3 und WordPress – seine Wahl längst getroffen und sich auf Drupal spezialisiert. Viele Gründe sprechen für den Einsatz dieses CMS. Das Auschlaggebende ist für viele wohl die Möglichkeit, dass es unkompliziert an die eigenen Anforderungen angepasst werden kann.

In diesem Buch finden Sie alles, was Sie für Ihre ersten, eigenen Schritte mit Drupal benötigen. Schnell haben Sie ein erstes, eigenes Webprojekt umgesetzt. Nicolai Schwarz macht Sie mit den grundlegenden Philosophien und Funktionen vertraut, zeigt Ihnen, wie Sie Drupal mit weiteren Funktionen wie Editoren, Bildergalerien, einer Audio- und Videoverwaltung, Geodaten, Bewertungen, Termine, Kalender, Newsletter, Benutzerstatistiken u.v.m. ausstatten können und hilft Ihnen auch bei der Umsetzung mehrsprachiger Websites. Und auch wenn Sie eigene Layouts entwickeln möchten, lässt Sie das Buch selbstverständlich nicht alleine. Sie lernen, wie das Template-System funktioniert und wie Sie schnell ein eigenes Layout umsetzen.

Dieses Buch wurde mit großer Sorgfalt geschrieben, begutachtet, lektoriert und produziert. Sollte dennoch etwas nicht so funktionieren, wie Sie es erwarten, dann scheuen Sie sich nicht, sich mit mir in Verbindung zu setzen. Ihre freundlichen Anregungen und Fragen sind jederzeit willkommen.

Ihr Stephan Mattescheck
Lektorat Galileo Computing

stephan.mattescheck@galileo-press.de
www.galileocomputing.de
Galileo Press · Rheinwerkallee 4 · 53227 Bonn

Auf einen Blick

1	Vorwort	15
2	Die Installation	25
3	Erste Schritte im Backend	35
4	Die Examplast GmbH	57
5	Webseiten über Inhaltstypen strukturieren	77
6	Inhaltstypen mit eigenen Feldern aufrüsten	87
7	Nützliche Module für Inhaltstypen	117
8	Sprechende URLs	129
9	Hierarchien erzeugen	139
10	Kommentare	147
11	Inhalte mittels Taxonomie kategorisieren	151
12	Benutzer und Rechte verwalten	157
13	Inhalte mit Editoren bearbeiten	173
14	Medien verwalten	189
15	Bildergalerien, Audio und Video	201
16	Formulare und Abstimmungen	211
17	Spam verhindern	233
18	Module für die Suchmaschinenoptimierung	243
19	Workflow für Redaktionen	251
20	Inhalte bewerten und bewerben	263
21	Besucher-Statistiken einrichten	271
22	Geodaten und Karten	277
23	Inhalte mit Views flexibel zusammenstellen	285
24	Datum und Kalender	313
25	Newsletter verschicken	323
26	Mehrsprachige Webseiten	331
27	Tipps für ein benutzerfreundliches System	347
28	Nützliches für Admins	351
29	Technisches rund um die Webseite	359
30	Layouts zum Zusammenklicken	371
31	Theming	379
32	Ausblick für Fortgeschrittene	407

Der Name Galileo Press geht auf den italienischen Mathematiker und Philosophen Galileo Galilei (1564–1642) zurück. Er gilt als Gründungsfigur der neuzeitlichen Wissenschaft und wurde berühmt als Verfechter des modernen, heliozentrischen Weltbilds. Legendär ist sein Ausspruch *Eppur si muove* (Und sie bewegt sich doch). Das Emblem von Galileo Press ist der Jupiter, umkreist von den vier Galileischen Monden. Galilei entdeckte die nach ihm benannten Monde 1610.

Lektorat Stephan Mattescheck, Anne Scheibe
Fachgutachten Kai Surendorf
Korrektorat Friederike Daenecke, Zülpich
Einbandgestaltung Barbara Thoben, Köln
Titelbild © Trutta – Fotolia.com
Typografie und Layout Vera Brauner
Herstellung Maxi Beithe
Satz Typographie & Computer, Krefeld
Druck und Bindung Beltz Druckpartner, Hemsbach

Dieses Buch wurde gesetzt aus der Linotype Syntax Serif (9,25/13,25 pt) in FrameMaker.

Gerne stehen wir Ihnen mit Rat und Tat zur Seite:
stephan.mattescheck@galileo-press.de bei Fragen und Anmerkungen zum Inhalt des Buches
service@galileo-press.de für versandkostenfreie Bestellungen und Reklamationen
britta.behrens@galileo-press.de für Rezensions- und Schulungsexemplare

Bibliografische Information der Deutschen Nationalbibliothek
Die Deutsche Nationalbibliothek verzeichnet diese Publikation in der Deutschen National-bibliografie; detaillierte bibliografische Daten sind im Internet über *http://dnb.d-nb.de* abrufbar.

ISBN 978-3-8362-1344-8

© Galileo Press, Bonn 2012
1. Auflage 2011, 1., aktualisierter Nachdruck 2012

Das vorliegende Werk ist in all seinen Teilen urheberrechtlich geschützt. Alle Rechte vorbehalten, insbesondere das Recht der Übersetzung, des Vortrags, der Reproduktion, der Vervielfältigung auf fotomechanischem oder anderen Wegen und der Speicherung in elektronischen Medien. Ungeachtet der Sorgfalt, die auf die Erstellung von Text, Abbildungen und Programmen verwendet wurde, können weder Verlag noch Autor, Herausgeber oder Übersetzer für mögliche Fehler und deren Folgen eine juristische Verantwortung oder irgendeine Haftung übernehmen. Die in diesem Werk wiedergegebenen Gebrauchsnamen, Handelsnamen, Warenbezeichnungen usw. können auch ohne besondere Kennzeichnung Marken sein und als solche den gesetzlichen Bestimmungen unterliegen.

Inhalt

1	**Vorwort**	**15**
1.1	Was bietet Ihnen dieses Buch?	15
1.2	Woher kommt Drupal?	16
1.3	Besonderheiten im Vergleich zu anderen Systemen	18
1.4	Schreibweisen	20
1.5	Begriffe aus der Drupal-Welt	20
1.6	Infos und Hilfen	22

2	**Die Installation**	**25**

3	**Erste Schritte im Backend**	**35**
3.1	Navigieren mit der Toolbar	35
	3.1.1 Startseite (Home)	35
	3.1.2 Dashboard	35
	3.1.3 Inhalt (Content)	36
	3.1.4 Struktur (Structure)	36
	3.1.5 Design (Appearance)	37
	3.1.6 Benutzer (People)	37
	3.1.7 Module (Modules)	37
	3.1.8 Konfiguration (Configuration)	37
	3.1.9 Berichte (Reports)	37
	3.1.10 Hilfe (Help)	37
	3.1.11 Benutzerkonto – Hallo [username]	37
	3.1.12 Abmelden	38
	3.1.13 Shortcuts	38
3.2	Erste Inhalte anlegen	38
3.3	Inhaltstypen für die grundsätzliche Struktur	42
3.4	Kommentare schreiben	43
3.5	Inhalte kategorisieren mit der Taxonomie	44
3.6	Rollen, Benutzer und Berechtigungen	44
3.7	Blöcke mit zusätzlichen Inhalten	46
3.8	Die Module	49
	3.8.1 Module installieren	50
3.9	Themes installieren	54

4 Die Examplast GmbH 57

- 4.1 Die Website der Examplast GmbH 57
- 4.2 Das Design 58
- 4.3 Grundlegende Einstellungen 60
- 4.4 Das Dateisystem 60
- 4.5 Die Inhalte zusammenstellen 62
  - 4.5.1 Die Inhaltstypen und die Kommentare 62
  - 4.5.2 Textformate 62
  - 4.5.3 Die Inhalte der Webseite 63
  - 4.5.4 Das Kontaktformular 64
  - 4.5.5 Blöcke 65
  - 4.5.6 Rollen, Benutzer und Rechte 65
  - 4.5.7 Übersetzungen 66
- 4.6 Datum und Zeiteinstellungen 66
- 4.7 Cronjobs anlegen 67
- 4.8 Die Suche 69
- 4.9 Fehlerseiten anpassen 71
- 4.10 Die Performance auf Live-Seiten verbessern 72
- 4.11 Änderungen im Wartungsmodus durchführen 74

5 Webseiten über Inhaltstypen strukturieren 77

- 5.1 Ein erster eigener Inhaltstyp 77
  - 5.1.1 Einstellungen für das Eingabeformular 79
  - 5.1.2 Veröffentlichungseinstellungen (Publishing options) 79
  - 5.1.3 Anzeigeeinstellungen (Display settings) 81
  - 5.1.4 Einstellungen für Kommentare (Comment settings) 81
  - 5.1.5 Menüeinstellungen (Menu settings) 83
  - 5.1.6 Weitere Funktionen 84
  - 5.1.7 Anzahl der Inhaltstypen 84
- 5.2 Inhalte anlegen 85

6 Inhaltstypen mit eigenen Feldern aufrüsten 87

- 6.1 Feldtypen für jeden Zweck 88
  - 6.1.1 Text (Text) 88
  - 6.1.2 Langer Text (Long text) 90
  - 6.1.3 Langer Text und Zusammenfassung
    (Long text and summary) 90
  - 6.1.4 Boolesch (Boolean) 92

6.1.5	Datei (File)	93
6.1.6	Bild (Image)	97
6.1.7	Feldtypen für Zahlen	100
6.1.8	Auswahllisten	101
6.1.9	Weitere Feldtypen	104
6.1.10	Übersicht über alle vorhandenen Felder	104

6.2 Anzeige verwalten 104
    6.2.1 Textformate mit Ausgabefiltern formatieren 106
    6.2.2 Bilder automatisch über Bildstile formatieren 108
    6.2.3 Feldtypen über verschiedene Formate anzeigen 112
6.3 Ein Inhaltstyp für News 113

7 Nützliche Module für Inhaltstypen 117

7.1 Drupal als Blog-System 117
7.2 Drupal als Forum 118
7.3 Titel für Nodes automatisch erzeugen 119
7.4 Bestehende Inhalte duplizieren 120
7.5 Inhalte zu festen Terminen veröffentlichen 122
7.6 User und Nodes referenzieren 124
7.7 Textfelder auf eine maximale Länge beschränken 126
7.8 Dateinamen automatisch mit ASCII-Zeichen speichern 127
7.9 Weitere Module 128

8 Sprechende URLs 129

8.1 Automatische URL-Aliase mit Pathauto 131
8.2 Hilfreiche Ergänzungen durch Global Redirect 134
8.3 Webseiten umleiten mit Redirect 135

9 Hierarchien erzeugen 139

9.1 Das Menü-System 139
9.2 Flexiblere Menü-Blöcke mit Menu Block 142
9.3 Ausklappbare Menüs mit Nice Menus 144
9.4 Inhalte als Bücher anlegen 145

10 Kommentare 147

10.1 Grundformate für Kommentare festlegen 147
10.2 Kommentare verwalten 148

	10.3	E-Mail-Benachrichtigungen bei neuen Kommentaren	149
	10.4	Weitere Module	150

11 Inhalte mittels Taxonomie kategorisieren ... 151

	11.1	Taxonomie über Felder erweitern	153
	11.2	Taxonomie vs. Felder	154
	11.3	Weitere Module	154

12 Benutzer und Rechte verwalten ... 157

	12.1	Grundsätzliche Vorgaben in den Kontoeinstellungen	157
	12.2	Personalisierung der Benutzerkonten	159
	12.3	Automatische E-Mails an Ihre Benutzer	160
	12.4	Die Rollen	161
	12.5	Die Rechte Ihrer User	162
	12.6	Benutzer-Profile anlegen und erweitern	165
	12.7	Rollen verteilen mit Role Delegation	166
	12.8	Kleinteiligere Rechte für Node-Optionen	166
	12.9	Als andere Benutzer maskieren	167
	12.10	Den Usernamen durch andere Felder ersetzen	169
	12.11	LoginToboggan	170

13 Inhalte mit Editoren bearbeiten ... 173

	13.1	Textile als Markup-Sprache	174
	13.2	WYSIWYG-Editoren	176
		13.2.1 Das Basis-Setup	177
		13.2.2 Schaltflächen und Plugins	178
		13.2.3 Erscheinungsbild des Editors	179
		13.2.4 Bereinigung und Ausgabe	180
		13.2.5 CSS	181
	13.3	Der BUEditor für webaffine Nutzer	182
	13.4	Inhalte umfangreich filtern mit dem HTML Purifier	186

14 Medien verwalten ... 189

	14.1	Dateien verwalten mit IMCE	189
		14.1.1 Common Settings	190
		14.1.2 Profile	191
		14.1.3 IMCE in Aktion	193

		14.1.4	IMCE vs. Datei- und Bildfelder	195
	14.2	Die eigene Mediathek mit Media		195
		14.2.1	Die Grundlagen von Media	196
		14.2.2	Media als Feldtyp	199
		14.2.3	Media im Zusammenspiel mit YouTube	200

15 Bildergalerien, Audio und Video — 201

15.1	Bildergalerien mit Colorbox	201
15.2	mp3s mit dem MediaElement abspielen	205
15.3	Videos mit dem Modul Video integrieren	207

16 Formulare und Abstimmungen — 211

16.1	Ein einfaches Kontaktformular		211
16.2	Umfragen mit Poll		213
16.3	Umfangreiche Formulare mit Webform		216
	16.3.1	Inhaltstyp oder Webform wählen?	216
	16.3.2	Grundlegende Einstellungen	217
	16.3.3	Bestellformular als Beispiel	219
	16.3.4	Form settings	223
	16.3.5	E-Mails verschicken	225
	16.3.6	Beispiel: Kurs buchen	228
	16.3.7	Zusätzliche Möglichkeiten	230

17 Spam verhindern — 233

17.1	Der SpamSpan-Filter für E-Mail-Adressen		233
17.2	Formulare mit einem Captcha schützen		234
	17.2.1	Riddle me this	235
	17.2.2	Allgemeine Einstellungen	236
17.3	Mollom als alternativer Schutz für Formulare		239
	17.3.1	Captcha oder Mollom?	242

18 Module für die Suchmaschinenoptimierung — 243

18.1	Eine einfache Checkliste	243
18.2	Metatags hinzufügen	244
18.3	SEO Compliance Checker für einen Basis-Check	244
18.4	XML Sitemap	246

19 Workflow für Redaktionen 251

19.1 Einfache Workflows mit Trigger 251
    19.1.1 Die Aktionen 251
    19.1.2 Aktionen zuordnen 254
19.2 Komplexere Workflows mit Rules 255
    19.2.1 Workflow mit Rules 258

20 Inhalte bewerten und bewerben 263

20.1 Inhalte mit Fivestar bewerten 263
    20.1.1 Mehrere Kategorien über Voting Tags 265
    20.1.2 Fivestar als Feldtyp 266
20.2 Inhalte per E-Mail empfehlen 266
20.3 Inhalte auf Facebook und Twitter teilen 268
20.4 Weitere Module für Facebook und Twitter 270

21 Besucher-Statistiken einrichten 271

21.1 Einfache Statistiken mit Statistics 271
21.2 Piwik für ausführlichere Statistiken 273
    21.2.1 Die Statistiken in Drupal anzeigen 275

22 Geodaten und Karten 277

22.1 Geodaten für Inhaltstypen 277
22.2 Geodaten mit Google Maps verknüpfen 280
    22.2.1 Google Maps als Geodaten-Picker verwenden 282
    22.2.2 Die Geodaten auf einer Karte anzeigen 282
    22.2.3 Karten mit allen Nodes oder Usern 283
22.3 Erweiterungen und Alternativen 284

23 Inhalte mit Views flexibel zusammenstellen 285

23.1 Grundeinstellungen 287
23.2 Ein View im Detail 290
23.3 Mit Feldern arbeiten 296
23.4 Felder anders ausgeben 300
23.5 Exponierte Filter 304
23.6 Duplizieren, Export und Import 305
23.7 Eine alphabetische, gruppierte Anzeige 305

23.8	Dynamische Views durch Argumente	308
23.9	Ein Views-Slider	311
23.10	Darüber hinaus	312

24 Datum und Kalender ... 313

24.1	Zeitangaben für Inhaltstypen	313
	24.1.1 Date-Feldtypen	313
	24.1.2 Feldeinstellungen	314
	24.1.3 Einstellungen für den Inhaltstyp	316
	24.1.4 Date und Views	318
24.2	Termine in einem Kalender ausgeben	320

25 Newsletter verschicken ... 323

25.1	Die grundlegende Konfiguration	323
25.2	Newsletter hinzufügen	325
25.3	Newsletter-Abonnements	328
25.4	Newsletter schreiben und verschicken	328
25.5	Übersicht der Newsletter	329

26 Mehrsprachige Webseiten ... 331

26.1	Sprachen und Übersetzungen	331
	26.1.1 Die Sprache über die URL kennzeichnen	333
	26.1.2 Übersetzungen der Module	334
	26.1.3 Das Datum in unterschiedlichen Sprachen	337
	26.1.4 Mehrsprachige Inhaltstypen	337
26.2	Mehrsprachigkeit mit dem Modul Internationalization	338
	26.2.1 Internationale Variablen	339
	26.2.2 Sprachabhängige Blöcke	340
	26.2.3 Menüs	341
	26.2.4 Multilingual Content	343
	26.2.5 Das Kontaktformular	343
	26.2.6 Die Taxonomie	344
	26.2.7 Das Bild im Header	345
	26.2.8 Die Startseite	346
	26.2.9 Umfangreichere Websites	346

Inhalt

27 Tipps für ein benutzerfreundliches System ... 347
27.1 Shortcuts ... 347
27.2 Contextual Links ... 348
27.3 Tracker ... 349
27.4 Andere Hilfsmittel ... 349
    27.4.1 Hilfstexte ... 350
    27.4.2 Online-Handbuch ... 350
    27.4.3 Projektmanagement ... 350

28 Nützliches für Admins ... 351
28.1 Die normale Hilfe ... 351
28.2 Erweiterte Hilfestellung ... 351
28.3 RDF für weitere Metadaten ... 352
28.4 Protokolle für Systemereignisse ... 353
28.5 Automatische Sicherungen der Datenbank ... 354
28.6 Security Review ... 357

29 Technisches rund um die Webseite ... 359
29.1 .htaccess ... 359
29.2 settings.php ... 360
29.3 php.ini ... 361
29.4 Module durch Patches flicken ... 361
29.5 Die Verzeichnisstruktur des Cores ... 362
29.6 Updates ... 363
29.7 Mit Websites umziehen ... 365
29.8 Multi-Site-Installationen ... 366
29.9 Fehlerquellen ... 367
    29.9.1 Aktualisierungen (Updates) ... 367
    29.9.2 Reports ... 368
    29.9.3 Funktionen in Standard-Themes wie »Bartik« ... 368
    29.9.4 PHP Memory Limit und Execution Time ... 368
    29.9.5 Readme ... 368
    29.9.6 Fehlerhafte Module ... 368
    29.9.7 Firefox und Firebug ... 369
    29.9.8 Die offiziellen Foren ... 369
    29.9.9 Suchmaschinen ... 369

30 Layouts zum Zusammenklicken ... 371
- 30.1 Konfigurierbare Themes ... 371
- 30.2 Panels für flexible Layouts ... 373
  - 30.2.1 Eine neue Startseite ... 373
  - 30.2.2 Panels und Alternativen ... 378

31 Theming ... 379
- 31.1 Offizielle Themes ... 379
  - 31.1.1 Themes abändern ... 379
  - 31.1.2 Basis-Themes ... 379
- 31.2 Stark als Basis-Theme ... 380
- 31.3 Grundlagen für eigene Themes ... 382
  - 31.3.1 Basisinformationen im .info-File ... 384
  - 31.3.2 Das Template-System ... 387
  - 31.3.3 Template für html.tpl.php ... 388
  - 31.3.4 Template für page.tpl.php ... 388
  - 31.3.5 Template für node.tpl.php ... 389
  - 31.3.6 Template für field.tpl.php ... 391
  - 31.3.7 Template für block.tpl.php ... 392
  - 31.3.8 Template für comment.tpl.php ... 393
  - 31.3.9 Weitere Templates ... 393
  - 31.3.10 Sub-Themes ... 393
- 31.4 Beispiele für das Theming ... 394
  - 31.4.1 Inhalte mit Dachzeile ... 394
  - 31.4.2 Hervorgehobene News ... 396
  - 31.4.3 Inhalte auf angemeldete Benutzer beschränken ... 399
  - 31.4.4 Teile des Nodes in der Seitenspalte anzeigen ... 400
- 31.5 Variablen in der template.php überschreiben ... 401
  - 31.5.1 Veränderte Autor- und Datumsinformationen ... 401
  - 31.5.2 Den Titel in der page.tpl.php unterdrücken ... 402
  - 31.5.3 Angepasste Brotkrumen-Navigation ... 402
- 31.6 Feinheiten des Themings ... 403
  - 31.6.1 Optimierung der Performance ... 403
  - 31.6.2 Barrierefreiheit ... 404
  - 31.6.3 YAML für Drupal ... 405

32 Ausblick für Fortgeschrittene ... 407
- 32.1 Tipps für Fortgeschrittene ... 407
  - 32.1.1 Installationsprofile für jeden Zweck ... 407

		32.1.2	Features	408
		32.1.3	Devel: die Hilfe für Entwickler	409
		32.1.4	Drush: das Kommandozeilen-Tool	410
	32.2	Aufbau eigener Module		411
		32.2.1	Ein erstes Mini-Modul	412
		32.2.2	Punktzahlen für Benutzer	416

Anhang 421

A	Nützliche Programme			423
	A.1	Lokale Testumgebungen mit Acquia Drupal		423
	A.2	Filezilla als FTP-Client		426
	A.3	MySQLDumper		429
		A.3.1	Die Installation	430
		A.3.2	Verzeichnisschutz erstellen	432
		A.3.3	Neues Backup	433
		A.3.4	Die Verwaltung	433
		A.3.5	Wiederherstellung	434
		A.3.6	SQL-Browser	434
		A.3.7	MySQLDumper & Backup and Migrate	434
	A.4	Firebug + YSlow zur Analyse Ihrer Webseite		435
		A.4.1	YSlow	436
		A.4.2	Andere Erweiterungen	438
	A.5	Piwik als Besucher-Statistik		439
		A.5.1	Installation	439
		A.5.2	Benutzereinstellungen	440
		A.5.3	Benutzer	441
		A.5.4	Webseiten	442
		A.5.5	Allgemeine Einstellungen	443
		A.5.6	Plugins	444
		A.5.7	Dashboard	445
	A.6	Open Atrium für die Projektverwaltung		446
		A.6.1	Installation	446
		A.6.2	Beispielgruppe	447
B	Glossar			451
C	Inhalt der DVD			457
D	Bildnachweise			459

Index 461

»Kleine Gelegenheiten sind oft
der Anfang zu großen Unternehmungen.«
– Demosthenes

1 Vorwort

Ein Content-Management-System (CMS) oder auch Redaktionssystem soll seinen Nutzern dabei helfen, über das Netz eine Webseite zu pflegen. Das beinhaltet die Möglichkeiten, neue Seiten zu erstellen, bestehende zu bearbeiten, und Elemente wie Bilder, Videos, Audiodateien, Karten oder PDF-Dateien einzubinden. Dazu kommen – je nach Webseite – Optionen, um Bilder automatisch zu verarbeiten (zum Beispiel für Bildergalerien), die Webseite an Facebook oder Twitter anzuschließen, eine Suche, RSS-Feeds, Umfragen oder Formulare. Autoren und Redakteuren soll es so einfach wie möglich gemacht werden, diese Wünsche umzusetzen. Und zwar so, dass sie idealerweise keine weiteren Kenntnisse über HTML, CSS oder PHP benötigen. Im Hintergrund wünscht sich auch ein Administrator ein möglichst simples System, damit er ohne viel Mühe einen Newsletter, ein Forum oder einen internen Bereich hinzufügen kann.

Ein gutes CMS muss eine Fülle an Aufgaben für ein breites Spektrum an Webprojekten bewältigen können: Von einer Minisite zur Bewerbung, über Webseiten für kleine und mittelständische Unternehmen, Portfolios für Künstler, Foren für kleine Vereine, Shops, Plattformen für E-Learning, Webseiten für einzelne Produkte bis hin zu großen Projekten wie einer Plattform für eine Tageszeitung oder einer Partner-Vermittlung.

Um solch ein Projekt umzusetzen, konkurrieren jede Menge Content-Management-Systeme und -Frameworks miteinander. *Drupal* ist eines davon. Es ist mein persönlicher Favorit – und durch dieses Buch wird es vielleicht auch Ihrer.

1.1 Was bietet Ihnen dieses Buch?

Dieses Buch richtet sich an professionelle Webentwickler und Hobby-Administratoren, die entweder gerade ihre ersten Schritte mit Drupal unternehmen, schon erste, kleinere Projekte mit dem System umgesetzt haben oder nun von

Drupal 6 auf Drupal 7 umsteigen möchten. Es geht zunächst um grundlegende Philosophien und Funktionen von Drupal, mit denen wir dann schnell eine erste kleine Webseite aufbauen (Kapitel 4, »Die Examplast GmbH«). Danach vertiefen die Kapitel 5 bis 12 die Grundkonzepte des Systems – darüber sollten Sie in jedem Fall Bescheid wissen. Die Kapitel 13 bis 29 sind weitgehend unabhängig voneinander. Dort können Sie sich die Themen herauspicken, die Sie gerade benötigen – wobei für die meisten Webseiten die Kapitel 13, »Inhalte mit Editoren bearbeiten«, 14, »Medien verwalten«, und 23, »Inhalte mit Views flexibel zusammenstellen«, wichtig sein dürften. Zum Ende hin, ab Kapitel 31, wird es fortgeschrittener, es geht um eigene Themes, Code-Snippets und selbst geschriebene Module.

Der Schwerpunkt liegt darauf, Webseiten für kleine und mittelständische Unternehmen umzusetzen, und das System möglichst benutzerfreundlich für Redakteure einzurichten. Ich bemühe mich, alles möglichst praxisnah zu beschreiben, ohne mich allen denkbaren Spezialfällen zu widmen.

Die meisten Kapitel des Buches drehen sich um Funktionen, die Sie im Großen und Ganzen »zusammenklicken« können. Grundsätzlich sollten Sie aber über Basis-Kenntnisse in HTML und CSS verfügen. Erst ab Kapitel 31, wenn es um das Theming, also die Umsetzung eigener Layouts geht, benötigen Sie umfassendere Kenntnisse in HTML und CSS, und auch ein paar Grundkenntnisse in PHP sind sinnvoll.

Wenn Sie sich in Drupal eingearbeitet haben, vielleicht einen eigenen Server betreiben und/oder sich besser mit PHP auskennen, werden Sie feststellen, dass Sie andere Möglichkeiten haben, bestimmte Funktionalitäten in die Webseite einzubinden. Darauf gehe ich am Ende nur kurz ein, weil sich dieses Buch nicht an fortgeschrittene Nutzer oder erfahrene Programmierer wendet.

1.2 Woher kommt Drupal?

Drupal wurde ursprünglich von *Dries Buytaert*, einem belgischen Programmierer, entwickelt. In seiner Studentenzeit in Antwerpen erstellte er eine kleine Webseite, um mit Kollegen Nachrichten austauschen zu können. Nach seinem Studium lief die namenlose Software nur lokal im Netz der Universität. Die Gruppe wollte weiter in Kontakt bleiben und beschloss, das Tool weiterhin zu nutzen. Sie einigten sich auf den Namen *dorp*, das niederländische Wort für Dorf. Nach einem Tippfehler wollte Buytaert zunächst *drop.org* reservieren. Da *dorp.org* auch schon vergeben war, beließ er es bei dem Tippfehler, und der Name der Software lautete damit zunächst *Drop*.

Im Januar 2001 beschloss Buytaert, die Software unter einer GNU-Lizenz zu veröffentlichen. So sollten auch andere Entwickler die Möglichkeit bekommen, die Software zu erweitern. Das englische *Drop*, zu Deutsch *Tropfen*, heißt im Niederländischen nun wiederum *Druppel*. Um es englischsprachigen Menschen möglichst einfach zu machen, das Wort Druppel korrekt auszusprechen, wurde daraus lautmalerisch das Wort *Drupal*. Im Idealfall sprechen Sie die Software also wie das niederländische Druppel aus. Oft bleibt es hierzulande aber bei einer deutsch/lateinischen Aussprache des Wortes. Das Druppel spiegelt sich übrigens im Logo des Systems – auch *Druplicon* genannt – als blauer Tropfen wider.

Abbildung 1.1 Das Druplicon

Was an dieser Namensgeschichte nun stimmt oder nicht, sei mal dahingestellt. Klar ist, dass Drupal von Dries Buytaert entwickelt wurde und als Open-Source-Software unter einer GNU-Lizenz zur Verfügung steht (siehe auch *http://drupal.org/about/history*).

Schätzungen gehen davon aus, dass weltweit etwa 7,2 Millionen Webseiten auf Drupal basieren. Zu den bekanntesten gehört sicher die Website des Weißen Hauses. Aber auch der Economist (*economist.com*), Ubuntu (*ubuntu.com*), Amnesty International (*amnesty.org*) oder die Website der Vereinten Nationen des Welternährungsprogramms (*wfp.org*) setzen auf Drupal. Das System hat zahlreiche *Packt Open Source CMS Awards* gewonnen, sowie dreimal hintereinader den *Webware 100*. Das Hauptsystem ist in fast 70 Sprachen verfügbar, Tausende Entwickler arbeiten an den zahlreichen Modulen und sind in den Foren aktiv.

Abbildung 1.2 Eine der bekanntesten Drupal-Seiten: whitehouse.gov

1.3 Besonderheiten im Vergleich zu anderen Systemen

Wie bereits erwähnt: Drupal ist *ein* Content-Management-System. Im Web finden Sie viele andere. Zu den bekannteren gehören sicherlich *TYPO3*, *Contao*, *Joomla!*, *WordPress*, *CMS Made Simple* oder *Textpattern*. Ich werde nicht näher darauf eingehen, ob WordPress als CMS gelten kann oder nicht oder ob Drupal eher ein Content-Management-System oder ein Content-Management-Framework ist. Für die Praxis zählt, was sich mit einem solchen System umsetzen lässt. Die Beispiele in diesem Buch können Sie zweifellos mit allen großen Systemen umsetzen. Die Frage ist immer, wie schnell Sie sich einarbeiten können und an welchen Stellen Sie noch schrauben müssen, um einen Effekt zu erzielen.

Anhand der Anforderungen sollten Sie entscheiden, welches CMS infrage kommt. Wünscht ein Kunde ausschließlich ein Blog, das er später womöglich auch selbst administrieren möchte, ist er vielleicht besser mit WordPress bedient. Ist ein reines Forum gefragt, nutzen Sie eine Software, die speziell auf ein Forum ausgerichtet ist. Ähnliches gilt für einen reinen Online-Shop, für den Sie vielleicht lieber auf *Magento* oder *PrestaShop* setzen möchten. Wenn es eine sehr kleine Webseite werden soll, mit wenigen Seiten und vielleicht einem Kontaktformular, ist eher das schlanke Textpattern zu bevorzugen. Alle diese Lösungen sind auf ihre speziellen Anforderungen zugeschnitten und verfügen oft über kleine Extras, die Lösungen allgemeiner CMS nicht unbedingt bieten können.

Sie können all die eben genannten Projekte mit Drupal umsetzen. Aber wenn es wirklich nur um einen Shop gehen soll und ganz sicher keine anderen Features dazukommen sollen, würde ich eine reine Shop-Software wählen. Wenn der Kunde sicher ist, dass das Projekt immer nur diesen Umfang haben soll, gehen Sie das Projekt besser mit der Speziallösung an. Allerdings haben Sie dann eventuell später Probleme, wenn das Forum doch um einen Newsletter erweitert werden soll, denn das schafft die Speziallösung nicht unbedingt.

Ein umfangreicheres CMS ist dann vorzuziehen, wenn die Webseite nicht nur ein spezielles Feature bieten soll, sondern gleich mehrere. Hier kommen all die Module zum Zuge, die Entwickler in ihrer Freizeit beigesteuert haben, um ein CMS um neue Funktionen zu erweitern.

Ein großer Unterschied von Drupal – im Gegensatz zum Beispiel zu TYPO3 – ist, dass das System inhaltsbasiert arbeitet. Einzelne Nachrichten, Seminare, Artikel, Blogeinträge stehen erst einmal gleichberechtigt nebeneinander. Es gibt mehrere Mechanismen, um diese Inhalte nachher in einer Struktur bzw. Hierarchie anzuordnen. Wer von einem hierarchiebasierten CMS zu Drupal wechselt, muss sich erst einmal umstellen.

Außerdem funktioniert das Modul-System etwas kleinteiliger. Während Sie in anderen CMS vielleicht ein einzelnes Modul einbauen, das sich komplett um die Bildergalerie kümmert, aktivieren Sie in Drupal mehrere kleinere Module, die zusammenarbeiten. Einige Module, wie die *Voting API*, leisten selbst zum Beispiel gar nichts, sie bieten »nur« ein paar Grundfunktionen, auf denen andere Module aufbauen. Die verschiedenen Schnittstellen machen es Modulentwicklern einfacher, nicht alles selbst programmieren zu müssen. Als Neueinsteiger müssen Sie sich aber erst daran gewöhnen. In Fachforen finden Sie dafür häufig die Analogie zu Lego-Steinen. Es ist oft nicht der einzelne Lego-Stein, der Drupal besonders macht, sondern die Fähigkeit, all die Module so zusammenzusetzen, wie sie für eine bestimmte Website sinnvoll zusammenspielen.

1.4 Schreibweisen

Besondere Begriffe in einem Absatz sind kursiv gesetzt; sie bezeichnen zusätzliche Module wie *Views* oder Wörter aus der Drupal-Nomenklatur wie *Node*. Kursiv sind ebenfalls URLs und Pfade gesetzt, mit denen Sie auf bestimmte Konfigurationsseiten zugreifen können. Ein solcher Pfad beginnt immer mit einem Slash. Wenn Sie selbst mit einer Domain wie zum Beispiel *www.examplast.de* arbeiten und als Pfad etwa */admin/config/system/site-information* angegeben ist, meint das insgesamt die URL *www.examplast.de/admin/config/system/site-information*. Hängen Sie den Pfad einfach ans Ende Ihrer Domain. Falls ihr Server keine sauberen URLs erlaubt, fügen Sie nach der Domain ein »?q« hinzu, also etwa *www.examplast.de/?q=admin/config/system/site-information*.

MENÜBEGRIFFE und SCHALTFLÄCHEN werden in Kapitälchen dargestellt.

Ich verwende weitestgehend die Begriffe aus der deutschsprachigen Fassung, so welche vorhanden sind. Einige Module in der zweiten Hälfte des Buches sind noch nicht – oder nicht vollständig – übersetzt, sodass ich dort die aktuellen englischen Formulierungen übernehme. In seltenen Fällen zeigen Ihnen Zusatzmodule auch einen kruden Mix aus englischen und deutschen Begriffen. Bei den Modulen selbst lesen Sie die englischen Namen, denn in Foren werden meistens die Originalnamen verwendet. Außerdem erleichtert es Ihnen, englischsprachige Artikel oder Screencasts zu einem Modul zu finden. Wenn es etwa um das Modul *Views* geht, wird im Forum auch eher von *Views* gesprochen und seltener vom eingedeutschten *Ansichten*. In manchen Fällen habe ich die englischsprachigen Begriffe in Klammern hinter den deutschen notiert, falls Sie in englischsprachigen Foren danach suchen möchten.

1.5 Begriffe aus der Drupal-Welt

Bevor wir uns das System näher ansehen, klären wir erst ein paar CMS- bzw. Drupal-typische Eigenheiten und Namen.

Die Begriffe *Frontend* und *Backend* werden in verschiedenen Zusammenhängen leicht unterschiedlich benutzt. In unserem Fall ist das Frontend das, was ein Besucher von der Website sieht. Das Backend hingegen bezeichnet die Umgebung, die ein Benutzer sieht, der im System angemeldet ist und im Hintergrund Inhalte ändern oder neue Inhalte anlegen darf. In vielen Fällen sind beide Schichten durch ein unterschiedliches Design voneinander getrennt. In Drupal könnten beide dasselbe Design benutzen; zwei verschiedene Designs sind jedoch empfehlenswert, damit ein Benutzer bemerkt, dass er sich nun auf einer anderen Ebene befindet.

Module sind, wie in anderen Content-Management-Systemen auch, gesammelte Funktionen in PHP, die dem System eine oder mehrere Fähigkeiten zur Verfügung stellen. Das Grundpaket, das Sie in Kapitel 2 als Drupal 7 installieren werden, der sogenannte *Core* (Kern), enthält bereits eine ganze Reihe an Modulen, die Ihnen immer zur Verfügung stehen, d. h., Sie können diese jederzeit aktivieren oder deaktivieren. Einige dieser Module sind zwingend notwendig, damit Drupal überhaupt arbeiten kann, zum Beispiel *System* oder *User*. Andere Module aus dem Core sind optional, etwa *Search* (die Suchfunktion).

Neben diesen Core-Modulen gibt es zahlreiche weitere Module, die Sie zusätzlich installieren können. Diese Module werden von Programmierern freiwillig zur Verfügung gestellt. Manche Module stehen für sich allein, andere bauen aufeinander auf. Einige Module sind alleine gar nicht nutzbar, stellen aber wichtige Funktionen für andere Module zur Verfügung.

Drupal erlaubt es Ihnen, verschiedene *Inhaltstypen* anzulegen; darunter können Sie sich eine Art Mustervorlage für verschiedene Arten von Inhalten vorstellen. Sie könnten für ein Projekt etwa die Typen *Seite*, *News* und *Termin* nutzen, die alle etwas unterschiedlich aufgebaut sind. *Nodes* sind einzelne Inhalte dieser Inhaltstypen. Wenn Sie etwa einen Inhaltstyp für Termine haben und dann vier konkrete Termine damit anlegen, sind diese Termine vier einzelne Nodes. Das wird Ihnen klarer, wenn Sie in den Kapiteln 5 und 6 Inhaltstypen und erste Inhalte anlegen. *Kommentare* sind keine einzelnen Nodes, sie sind aber einem Node zugeordnet. Die *Userprofile* sind ebenfalls eigenständig und keine Nodes. Manche Module erzeugen von sich aus eigene Inhaltstypen, zum Beispiel die Module *Forum* oder *Webform*.

Themes und *Templates* liefern analog zu anderen Systemen das Design für Ihre Webseite. Ein Template ist dabei eine einzelne Datei, die für einen bestimmten Part der Webseite zuständig ist. Alle Templates bilden zusammen mit CSS-, JavaScript-Dateien und Bildern ein Theme. Sie können mit Drupal aus einer großen Anzahl an Themes wählen und einfach ein vorgefertigtes nutzen. Oder aber Sie basteln Ihr eigenes Theme, siehe Kapitel 31.

Innerhalb eines Themes definieren Sie verschiedene *Regionen* Ihrer Webseite. Übliche Regionen sind etwa ein Header, linke Seitenspalte, mittlere Spalte, rechte Seitenspalte und ein Footer. Sie können aber beliebig viele weitere Regionen definieren. *Blöcke* wiederum sind kleine Einheiten, die Sie in diese Regionen verschieben können. In Blöcken können zum Beispiel ein Menü, die letzte News, die letzten Kommentare oder die aktuell eingeloggten User angezeigt werden. Blöcke sind keine Nodes. Ein Block kann eigenständigen Inhalt enthalten, der im System nicht als Node abgespeichert wird. Allerdings könnten Sie einen Block anlegen, der den Inhalt eines bestimmten Nodes anzeigt, zum Beispiel eben die letzte News.

User sind die einzelnen Benutzer des Systems. Jeder User verfügt über einen eindeutigen User-Namen, ein Passwort und ggf. ein Profil auf der Webseite. Außerdem können Sie verschiedene *Rollen* anlegen und Ihren Usern zuordnen. An diesen Rollen wiederum hängen verschiedene Rechte. So kann es beispielsweise *Autoren* und *Redakteure* geben. Autoren dürfen vielleicht nur ihre eigenen Artikel ändern, Redakteure aber die Artikel aller User. Im Gegensatz zu anderen Systemen sind diese Rollen nicht festgelegt, sondern flexibel. Dazu finden Sie mehr in Kapitel 12.

Das Modul *Taxonomy* erlaubt es Ihnen, Ihre Inhalte umfangreich zu kategorisieren. Stellen Sie sich ein Stichwort-Verzeichnis vor, das Sie vielleicht als Tags von Blogs kennen. Diese Stichwörter können komplett frei oder nach einem festen Schema vergeben werden. Mit *Taxonomy* können Sie einige Funktionen Ihrer Website bequem über Kategorien/Rubriken abbilden (siehe Kapitel 11).

Ein neues Konzept in Drupal 7 verbirgt sich hinter den *Entitys*. Ohne näher auf abstrakte Ebenen einzugehen, merken Sie sich einfach: Sowohl Nodes, Kommentare, User als auch Taxonomie-Vokabulare sind Entitys. Module, die für Entitys programmiert werden, erweitern den Funktionsumfang aller Entitys. Am einfachsten sehen Sie das an den *Feldern* in Kapitel 6. Sie können jede Entity um beliebige Felder erweitern. Manche Module fügen ihrerseits weitere Entitys hinzu.

Auf *Hooks* gehen wir in diesem Buch nur kurz am Ende ein, aber der Begriff könnte Ihnen in Artikeln oder im Drupal-Forum begegnen. Drupals Modulsystem basiert auf dem Konzept sogenannter Hooks. Ein Hook ist eine PHP-Funktion mit verschiedenen Parametern und einem Ergebnis. Module können eigene Funktionen nach dem Muster `modul_hook()` zur Verfügung stellen, die in die Funktion eines bestehenden Hooks eingreifen. Zum Beispiel gibt es in Drupal Funktionen, die die Menüs generieren. Mit einem geeigneten Hook könnten Sie an der Stelle eingreifen und ein Menü leicht verändert ausgeben. Zwei einfache Beispiele finden Sie in Abschnitt 32.2, »Aufbau eigener Module«.

1.6 Infos und Hilfen

In Deutschland ist *http://drupalcenter.de* die erste Anlaufstelle für alles rund um Drupal. Auf der Webseite steht die neuste Version mit einem deutschsprachigen Profil zum Download bereit. Es gibt zahlreiche Tutorials sowie ein Forum, in dem viele Drupal-Kenner gerne bereit sind, Ihnen mit Rat und Tat zur Seite zu stehen.

Wie auf allen anderen Seiten, die sich mit CMS beschäftigen, gilt auch hier: Wer eine Frage hat, sollte sich zunächst durch das Handbuch klicken oder die Suchfunktion nutzen. Recht viele Fragen werden wieder und wieder gestellt – im Grunde unnötig, denn die Suchfunktion hilft hier schneller weiter. Auch wenn Sie einfach nur die Fragen und Antworten im Forum mitlesen, werden Sie eine Menge über Drupal lernen.

Falls Sie auf *http://drupalcenter.de* keine Antwort finden, nutzen Sie Google. Genügend Entwickler sammeln auf ihren eigenen Webseiten Tipps und Tricks. Wenn Ihr Englisch gut genug ist, finden Sie noch viel mehr Tutorials auf *http://drupal.org* und im englischsprachigen Raum.

Wie alle großen Content-Management-Systeme ist auch Drupal ständig in Bewegung. Das Core-System von Drupal 7 wird sich nicht großartig ändern, aber neue kleine oder große Module können für verschiedene Webprojekte Gold wert sein. Werfen Sie ab und zu einen Blick auf meine Webseite *http://nicolaischwarz.de/drupal*. Dort werde ich interessante neue Module vorstellen, alternative Lösungen zu den hier gezeigten Beispielen demonstrieren und hier gezeigte Vorgehensweisen aktualisieren, falls daran beteiligte Module in einer neuen Version etwas anders arbeiten sollten. Außerdem befinden sich ein paar der Module, die ich im zweiten Teil des Buches vorstelle, noch in einer frühen Entwicklungsphase. Bis zum Release können sich Funktionen leicht ändern.

In Abschnitt 29.9 schließlich finden Sie ein paar übliche Fehlerquellen und Tipps, um diese Fehler zu beheben.

*»Hast du bei einem Werk den Anfang gut gemacht,
das Ende wird gewiß nicht minder glücklich sein.«
– Sophokles*

2 Die Installation

Zu Beginn installieren Sie Drupal erst einmal: Dazu sollten Sie wissen, wie Sie mit einem FTP-Programm umgehen und was Dateirechte sind. Falls Ihnen beides neu ist, finden Sie eine Beschreibung des FTP-Programms *Filezilla* im Anhang.

Der Installationsprozess verläuft analog zu anderen Systemen: Sie übertragen die Dateien des CMS auf Ihren Webspace, können ein paar Optionen auswählen, das System überprüft die Voraussetzungen auf dem Server, und die Installation muss mit der Datenbank verknüpft werden.

Vor der eigentlichen Installation sollten Sie sich Gedanken über den passenden Webhoster und Ihr Webpaket machen. Solange Sie Drupal nur testen möchten und es nicht notwendig ist, dass Ihre Daten wirklich für alle im Netz verfügbar sind, reicht auch eine lokale Installation aus; siehe Anhang A.1, »Lokale Testumgebungen mit Acquia Drupal«. Alternativ können Sie auch schnell eine Webseite auf *www.drupalgardens.com* aufsetzen und testen – darauf gehe ich hier nicht weiter ein. Wenn Sie sich mit Servern bereits auskennen, haben Sie vielleicht auch einen virtuellen Server oder einen eigenen Server, über den Ihre Webseite laufen kann.

Im weiteren Verlauf gehe ich davon aus, dass Sie ein kleines oder mittleres Webpaket bei einem der vielen Webhoster gemietet haben. Je nach Paket stehen Ihnen verschiedene Optionen zur Verfügung. Nicht alle Anbieter sind hier gleichermaßen empfehlenswert.

- Technisch ist in jedem Fall PHP 5.2 oder höher nötig.
- Das Memory Limit sollte mindestens 64 MB betragen, ich empfehle eher 128 MB – siehe dazu auch Kapitel 29, »Technisches rund um die Webseite«.
- Ebenso sollten Sie die Möglichkeit haben, ein *.htaccess*-File zu nutzen. Das sorgt in erster Linie dafür, dass Sie mit sauberen URLs arbeiten, etwa *examplast.de/impressum* statt *examplast.de/?q=impressum*.

- Außerdem ist eine Datenbank nötig. Bei Drupal 7 können Sie hier auf MySQL 5.0.15 (oder höher), PostgreSQL 8.3 (oder höher) oder SQLite 3.x setzen.

Falls Sie noch keinen Anbieter haben und nicht genau wissen, welchen Sie wählen sollten: Auf *http://groups.drupal.org/node/14745* finden Sie eine Liste mit Empfehlungen. In der Regel sollten Sie Drupal 7 in jedem modernen Webpaket installieren können. Bei Schwierigkeiten finden Sie in Kapitel 29, »Technisches rund um die Webseite«, einige Tipps, mit denen Sie die Server-Konfiguration beeinflussen können.

Wenn Sie eine Webadresse, den Speicherplatz und eine Datenbank vorbereitet haben, kann es mit der konkreten Installation weitergehen. Laden Sie sich die aktuelle deutschsprachige Fassung von Drupal 7 unter *www.drupalcenter.de* herunter. Entpacken Sie die Datei, und laden Sie die Daten per *FTP* in ein passendes Verzeichnis auf Ihrem Webspace. Zum Beispiel können Sie die Daten in ein Verzeichnis namens */drupal* speichern.

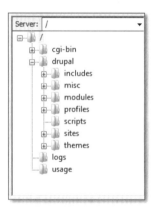

Abbildung 2.1 Die Drupal-Verzeichnisse liegen hier in einem Ordner namens »/drupal«.

Eine verfügbare Webadresse muss nun mit diesem Verzeichnis verknüpft sein. Unsere Beispieladresse *www.examplast.de*, die wir auch im weiteren Verlauf nutzen, zeigt nun auf dieses Verzeichnis (das stellen Sie über die Konfigurationsseite Ihres Webhosters ein). Siehe Abbildung 2.2.

Rufen Sie Ihre Adresse nun auf, merkt das System, dass die Installation noch nicht durchgeführt wurde, und startet eben diese. Drupal erlaubt es, eigene Installationsprofile zu erstellen. Damit lassen sich bestimmte Module automatisch einschalten und so konfigurieren, dass sie zusammenpassen. Drupal 7 bietet Ihnen die Optionen STANDARD, MINIMAL und DRUPALCENTER.DE – DEUTSCHSPRACHIGE DRUPAL-VERSION. Wählen Sie hier die letzte Option (siehe Abbildung 2.3).

Die Installation | 2

Abbildung 2.2 Sie verknüpfen Ihre Domain mit dem Verzeichnis der Installation – hier am Beispiel des Webhosters »all-inkl.com«.

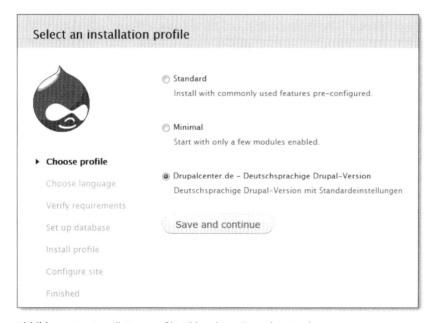

Abbildung 2.3 Installationsprofil wählen, hier »Drupalcenter.de«

Egal, welche der Optionen Sie wählen: Sie können selbst alle Einstellungen des Installationsprofils nachträglich ändern. Beachten Sie aber, dass die Grundvoraussetzungen anders sind, wenn Sie eines der ersten beiden Installationsprofile wählen. Bei DRUPALCENTER.DE sind von vornherein viele weitere Module aktiviert, mit denen wir hinterher ohnehin arbeiten, und uns stehen gleich zwei Inhaltstypen, eine Taxonomie und die Rolle *administrator* zur Verfügung. Viele Beschreibungen in den ersten Kapiteln, die ich Ihnen als Default-Werte vorstelle, sind nur dann vorhanden, wenn Sie bei der Installation DRUPALCENTER.DE wählen.

Abbildung 2.4 Sprache wählen

Als Nächstes wählen Sie die Sprache für Drupal. Wenn Sie die englischsprachige Version installieren, haben Sie hier nur ENGLISH (BUILT-IN) zur Auswahl. In der deutschsprachigen Version kommt noch Deutsch hinzu. Sie können später jederzeit weitere Sprachen hinzufügen (siehe Kapitel 26, »Mehrsprachige Webseiten«). Wählen Sie hier GERMAN (DEUTSCH).

Nun überprüft Drupal, ob die nötigen Voraussetzungen für den Server erfüllt sind. Wenn Fehler auftreten, müssen Sie diese erst beseitigen, um mit der Installation fortfahren zu können. Drupal gibt Ihnen dazu entsprechende Tipps. Außerdem finden Sie in Abschnitt 29.9 Hilfen zu Fehlern, die bei der Arbeit mit Drupal auftauchen können.

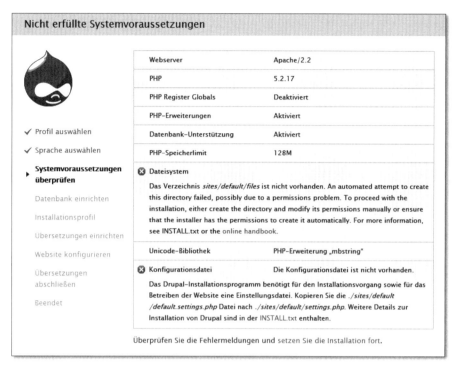

Abbildung 2.5 Die Voraussetzungen müssen erfüllt sein, bevor es weitergeht.

Zum Beispiel kann es vorkommen, dass Drupal auf dem Server selbst nötige Ordner nicht einrichten darf. Im Zweifel müssen Sie den Ordner *sites/default/files* selbst einrichten und die nötigen Rechte vergeben (siehe dazu auch Anhang A.2, »Filezilla als FTP-Client«). Ebenso müssen Sie vielleicht die Datei */sites/default/default.settings.php* einmal als */sites/default/settings.php* kopieren. In der letzten Datei stehen nach der Installation die Verknüpfungsinformationen zur Datenbank (siehe auch Abschnitt 29.2, »settings.php«). Wenn keine Fehler mehr auftauchen, kann es weitergehen. Falls Fehler auftauchen, die Sie nicht selbst beheben können, schauen Sie einfach auf *drupalcenter.de* vorbei.

Jetzt können Sie das System mit einer Datenbank verknüpfen. Dazu müssen Sie zunächst in Ihrem Webpaket eine Datenbank einrichten. Oder Sie nutzen eine bereits bestehende Datenbank. Sie benötigen den Namen der Datenbank, den Benutzernamen, das Passwort und den Host der Datenbank. Der Host ist oft einfach *localhost*, manchmal ist auch eine Webadresse anzugeben. Die nötigen Infos liefert Ihnen Ihr Webhoster.

Sie können mehrere Drupal-Installationen in derselben Datenbank speichern. Dazu verwenden Sie ein Tabellenpräfix, um die Installationen voneinander unabhängig zu halten. Drupal legt die benötigten Tabellen in der Datenbank mit diesem Tabellenpräfix an. Mit den Präfixen *abc_* und *xyz_* haben Sie dann etwa Tabellen wie *abc_node* und *xyz_node* in derselben Datenbank, ohne dass sich beide stören. Ohne Präfix würden beide Tabellen nur *node* heißen – und Sie könnten in dieser Datenbank nur eine Drupal-Installation verwenden.

Der Datenbanktyp wird in den meisten Fällen MySQL sein.

Abbildung 2.6 Verknüpfen Sie die Installation mit der Datenbank.

Nun aktiviert Drupal einige Module, und direkt im Anschluss werden die Übersetzungen importiert. Sie sehen einen »Import gestartet«-Balken. Das System weist Sie darauf hin, dass Sie die Schreibrechte von */sites/default* und */sites/default/settings.php* ändern sollten (siehe wiederum den Anhang über FTP dazu). Zum Schluss geben Sie einige notwendige Grunddaten an; diese Daten können Sie später ändern.

Abbildung 2.7 Grundlegende Konfiguration

Die Seite benötigt einen Namen und eine E-Mail-Adresse. Die E-Mail-Adresse ist jene Adresse, die als Absender verwendet wird, wenn das System Nachrichten verschickt, etwa Informationen zur Registrierung.

Darunter wird der Superuser angelegt. Über die Berechtigungen können Sie Usern sehr umfangreiche Rechte geben (siehe Kapitel 12, »Benutzer und Rechte verwalten«). Der erste User ist trotzdem besonders, er hat – quasi als Superadministrator – Zugriff auf alle Inhalte und Module. Als Passwort nutzen Sie wie üblich am besten eine Kombination aus Klein- und Großbuchstaben, Zahlen und Sonderzeichen. Das Passwort sollte mindestens 12 Zeichen lang sein.

Unter SERVEREINSTELLUNGEN wählen Sie »Deutschland« und als Zeitzone »Europe/Berlin«.

Das System sollten Sie automatisch auf Updates prüfen lassen. Mitunter kommen Upgrades heraus, die Sicherheitslücken schließen. Diese sollten Sie schnell installieren. Sie können sich darüber auch per E-Mail informieren lassen.

Wenn Sie alle Daten eingetragen haben, können Sie die Installation beenden. So wie in Abbildung 2.8 sieht Ihre neue Website zu Beginn aus.

Abbildung 2.8 Die Website frisch nach der Installation

Grundsätzlich ist die Installation nun beendet. Besuchen Sie zum Start einmal den Statusbericht unter BERICHTE • STATUSBERICHT (*/admin/reports/status*). Dort erhalten Sie eventuell die Warnung, dass Ihre Konfigurationsdatei noch beschreibbar ist und Sie die Dateirechte ändern sollten. Diese Rechte sollten Sie so weit wie möglich einschränken. Je nach Serverkonfiguration funktioniert es mit 400, ansonsten wählen Sie 444 oder notfalls 644 (siehe dazu auch die Dateirechte in Anhang A.2, »Filezilla als FTP-Client«).

Bei Bedarf können Sie unter Cron-Wartungsaufgaben (siehe Abschnitt 4.7, »Cronjobs anlegen«) einmal den Cron durchlaufen lassen und auf die verfügbaren

Aktualisierungen prüfen. Zum Start des neuen Projekts sollten alle Felder im Statusbericht grün sein.

Startseite » Verwaltung » Berichte	
Statusbericht ⊙	

Hier finden Sie einen Kurzüberblick über die technische Umgebung Drupals, insbesondere über etwaige Probleme mit Ihrer Installation. Das Bereitstellen dieser Informationen (mittels „Kopieren und Einfügen") kann dabei helfen, in den Support-Foren bzw. bei Anfragen an das Projektteam auf drupal.org aussagekräftige Unterstützung zu bekommen.

Drupal	7.7
Aktualisierungsbenachrichtigung	Aktiviert
Aktualisierungsstatus des Drupal Kern	Aktuell
⚠ Aktualisierungsstatus von Modulen und Themes	Veraltet
Es stehen Aktualisierungen für ein oder mehrere Module oder Themes zu Verfügung. Um die einwandfreie Funktion der Website zu gewährleisten, sollte umgehend aktualisiert werden. Besuchen Sie die Seite für verfügbare Aktualisierungen, um weitere Informationen zu erhalten und notwendige Aktualisierungen zu installieren.	
CTools-CSS-Cache	Vorhanden
Cron-Wartungsaufgaben	Zuletzt vor 19 Minuten 27 Sekunden ausgeführt
Cron kann manuell durchgeführt werden. Um den Cron von außerhalb der Website durchzuführen, verwenden Sie dazu die folgende URL http://buch.detailism.info/cron.php?cron_key=IXrawFXIY9dM_64yl2ffnETRazFjSez3rMgaUlqEcYk	
Dateisystem	Beschreibbar (*öffentliche* Download-Methode)
Datenbank	MySQL, MariaDB, or equivalent
Datenbankaktualisierungen	Aktuell
Drehen und entsättigen Effekte der GD Grafikbibliothek	bundled (2.0.34 compatible)
Konfigurationsdatei	Geschützt
Node-Zugriffsberechtigungen	Deaktiviert
Sollten Probleme mit den Inhaltsberechtigungen auftreten, dann sollten Sie den Berechtigungen-Cache neu aufbauen. Dies entfernt alle alten Inhaltsberechtigungen und ersetzt diese mit den Berechtigungen basierend auf den aktuellen Einstellungen und Modulen. Der Neuaufbau kann einige Zeit in Anspruch nehmen, wenn viel Inhalt oder komplexe Berechtigungseinstellungen vorhanden sind. Sobald der Neuaufbau beendet ist, werden für die Beiträge automatisch die neuen Berechtigungen verwenden. Berechtigungen neu aufbauen	
PHP	5.2.12-nmm2 (weitere Informationen)
PHP Register Globals	Deaktiviert
PHP-Erweiterungen	Aktiviert
PHP-Speicherlimit	256M
Unicode-Bibliothek	PHP-Erweiterung „mbstring"
Upload-Fortschrittsbalken	Aktiviert (PECL uploadprogress)
Version der Datenbank	5.1.43-nmm4-log
Webserver	Apache
Zugriff auf update.php	Geschützt
Übersetzung-Aktualisierungsstatus	Alle Übersetzungen sind aktuell

Abbildung 2.9 Der Statusbericht informiert Sie über den Status der Installation und über mögliche Probleme.

Sie können noch einige Textdateien auf der obersten Ebene Ihrer Installation löschen. Dateien wie *CHANGELOG.txt* lassen Rückschlüsse auf Ihre aktuelle Installation zu und könnten bei Sicherheitslücken ausgenutzt werden. Löschen Sie einfach alle *.txt*-Dateien auf der obersten Ebene bis auf *robots.txt*.

robots.txt ist eine Textdatei, die Suchmaschinen sagt, welche Dateien und Ordner durchsucht werden dürfen und welche nicht. Hier steht zum Beispiel, dass alle Drupal-internen Ordner nicht durchsucht werden sollen.

*»Anfangen im Kleinen, Ausharren in Schwierigkeiten,
Streben zum Großen.«*
– Alfred Krupp

3 Erste Schritte im Backend

In diesem Kapitel gehen wir die wesentlichen Bestandteile von Drupal 7 einmal im Schnelldurchlauf durch. Allen Elementen widmen wir uns ab Kapitel 5 noch ausführlicher.

3.1 Navigieren mit der Toolbar

Am oberen Rand sehen Sie die Toolbar. Zusätzliche Module erweitern diese Leiste meistens um Untermenüpunkte. In einigen Fällen fügen Sie auch neue Hauptmenüpunkte hinzu. Die Links der Toolbar im Einzelnen:

3.1.1 Startseite (Home)

Über das erste Symbol kommen Sie schlicht zur Startseite.

3.1.2 Dashboard

Im Dashboard können Sie alle Blöcke anzeigen lassen, die Ihnen das System zur Verfügung stellt. Infos können die neusten Inhalte, neue Benutzer, neue Kommentare, Traffic, ungültige Links, Entwürfe neuer Beiträge und vieles mehr enthalten. Hier kommt es auf das Projekt an, welche Informationen gerade am wichtigsten sind.

Ein kurzes Beispiel: Klicken Sie einmal auf + DASHBOARD ANPASSEN. Es erscheint ein grauer Bereich mit zwei Buttons: NEUESTE KOMMENTARE und WER IST ONLINE. Ziehen Sie WER IST ONLINE per Drag & Drop unter den Bereich NEUSTER INHALT. Dort erscheint sofort die Meldung »Zur Zeit ist 1 Benutzer online.« samt Ihrem Benutzernamen. Beenden Sie die Bearbeitung über den Button SCHLIESSEN. Mehr über Blöcke finden Sie in Abschnitt 3.7, »Blöcke mit zusätzlichen Inhalten«.

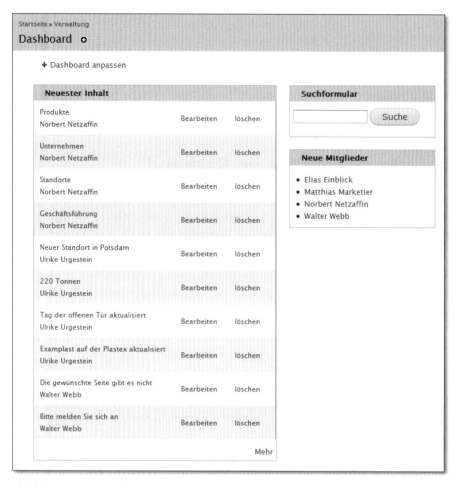

Abbildung 3.1   Beispiel für ein Dashboard

3.1.3   Inhalt (Content)

Dieser Bereich bietet eine Übersicht über die aktuellen Inhalte, die Option, neuen Inhalt hinzuzufügen und die Kommentare zu verwalten.

3.1.4   Struktur (Structure)

Die Struktur eines Drupal-Projekts bezieht sich auf die verschiedenen Inhaltstypen, eventuelle Kontaktformulare, die Menüs, Taxonomie (Stichwörter, Tags) und Blöcke.

3.1.5 Design (Appearance)

Hier geht es um das Layout der Inhalte. Sie können neue Themes installieren oder bestehende Themes updaten. Hier stellen Sie auf Wunsch auch unterschiedliche Themes für das Front- und Backend ein.

3.1.6 Benutzer (People)

Dies ist die Übersicht über die User im System. Sie können sich User nach Rollen, Berechtigungen oder Status filtern lassen oder die User gesammelt bearbeiten. Außerdem legen Sie hierüber neue User an (siehe dazu auch Kapitel 12, »Benutzer und Rechte verwalten«).

3.1.7 Module (Modules)

In diesem Bereich haben Sie die Kontrolle über einzelne Module. Sie können sie hier ein- oder ausschalten, neue Module installieren oder bestehende updaten. Neue Module sorgen dafür, dass – je nach Funktion – neue Konfigurationsmöglichkeiten in den anderen Bereichen zur Verfügung stehen. Falls das jeweilige Modul es vorsieht, finden Sie in der Liste rechts neben dem Namen und der Version einen Link zur Online-Hilfe, einen Link, um die Berechtigungen der Rollen einzustellen, und einen Link, um das Modul zu konfigurieren.

3.1.8 Konfiguration (Configuration)

Hierüber konfigurieren Sie das System und die verschiedene Module.

3.1.9 Berichte (Reports)

Drupal zeichnet optional Vorgänge des Systems auf und bietet Ihnen somit eine hervorragende Quelle, um Fehlern auf die Spur zu kommen. Auch Module können ihre Tätigkeiten in das Log schreiben. So kann das Newsletter-Modul *Simplenews* auf Wunsch nachhalten, welche E-Mails es versendet hat.

3.1.10 Hilfe (Help)

Hier finden Sie eine umfangreiche Hilfe zu allen Themen rund um Ihre Installation. Dort können Sie zum Beispiel alles Wichtige über Blöcke, Nodes oder Taxonomien nachlesen.

3.1.11 Benutzerkonto – Hallo [username]

Hier finden Sie die Einstellungen Ihres Nutzers.

3.1.12 Abmelden

Mit diesem Link melden Sie sich vom System ab.

3.1.13 Shortcuts

Der Pfeil am Ende öffnet oder schließt die Shortcuts in einer neuen Leiste unter dem Hauptmenü. Die Shortcuts sind so gedacht, dass Sie für verschiedene Rollen jeweils ein eigenes Set an Shortcuts anlegen (siehe Abschnitt 27.1). Zu Beginn finden Sie dort zwei Links: INHALT HINZUFÜGEN und INHALTE SUCHEN.

3.2 Erste Inhalte anlegen

Einzelne Inhalte wie News oder Blogeinträge sind in Drupal mit Inhaltstypen verknüpft. Eine Webseite kann recht einfach sein und mit einem Inhaltstypen für eine *Einfache Seite* auskommen; bei komplexen Projekten kommen Sie auch schon mal auf ein Dutzend und mehr Inhaltstypen. Nach der Installation (mit dem deutschsprachigen Profil) stehen Ihnen zunächst zwei Inhaltstypen zur Verfügung: *einfache Seiten* und *Artikel*.

Mit *einfachen Seiten* sind »statische« Seiten gemeint, solche, die sich nur selten ändern wie das Impressum, »Wir über uns« oder vielleicht eine Firmengeschichte. Diese Inhalte können gemäß den Grundeinstellungen nicht kommentiert werden; in der Regel wollen Sie das auch nicht. Ein *Artikel* hingegen steht für »dynamische« Inhalte. Sie sind dynamisch in dem Sinne, dass die Inhalte auf der Startseite – oder einer Übersichtsseite – erscheinen und dort »durchgeschoben« werden. Das heißt, die neusten Artikel erscheinen oben, und ein aktueller Artikel »drückt« die vorhandenen nach unten. Dazu finden Sie ein Beispiel mit News auf der Startseite einer Beispiel-Webseite in Kapitel 4, »Die Examplast GmbH«. Diese Artikel können per Default kommentiert werden, Sie können den Default aber bei jedem einzelnen Artikel übersteuern.

Klicken Sie in den Shortcuts auf INHALT HINZUFÜGEN. Wir legen zunächst eine ÜBER UNS-Seite an, klicken Sie dazu auf EINFACHE SEITE (siehe Abbildung 3.2).

Wählen Sie als Titel »Über uns«. Der Titel ist erst einmal der Text, der hinterher als `<title>`-Element der HTML-Seite ausgegeben wird. Er erscheint meist ganz oben in Ihrem Browser und hat eine besondere Bedeutung für die Suchmaschinenoptimierung und die Barrierefreiheit. Andere Services wie *delicious* oder *Facebook* übernehmen den Titel, wenn Bookmarks angelegt oder Links gepostet werden. In den meisten Themes wird dieser Titel auch gleichzeitig als Überschrift auf der Seite selbst ausgegeben. Das muss aber nicht so sein (siehe Kapitel 31, »Theming«).

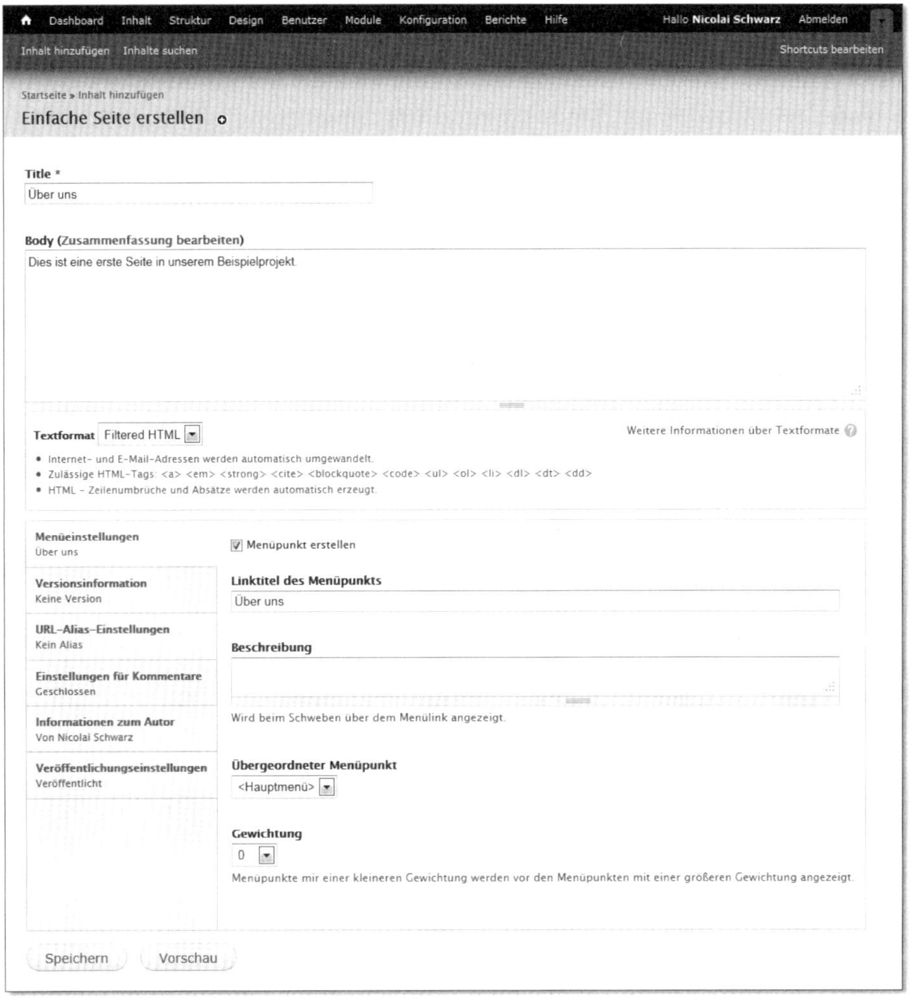

Abbildung 3.2 Erster Inhalt: eine »Über uns«-Seite

Im Body (auf Deutsch »Textkörper«) können Sie nun ein paar Zeilen schreiben oder erst einmal einen Blindtext hineinkopieren. Falls Sie bereits HTML-Formate nutzen möchten, müssen Sie die HTML-Elemente bisher noch selbst eintippen. Drupal 7 wird ohne Editor ausgeliefert; in Kapitel 13, »Inhalte mit Editoren bearbeiten«, zeige ich Ihnen die Module, die Editoren hinzufügen. Als Textformat stehen Ihnen *Filtered HTML*, *Full HTML* und *Plain Text* zur Verfügung. Wenn Sie dort das Format ändern, werden Ihnen darunter entsprechende Hinweise gegeben. Wählen Sie ein Format, das zu dem Text passt, den Sie eingegeben haben. Wenn Sie zum Beispiel keinen HTML-Quellcode geschrieben haben, reicht hier *Plain Text*.

Im unteren Bereich sehen Sie sechs vertikale Reiter. Unsere Seite soll als Über uns im Hauptmenü erscheinen. Klicken Sie also im Reiter Menüeinstellungen die Checkbox Menüpunkt erstellen an. Der Linktitel des Menüpunkts wird nun vom Titel übernommen. Das soll hier reichen; Sie können über diesen Punkt später auch Untermenüpunkte erzeugen, indem Sie den Inhalt unter bestehende Menüpunkte »hängen«. Unter URL-Alias-Einstellungen geben Sie als URL-Alias einfach »ueber-uns« ein. Die restlichen vertikalen Reiter können Sie sich kurz ansehen und beibehalten. Wichtig ist, dass der Menüpunkt im Hauptmenü erscheint.

Nach dem Speichern sehen Sie Ihre neue Seite (siehe Abbildung 3.3). Ohne einen URL-Alias lautet der Pfad */node/1*. Drupal nummeriert alle Nodes automatisch durch. Mit dem Alias geben Sie einen alternativen Pfad an (siehe auch Kapitel 8, »Sprechende URLs«).

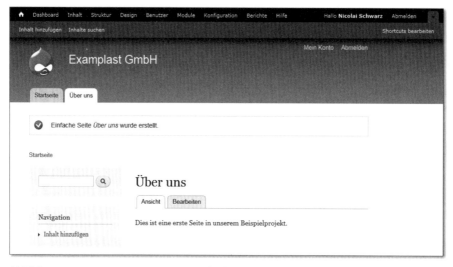

Abbildung 3.3 Unsere erste Seite im Standard-Theme

Der eben eingegebene Titel dient hier als <title> der Seite und ebenso als Überschrift. In unserem Hauptmenü ist neben Startseite der Menüpunkt Über uns hinzugekommen. Da Sie im System angemeldet sind und diesen Inhalt bearbeiten dürfen, erscheinen die beiden Reiter mit Ansicht und Bearbeiten über dem Text der Seite.

Nun fügen wir noch einen neuen Text vom Typ *Artikel* hinzu (wieder über die Shortcuts und Inhalt hinzufügen). Beim Formular für den Artikel sehen Sie zwei weitere Felder: Zum einen dürfen Sie unter dem Titel Tags hinzufügen, zum anderen können Sie weiter unten ein Bild hochladen (siehe Abbildung 3.4).

3.2 Erste Inhalte anlegen

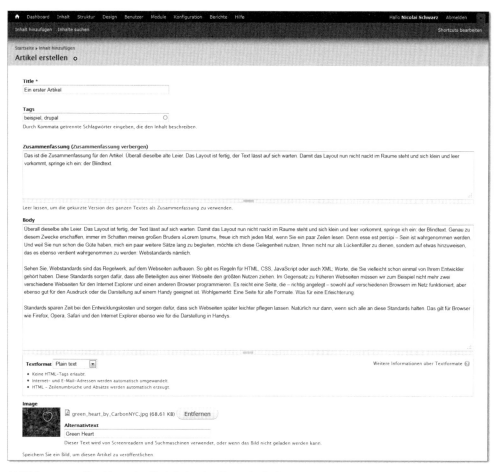

Abbildung 3.4 Das Formular für Inhalte des Typs »Artikel«

Geben Sie als Titel »Ein erster Artikel« ein und ein oder zwei Begriffe testweise bei den Tags. Klicken Sie beim Body einmal auf den Link ZUSAMMENFASSUNG BEARBEITEN; es erscheint ein weiteres Textfeld ZUSAMMENFASSUNG. Geben Sie in beide Felder ein wenig Text ein. Wenn Sie ein Bild zur Verfügung haben, laden Sie unter IMAGE eins hoch. Bei den vertikalen Reitern können Sie alle Einstellungen so lassen (wichtig ist uns hier, dass die Kommentare offen sind und der Inhalt auf der Startseite erscheint). Klicken Sie auf SPEICHERN.

Im Unterschied zu unserem Inhalt vom Typ *Einfache Seite* erscheint hier eine Zeile mit dem Autor und dem Datum des Beitrags über dem Text (siehe Abbildung 3.5). Unter dem Text finden Sie die Beispiel-Tags, und Sie können den Text kommentieren. Da wir im Gegensatz zur ÜBER UNS-Seite keinen URL-Alias vergeben haben, erscheint der Text lediglich unter */node/2*.

3 | Erste Schritte im Backend

Abbildung 3.5   Der Beispiel-Artikel in der Ansicht

Wenn Sie nun auf den Menüpunkt STARTSEITE klicken, sehen Sie dort diesen ersten Artikel, das heißt: Titel, Autorenzeile, Bild, den Text der Zusammenfassung, die Tags und einen Link WEITERLESEN, der zum eigentlichen Inhalt führt. Der Artikel erscheint deshalb auf der Startseite, weil die Checkbox AUF DER STARTSEITE abgehakt war.

3.3   Inhaltstypen für die grundsätzliche Struktur

Schauen wir uns die Inhaltstypen einmal genauer an. Klicken Sie auf STRUKTUR • INHALTSTYPEN. Hier können Sie beide Inhaltstypen bearbeiten oder neue hinzufügen. Im Moment sehen wir uns nur den Typ *Artikel* näher an, indem wir in der Zeile dort auf BEARBEITEN klicken. Unter den fünf Reitern in der oberen Reihe können Sie die Grundeinstellungen für diesen Inhaltstyp vornehmen. Unter BEARBEITEN zum Beispiel ist festgelegt, dass Artikel kommentiert werden dürfen und die Autor- und Datumsinformationen angezeigt werden. Beim Reiter FELDER VERWALTEN finden Sie die zusätzlichen Felder für die Tags und das Bild.

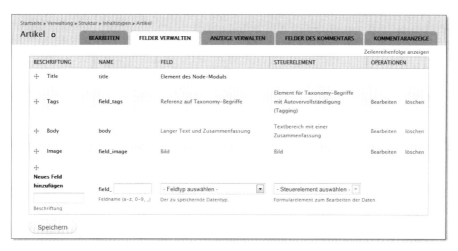

Abbildung 3.6 Die Felder beim Inhaltstyp »Artikel«

Mit ANZEIGE VERWALTEN können Sie entscheiden, wie die Felder zum Beispiel im Teaser (in unserem Beispiel also auf der Startseite) und beim vollen Beitrag berücksichtigt werden sollen. Der Unterschied ist hier, dass der Body-Text im Anrisstext (Teaser) entweder als Zusammenfassung oder gekürzt erscheinen wird. Über FELDER DES KOMMENTARS und KOMMENTARANZEIGE können Sie analog Felder und Anzeige der Kommentare beeinflussen. Weitere Informationen hierzu finden Sie in den Kapiteln 6, »Inhaltstypen mit eigenen Feldern aufrüsten«, und 10, »Kommentare«.

Die Inhaltstypen geben erst einmal viele Optionen für die Inhalte dieses Typs vor. Diese Optionen können jedoch in vielen Fällen für einzelne Inhalte überschrieben werden. Der Inhaltstyp *Einfache Seite* kann zum Beispiel erst einmal nicht kommentiert werden, Sie könnten aber bei der Seite ÜBER UNS aus Abschnitt 3.2, »Erste Inhalte anlegen«, auch die Kommentare öffnen.

3.4 Kommentare schreiben

Nun schreiben Sie einen Kommentar für Ihren ersten Artikel. Da Sie im System angemeldet sind, übernimmt Drupal Ihren Usernamen als Absender des Kommentars. Als weitere Felder stehen Ihnen ein optionaler Titel und der Kommentar selbst zur Verfügung. Für das Textfeld können Sie wieder aus den drei bekannten Textformaten wählen.

Abbildung 3.7 Ein erster Kommentar

Der Kommentar erscheint automatisch mit Nennung des Autors, des Datums und einem permanenten Link. Der Name verlinkt auf das Profil des Users. In den Standardeinstellungen können Gäste keinen Kommentar schreiben. Gäste können den Kommentar zwar lesen, der Name des Autors ist bei ihnen jedoch nicht mit dem Profil verknüpft.

3.5   Inhalte kategorisieren mit der Taxonomie

Die Taxonomie hilft Ihnen, Ihre Inhalte zu kategorisieren. Sie können feste Begriffe als Rubriken anlegen – oder freies Tagging zulassen, wie Sie es vielleicht aus Blogs kennen. Die aktuelle Taxonomie finden Sie unter STRUKTUR • TAXONOMIE. Dort gibt es zurzeit nur ein Vokabular namens »Tags«. Klicken Sie auf BEGRIFFE AUFLISTEN, finden Sie genau jene Begriffe wieder, die Sie notiert haben, als Sie den ersten Artikel angelegt haben. Mit einem weiteren Klick auf einen der Begriffe landen Sie zum Beispiel auf der Seite */taxonomy/term/1*. Dort finden Sie ab sofort alle Inhalte, die diesen Begriff als Taxonomie verwenden. Drupal legt also automatisch Übersichtsseiten mit Taxonomiebegriffen an. Konkrete Beispiele für die Taxonomie finden Sie in Kapitel 11.

3.6   Rollen, Benutzer und Berechtigungen

Solange nur Sie allein eine Website administrieren und pflegen, reicht Ihnen der Superuser als Benutzer. Bei vielen Projekten haben aber auch andere Benutzer Zugriff auf das System – mit bestimmten Rechten. Über die Toolbar wird Ihnen unter BENUTZER (*/admin/people*) eine Liste der registrieren Benutzer angezeigt. Das beschränkt sich im Moment auf Ihren eigenen User.

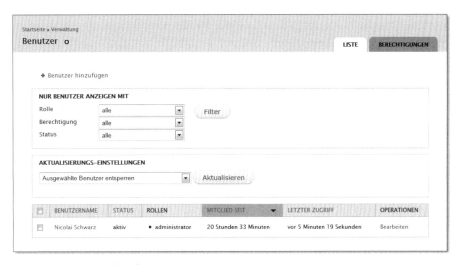

Abbildung 3.8 Die aktuellen Benutzer

Über den Link BENUTZER HINZUFÜGEN können Sie neue User anlegen. Dazu benötigen Sie einen Benutzernamen, eine E-Mail-Adresse und ein Passwort. Jedem Benutzer können Sie eine oder mehrere Rollen zuweisen.

Um neue Rollen anzulegen, klicken Sie oben rechts auf den Reiter BERECHTIGUNGEN und dann auf den Untermenüpunkt ROLLEN. Per Default unterscheidet Drupal zwischen *Gästen* und *authentifizierten Benutzern*. Dahinter steckt die Unterscheidung, ob jemand, der die Webseite besucht, gerade angemeldet ist oder nicht. Wer angemeldet ist, gilt in jedem Fall als authentifizierter Benutzer, kann darüber hinaus aber noch weitere Rollen innehaben. Als dritte Rolle ist bereits der *Administrator* angelegt. Sie können hier weitere Rollen anlegen, als Beispiel nehmen wir einen *Redakteur* und klicken auf ROLLE HINZUFÜGEN.

Klicken Sie nun auf BERECHTIGUNGEN. Sie sehen eine lange Liste an Checkboxen. Von oben nach unten können Sie mehrere Rechte vergeben, die nach Modulen sortiert sind. Von links nach rechts sehen Sie die vorhandenen Rollen, die nun auch den eben angelegten Redakteur beinhalten.

Ganz oben finden Sie das Recht KOMMENTARE VERÖFFENTLICHEN. Wenn Sie hier bei GAST einen Haken setzen, können nun auch Gäste der Webseite Kommentare schreiben. Alle Rechte, die das Wort »verwalten« beinhalten, sollten den Administratoren vorbehalten bleiben. Mehr über Benutzer und Berechtigungen lesen Sie in Kapitel 12.

3.7 Blöcke mit zusätzlichen Inhalten

Blöcke sind »Boxen«, die meist in den Seitenspalten einer Webseite angezeigt werden. Denkbar sind zum Beispiel Blöcke für die Anmeldung, die letzten Kommentare, die gerade angemeldeten User, aber auch Navigationsmenüs. Einige Blöcke kommen durch die Core-Module ins Spiel, manche Module stellen eigene Blöcke zur Verfügung, Sie können aber auch selbst eigene Blöcke hinzufügen, in denen Sie HTML- oder PHP-Code notieren.

Sie stellen die Blöcke abhängig vom Theme ein. Welche Regionen dafür jeweils zur Verfügung stehen, hängt ebenso vom Theme ab. Als Regionen kommen in einem üblichen dreispalten Design zunächst einmal ein Header, eine linke Spalte, eine mittlere Spalte, eine rechte Spalte und ein Footer infrage. Dazu kommen noch Regionen für das Dashboard. Das muss natürlich nicht so laufen. Das Theme *Seven* verfügt zum Beispiel nur über zwei Regionen (INHALT und HILFE), im Theme *Bartik* gibt es gleich 15 Regionen.

Über STRUKTUR • BLÖCKE werden wir nun einen Block NEUSTER INHALT hinzufügen. In der Übersicht sind die Regionen fett hervorgehoben.

Abbildung 3.9 Blöcke und Regionen im Theme »Bartik«

Suchen Sie den Block Neuester Inhalt im unteren Bereich unter Deaktiviert, und ziehen Sie ihn per Drag & Drop mit dem kleinen Fadenkreuz am linken Rand in die Region Erste Sidebar unter den Block Navigation. Nun speichern Sie die Änderungen zunächst über den Button Blöcke speichern unten auf der Seite. Wenn Sie nun die Startseite besuchen, steht der neue Block an der gewünschten Stelle. Dieser Block ist so eingerichtet, dass Gäste nur die Titel und Autoren der neuen Beiträge sehen. Da Sie selbst die beiden eben erstellten Texte (den ersten Artikel und die Seite Über uns) bearbeiten und löschen dürfen, zeigt Ihnen der Block weitere Links dafür an. Die Inhalte solcher Blöcke können also auch von den Rechten des Nutzers abhängen.

Abbildung 3.10 Der Block »Neuester Inhalt« aus Sicht des Superusers

Gehen Sie zurück zur Ansicht aller Blöcke, und klicken Sie bei diesem Block auf den Konfigurieren-Link. Hier können Sie genauer einstellen, unter welchen Bedingungen dieser Block erscheinen soll (siehe Abbildung 3.11).

Zunächst können Sie dem Block eine Überschrift mitgeben. Ist die Zeile leer, gibt Drupal den Standardtitel aus – hier eben Neuester Inhalt. Möchten Sie die Überschrift unterdrücken, notieren Sie ein »<none>«. Manche Blöcke bieten Ihnen zusätzliche Optionen; hier zum Beispiel können Sie die Anzahl der neuesten Inhalte festlegen, die angezeigt werden sollen. In den Regionen-Einstellungen legen Sie für jedes Theme fest, wo der Block erscheinen soll – oder ob er deaktiviert werden soll. Da auch die Reihenfolge eine Rolle spielt, können Sie diese Einstellungen besser in der allgemeinen Übersicht der Blöcke vornehmen.

Abbildung 3.11 Konfigurationsmöglichkeiten eines Blocks

Nun können Sie recht umfangreich festlegen, wann und für wen der Block sichtbar sein soll:

▶ Unter SEITEN stellen Sie ein, ob der Block nur auf bestimmten Seiten zu sehen sein soll oder ob er auf allen Seiten – bis auf die hier aufzulistenden – gezeigt werden soll. So könnte etwa ein Block mit einem aktuellen Hinweis nur auf der Startseite erscheinen. Diese Einstellung erfolgt anhand der Pfade der Seiten bzw. <front> für die Startseite.

- Mit INHALTSTYPEN koppeln Sie den Block an bestimmte Inhaltstypen. So könnten Sie, wenn ein Inhalt vom Typ *News* dargestellt wird, in einer Spalte einen Block mit den verlinkten Titeln der letzten zehn News anzeigen.
- Die ROLLEN machen einen Block von einer Benutzerrolle abhängig. Vielleicht möchten Sie den Redakteuren einen Block anbieten, der nur die unveröffentlichten neuen Artikel anzeigt. Diesen Block sollten Gäste der Webseite nicht sehen können.
- Unter BENUTZER können Sie Ihren Nutzern erlauben, einzelne Blöcke selbst ein- und auszuschalten. Vielleicht haben Sie einen Block mit den neusten Usern. Einige Nutzer interessieren sich dafür, andere nicht. Hierdurch können Sie es beiden Gruppen recht machen.

Mit diesen Einstellungen können Sie Blöcke für kleine Webprojekte komfortabel festlegen. Alternativ oder ergänzend können Sie auch mit den Modulen *Panels* und *Context* arbeiten. Damit lassen sich komplexe Layouts abhängig von vielen Faktoren festlegen. Der Umgang damit ist zu Beginn nicht ganz einfach, lesen Sie dazu auch Kapitel 30.

3.8 Die Module

Werfen wir zunächst einen Blick auf die installierten Module. Klicken Sie dazu auf MODULE (*/admin/modules*) in der Toolbar. Hier sehen Sie eine lange Liste von Modulen, eingeteilt in zwei Bereiche. Oben stehen die Module des Kern-Systems (Core), darunter sehen Sie ein Modul im Bereich OTHER, das in der deutschsprachigen Version vom Drupalcenter hinzugekommen ist.

Wenn Sie bis hierher den Beispielen gefolgt sind, haben sich neue Seiten im Backend immer in einem Layer geöffnet. Schuld daran ist das Modul *Overlay*. Wenn es Sie bisher nicht gestört hat, lassen Sie ruhig aktiviert. Andernfalls deaktivieren Sie einfach den Haken neben dem Modul und speichern die neuen Einstellungen. Einige Module können Sie nicht deaktivieren, weil entweder Drupal selbst sie benötigt (etwa die Module *System* und *User*) oder aber andere Module davon abhängen (*Image* baut beispielsweise auf drei anderen Modulen auf).

Wenn Sie ein Modul aktivieren möchten, das von anderen Modulen abhängt, wird Drupal Sie darauf hinweisen. In dem Fall bietet es Ihnen an, die anderen Module ebenfalls zu aktivieren, falls diese vorhanden sind – oder Sie erhalten einen kleinen Hinweis (»Abhängig von«), dass Sie erst noch andere Module hochladen müssen. Wenn Sie beispielsweise *Views UI* alleine aktivieren wollen, wird Drupal Sie darauf hinweisen, dass dazu auch *Views* und *Chaos Tools* aktiviert werden müssen.

Sollten Sie *Overlay* deaktiviert haben, können Sie auf den Reiter DEINSTALLIEREN oben rechts klicken. Dort erscheint nun *Overlay*, und Sie können das Modul deinstallieren. Einige Module fügen in der Datenbank eigene Tabellen und Einträge hinzu. Wenn Sie diese Module nicht mehr benötigen, können Sie jene dann unnötigen Informationen aus der Datenbank wieder löschen, wenn Sie das Modul nicht nur deaktivieren, sondern deinstallieren.

Mit dem Reiter AKTUALISIEREN schließlich können Sie all Ihre Module auf neue Versionen testen lassen. Mehr über Updates steht in Abschnitt 29.6.

3.8.1 Module installieren

In Ihrem Drupal-Verzeichnis auf dem Webserver finden Sie einen Ordner */sites*. In diesen Ordner gehören alle Module und Themes, die Sie für Ihr Webprojekt benötigen. Im Moment brauchen wir nur den Unterordner */all*; in Abschnitt 29.8 erfahren Sie mehr über Multi-Site-Installationen, dann kommen andere Unterordner neben */all* dazu.

Im Ordner */sites/all* finden Sie wiederum die Unterordner */themes* und */modules*, gedacht eben für Themes und Module, die Sie dort installieren. Sie finden alle Module, mit denen Sie Drupal erweitern können, gesammelt auf *drupal.org*. Alle Pfade folgen demselben Muster: *drupal.org/project/*, gefolgt vom Namen des Projekts. Sie können die Suche auch auf dieser Seite nutzen, um Module zu finden.

Auf diesen Projektseiten (siehe Abbildung 3.12) finden Sie eine Erklärung, was das Modul leistet, wer für die Entwicklung zuständig ist, welche anderen Module für die Nutzung nötig sind oder ob es bekannte Bugs gibt. Unten finden Sie die vorhandenen Releases. In der rechten Spalte der Projektseite finden Sie eine Liste mit aktuellen Diskussionen rund um das Modul (Fehlermeldungen, Feature-Wünsche), Links zu verwandten Modulen und vor allem einen Link zur Dokumentation. Manche dieser Dokumentationen sind sehr umfangreich und beschreiben zahlreiche konkrete Beispiele.

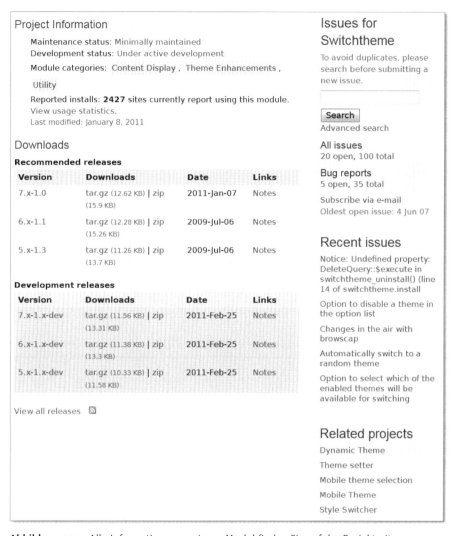

Abbildung 3.12   Alle Informationen zu einem Modul finden Sie auf der Projektseite.

Zu Beginn installieren Sie bitte das Modul *Admin Menu*. Laden Sie es zunächst von der Seite *drupal.org/project/admin_menu* herunter. Sie könnten das Modul nun direkt über Ihre Drupal-Installation hochladen. In dem Fall klicken Sie in Drupal auf MODULE und wählen dort den Link NEUES MODUL INSTALLIEREN. Wenn Sie die Datei auf diese Weise hochladen möchten, müssen Sie im nächsten Schritt Ihre FTP-Verbindung angeben (siehe Abbildung 3.13).

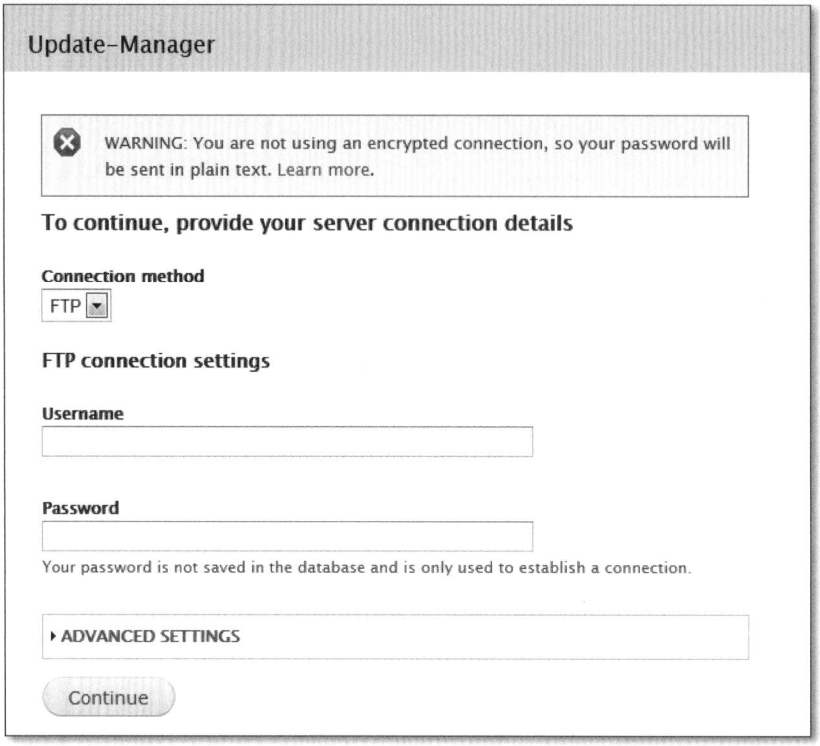

Abbildung 3.13 Upload per FTP

Allerdings warnt das System Sie nun vermutlich, weil diese Verbindung nicht sicher ist. Das Passwort wird als gewöhnlicher Text übermittelt und könnte abgefangen werden. Um diese Option sicher zu nutzen, benötigen Sie eine HTTPS-Verbindung (*HTTP Secure*). Diese Art der Verbindung kennen Sie vielleicht von den Webseiten Ihrer Bank oder verschiedenen Shops. Das »S« am Ende besagt, dass die Verbindung verschlüsselt wird und somit sicher ist. Diese Option hängt von Ihrem gewählten Webpaket ab. Sie ist wahrscheinlich mit einem Aufpreis versehen. Da ich in diesem Buch den Fokus auf übliche Webseiten für kleine und mittelständische Unternehmen lege, ist solch eine sichere Verbindung oft nicht enthalten. Ich gehe hier also nicht weiter auf sichere FTP-Uploads ein.

Stattdessen laden wir das Modul ganz traditionell mit unserem FTP-Client in das Verzeichnis */sites/all/modules*. Speichern Sie dazu das Modul *Admin Menu* auf Ihrem Rechner. Sie können ein Modul entweder als *tar.gz*- oder als *zip*-Datei herunterladen. Beides sind komprimierte Formate, die Sie mit einem geeigneten Programm (wie etwa *7-Zip*) entpacken können. Enthalten ist ein Verzeichnis mit dem Namen des Moduls, hier also *admin_menu*. Dieses komplette Verzeichnis laden Sie per FTP auf Ihren Webserver. Am Ende sollte es auf Ihrem Webspace einen Ordner */sites/all/modules/admin_menu* geben – inklusive der entsprechenden Unterordner des Moduls.

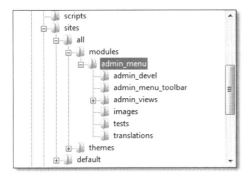

Abbildung 3.14   Ausschnitt des entsprechenden Verzeichnisses auf dem Server

Schauen Sie sich nun im Backend die Liste Ihrer Module an (*/admin/modules*). Unter der Liste mit den Core-Modulen sehen Sie eine neue Liste mit dem Titel VERWALTUNG und vier neuen Einträgen. Aktivieren Sie die neuen Teil-Module *Administration menu* und *Administration menu Toolbar style*, indem Sie die entsprechenden Häkchen setzen, und deaktivieren Sie die *Toolbar* aus den Core-Modulen. Danach speichern Sie die neue Konfiguration.

Damit haben wir die bisherige Toolbar des Core-Systems durch ein neues Modul ersetzt. Der Vorteil ist, dass das *Admin Menu* ein Dropdown-Menü bietet. Sie sehen so schneller, was sich hinter den einzelnen Obermenüpunkten verbirgt, und sparen sich einige Klicks. Zwischen dem HOME-Button und dem Dashboard finden Sie zwei neue Menüpunkte AUFGABEN und INDEX, die erst einmal keinen weiteren Zweck erfüllen.

Je nach Webserver kann es Probleme geben, wenn Sie sehr viele Module gleichzeitig aktivieren möchten. Aktivieren Sie in dem Fall Ihre Module besser häppchenweise. Oder erhöhen Sie Ihr *PHP Memory Limit* (siehe Kapitel 29, »Technisches rund um die Webseite«).

Für viele Module gibt es übrigens bereits deutsche Übersetzungen. Um diese automatisch zu verwalten und zu importieren, empfehle ich Ihnen das Modul *Localization Update* aus Abschnitt 26.1.2, »Übersetzungen der Module«.

3.9 Themes installieren

Unter *http://drupal.org/project/themes* finden Sie eine große Auswahl an kostenlosen Themes. Diese können Sie herunterladen, entpacken und in das Verzeichnis */sites/all/themes* hochladen (oder aber wieder über eine sichere FTP-Verbindung über das System selbst hochladen). Danach steht Ihnen im Backend das gewählte Theme unter dem Menüpunkt DESIGN (*/admin/appearance*) zur Verfügung, und Sie können es aktivieren oder deaktivieren und außerdem als Standardtheme festlegen. Das Standardtheme ist das Theme, das im Frontend genutzt wird. Ebenso können Sie manche Themes konfigurieren; die Möglichkeiten variieren.

Als Beispiel installieren wir das Theme *Corolla*. Laden Sie dieses unter *drupal.org/project/corolla* herunter, entpacken Sie es, und laden Sie den Ordner */corolla* auf Ihren Webspace unter /sites/all/themes, sodass es einen Ordner */sites/all/themes/corolla* gibt. Dieses Theme ist nicht eigenständig, sondern basiert auf dem *Adaptive Theme* (*drupal.org/project/adaptivetheme*). Laden Sie auch dieses herunter, entpacken es, und laden Sie es unter */sites/all/themes* hoch. Gehen Sie nun wieder auf den Menüpunkt DESIGN. Unter den deaktivierten Themes finden Sie nun das Theme *Corolla*. Klicken Sie auf *Aktivieren und als Standard* festlegen. Wenn Sie nun die Startseite besuchen, sehen Sie das Theme in Aktion. Das *Adaptive Theme* muss nur vorhanden sein, Sie müssen es nicht auch noch aktivieren.

Jedes Theme kann Ihnen zusätzliche Einstellungen bieten. Bei *Corolla* können Sie beispielsweise (über */admin/appearance/settings/corolla*) das Farbschema (siehe Abbildung 3.16) festlegen – dazu muss jedoch das Core-Modul *Color* aktiviert sein. Außerdem können Sie die Anzahl der Spalten, deren Position und Breite vorgeben.

Bei jedem Theme können Sie bestimmte Elemente, die zur Seite gehören, anzeigen lassen oder nicht. Das beinhaltet das Logo, den Namen der Webseite, einen Slogan, Benutzerbilder in den Beiträgen oder Kommentaren, das Hauptmenü oder das Sekundärmenu. Ob diese Elemente auch wirklich angezeigt werden oder nicht, hängt auch vom Theme ab. Wenn Sie hier ein Häkchen beim Slogan setzen, das Theme aber gar nicht die zugehörige Variable `$site_slogan` berücksichtigt, werden Sie auch keinen Slogan sehen (siehe dazu auch Kapitel 31 zum Thema *Theming*).

Ebenso können Sie angeben, ob Sie das Logo und Favicon des Themes nutzen möchten oder ob Sie eigene hochladen möchten. Ein Favicon ist ein 16 × 16 Pixel großes Mini-Icon Ihrer Webseite, das im Browser meist in der Adresszeile neben der URL erscheint.

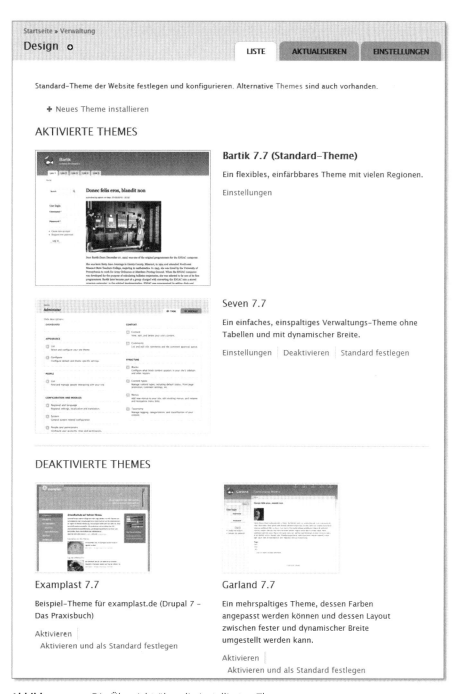

Abbildung 3.15 Die Übersicht über die installierten Themes

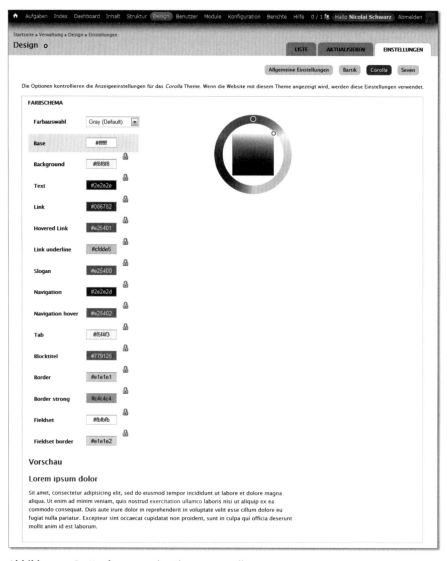

Abbildung 3.16 Konfiguration des Themes »Corolla«

Am Ende der Liste Ihrer verfügbaren Themes können Sie das Verwaltungstheme festlegen. Per Default nutzen Sie hier das Theme *Seven*. Das können Sie in dem meisten Fällen auch so beibehalten. Die Checkbox darunter regelt, ob Sie vom Frontend-Theme zum Backend-Theme wechseln, wenn Sie Inhalte erstellen oder bearbeiten.

Mehr über konfigurierbare Themes lesen Sie in Kapitel 30, eigene Themes basteln Sie in Kapitel 31.

*»Der Worte sind genug gewechselt,
Lasst mich auch endlich Taten sehn.«*
– Goethe, Faust

4 Die Examplast GmbH

Im letzten Kapitel gab es nur einen groben Überblick. Der reicht uns aber, um eine erste kleine Webseite zusammenzubauen. Nebenbei stelle ich Ihnen einige Einstellungen vor, die Sie bei jeder Webseite vornehmen sollten. Wenn Sie im letzten Kapitel einige Konfigurationen ausprobiert haben, starten Sie am besten wieder mit einer frischen Installation.

Sie finden die komplette Webseite auf der DVD-ROM und unter *http://nicolai-schwarz.de/drupal/buch*. Schauen Sie sich auch die entsprechende *Readme.txt* im dortigen Verzeichnis an. Zum Nachbauen benötigen Sie in erster Linie das Theme. Der Ordner */Bilder* enthält alle Fotos, die auf der Webseite zu sehen sind. Es sind Fotos von Flickr (*flickr.com*), die die Urheber unter Creative-Commons-Lizenzen zur Verfügung gestellt haben. Außerdem finden Sie ein Abbild der Datenbank – einen sogenannten Dump – auf der DVD, der die fertige Webseite enthält, also die entsprechende Konfiguration der Module und Inhalte der Seiten. Sie können den Dump zum Beispiel mit dem Programm *MySQLDumper* einspielen (siehe Anhang).

4.1 Die Website der Examplast GmbH

Wir werden im Folgenden eine übersichtliche Webseite für die Examplast GmbH entwickeln; ein mittelständisches Unternehmen, das aus Recyclingmaterialien etwa 400 unterschiedliche Kunststoffprodukte produziert und vertreibt, zum Beispiel Bauelemente wie Rund- und Brettprofile, Zäune, Blumenkübel oder Abfallbehälter – und zwar teils in größeren Serien für Endkunden, teils spezifisch für einzelne Geschäftskunden. Diese Website ist natürlich nur als Beispiel gedacht. Es steckt kein realer Kunde dahinter, der vielleicht noch besondere Wünsche hätte. Die Inhalte genügen aber den Ansprüchen eines kleinen Projekts.

Diese imaginäre Firma ist auch unter *examplast.de* im Web erreichbar. Ich habe das Konzept für diese Webseite zusammen mit *Michael Jendryschik* erstellt, weil wir beide eine Beispielwebsite für ein Buchprojekt benötigten. Auf *examplast.de* finden Sie auch eine Handvoll *Personas*, ausgedachte Benutzer, die die Rolle einer Autorin, eines Admin, einer Designerin etc. einnehmen. Diese Personas sind auch als Benutzer unserer Webseite im Dump zu finden. So dient uns *Walter Webb* etwa als Administrator oder *Ulrike Urgestein* als Assistentin der Geschäftsführung.

In unserem Fall geht es auf Basis dieser Firma zunächst um eine Handvoll einfache Seiten und monatliche News. Das bedeutet für uns, dass es zwei unterschiedliche Inhaltstypen geben wird. Die Texte beinhalten für die Demo nur ein paar einführende, konkrete Informationen und wurden dann mit Blindtext aufgefüllt.

Ein Admin soll sich mit Autoren und Redakteuren um die Seite kümmern. Die einfachen Seiten sollen nicht kommentiert werden, aber für die News sehen wir Kommentare vor. Legen wir also los.

4.2 Das Design

Wir wählen einen klassischen Dreispalter (siehe Abbildung 4.1). Oben steht ein Headerbild samt Logo, in der linken Spalte die Navigation, in der Mitte der Inhalt, und rechts befinden sich die Suche und ein besonderer Hinweis auf einen Katalog. Am Ende folgt eine Fußzeile.

Das Design – und vor allem die Umsetzung als Theme – ist hier zunächst vorgegeben. Im Grunde ist es aber nur das Theme *Stark* mit einem anderen Stylesheet. Auf das Theming gehe ich in Kapitel 31 näher ein. Sie müssen hier also nur das Theme installieren und im Folgenden die nötigen Module aktivieren und konfigurieren. Außerdem müssen verschiedene Inhalte in die richtigen Regionen geschoben werden. Alle Funktionen in diesem Kapitel können Sie mit den Core-Modulen realisieren.

Zu Beginn passt das Design noch nicht richtig. Passen Sie es unter */admin/appearance/settings/examplast* so an, dass bei ANZEIGE EIN-/AUSSCHALTEN nur ein Haken beim Namen der Webseite und beim Favicon gesetzt ist. Das Favicon liegt im Theme-Ordner (*favicon.ico*). Sie können es beim Theme unter FAVICON-EINSTELLUNGEN hochladen. Per CSS wird der Name der Webseite mit dem Logo hinterlegt.

Das Design | **4.2**

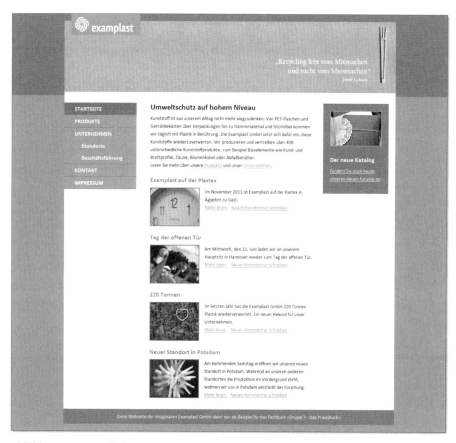

Abbildung 4.1 So soll die Website der fiktiven Examplast GmbH aussehen.

Das passiert im Theme in der Datei *layout.css* mit den Zeilen:

```
#site-name a { width: 200px; height: 60px; background: #8bc53c url(/
sites/all/themes/examplast/examplast_logo.png) 0 0; display: block; left:
20px; top: -20px; position: relative; text-indent: -9999px; }
```

Außerdem stellen Sie unter STRUKTUR • MENÜS • EINSTELLUNGEN (*/admin/structure/menu/settings*) als Quelle der Haupt- und der Sekundärlinks jeweils KEINE HAUPTLINKS bzw. KEINE SEKUNDÄREN LINKS ein.

4.3 Grundlegende Einstellungen

Damit Sie es später nicht vergessen, sollten Sie zunächst ein paar grundsätzliche Einstellungen vornehmen:

- Über KONFIGURATION • BENUTZER • KONTOEINSTELLUNGEN (*/admin/config/people/accounts*) legen Sie für dieses Projekt fest, dass nur Administratoren neue Benutzer registrieren dürfen.
- Unter KONFIGURATION • LOKALISIERUNG UND SPRACHE • REGION-EINSTELLUNGEN (*/admin/config/regional/settings*) stellen Sie ein, dass Benutzer ihre eigene Zeitzone nicht einstellen dürfen.
- Bei den Sprachen (KONFIGURATION • LOKALISIERUNG UND SPRACHE • SPRACHEN (*/admin/config/regional/language*)) können Sie ENGLISH als Sprache deaktivieren.
- Und über KONFIGURATION • ENTWICKLUNG • PROTOKOLLIERUNG UND FEHLER (*/admin/config/development/logging*) lassen Sie in der Entwicklungsphase alle Nachrichten anzeigen. Die Datenbank sollte mindestens 1000 Protokolleinträge beinhalten. Selbst auf kleinen Webseiten sind 100 Einträge schnell erreicht; Sie benötigen mitunter aber die Protokolleinträge, die vor einigen Stunden oder Tagen notiert wurden (siehe auch Abschnitt 28.4, »Protokolle für Systemereignisse«).

4.4 Das Dateisystem

Nun kümmern wir uns um das Dateisystem, das Sie unter KONFIGURATION • MEDIEN • DATEISYSTEM (*/admin/config/media/file-system*) finden. Drupal 7 erlaubt es Ihnen, öffentliche und interne Dateien zu verwalten – zum Beispiel, wenn ein Verein Pressemitteilungen als PDF öffentlich zur Verfügung stellen will, Protokolle der Sitzungen aber nur intern abrufbar sein sollen. Dazu geben Sie verschiedene Pfade an. Ein Pfad wird vom Hauptverzeichnis Ihrer Drupal-Installation aus betrachtet (siehe Abbildung 4.2).

Der Pfad zu den öffentlichen Dateien steht standardmäßig auf */sites/default/files*. Ich selbst nutze stattdessen lieber nur */dateien*. Dieses Verzeichnis müssen Sie eventuell per Hand über Ihr FTP-Programm anlegen. Der Vorteil ist die kürze URL, falls Sie einmal einen Link zu einer Datei direkt per E-Mail verschicken möchten. Außerdem wirkt */dateien* in einem Link »sauberer« als der Standard.

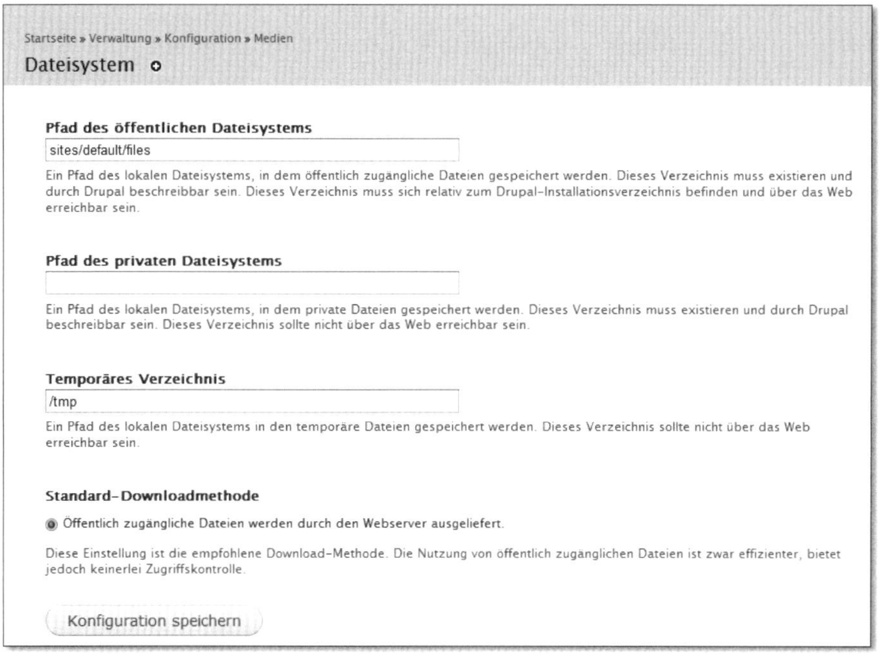

Abbildung 4.2 Die Pfade Ihres Dateisystems

Das private Verzeichnis sollte nicht direkt über das Web erreichbar sein. Wenn Ihre Drupal-Installation zum Beispiel bei Ihrem Webhoster in einem Verzeichnis */drupal* liegt, legen Sie dazu zum Beispiel ein paralleles Verzeichnis namens */intern* an. Dieses Verzeichnis darf auch nicht über andere Webadressen erreichbar sein. Somit kommen Nutzer nur über Drupal an Dateien in diesem Verzeichnis, und Drupal kann überprüfen, ob ein Nutzer die nötigen Rechte besitzt. Als Pfad des privaten Dateisystems würden Sie in dem Fall *../intern* eintragen. Solange hier kein Pfad angegeben ist, werden Sie bei Datei-Uploads immer nur die Möglichkeit sehen, das öffentliche Verzeichnis zu verwenden. Bei der Examplast GmbH gibt es keinen internen Bereich, alle Dateien sind öffentlich. Deshalb können Sie in diesem Beispiel auf einen internen Pfad verzichten.

Im dritten Feld geben Sie einen Pfad zum temporären Verzeichnis an. Hier speichert Drupal Dateien zwischen. Verzeichnisse wie */tmp* oder */temp* sind üblich. Sie können das Verzeichnis zum Beispiel als Unterverzeichnis des öffentlichen Ordner anlegen, also etwa als */dateien/temp*. Empfehlenswerter ist aus Sicherheitsgründen aber ein Ordner im privaten Verzeichnis, etwa *../intern/temp*.

Unter STANDARD-DOWNLOADMETHODE können Sie erst dann etwas auswählen, wenn Sie ein privates Verzeichnis eingetragen haben. Dann können Sie einen

Default-Wert für den Download eintragen. Wählen Sie Öffentlich zugängliche Dateien werden durch den Webserver ausgeliefert, kann erst einmal jeder Nutzer direkt auf eine Datei zugreifen; das geht am schnellsten. Bei Private Dateien werden durch Drupal ausgeliefert prüft Drupal immer erst, ob ein Nutzer auf eine Datei zugreifen darf, was ein wenig länger dauert.

Öffentliche und private Verzeichnisse werden später noch für die Upload-Felder in Kapitel 6, »Inhaltstypen mit eigenen Feldern aufrüsten«, wichtig. Neben diesen beiden üblichen Verzeichnissen, ist es möglich, dass Ihnen Module weitere Optionen bieten. Zum Beispiel wäre es denkbar, dass ein Modul bestimmte Bilder gleich bei Flickr hochlädt, anstatt sie auf dem eigenen Server zu speichern.

4.5 Die Inhalte zusammenstellen

Nun sorgen wir erst einmal dafür, dass unsere Webseite mit Inhalten gefüllt wird.

4.5.1 Die Inhaltstypen und die Kommentare

Wir benötigen als Inhaltstypen einfache Seiten und News. Die einfachen Seiten existieren bereits, wenn Sie bei der Installation das deutschsprachige Profil gewählt haben. Für die News können wir den Inhaltstyp *Artikel* verwenden. Wir bearbeiten diesen Inhaltstyp (über */admin/structure/types/manage/article/edit*) so, dass wir den Namen in »News« ändern, den maschinenlesbaren Namen analog in »news«, und als Beschreibung wählen wir schlicht: »News für die Startseite«. Alle anderen Einstellungen können Sie für erste Schritte zunächst beibehalten. Diesen News-Typ basteln wir in Abschnitt 6.3, »Ein Inhaltstyp für News«, noch einmal im Detail zusammen.

4.5.2 Textformate

Sie benötigen zwei Textformate. Das erste ist für die Redakteure gedacht, die News und einfache Seiten schreiben. Hier arbeiten wir mit dem Format *Filtered HTML*. Dieses passen Sie über Konfiguration • Inhaltserstellung • Textformate • Filtered HTML so an, dass es die gewünschten HTML-Elemente zulässt, hier: `<a>`, `<em>`, `<strong>`, `<ul>`, `<ol>`, `<li>`, `<h1>`, `<h2>`, `<h3>`, `<div>`, `<p>`, `<img>` und `<br>`. Das zweite Textformat benötigen wir für Gäste, die ja die News kommentieren sollen. Hierfür reicht uns das vorhandene Format *Plain Text*, das ohnehin jeder benutzen darf.

4.5.3 Die Inhalte der Webseite

Nun legen Sie die Inhalte an. Die Startseite existiert bereits als Menüpunkt, ist aber noch leer. Kümmern Sie sich zunächst um fünf einfache Seiten: »Produkte«, »Unternehmen« und »Impressum«; die Seite »Unternehmen« hat zwei Untermenüpunkte »Standorte« und »Geschäftsführung«. Hier können Sie Inhalte vom Typ *Einfache Seiten* anlegen und über die Angaben zum Menü dafür sorgen, dass die Menüpunkte an der richtigen Stelle erscheinen.

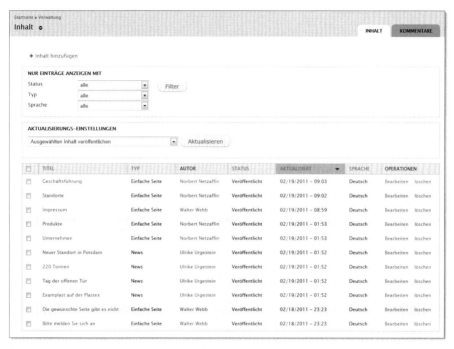

Abbildung 4.3 Die Inhalte der Examplast GmbH

Nun kommen vier News hinzu. Nutzen Sie für die Bilder jene aus dem Ordner *newsbilder*. Diese haben bereits eine Größe, die zum Design passt. Wenn Sie die News richtig angelegt haben, erscheinen diese automatisch auf der Startseite. Unter */admin/config/system/site-information* können Sie die Anzahl der Beiträge auf der Startseite regulieren. Wählen Sie dort vier Beiträge. Auf der Startseite erscheint eigentlich außerdem ein RSS-Icon unter den News, das wir ebenso wie die Brotkrumen-Navigation aber per CSS unterdrücken (durch die Anweisung `#breadcrumb, a.feed-icon { display: none; }`). Mit dem Modul *Views* können Sie in Kapitel 23 später bessere RSS-Feeds basteln.

4.5.4 Das Kontaktformular

Das Modul *Contact* stelle ich Ihnen in Kapitel 16, »Formulare und Abstimmungen«, ausführlicher vor. Im Moment soll es reichen, das Modul zu aktivieren. Über STRUKTUR • KONTAKTFORMULAR sehen Sie, dass das Modul Ihnen ein globales Standard-Formular namens WEBSITE FEEDBACK eingerichtet hat. Wenn Sie auf BEARBEITEN klicken, können Sie dort zum Beispiel einen anderen Empfänger eintragen.

Das Formular enthält Felder für den Namen, die E-Mail-Adresse, den Betreff und die Nachricht selbst. Es ist zunächst unter */contact* erreichbar. Gehen Sie nun auf STRUKTUR • MENÜS • HAUPTMENÜ • LINKS AUFLISTEN. Hier klicken Sie auf den Link LINK HINZUFÜGEN. Geben Sie als Linktitel des Menüpunkts »Kontakt« ein und als Pfad */contact*. Das sorgt für einen zusätzlichen Menüpunkt, der auf das Kontaktformular verlinkt. An der Stelle können Sie auch Ihre bisherigen Menüpunkte verschieben, sodass sie in der gewünschten Reihenfolge erscheinen. Statt des Links */contact* können Sie auch ein Alias für das deutschsprachige */kontakt* anlegen (siehe Kapitel 8, »Sprechende URLs«).

Abbildung 4.4 Das Kontaktformular im Examplast-Theme

4.5.5 Blöcke

Nun bearbeiten Sie STRUKTUR • BLÖCKE. Achten Sie darauf, dass Sie die Blöcke im richtigen Theme wählen. Da Examplast als Standard-Theme gewählt ist, sollten Sie auch die Blöcke dieses Themes angezeigt bekommen.

Auf die Blöcke BENUTZERANMELDUNG, POWERED BY DRUPAL und den DRUPALCENTER BLOCK verzichten wir, d. h., als Region wird hier KEINE gewählt. Verteilen Sie die bestehenden Blöcke folgendermaßen:

- Linke Seitenleiste: Hauptmenü, Navigation, Benutzermenü. Für das Hauptmenü stellen Sie noch den Titel durch die Angabe »<none>« ab.
- Rechte Seitenleiste: Suchformular
- Inhalt: Haupt-Seiteninhalt
- Hilfe: System-Hilfe

Zusätzlich erstellen Sie drei eigene neue Blöcke:

- Für die rechte Seitenleiste einen Block DER NEUE KATALOG, der für den neuen Katalog wirbt und auf das Kontaktformular verlinkt.
- Ein weiterer Block FUSSZEILE soll in der Region FUSSBEREICH erscheinen und enthält eine kurze Info zur Webseite.
- Der dritte Block soll auf der Startseite über den News erscheinen. Dieser Block enthält einen kurzen Absatz zum Unternehmen selbst (siehe Abbildung 4.1). Nennen Sie den Block »Text für die Startseite«, und schieben Sie ihn in die Region HIGHLIGHTED.

4.5.6 Rollen, Benutzer und Rechte

Nun sorgen Sie für zwei weitere Rollen: *Autor* und *Redakteur*. In den Berechtigungen setzen Sie die passenden Rechte für die beiden neuen Rollen und Gäste.

- Gäste dürfen Kommentare schreiben.
- Autoren dürfen News schreiben (*News*: Neuen Inhalt erzeugen) und eigene News ändern (*News*: Eigenen Inhalt bearbeiten)
- Redakteure dürfen alle News bearbeiten (*News*: Beliebigen Inhalt bearbeiten)
- Alle dürfen die Suche verwenden

In den Daten der Beispielseite finden Sie noch einige Nutzer, die als Autor oder Redakteur registriert sind.

4.5.7 Übersetzungen

Falls Gäste noch englische Begriffe sehen, übersetzen Sie die Oberfläche gemäß Kapitel 26, »Mehrsprachige Webseiten«.

So weit ist die Webseite schon einmal benutzbar, aber wir können noch ein paar weitere sinnvolle Konfigurationen vornehmen.

4.6 Datum und Zeiteinstellungen

Sobald Sie auf Ihrer Webseite mit Zeitangaben arbeiten, möchten Sie sichergehen, dass diese auch richtig angezeigt werden. Das betrifft etwa die Zeit, zu der ein Artikel veröffentlich wurde, oder Zeitangaben für Termine. Unter KONFIGURATION • LOKALISIERUNG UND SPRACHE • DATUM UND UHRZEIT (/admin/config/regional/date-time) nehmen Sie die Grundeinstellungen vor. Zur Webseite gehören ein Standard-Land und der erste Tag der Woche. Die Standard-Zeitzone wird hierzulande auf »Europe/Berlin« stehen. Die Option BENUTZER DÜRFEN IHRE EIGENE ZEITZONE EINSTELLEN ist nur sinnvoll, wenn Sie mit Benutzern arbeiten, die tatsächlich in verschiedenen Zeitzonen leben. In dem Fall werden für diesen Benutzer die Daten in seine Zeitzone umgerechnet.

Weiter geht es mit den Datumstypen. Sie finden diese unter KONFIGURATION • LOKALISIERUNG UND SPRACHE • DATUM UND UHRZEIT (/admin/config/regional/date-time). Dort sehen Sie zunächst einmal die Formate LANG, MITTEL und KURZ. Für jeden Datumstyp gibt es eine kleine Liste an vorgefertigten Formaten, aus denen Sie wählen können. Wir wollen für eine Liste mit Terminen aber zum Beispiel ein Format haben, das nur den Tag anzeigt. Das Format ist in diesen Listen nicht vorgesehen; wir können es aber neu anlegen. Für die weitere Konfiguration sollten Sie sich mit den Datumsfunktionen in PHP auskennen. Immer, wenn solche Angaben vorkommen können, nennt Drupal Ihnen netterweise einen Link zu *http://php.net/date*. Dort können Sie alles rund um die Datumsfunktionen nachlesen.

Es geht um feste Formate für bestimmte Datums- oder Zeitangaben. So gibt der Buchstabe »d« einen zweistelligen Tag mit führender Null zurück, also einen Wert zwischen 01 und 31. Der Buchstabe »j« hingegen steht für den Tag ohne führende Null, also Werte zwischen 1 bis 31. Wenn Sie ausgeschriebene Wochentage benötigen, wählen Sie ein l (kleines L) und erhalten als Werte »Sunday« bis »Saturday« bzw. sofort die übersetzten Tage »Sonntag« bis »Samstag«. Ähnliches gibt es für Jahre, Monate, Stunden, Minuten und Sekunden. Eine Datumsanzeige wie den 06.12.2012 erhalten Sie zum Beispiel über die Angabe: »d.m.Y«.

Klicken Sie auf den Reiter FORMATE und dort auf DATUMSFORMAT HINZUFÜGEN. Dort geben Sie »d.m.Y« als Zeichenkette ein. Nun gehen Sie wieder zurück zum Reiter TYPEN. Dort klicken Sie auf DATUMSTYP HINZUFÜGEN. Geben Sie als Datumstyp den Namen »Tag« ein (der maschinenlesbare Name wird automatisch zu »tag«). Beim Datumsformat wählen Sie nun das Format, das Sie eben erstellt haben (ganz unten in der Liste). Nun haben wir ein neues Format, das wir für unsere News verwenden können (siehe Abbildung 4.5).

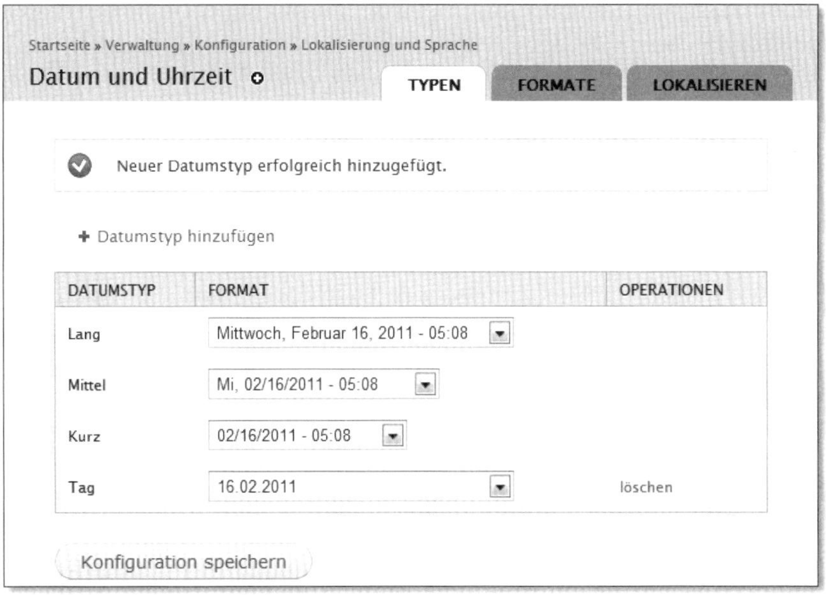

Abbildung 4.5 Der neu erstellte Datumstyp

Wenn Sie Zeit-Daten als Felder für Inhaltstypen verwenden möchten, nutzen Sie am besten das Modul *Date* aus Kapitel 24, »Datum und Kalender«.

4.7 Cronjobs anlegen

Ein Cron-Daemon führt im Betriebssystem zu bestimmten Zeiten wiederkehrende Aufgaben – sogenannte Cronjobs – aus. Auch in Drupal ist solch ein Cronjob nötig; dazu wird die Datei */cron.php* aufgerufen. Sie sollten in jedem Fall dafür sorgen, dass diese Datei regelmäßig aufgerufen wird. Andernfalls kann es – je nach verwendeten Modulen und Einstellungen – passieren, dass Ihre Webseite über kurz oder lang nicht mehr wie geplant funktioniert. Der Cronjob ist zum Beispiel dafür zuständig, dass neue Inhalte für die Suche indiziert, alte Protokollnachrichten gelöscht oder Newsletter verschickt werden.

Sie haben mehrere Möglichkeiten, den Cronjob einzustellen. Falls Sie einen eigenen Webserver betreiben oder Ihr Webpaket das ermöglicht, können Sie dort einstellen, dass die Datei regelmäßig aufgerufen wird. In dem Fall wird Ihr Server sicher zum angegebenen Zeitpunkt den Cronjob aufrufen.

Eine zweite Möglichkeit finden Sie, wenn Sie */admin/config/system/cron* aufrufen. Dort können Sie ebenfalls einstellen, wie oft der Cronjob läuft. »Alle drei Stunden« oder auch »jede Stunde« sind Werte, die Sie nutzen können. An dieser Stelle können Sie den Cronjob jedoch nur ungenau einstellen. Das System merkt sich den letzten Zeitpunkt des Cronjobs. Ruft ein Benutzer oder ein Gast die Webseite auf, prüft das System, ob der angegebene Zeitraum überschritten wurde, und ruft in diesem Fall im Hintergrund den Cronjob auf. Das heißt auch: Wenn Ihre Seite ein paar Stunden oder ein paar Tage lang nicht besucht wird, wird ein so konfigurierter Cronjob auch nicht angestoßen. Eine Einstellung von »alle drei Stunden« läuft also nur dann etwa alle drei Stunden, wenn auch etwa alle drei Stunden jemand die Webseite besucht.

Wenn Sie keine eigenen Cronjobs bei Ihrem Webpaket einstellen dürfen, können Sie als dritte Option auch einen externen Service nutzen. Sie können sich zum Beispiel bei *cronjob.de* kostenlos anmelden und dort einstellen, dass Ihr Cronjob regelmäßig aufgerufen wird (siehe Abbildung 4.6). Nach meinen Erfahrungen funktioniert der Service sehr zuverlässig.

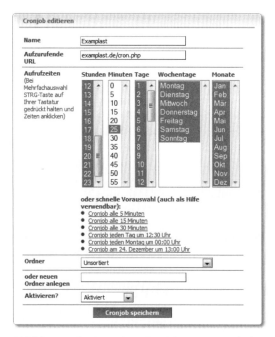

Abbildung 4.6   Kostenlose Cronjobs via »cronjob.de«

Wenn Sie den Cronjob automatisch aufrufen möchten, benötigen Sie aus Sicherheitsgründen einen Key, damit nicht irgendjemand einfach Ihren Cronjob ausführen kann. Sie finden den Key im Statusbericht unter */admin/reports/status*. Anstatt dann regelmäßig die Datei *http://examplast.de/cron.php* aufzurufen, hängen Sie den dort genannten Key an. Die Adresse lautet so zum Beispiel: *http://examplast.de/cron.php?cron_key=lYrawFXJY8dN_64yI1ffnRTFazFjGez6r MagUIqcEBk*.

4.8 Die Suche

Nun fügen wir der Webseite eine Suche hinzu. Aktivieren Sie dazu das Core-Modul *Search,* und verwalten Sie es unter KONFIGURATION • SUCHE UND METADATEN • SUCHEINSTELLUNGEN (*/admin/config/search/settings* – siehe Abbildung 4.7).

Auch für die Suche müssen Sie den Cronjob richtig konfigurieren. Mit jedem Durchlauf erstellt sich Drupal aus den vorhandenen Inhalten einen Index, der bei Suchabfragen für die Ergebnisse sorgt. Am Indexierungsstatus sehen Sie, wie weit Ihre Webseite aktuell indiziert ist. Wenn noch Elemente indiziert werden müssen, können Sie den Cronjob manuell aufrufen, bis Sie hier 100 Prozent erreicht haben. Das bedeutet auch, dass Ihre Suche nicht unbedingt alle aktuellen Inhalte berücksichtigt. Sie müssen warten, bis ein Cronjob den Index aktualisiert hat, erst dann findet die Suche die neuen Inhalte auch. Wie viele Objekte in einem Cron-Lauf indiziert werden, regeln Sie in der folgenden Einstellung. Als Standardwert versucht Drupal, in jedem Cron-Lauf 100 Objekte zu indizieren. Das kann die Fähigkeiten des Servers übersteigen. Wenn Ihr Cron-Lauf mit einer Fehlermeldung abbricht, setzen Sie hier die Anzahl der Objekte herunter.

In den Indizierungseinstellungen legen Sie die minimale Wortlänge fest, die indiziert werden soll. Belassen Sie es ruhig beim Wert 3. Der Index wird dann allerdings keine Begriffe finden können, die nicht mindestens 3 Buchstaben lang sind. Wenn Sie eine Webseite über Geschichte oder Politik betreiben, auf der Begriffe wie UN oder EU vorkommen können, möchten Sie auch, dass diese Begriffe über die Suche gefunden werden. In solchen Fällen setzen Sie die minimale Wortlänge auf 2 herab. Das führt dazu, dass der Index größer wird. Wenn Sie auf der Webseite viel Inhalt haben, wird der Index schnell riesig. Geben Sie im Suchformular weniger als die minimale Wortlänge ein, erhalten Sie eine entsprechende Fehlermeldung: »Sie müssen mindestens ein gültiges Schlüsselwort mit 3 Buchstaben oder mehr angeben.« Bei Ihren Suchanfragen können Sie übrigens bekannte Formate verwenden: Suchen Sie nach zwei Begriffen (*unternehmen plastik*), entspricht das einer AND/UND-Suche; es werden nur Inhalte angezeigt, die beide Wörter enthalten. Sie können das Wort »OR« verwenden, um eine OR/ODER-

Suche zu starten (*unternehmen OR plastik*). Dann erhalten Sie alle Inhalte, die entweder den einen und/oder den anderen Begriff beinhalten. Mit einem Minuszeichen (*unternehmen -plastik*) geben Sie vor, dass ein Begriff nicht vorkommen darf. Hier wären es also alle Inhalte, die zwar das Wort »unternehmen«, aber nicht das Wort »plastik« enthalten. Und verwenden Sie Anführungszeichen (»*unternehmen sowie*«), müssen die Wörter so erscheinen, wie Sie es durch diese Phrase vorgeben.

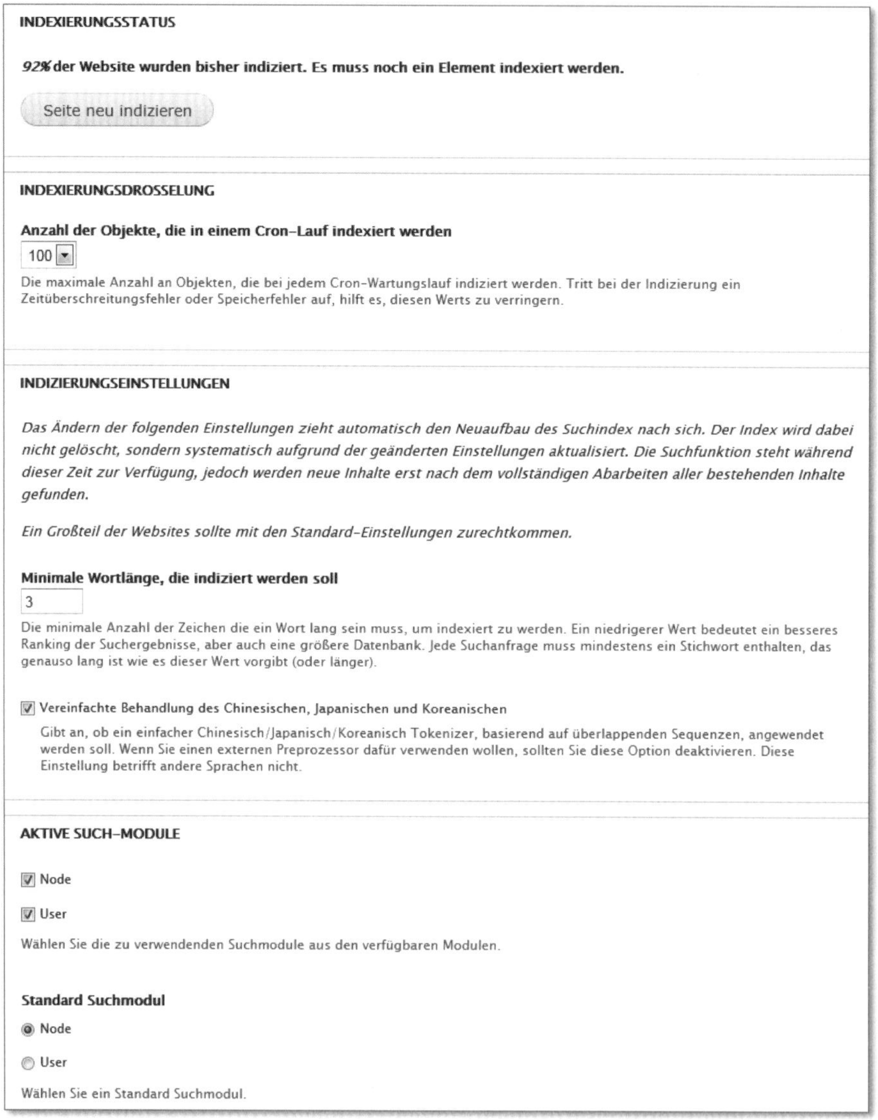

Abbildung 4.7 Einstellungen der Suche

Beachten Sie dabei, dass Sie die Anzeige der Felder für jeden Inhaltstyp verwalten können (siehe Abschnitt 6.2.3, »Feldtypen über verschiedene Formate anzeigen«). Dort können Sie auch festlegen, ob Felder in den Suchindex aufgenommen werden oder nicht. Vielleicht gibt es einige Daten, die gar nicht erst im Index landen sollen?

Nun folgen die aktiven Such-Module. Zur Verfügung stehen NODE und USER; eines davon können Sie als Standard einstellen. Sind beide Such-Module aktiviert, bezieht sich die Suche zunächst auf den Standard. Die Ergebnisse beziehen sich also entweder auf die Inhalte der Nodes oder die User. Dazu gibt es entsprechende Reiter, mit denen Sie die Suche auf das jeweils andere Modul umschalten können. Dadurch können Sie gezielt nach Usern oder Beiträgen suchen. Wenn Sie etwa eine kleine Firmenwebseite pflegen, sind die angemeldeten Benutzer egal. In dem Fall können Sie die Suche auf die Nodes beschränken. Anders bei einer großen Community. Hier werden Sie Profile der Benutzer einrichten. In dem Fall ist es sinnvoll, wenn ein anderer Nutzer gezielt eine Suche innerhalb der User durchführen kann, um zum Beispiel nach gemeinsamen Interessen zu suchen.

Über die Inhaltsreihenfolge können Sie die Suchergebnisse anhand verschiedener Faktoren beeinflussen. Je höher das Gewicht ist, desto weiter oben erscheint das jeweilige Ergebnis.

Auch die Suche können Sie mit Modulen erweitern. Schauen Sie sich etwa *Search By Page* oder *Search Files* an.

4.9 Fehlerseiten anpassen

Wenn Sie sich die Konfiguration Ihrer Webseite unter KONFIGURATION • SYSTEM • WEBSITE-INFORMATION (*/admin/config/system/site-information*) ansehen, finden Sie am Ende zwei Felder für Fehlerseiten. Dazu sollten Sie sich zwei eigene Seiten anlegen – üblicherweise vom Typ *Einfache Seite* – und passend zu Ihrer Webseite Texte anbieten, warum diese oder jene Seite nicht existiert oder warum ein Besucher nicht darauf zugreifen kann. Drupal hat für beide Fälle eigene Formulierungen in petto, aber ich empfehle Ihnen, die Texte der jeweiligen Webseite anzupassen. Ein simples »Seite nicht gefunden« sagt zwar das Wesentliche, ist aber nicht besonders freundlich (siehe Abbildung 4.8).

Abbildung 4.8 »Seite nicht gefunden«, aber das geht auch benutzerfreundlicher.

Weisen Sie stattdessen höflich darauf hin, dass der Inhalt nicht existiert und dass der Benutzer sich bitte anhand des Hauptmenüs orientieren oder die Suche benutzen soll.

Ähnliches gilt für einen Text, wenn der Besucher keinen Zugriff auf die Seite hat. »Auf diese Seite haben Sie keinen Zugriff« klingt etwas netter als »Zugriff verweigert«. Darunter könnten Sie darauf hinweisen, dass sich ein User vielleicht nur anmelden muss, um auf diese Seite zugreifen zu dürfen.

Sehen Sie sich in diesem Zusammenhang auch die Module *Global Redirect* in Abschnitt 8.2 sowie *Search 404* an.

4.10 Die Performance auf Live-Seiten verbessern

Die folgenden Einstellungen beziehen sich auf eine Live-Seite. Solange Sie Ihr Webprojekt noch entwickeln, lohnt es sich nicht, hier etwas einzustellen.

Drupal speichert alle möglichen Daten in einem eigenen Zwischenspeicher, einem Cache. Wenn ein Benutzer eine Seite anklickt, müssen nicht alle Daten neu generiert werden, sondern werden aus dem Zwischenspeicher geholt. Sie finden die Einstellungen unter KONFIGURATION • ENTWICKLUNG • LEISTUNG (*/admin/config/development/performance* – siehe Abbildung 4.9).

Sie können dort den gesamten Cache löschen. So können Sie sichergehen, dass im Folgenden alle Seiten in der aktualisierten Fassung erscheinen. Der Zwischenspeicher wird dann neu gefüllt. In dieser Zeit kann es passieren, dass Seiten etwas langsamer geladen werden, weil sie neu zusammengestellt werden.

Nun stellen Sie ein, wie der Cache genutzt wird. Die Einstellungen hängen davon ab, was für Inhalte Sie auf der Webseite anbieten. Auf einer üblichen Firmenwebseite ändert sich vielleicht alle paar Tage eine Kleinigkeit, da können Sie problemlos alles cachen und eine minimale Cache-Lebensdauer zwischen drei und sechs Stunden wählen. Auf einer Community-Seite, auf der viel passiert, können Sie auch cachen, stellen aber eine kleinere Lebendauer zwischen einer Minute und einer Stunde ein. Hier gehen Besucher und Cache-Dauer Hand in Hand. Wenn Sie 50 Besucher im Laufe eines Tages auf der Webseite registrieren und nur einmal am Tag eine News hinzukommt, hat eine Cache-Lebensdauer von 15 Minuten und darunter keinen besonderen Effekt auf die Performance. Denn in dem Fall würde die Seite doch bei fast jedem Nutzer neu gerendert – und das ist nicht der Sinn eines Caches.

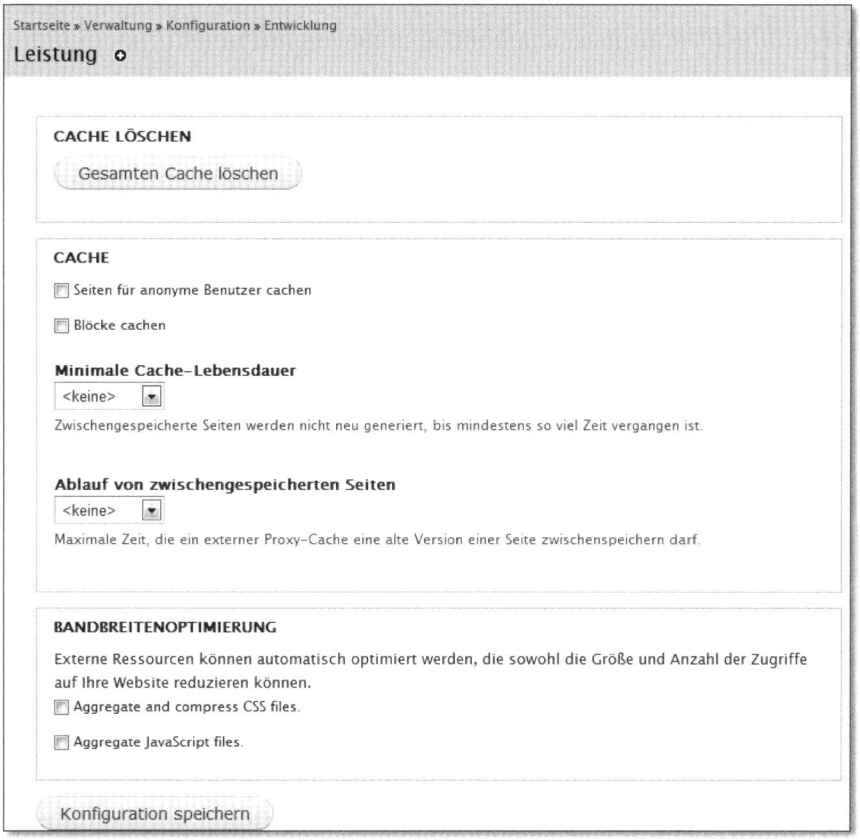

Abbildung 4.9 Einstellungen für den internen Cache

Der ABLAUF VON ZWISCHENGESPEICHERTEN SEITEN ist eine Angabe für externe Proxy-Caches. In dem Fall geben Sie Ihren Webseiten eine Anweisung mit, wie lange diese gültig sein sollen. Externe Caches werden Ihre Seiten zunächst zwischenspeichern, aber nach Ablauf der Zeit wieder neu von Ihrem Server laden.

Die Bandbreitenoptimierung sorgt dafür, dass das System all die verschiedenen CSS- oder JavaScript-Dateien bestmöglich zusammenfasst. Statt zum Beispiel 17 verschiedene JavaScript-Dateien einbinden zu müssen, können Sie sie durch einen Klick zu sechs Dateien zusammenfassen lassen. Das sorgt für weniger HTTP-Requests beim Laden der Seite. Wenn Sie mit der Entwicklung der Seite fertig sind, können Sie beide Checkboxen aktivieren. Falls Sie danach jedoch wieder etwas an Ihren CSS-Dateien (oder eigenen JavaScripts) ändern möchten, sollten Sie die Checkbox für die neue Entwicklungsphase wieder deaktivieren, sonst haben Ihre Änderungen keine Auswirkungen.

4.11 Änderungen im Wartungsmodus durchführen

Wenn Sie größere Arbeiten an der Webseite vornehmen, sollten Sie die Webseite vorher in den Wartungsmodus setzen: über KONFIGURATION • ENTWICKLUNG • WARTUNGSMODUS (*/admin/config/development/maintenance*). Als Profi unternehmen Sie keine »Operationen am offenen Herzen«. Im Wartungsmodus bekommen Gäste einen Hinweis angezeigt und können den Rest der Seite nicht mehr sehen. Registrierte Benutzer mit dem Recht »Die Webseite im Wartungsmodus betreiben« hingegen können sich anmelden, sehen auch die Inhalte, darüber aber einen kleinen Hinweis: »Die Website befindet sich im Wartungsmodus.«

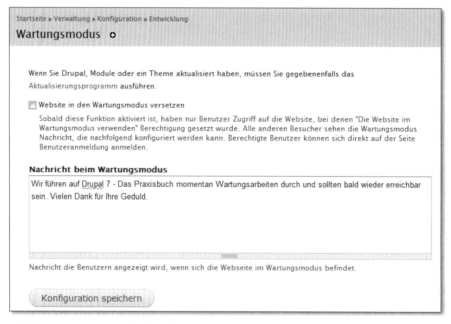

Abbildung 4.10 Die Standard-Nachricht im Wartungsmodus für Gäste

Die Konfiguration besteht aus einer einfachen Checkbox und der Nachricht, die Sie den Gästen der Webseite anzeigen (siehe Abbildung 4.10). Ich mache es meistens so, dass ich eine konkrete Zeit nenne, nach der die Webseite wieder erreichbar ist. In vielen Fällen können Sie schätzen, wie lange Sie für Ihre Arbeiten benötigen. Zur Sicherheit nehmen Sie die doppelte Dauer und schreiben etwa: »Die Webseite ist ab 4 Uhr wieder für Sie erreichbar.«

Wartungsarbeiten sollten Sie selbstverständlich nicht zu den Stoßzeiten durchführen, sondern besser spät am Abend oder an den Wochenenden – abhängig davon, wann die Webseite am wenigsten besucht wird.

»Kreative Differenzen eignen sich hervorragend dazu, im bestehenden Chaos erste zarte Ordnungsstrukturen zu erkennen.«
– Christa Schyboll

5 Webseiten über Inhaltstypen strukturieren

Die Inhaltstypen bilden die inhaltliche Grundlage Ihrer Webseite. Zu Beginn sollten Sie wissen, welche Inhalte für Ihre Webseite infrage kommen. Auf dieser Grundlage richten Sie verschiedene Inhaltstypen ein. Bei einer ganz einfachen Webseite – vielleicht für einen kleinen Verein – mag es nur fünf einzelne Seiten geben, die nicht kommentiert werden können. Hier kommen Sie vermutlich mit einem einzelnen Inhaltstyp aus: jener *Einfachen Seite*, die Sie bereits in Kapitel 3, »Erste Schritte im Backend«, kennengelernt haben. Bei einem Blog sind es meist schon zwei Inhaltstypen: eine *Einfache Seite* etwa für das Impressum und der Typ *Artikel* für die Blogbeiträge. Je umfangreicher eine Webseite wird, desto mehr Inhaltstypen kommen dazu. In vielen Fällen gibt es mehrere Möglichkeiten für die Umsetzung. Wenn Sie etwa ein Dutzend PDFs als Download anbieten möchten, können Sie eine einfache Seite anlegen und dort alle Texte eintragen und die PDFs verlinken. Sie können aber auch einen eigenen Typ »PDF-Download« anlegen und für jedes PDF einen Titel, eine Datei und ein Coverbild vorsehen. Auf der Download-Seite würden diese Inhalte dann zum Beispiel automatisch alphabetisch angezeigt (mit *Views*, siehe Kapitel 23, »Inhalte mit Views flexibel zusammenstellen«).

5.1 Ein erster eigener Inhaltstyp

Um die Funktionen näher kennenzulernen, legen wir einen eigenen Inhaltstyp an. Sagen wir, es geht um ein Blog, in dem es bereits die Typen *Einfache Seite* und *Artikel* gibt. In der Seitenleiste sollen nun zusätzlich kurze Hinweise erscheinen, etwa Linktipps oder Veranstaltungshinweise. Diese bestehen einfach nur aus einem Titel und einem kurzen Text. Der Aufbau entspricht zwar dem einer *Einfachen Seite*, der eigene Inhaltstyp macht es uns aber einfacher, die Inhalte von denen einer *Einfachen Seite* zu unterscheiden und ggf. anders auszugeben oder zu erweitern. Klicken Sie auf STRUKTUR • INHALTSTYPEN • INHALTSTYP HINZUFÜGEN (/admin/structure/types/add), um einen neuen Inhaltstyp anzulegen (siehe Abbildung 5.1).

Abbildung 5.1   Hier entsteht ein neuer Inhaltstyp namens »Notiz«.

Der Name ist die Bezeichnung für diesen Inhaltstyp. Machen Sie es den Nutzern des Systems möglichst einfach, und bezeichnen Sie den Typ so genau, wie es geht. Mit »Rez F« und »Rez B« können vielleicht Sie etwas anfangen, »Rezension: Film« und »Rezension: Buch« ist jedoch für gelegentliche Nutzer viel verständlicher. In unserem Fall wählen wir schlicht »Notiz«. Drupal generiert Ihnen aus dem Namen einen *Maschinennamen*; das ist die interne Bezeichnung, die Drupal nutzt, um Inhaltstypen zuzuweisen. Sie benötigen diesen Maschinennamen zum Beispiel, um die Ausgabe einzelner Inhaltstypen durch ein Template zu beeinflussen (siehe Kapitel 31, »Theming«). Gefällt Ihnen der zugewiesene Name nicht, ändern Sie ihn einfach. Sie können hier Kleinbuchstaben, Zahlen und Unterstriche (_) verwenden. In unserem Fall belassen wir es bei »notiz«. Es empfiehlt sich übrigens, den hier verwendeten maschinenlesbaren Namen beizubehalten. Wenn Sie ihn später ändern, müssten Sie nämlich ggf. Ihre Views, Templates oder andere Konfigurationen, die diesen Inhaltstyp betreffen, noch einmal anpassen.

Die Beschreibung wird in der Übersicht der Inhaltstypen (/admin/structure/types) angezeigt. Unsere Notizen sollen in einem Block KURZ NOTIERT in der Seitenspalte erscheinen, also geben wir das auch in der Beschreibung an. Weiter geht es mit den vertikalen Reitern. Beachten Sie, dass die wichtigsten Daten dieser Reiter bereits in grau unter den Menütiteln angezeigt werden.

5.1.1 Einstellungen für das Eingabeformular

Hier können Sie die Bezeichnungen für den Titel des Inhaltstyps angeben. *Titel* ist schon der passende Ausdruck: Der spätere Inhalt wird für das `<title>`-Element in der Einzelansicht dieses Nodes genutzt. Ob Sie den Titel auch als Überschrift für die Seite verwenden, können Sie per Template bestimmen. Außerdem kann der Titel automatisch in die URL der Seite einfließen (siehe dazu Abschnitt 8.1, »Automatische URL-Aliase mit Pathauto«).

Nun können Sie bestimmen, ob Nutzer vor dem Speichern eine Vorschau sehen müssen oder ob die Funktion verschwinden soll. Wenn Sie hier ERFORDERLICH wählen, können Benutzer einen neuen Inhalt nicht sofort speichern, sondern sehen nur einen VORSCHAU-Button. Nach einem Klick auf diesen Button sehen Sie eine Vorschau über dem bisherigen Formular für den Inhalt. Sie können den Inhalt nun noch einmal gegenlesen und ggf. ändern. Am Ende des Formulars sind dann auch die beiden Buttons SPEICHERN und VORSCHAU zu sehen. Ich selbst schalte die Vorschau für Autoren und Redakteure meistens aus. Nach dem Speichern sieht der Benutzer ohnehin den Inhalt. Falls etwas nicht stimmt, kann er es schnell ändern. Es gibt aber auch Gründe, eine Vorschau zur Pflicht zu machen. Etwa wenn ein Autor einen Termin einpflegen, aber keine bestehenden Termine bearbeiten darf. In dem Fall ist eine verpflichtende Vorschau sinnvoll, in der er seinen Beitrag einmal gegenlesen »muss«.

Wenn neben Ihnen noch andere Nutzer an Ihrem System arbeiten und Inhalte liefern, sollten Sie eine ausreichende »Erklärung oder Richtlinien zum Erstellen von Inhalt« angeben. Etwa wozu diese Inhalte gedacht sind oder was zu beachten ist. Für unser Beispiel schreiben wir: »Die Notizen erscheinen in der Seitenspalte und sollten möglichst kurz gehalten werden.«

5.1.2 Veröffentlichungseinstellungen (Publishing options)

Sie können vier Zustände festlegen, mit denen der jeweilige Inhaltstyp per Default gespeichert wird. Ob ein Autor beim Anlegen neuer Inhalte diese Optionen auch sehen und ändern kann oder nicht, können Sie über die Berechtigungen und einige zusätzliche Module festlegen.

VERÖFFENTLICHT legt fest, ob der Beitrag beim Speichern sofort öffentlich ist oder nicht. Wer alleine bloggt, kann seine Beiträge meist sofort veröffentlichen. In einer Redaktion könnten Sie festlegen, dass Autoren zwar Beiträge schreiben dürfen, diese aber erst einmal nicht öffentlich sind. Redakteure haben dann die Berechtigung, einen Beitrag öffentlich zu stellen.

Die Option AUF DER STARTSEITE legt fest, ob der Inhalt auf der Startseite erscheinen soll. Wenn Sie nur mit den Core-Modulen arbeiten möchten, könnten Sie News so auf der Startseite anzeigen lassen. So haben wir es auch in Kapitel 4 geregelt. Die Startseite ist dann keine extra angelegte Seite wie in dem Beispiel in Abschnitt 3.2, »Erste Inhalte anlegen«. Stattdessen holt sich die Startseite die Teaser aller Inhalte, bei denen die Checkbox AUF DER STARTSEITE aktiviert ist. Wie viele Inhalte das sind, legen Sie unter KONFIGURATION • SYSTEM • WEBSITE-INFORMATION (*/admin/config/system/site-information*) fest. In der Regel können Sie diese Option aber ignorieren, da Sie die Startseite am Ende eher mit den Modulen *Views* und/oder *Panels* umsetzen werden.

Aus Blog-Systemen kennen Sie vielleicht Texte, die wichtiger sind als andere, und in der Übersicht am oberen Rand kleben. Dazu gibt es die Option OBEN IN LISTEN. Hier gibt es eigentlich keinen Grund, die Option als Default anzuklicken. Es sollen ja nicht alle Beiträge oben hängen, sondern nur die besonderen. Speziell für diesen Bereich stellt Ihnen das Modul *Override Node Options* nützliche zusätzliche Berechtigungen zur Verfügung (siehe Abschnitt 12.8, »Kleinteiligere Rechte für Node-Optionen«).

Drupal verfügt über ein eingebautes Versionierungssystem. Vielleicht ändern Sie häufiger den Text Ihrer Startseite, dann könnten Sie jeweils verschiedene Versionen anlegen und hin- und herschalten, wenn eine Aktion oder ein bestimmter Termin vorüber ist. Wenn sehr viele Autoren an einer Webseite arbeiten und Sie nicht sicher sind, wie zuverlässig diese arbeiten, könnten Sie hier einen Haken setzen. Bei jedem Speichern wird dadurch eine neue Version erzeugt. Hat ein Autor etwas falsch gemacht, kommen Sie also einfach zur alten Fassung zurück. Das führt allerdings auch dazu, dass jede Menge Versionen angelegt werden, die nicht immer nötig sind. Nutzen Sie entsprechende Module wie *Revision Moderation* oder *Revision Deletion*, um einer Flut von Versionen Herr zu werden (siehe Abbildung 5.2).

In der deutschsprachigen Drupal-Installation ist automatisch das Modul *Locale* aktiviert. In dem Fall sehen Sie deshalb außerdem die Option UNTERSTÜTZUNG VON MEHRSPRACHIGKEIT. Wenn Sie hier AKTIVIERT angeben, können Sie Ihre Inhalte gleich übersetzen. Darauf gehe ich in Kapitel 26, »Mehrsprachige Webseiten«, näher ein.

Abbildung 5.2 Standardeinstellungen für die Veröffentlichung neuer Inhalte

In dem Fall unseres Beispiel-Inhaltstyps gilt, dass er lediglich veröffentlicht erscheinen soll. Die Mehrsprachigkeit bleibt deaktiviert.

5.1.3 Anzeigeeinstellungen (Display settings)

Der nächste Reiter enthält eine einzelne Checkbox: Autor- und Datumsinformationen anzeigen. Wenn die Option angeklickt ist, gibt Drupal diese Inhalte immer mit dem Namen des Users und dem Datum an. Das ist insbesondere bei News oder Blog-Einträgen passend. Die Informationen werden allerdings nur angezeigt, wenn die dafür notwendige Variable auch im Template für die Inhaltstypen verwendet wird. Das ist bei vorbereiteten Themes aber der Fall.

Falls Sie Ihre eigenen Themes schreiben, können Sie hier auf diese Option verzichten. Jedem Inhalt ist ohnehin der Autor und die Zeit des ersten Speicherns und der letzten Änderung zugeordnet. Sie können diese Daten auch im entsprechenden Template ausgeben und haben dann mehr Kontrolle über die Ausgabe (siehe Kapitel 31, »Theming«). Wenn Sie sich nicht mit dem Theming beschäftigen möchten, nutzen Sie hier einfach das Häkchen.

Beim Inhaltstyp Notiz setzen wir hier keinen Haken, der Block soll ja nur die notwendigsten Informationen enthalten.

5.1.4 Einstellungen für Kommentare (Comment settings)

In diesem Reiter legen Sie mit der ersten Option fest, ob überhaupt Kommentare zugelassen sind (siehe Abbildung 5.3). Ausgeblendet sorgt dafür, dass die Inhalte nicht kommentiert werden können. Öffnen lässt Kommentare zu. Zusätzlich gibt es die Option Geschlossen, falls Sie bei bestimmten Einträgen erst Kommentare zulassen möchten, um sie später zu schließen. Die Kommentareinstellung ist die Grundeinstellung, mit der ein Inhalt gespeichert wird; Sie können sie bei jedem Inhalt einzeln ändern.

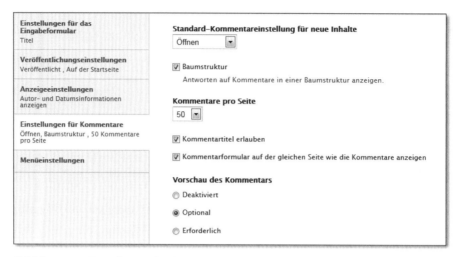

Abbildung 5.3   Einstellungen für die Kommentare eines Inhaltstyps

Die BAUMSTRUKTUR (Threading) legt fest, ob die Kommentare als strukturierte Liste angezeigt werden, wie man es aus Foren kennt. Im Gegensatz zu Blogs, die meistens nur eine Ebene an Kommentaren haben, ist es in Drupal möglich, auf den Artikel selbst oder auf einzelne Kommentare zu antworten. So ergibt sich eine Hierarchie, die Sie durch die Baumstruktur deutlich machen können. Für Artikel oder Blogeinträge werden Sie meist keine Baumstruktur verwenden, aber für Foren kann es sinnvoll sein.

Über KOMMENTARE PRO SEITE bestimmen Sie, wie viele Kommentare gleichzeitig zu sehen sind. Stellen Sie etwa 50 ein, und es sind 60 Kommentare vorhanden, erscheint am Ende der ersten 50 ein Link zu weiteren Kommentaren.

Ebenfalls eine Drupal-Eigenheit ist die Möglichkeit, Kommentaren einen Titel zu geben. Grundsätzlich ist es eine nette Option, denn ein Titel kann helfen, ganz kurz darzustellen, worum es in dem Kommentar geht – wenn Autoren diesen Titel denn auch nutzen würden. Meiner Erfahrung nach werden die Titel meist nicht sinnvoll genutzt, weshalb ich diese Option weglasse.

Dann können Sie angeben, ob Sie das Formular für den Kommentar auf derselben oder einer eigenen Seite anzeigen möchten. Zum Schluss finden Sie wieder Optionen für eine Vorschau. Bei den Inhaltstypen selbst lasse ich die Vorschau meist weg. Bei Kommentaren ist es etwas anders. In zu vielen Fällen sind so viele

Fehler darin zu finden, dass ich die Vorschau hier zumindest optional möglich mache.

Unsere Beispiel-Notizen sollen nicht kommentiert werden, also wählen wir an erster Stelle bloß AUSGEBLENDET.

5.1.5 Menüeinstellungen (Menu settings)

Hier können Sie festlegen, in welche Menüs neuer Inhalt dieses Typs eingehängt werden kann. Sie wählen dazu eines oder mehrere Menüs aus und legen den obersten Punkt für die Auswahl fest (siehe Abbildung 5.4). Ein Beispiel: Sie betreuen eine Webseite mit Regionalgruppen. Diese Regionalgruppen sind Teil der Hauptnavigation. Es gibt Autoren und Redakteure für die Regionalgruppen. Diesen möchten Sie das Recht geben, Inhalte in den Bereich *Regionalgruppen* eingliedern zu können, sie sollen ihre Inhalte aber nicht fälschlicherweise in andere Bereiche stellen. Nun könnten Sie also einen eigenen Inhaltstyp *Seite Regionalgruppe* erstellen und festlegen, dass diese Inhalte zwar einem Menü zugeordnet werden können, aber nur dem Hauptmenü, und als obersten Menüpunkt geben Sie REGIONALGRUPPEN vor.

Manche Inhalte sollen in keinem Menü auftauchen. News zum Beispiel; diese rutschen als dynamische Inhalte meist nur durch. In dem Fall setzen Sie hier keine Häkchen, und die Inhalte können gar keinem Menü zugeordnet werden. Das gilt auch für unser Beispiel: Eine Notiz soll keinem Menü zugeordnet werden können.

Diese Option ist außerordentlich sinnvoll für größere Projekte mit mehreren Menüs und/oder vielen Autoren. So können Sie vermeiden, dass Inhalte versehentlich in Menüs wie dem *Management* oder *User Menu* erscheinen.

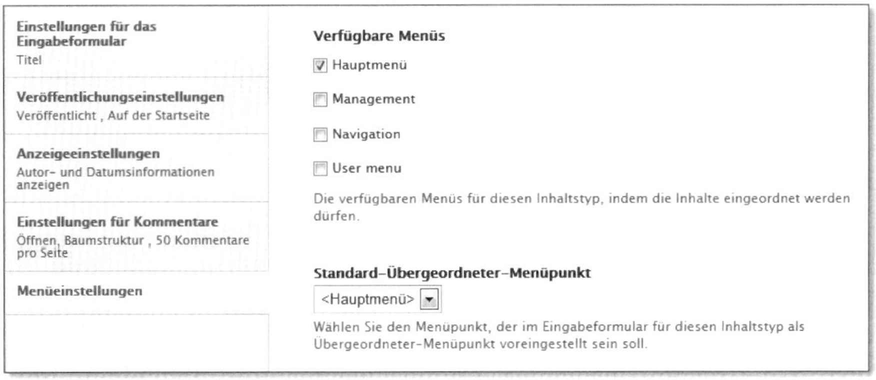

Abbildung 5.4 Dürfen Inhalte als eigene Menüpunkte erscheinen oder nicht?

Um Ihre Inhalte des Typs *Notizen* in einen Block bekommen, nutzen Sie übrigens das Modul *Views* aus Kapitel 23.

5.1.6 Weitere Funktionen

Je nachdem, welche Module Sie installiert und aktiviert haben, stehen Ihnen weitere Optionen für einen Inhaltstyp zur Verfügung. Durch das Modul *XML Sitemap* kann etwa ein weiterer vertikaler Reiter hinzukommen, durch den Sie entscheiden können, ob Inhalte eines Inhaltstyps der Sitemap zugeordnet werden sollen (siehe Kapitel 18, »Module für die Suchmaschinenoptimierung«).

5.1.7 Anzahl der Inhaltstypen

Zu Beginn ist es bei der Umsetzung einer Webseite wichtig zu wissen, wie viele Inhaltstypen gebraucht werden. Es kommt darauf an, wie sehr sich einzelne Inhalte unterscheiden. Ein Seminar unterscheidet sich deutlich von einer Buchrezension. In dem Fall müssen Sie nicht groß überlegen: Hier legen Sie zwei verschiedene Inhaltstypen an.

Was machen Sie aber, wenn Ihr Haupthaus Seminare in Berlin anbietet, die Zweigstelle aber Seminare in Leipzig? Erst einmal sind beides Seminare, das spricht für dieselben Felder, also denselben Inhaltstyp. Ob Berlin oder Leipzig könnten Sie mit einem Feld »Liste (Text)« unterscheiden. Wenn aber Berliner und Leipziger mit ihren jeweiligen Redakteuren nur ihre eigenen Seminare bearbeiten sollen, können Sie das mit einem Inhaltstyp nicht so einfach trennen. Eine andere Möglichkeit bietet Ihnen die Taxonomie (siehe Kapitel 11): Sie legen Berlin und Leipzig dann als Begriffe eines Vokabulars »Ort« an. Mit dem Modul *Taxonomy Access Control* lassen sich die Rechte an einen Begriff der Taxonomie koppeln.

Einfacher wäre es vielleicht, zwei Inhaltstypen anzulegen: »Seminar Berlin« und »Seminar Leipzig«. Das wäre wiederum flexibler, wenn die Leipziger plötzlich zwei neue Felder für ihre Seminare fordern, die die Berliner nicht nutzen.

In vielen Fällen ist die Wahl der Inhaltstypen recht eindeutig. Aber je größer eine Webseite wird und je mehr Leute daran arbeiten, desto komplizierter wird es. Die Anzahl der Inhaltstypen hängt davon ab, wie sehr sich einzelne Inhalte unterscheiden sollen, wer jeweils was daran ändern soll und wie verständlich das System für die Nutzer wird. Es gibt Webseiten, die mit zwei Inhaltstypen für Seiten und News auskommen. Andere Webseiten werden im Laufe der Jahre immer weiter ausgebaut und verfügen nun über mehr als 20 Inhaltstypen. Bei der Masse an Inhaltstypen ist es nervig, den Überblick über die Rechte und viele kleine Einstellungen zu behalten. Wenn ein neues Modul installiert wird, das Einfluss auf die Inhaltstypen hat, müssen Sie eventuell für jeden Typ einzeln Einstellungen vornehmen. Wenn Sie also die Möglichkeit haben, die Inhaltstypen übersichtlich zu halten, spart Ihnen das später Zeit und Nerven.

Dadurch, dass die Inhaltstypen durch frei verfügbare Feldtypen äußerst flexibel sind, könnten Sie sich verschiedene Lösungen für Blogs, Foren und Umfragen selbst zusammenstellen. Für diese drei Arten hat das Core-System bereits fertige Inhaltstypen, die Ihnen zusätzliche Optionen bieten. Anstatt sich alles selbst zusammenzuklicken, sollten Sie diese fertigen Inhaltstypen nutzen: Sie sparen Zeit (siehe die Abschnitte 7.1, »Drupal als Blog-System , 7.2, »Drupal als Forum« und 16.2, »Umfragen mit Poll«).

5.2 Inhalte anlegen

Nun legen Sie gleich einen ersten Inhalt des eben erstellten Inhaltstyps *Notiz* an (siehe Abbildung 5.5). Der neue Inhaltstyp verfügt standardmäßig über zwei Felder für den Titel und den Textkörper (Body), hier können Sie Beispieltexte eintragen.

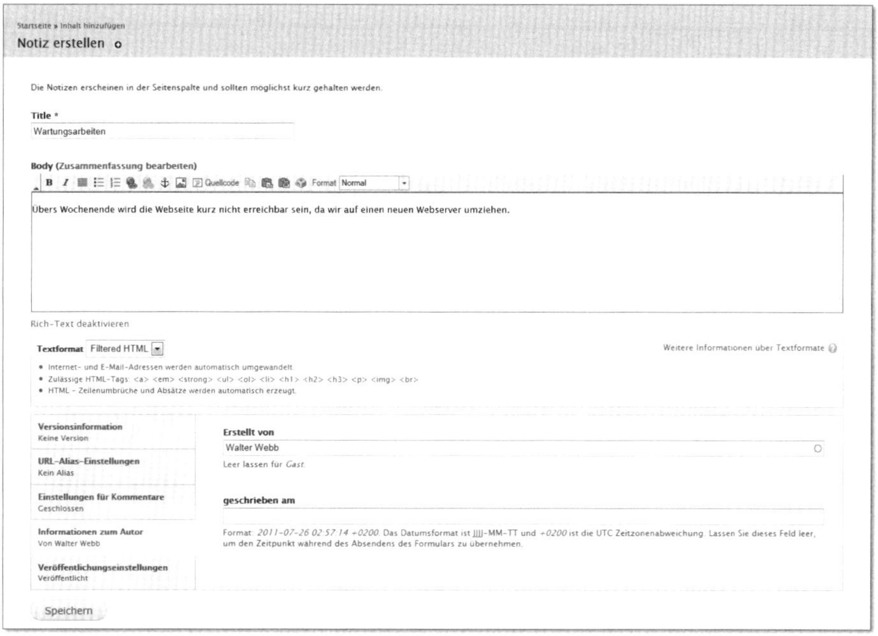

Abbildung 5.5 Eine erste Beispielnotiz

Wichtiger sind uns die vertikalen Reiter:

- Über die Versionsinformation können Sie eine neue Version anlegen und eine Protokollnachricht schreiben, damit Sie später schnell nachvollziehen können, was an dieser Version anders ist.
- Beim den URL-Alias-Einstellungen vergeben Sie manuell eine URL. Geben Sie hier etwa *notiz/beispiel* an, erscheint die Notiz unter *http://examplast.de/notiz/beispiel*, wobei statt *examplast.de* Ihre Domain erscheinen würde.
- Im Reiter Einstellungen für Kommentare ist zunächst die Grundeinstellung Geschlossen ausgewählt, weil wir dies bei den Notizen vorgegeben haben. Sie könnten die Einstellung aber bei jeder einzelnen Notiz von Hand ändern.
- Die Informationen zum Autor vergibt das System zunächst automatisch. Unter Erstellt von erscheint der Benutzername des aktuellen Users, und bei Geschrieben am wird die aktuelle Zeit eingesetzt. Sie könnten beide Daten überschreiben. Dabei akzeptiert das System aber nur vorhandene Benutzer – oder Sie lassen das Feld leer, damit hier der Gast als anonymer Nutzer eingesetzt wird. Beachten Sie, dass das Datum hier lediglich das Datum meint, an dem der Beitrag erstellt wurde. Es hat keinen Einfluss darauf, ob der Beitrag öffentlich ist oder nicht. Sie könnten also beim Datum auch einen Tag im Jahr 2030 angeben; der Beitrag ist dann öffentlich, wenn Sie im nächsten Reiter den entsprechenden Haken setzen.
- Bei den Veröffentlichungseinstellungen regeln Sie hier, ob der Beitrag öffentlich ist, auf der Startseite erscheint oder »oben in Listen« angezeigt wird.

Wenn Sie beim Einrichten des Inhaltstyps ein Menü erlaubt hätten, könnten Sie hier auch einen Menüpunkt mit dem Titel und dem übergeordneten Menüpunkt anlegen.

Als Superuser sehen Sie hier übrigens alle Einstellungen, die für diesen Inhaltstyp möglich sind. Autoren und Redakteure haben möglicherweise weniger Optionen; das regeln Sie über Rollen und Berechtigungen (siehe Kapitel 12).

»Der Zauber steckt immer im Detail.«
– Theodor Fontane

6 Inhaltstypen mit eigenen Feldern aufrüsten

Die wahre Stärke von Drupals Inhaltstypen verbirgt sich hinter den Feldern, die Sie zusätzlich anlegen können. Sie finden die vorhandenen Felder über STRUKTUR • INHALTSTYPEN • [NAME DES INHALTSTYPEN] • FELDER VERWALTEN. Vergleichen Sie einmal die Felder der beiden Inhaltstypen *Einfache Seite* und *Artikel*. Eine einfache Seite benötigt zwei Felder: den Titel und den Textkörper (Body). Beim Artikel kommen Felder für Tags und das Bild hinzu. So können Sie all Ihre Inhaltstypen so ausstatten, wie es für Ihre Inhalte (und Autoren) am sinnvollsten ist.

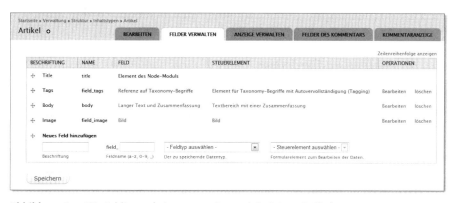

Abbildung 6.1 Die Feldtypen beim vorgegebenen Inhaltstyp »Artikel«

Bleiben wir kurz bei den Feldern für den Typ *Artikel*: Die Tabelle in Abbildung 6.1 bietet Ihnen eine schnelle Übersicht über die vorhandenen Felder. Mit dem Steuerkreuz an der linken Seite können Sie die Reihenfolge bestimmen, in der die Felder im Formular erscheinen, wenn neuer Inhalt angelegt wird.

Darunter finden Sie die Option NEUES FELD HINZUFÜGEN. Darüber können Sie beliebige neue Felder anlegen, die für einen bestimmten Inhaltstyp sinnvoll sind. Felder sind nicht notwendigerweise auf einen Inhaltstyp beschränkt. Legen Sie einmal ein Feld an, können Sie es via VORHANDENES FELD HINZUFÜGEN mehreren Inhaltstypen zuweisen. Wenn Sie beispielsweise ein Feld für einen Dateiupload anlegen, damit Nutzer PDFs hochladen können, könnten Sie das Feld dem Inhaltstyp *Pressemitteilung* zuweisen, aber auch zusätzlich den Inhaltstypen *Flyer* und *Seminar*.

Welche Feldtypen hier möglich sind, hängt davon ab, welche Module Sie aktiviert haben. Wenn Sie das deutschsprachige Installationsprofil gewählt haben, sind alle Typen, die Ihnen das Core-System bietet, automatisch aktiviert. Zusätzliche Module wie *Date*, *Fivestar* oder *Location* fügen eigene Feldtypen hinzu.

Bei allen Typen können Sie mehrere Optionen einstellen. Einige Optionen wie zum Beispiel die Hilfetexte können von Inhaltstyp zu Inhaltstyp unterschiedliche Inhalte haben. Andere Optionen gehören immer zum Feldtyp selbst und sind somit für alle Inhaltstypen gleich. Zum Beispiel müssen Sie für jeden Feldtyp festlegen, wie oft er jeweils erscheint. Sie wählen entweder einen Wert zwischen 1 und 10 aus oder stellen den Wert auf UNBEGRENZT. In vielen Fällen fragen Sie einen Wert nur einmal ab, bei einer Buchrezension vielleicht den Verlag. In manchen Fällen steht die Zahl stattdessen auf unendlich, wenn Sie etwa ein Fotoalbum anlegen möchten und beliebig viele Fotos pro Node hochladen. In anderen Fällen geht es vielleicht um Seminare, bei denen es maximal drei Ansprechpartner geben kann. Auf diese Anzahl sollten Sie gut achten. Wenn Sie zu Beginn 10 angeben, aber später den Wert auf 3 ändern, können Ihnen Inhalte verloren gehen.

6.1 Feldtypen für jeden Zweck

Gehen wir die einzelnen Feldtypen der Reihe nach durch. Dazu wählen Sie im Reiter FELDER VERWALTEN unter NEUES FELD HINZUFÜGEN zunächst eine Beschriftung und geben einen Feldnamen vor. Die Beschriftung erscheint über dem Formularfeld, wenn Sie neue Inhalte eingeben, also etwa »ISBN«, »Verlag«, »Cover des Buches« oder »PDF-Leseprobe«. Der Feldname ist wiederum eine interne Bezeichnung, die Sie eventuell später beim Theming benötigen. Danach wählen Sie den jeweiligen Feldtyp, der ggf. über verschiedene Steuerelemente verfügt. Aber der Reihe nach:

6.1.1 Text (Text)

Der Feldtyp *Text* steht für ein einfaches Input-Element, also einzeiligen Text. Als Beispiel wählen wir: »Autor« als Beschriftung, »field_autor« als Feldnamen, »Text« als Feld und »Textfeld« als Steuerelement. Klicken Sie auf SPEICHERN.

Sie können nun die Maximallänge des Feldes festlegen. Im nächsten Schritt nehmen Sie die finale Konfiguration vor (siehe Abbildung 6.2). Die BESCHRIFTUNG haben wir bereits im ersten Schritt vorgegeben. Wie bei allen anderen Feldtypen können Sie auch hier bestimmen, dass das Feld ein Pflichtfeld ist. Der HILFETEXT kann sinnvoll sein, um Autoren und Redakteuren zu erklären, wozu das Feld gedacht ist; er erscheint dann unter dem Input-Feld. Die GRÖSSE DES TEXTFELDES bedeutet, wie breit das Input-Feld wird. Als Standard steht die Größe auf 60, in der HTML-Ausgabe erhält das `input`-Element dann das Attribut `size= "60"`.

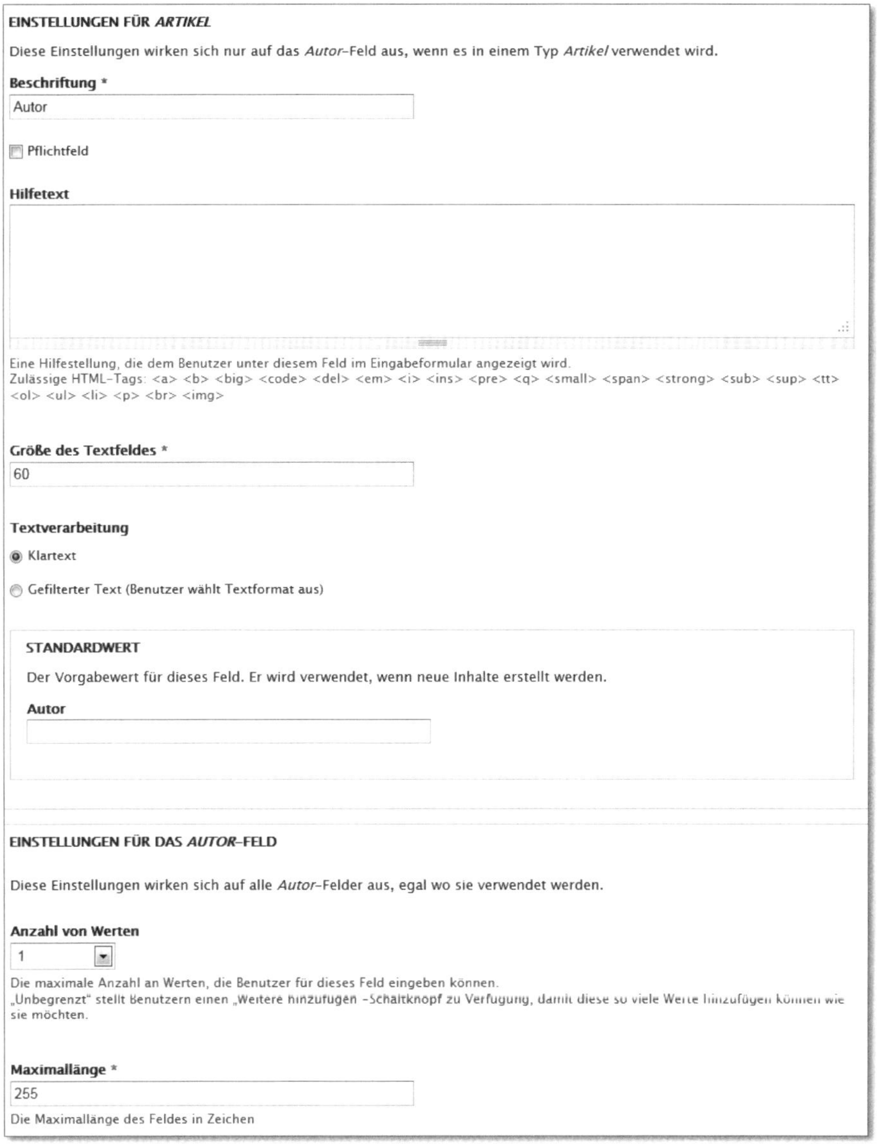

Abbildung 6.2 Einstellungen für ein Feld vom Typ »Text«

Da es sich um Text handelt, können Textformate ins Spiel kommen. Sie können festlegen, ob Sie hier nur einen Klartext (ohne HTML-Markup) benötigen – oder ob der Nutzer Textformate benutzen darf. Bei einzeiligem Text benötigen Sie meist nur die Textinformation ohne HTML-Markup. Insofern ist KLARTEXT hier meist die richtige Wahl. Der Standardwert wird als Default-Wert eingetragen und kann optional vom Nutzer überschrieben werden. Diese Einstellungen gelten bisher für diesen Feldtyp in Bezug auf einen einzelnen Inhaltstyp.

Am unteren Ende finden Sie die Einstellungen, die immer für diesen Feldtyp *Autor* gelten, unabhängig davon, welchem Inhaltstyp er zugeordnet ist. Sie können in diesem Fall noch einmal ändern, wie lang der Inhalt maximal sein darf. Außerdem können Sie – wie bei anderen Feldtypen auch – festlegen, wie oft das Textfeld erscheinen soll. Dazu müssten Sie für unser Beispiel wissen, ob es in diesem Fall immer nur einen Autor geben kann oder ob Sie gleich mehrere Autoren vorsehen möchten.

6.1.2 Langer Text (Long text)

Während *Text* für ein einzeiliges Eingabefeld (das HTML-Element `input`) steht, können Sie mit *Langer Text* ein mehrzeiliges Eingabefeld (das HTML-Element `textarea`) erstellen. Die Optionen sind dem des Textes sehr ähnlich. Im Gegensatz zu einer Länge des Textfeldes geben Sie hier die Anzahl der Zeilen an. Die tatsächliche Höhe auf der Webseite können Sie ggf. auch über das Theme beeinflussen – oder ein WYSIWYG-Editor nimmt auf die Höhe Einfluss.

Zu einem *Langen Text* gehören wiederum Textformate (siehe Abschnitt 6.2.1, »Textformate mit Ausgabefiltern formatieren«).

6.1.3 Langer Text und Zusammenfassung (Long text and summary)

Der Feldtyp *Langer Text und Zusammenfassung* bietet Ihnen eine Erweiterung des *Langen Textes*. Das Feld finden Sie bereits beim Inhaltstyp *Artikel* implementiert. Neben dem Label TEXTKÖRPER sehen Sie dort einen Link ZUSAMMENFASSUNG BEARBEITEN. Darüber können Sie dem Text eine Zusammenfassung hinzufügen, die in Übersichten angezeigt wird (siehe Abbildung 6.3). Ähnliches kennen Sie vielleicht aus WordPress.

Wird der Artikel als einzelne Seite aufgerufen, zeigt er den normalen Textkörper an. In einer Übersicht zum Beispiel der letzten zehn Artikel sehen Sie hingegen die Zusammenfassungen dieser Texte mit Link auf die Einzelseiten. Das Feld für die Zusammenfassung ist optional. Lässt ein Autor es leer, nutzt das System die ersten x Zeichen des eigentlichen Textes als Zusammenfassung. Wie viele Zeichen es genau sind, stellen Sie im Reiter ANZEIGE VERWALTEN ein (siehe Abschnitt 6.2.3, »Feldtypen über verschiedene Formate anzeigen«).

Abbildung 6.3 Ein »Langer Text«, für den Sie zusätzlich eine Zusammenfassung schreiben können

Sie könnten diesen Feldtyp nun als möglichen Teaser nehmen, so wie Sie es von Blogs kennen. Ich selbst würde diesen Typ eher für längere Texte nutzen, die tatsächlich eine Zusammenfassung gebrauchen können – *im Gegensatz* zu einem Teaser.

Für einen Texttyp, der über einen Teaser und den eigentlichen Text verfügen soll, legen Sie besser zwei Felder vom Typ *Langer Text* an. So ist das Feld für den Teaser zu Beginn da und muss nicht ausgeklappt werden. Und Sie können den Teaser zum Pflichtfeld machen. Außerdem finden Sie auf Nachrichtenseiten oft den Fall, dass ein Teaser erst in der Übersicht erscheint, zusätzlich aber auch beim einzelnen Artikel angezeigt wird. Das ist bei einem *Langen Text mit Zusammenfassung* erst einmal nicht vorgesehen; hier zeigen Sie entweder den Text selbst oder eben die Zusammenfassung an. Die Zusammenfassung ist also wirklich als Zusammenfassung zu verstehen.

6.1.4 Boolesch (Boolean)

Boolean bietet Ihnen zwei Möglichkeiten: zwei Radioboxen oder eine einzelne Checkbox. Es geht um einen einzelnen Wert, der für An/Aus, Ja/Nein oder 1/0 stehen kann.

Legen Sie beispielhaft für irgendeinen Inhaltstyp ein neues Feld an. Als Beschriftung tragen Sie »Sind Sie Mitglied in einer Gewerkschaft?« ein, als Name »gewerkschaft« (sodass Sie »field_gewerkschaft« erhalten). Der Feldtyp ist *Boolesch*, und als Steuerelement wählen Sie Kontrollkästchen/Auswahlknöpfe. Dann klicken Sie unten auf Speichern. Im nächsten Schritt tragen Sie einfach »Ja« und »Nein« statt »An« und »Aus« ein. Sie sehen nun die Konfigurationsmöglichkeiten in Abbildung 6.4.

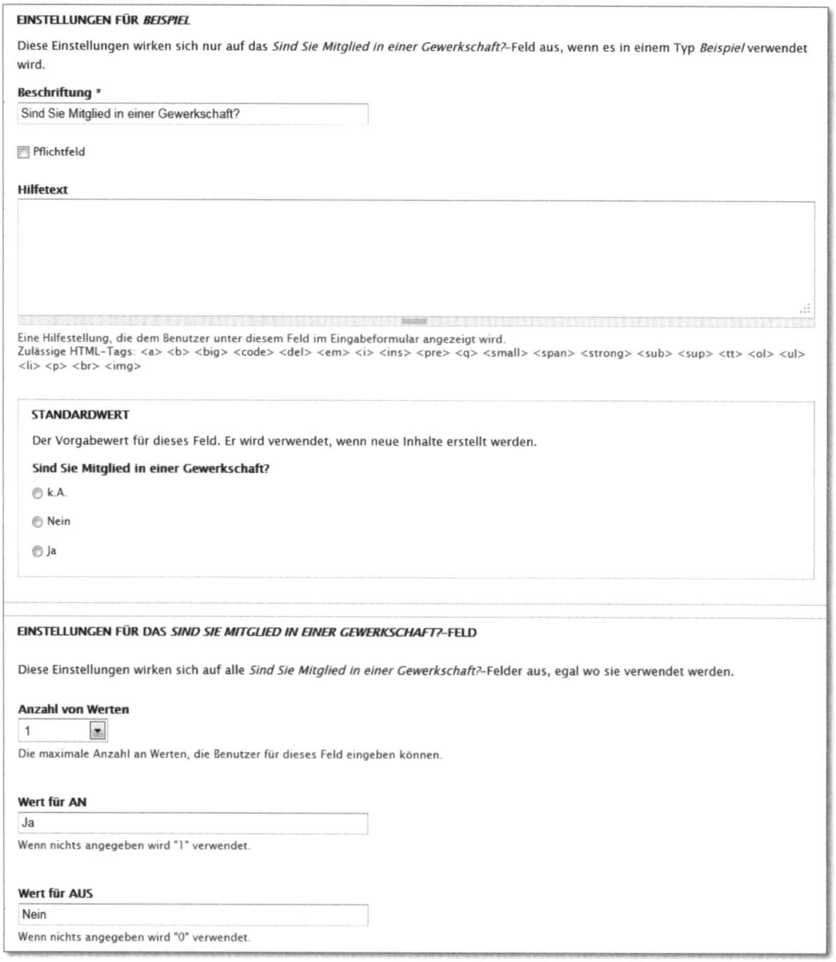

Abbildung 6.4 Optionen für ein »Ja/Nein«-Feld als Radio- oder Checkbox

Die Beschriftung bezeichnet den Text, der hinterher auch auf der Webseite zu lesen ist. Pflichtfeld bedeutet wiederum, dass der Nutzer hier eine Angabe machen muss. Andernfalls wird der neue Node nicht gespeichert.

Nun vergeben Sie einen Standardwert für neue Inhalte. Sie können einen Ihrer beiden Werte – also »Ja« oder »Nein« – angeben oder aber »k.A.« für »keine Angabe« wählen, um keine Antwort vorzugeben. Dann folgt der Part, der für diesen Feldtyp immer gleich ist. Sie können über die Anzahl von Werten das Feld einmal anzeigen, mehrfach oder beliebig oft. In unserem Beispiel müssten Sie natürlich nur einmal nach der Mitgliedschaft fragen.

Unsere Einstellungen sorgen für die Radiobuttons in Abbildung 6.5.

Abbildung 6.5 Die Abfrage als Radiobuttons

Gehen Sie nun auf den Reiter Felder verwalten Ihres eben erweiterten Inhaltstyps. Klicken Sie das Steuerelement Kontrollkästchen/Auswahlknöpfe an und wählen Sie die andere Option Einzelnes an/aus Kontrollkästchen. Aus der Auswahlliste »Ja, Nein, (Keine Antwort)« wird nun eine einfache Checkbox. In diesem Fall wäre es eine einzelne Checkbox, neben der das Wort Ja steht – nicht besonders aussagekräftig. Sie würden daher als Wert für An besser »Ich bin Mitglied in einer Gewerkschaft« angeben.

Welche von beiden Optionen Sie wählen, hängt vom konkreten Fall ab. In vielen Fällen ist es besser, beide Optionen anzuzeigen, damit der Nutzer sofort weiß, zwischen welchen Möglichkeiten er wählen kann. Manchmal reicht eine einfache Checkbox. Auch das Design und die Masse an Optionen können eine Rolle spielen. Nutzer füllen ein Formular viel lieber aus, wenn es kompakter wirkt.

6.1.5 Datei (File)

Konfigurieren Sie zunächst Ihr Dateisystem wie in Abschnitt 4.4 beschrieben. Nehmen wir als Beispiel ein Dateifeld für Protokolle. Bei den Feldeinstellungen (siehe Abbildung 6.6) können Sie zunächst festlegen, ob die Dateien bei einem Inhalt angezeigt werden sollen. In dem Fall kann der Benutzer beim Upload eine Checkbox Datei in Anzeige einbeziehen anklicken, durch die unter dem Inhalt eine Liste mit den hochgeladenen Dateien erscheint. Geben Sie an, dass die

Dateien standardmäßig angezeigt werden, gibt es für den Benutzer beim Upload keine Checkbox DATEI IN ANZEIGE EINBEZIEHEN, und die Datei erscheint automatisch unter dem Inhalt. Bei Protokollen würden Sie beide Checkboxen anklicken, damit immer Links zu den Dateien am Ende eines Inhalts angezeigt werden.

Abbildung 6.6 Feldeinstellungen für den Typ »Datei«

Das Ziel beim Hochladen bietet Ihnen nur dann die privaten Dateien als Option, wenn Sie Ihr Dateisystem so konfiguriert haben. Andernfalls stehen Ihnen nur öffentliche Dateien zur Verfügung. In unserem Fall sollen die Protokolle rein intern sein, also wählen wir PRIVATE DATEIEN. Im nächsten Schritt nehmen Sie wieder die Feineinstellungen vor (siehe Abbildung 6.7).

BESCHRIFTUNG, PFLICHTFELD und HILFETEXT sind uns schon bekannt. Über ZUGELASSENE DATEIENDUNGEN definieren Sie die Formate, die hier akzeptiert werden sollen. Für Protokolle mag sich das auf »pdf« beschränken, oder Sie tragen »txt, rtf, doc, docx, pdf, odt« ein. Für Audio-Uploads beschränken Sie das Format vielleicht auf »mp3«. Sie sorgen hierdurch dafür, dass Autoren nur solche Dateien hochladen, die sinnvoll sind – oder vom System für andere Zwecke weiterverarbeitet werden können. Beim Upload werden allerdings nur die Endungen der Dateien überprüft, nicht die Inhalte.

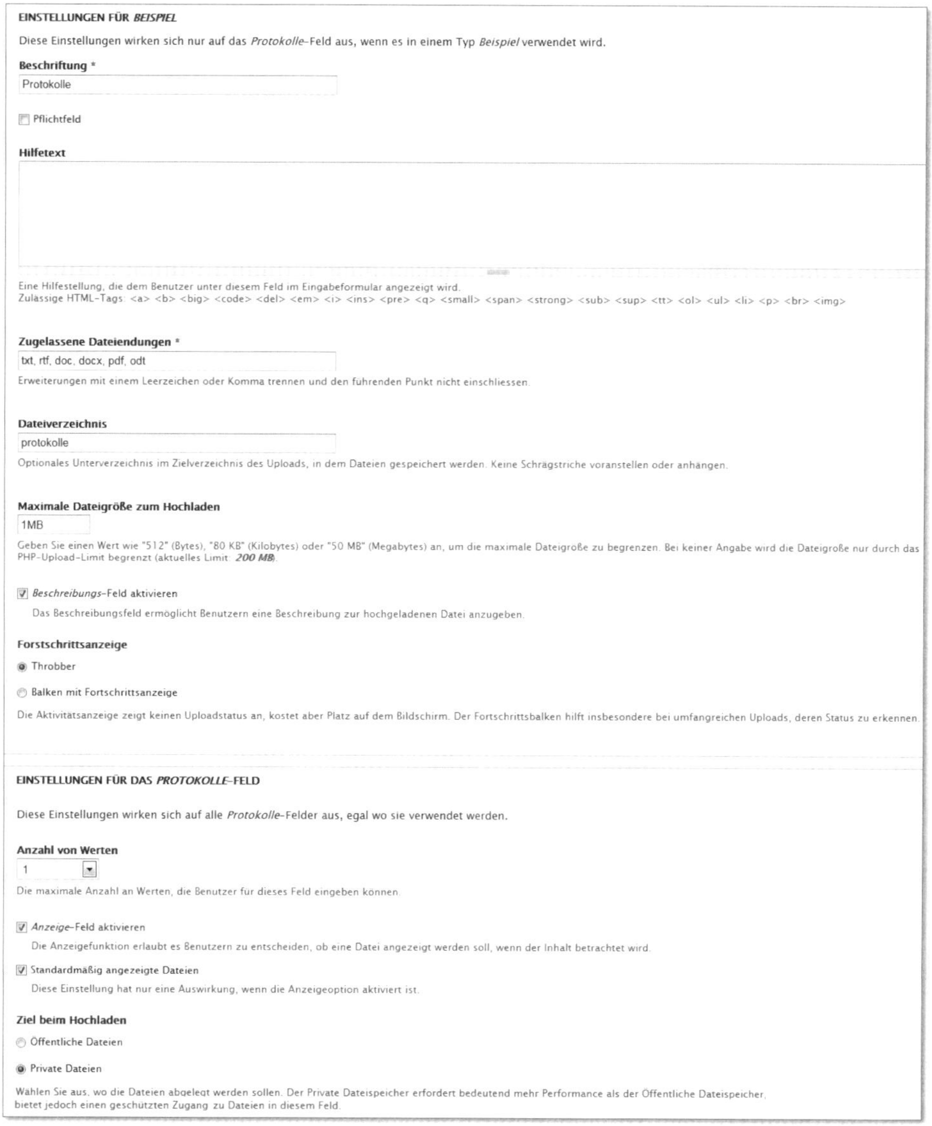

Abbildung 6.7 Die Feineinstellungen für das Dateifeld

Über das DATEIVERZEICHNIS geben Sie ein Unterverzeichnis an, in das die Dateien gespeichert werden. Sie möchten in der Regel nicht alle Dateien auf dieselbe Ebene hochladen, sondern sortieren etwa die Protokolle ins Unterverzeichnis */protokolle*, Flyer nach */flyer* und Anträge nach */antraege*.

Die MAXIMALE DATEIGRÖSSE ZUM HOCHLADEN begrenzt die erlaubte Dateigröße. Zum Beispiel wird ein reines Text-Protokoll oft unter 200 KB liegen, Sie könnten dann also 500 KB angeben, um sicherzugehen. Sie müssen hier aber kein Limit über Drupal setzen. Es gibt in jedem Fall ein Limit, das Ihnen der Server technisch bedingt durch ein PHP-Upload-Limit setzt. In Abbildung 6.7 liegt es zum Beispiel bei 200 MB. Je nach Webverbindung und Server kann es aber passieren, dass Sie schon mehrere Anläufe brauchen, um eine 5 MB große Datei hochzuladen. Bei großen Videos klappt es vielleicht gar nicht. Falls es Probleme mit zu großen Dateien gibt, können Sie diese auch per FTP hochladen und bei Ihrem Inhaltstyp lediglich ein Textfeld vorsehen, in das der Pfad zur Datei eingetragen wird. Die weitere Verarbeitung, um das Video zum Beispiel in einem Videoplayer anzuzeigen, könnten Sie dann über Templates oder eigene Module selbst programmieren.

Das BESCHREIBUNGS-FELD erlaubt es Benutzern, eine Erklärung zur Datei hinzuzufügen. Für Protokolle aktivieren wir es. Die FORTSCHRITTSANZEIGE bietet zwei Optionen: einen THROBBER oder einen BALKEN MIT FORTSCHRITTSANZEIGE. Der Throbber ist ein kleines Symbol, das sich dreht, solange der Upload läuft (siehe Abbildung 6.8). Sie können dabei nicht erkennen, wie weit der Upload fortgeschritten ist. Im Gegensatz dazu zeigt Ihnen der BALKEN MIT FORTSCHRITTSANZEIGE genau das – wenn das PHP-Paket PECL uploadprogress auf ihrem Server installiert ist.

Abbildung 6.8   Der drehende Kreis (Throbber) zeigt nur an, dass überhaupt etwas passiert.

Wenn das System die Dateiendung erkennt, zeigt es Ihnen in der Ansicht übrigens vor dem Dateinamen ein kleines Icon an, das für ein PDF, eine Word-Datei oder ähnliche Files steht. Durch das Theme können Sie die Anzeige natürlich ändern.

Hochgeladene Dateien sind über Dateifelder erst einmal mit einem bestimmten Inhalt verknüpft. Das ist zum Beispiel bei Protokollen sinnvoll oder bei Seminaren, für die es jeweils eigene Anmeldeformulare, Flyer oder Wegbeschreibungen gibt. Wenn es sich um öffentliche Dateien handelt, liegen diese Files natürlich offen auf dem Server. Wenn Sie den Pfad kennen, können Sie diese Dateien auch von anderen Inhalten aus direkt verlinken.

Sie müssen Dateien nicht unbedingt immer über Dateifelder auf den Server hochladen. Stattdessen können Sie auch eine Medienverwaltung nutzen (siehe Kapitel 14).

6.1.6 Bild (Image)

Bilder sind zwar auch Dateien, aber durch den Feldtyp *Bild* stehen Ihnen andere Optionen zur Verfügung. Nehmen wir als Beispiel wieder einen Inhaltstyp *News*. Sie möchten jeder News ein Bild zuordnen. Wir fügen also ein neues Feld *Newsbild* hinzu. In den Feldeinstellungen (siehe Abbildung 6.9) wählen wir wieder zwischen dem öffentlichen und dem privaten Verzeichnis. Da das Bild ohnehin für alle sichtbar neben der News stehen soll, wählen wir das öffentliche Verzeichnis.

Im Folgenden können Sie ein STANDARDBILD wählen. Vielleicht entscheiden Sie sich dafür, dass das Bild nur optional ist. Vielleicht sieht Ihr Design auch zwingend vor, dass ein Bild vergeben wird. Da es mitunter nicht so einfach ist, geeignete Bilder zu finden, richten wir hierüber ein Standardbild ein. Falls ein Benutzer der News kein eigenes Bild anfügt, wird also wenigstens das Standardbild gezeigt, und das Design bleibt einheitlich.

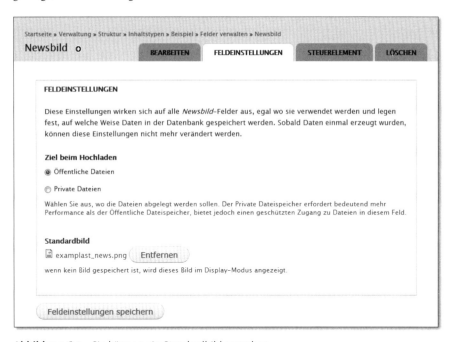

Abbildung 6.9 Sie können ein Standardbild vorgeben.

Bei den Feineinstellungen (siehe Abbildung 6.10) funktionieren BESCHRIFTUNG, PFLICHTFELD, HILFETEXT, ZUGELASSENE DATEIENDUNGEN, DATEIVERZEICHNIS und FORTSCHRITTSANZEIGE so wie beim Feldtyp *Dateien*. Da es hier um Bilder geht, die direkt auf der Webseite in der einen oder anderen Form angezeigt werden sollen, beschränken sich die Dateiendungen sinnvollerweise auf die Formate, die im Web funktionieren: *png*, *gif*, *jpg* bzw. *jpeg*.

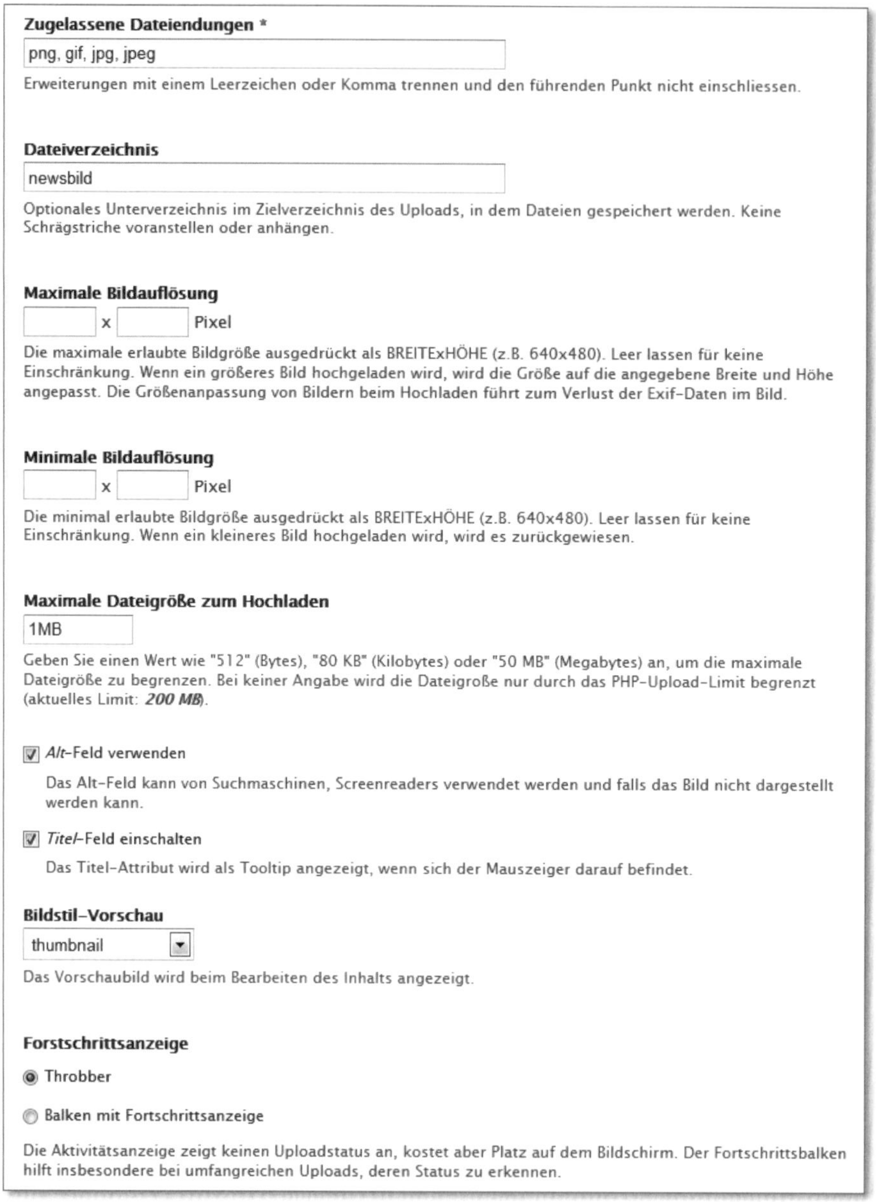

6 | Inhaltstypen mit eigenen Feldern aufrüsten

Zugelassene Dateiendungen *
png, gif, jpg, jpeg
Erweiterungen mit einem Leerzeichen oder Komma trennen und den führenden Punkt nicht einschliessen.

Dateiverzeichnis
newsbild
Optionales Unterverzeichnis im Zielverzeichnis des Uploads, in dem Dateien gespeichert werden. Keine Schrägstriche voranstellen oder anhängen.

Maximale Bildauflösung
[ ] x [ ] Pixel
Die maximale erlaubte Bildgröße ausgedrückt als BREITExHÖHE (z.B. 640x480). Leer lassen für keine Einschränkung. Wenn ein größeres Bild hochgeladen wird, wird die Größe auf die angegebene Breite und Höhe angepasst. Die Größenanpassung von Bildern beim Hochladen führt zum Verlust der Exif-Daten im Bild.

Minimale Bildauflösung
[ ] x [ ] Pixel
Die minimal erlaubte Bildgröße ausgedrückt als BREITExHÖHE (z.B. 640x480). Leer lassen für keine Einschränkung. Wenn ein kleineres Bild hochgeladen wird, wird es zurückgewiesen.

Maximale Dateigröße zum Hochladen
1MB
Geben Sie einen Wert wie "512" (Bytes), "80 KB" (Kilobytes) oder "50 MB" (Megabytes) an, um die maximale Dateigröße zu begrenzen. Bei keiner Angabe wird die Dateigröße nur durch das PHP-Upload-Limit begrenzt (aktuelles Limit: **200 MB**).

☑ *Alt*-Feld verwenden
   Das Alt-Feld kann von Suchmaschinen, Screenreaders verwendet werden und falls das Bild nicht dargestellt werden kann.

☑ *Titel*-Feld einschalten
   Das Titel-Attribut wird als Tooltip angezeigt, wenn sich der Mauszeiger darauf befindet.

Bildstil-Vorschau
thumbnail ▼
Das Vorschaubild wird beim Bearbeiten des Inhalts angezeigt.

Forstschrittsanzeige
● Throbber
○ Balken mit Fortschrittsanzeige
Die Aktivitätsanzeige zeigt keinen Uploadstatus an, kostet aber Platz auf dem Bildschirm. Der Fortschrittsbalken hilft insbesondere bei umfangreichen Uploads, deren Status zu erkennen.

Abbildung 6.10   Feineinstellungen für den Feldtyp »Bild«

Nun legen Sie die MAXIMALE BILDAUFLÖSUNG im Format Breite × Höhe fest. In vielen Fällen müssen Sie das Bild nicht in der maximal vorhandenen Auflösung hochladen. Selbst wenn Sie eine Bildergalerie mit Lightbox anlegen, reicht es, wenn das größte Bild im Format 1024 × 800 Pixel hochgeladen wird. Sie müssen hier aber nicht unbedingt die Auflösung beschränken; wir werden die Bilder in Abschnitt 6.2.2 ohnehin über Bildstile auf der Webseite ausgeben.

Die MINIMALE BILDAUFLÖSUNG funktioniert analog. Wir könnten Bilder über Bildstile vergrößert ausgeben. Das ist qualitativ aber nur in bestimmten Grenzen sinnvoll. Wenn Sie ein Bild für einen Artikel aus Designgründen im Format 520 × 250 Pixel benötigen (ein Format, das zum Beispiel auf *spiegel.de* verwendet wird), ist es sinnvoll, mindestens diese Maße zu fordern. Das Herunterrechnen größerer Bilder über die Bildstile sorgt für bessere Ergebnisse als das Hochrechnen kleiner Bilder. Sie können ebenso die MAXIMALE DATEIGRÖSSE ZUM HOCHLADEN festlegen. Eine Maximalgröße wird wie zuvor ohnehin durch den Server vorgegeben. Durch ein Limit von vielleicht 1 MB können Sie aber dafür sorgen, dass Autoren nicht versuchen, riesige Bilder mit 4 MB oder mehr hochzuladen.

Sie sollten festlegen, dass das ALT-FELD verwendet wird. Hierüber legen Sie einen alternativen Text für das Bild fest – für den Fall, dass Besucher die Bilder in ihrem Browser ausgestellt haben oder aber blind oder sehbehindert sind und das Bild nicht wahrnehmen können. Der Alt-Text sollte das Bild deshalb möglichst genau beschreiben. Statt einfach »Angela Merkel« zu schreiben, wäre etwa »Angela Merkel mit sorgenvoller Miene« genauer.

Das TITEL-FELD können Sie optional ebenso erlauben. Der Text des Titel-Feldes erscheint, wenn Sie mit der Maus über dem Bild hovern. Für die Barrierefreiheit erfüllt es keinen weiteren Zweck, dafür ist schon das Alt-Feld zuständig. Eine übliche Aufteilung wäre, mit dem Alt-Text das Bild zu beschreiben und im Titel-Text Angaben zum Titel des Bildes, den Fotografen oder das Copyright zu machen. So handhaben wir das auch in der Beispielseite in Kapitel 4. Das heißt, der Alternativtext lautet zum Beispiel »Nahaufnahme einer Uhr« und der Titel »Timepiece Prime Time (von Zoutedrop via Flickr)«. Eine andere Option wäre, mit einem zusätzlichen Textfeld zu arbeiten, das Sie über Ihr Theme als sichtbare Bildunterzeile ausgeben.

Nutzen Sie als Alt- und Titel-Text nicht denselben Text. Es sind unterschiedliche Dinge, außerdem würden Sie blinden Nutzern unnötig zweimal denselben Text vorlegen. Sie können die Texte zusätzlich für SEO-Maßnahmen nutzen. Achten Sie aber darauf, zunächst für Menschen und erst danach für Suchmaschinen zu texten. Während Sie das Alt-Feld immer vorsehen sollten, würde ich das Titel-Feld von Ihren Nutzern abhängig machen. In manchen Projekten ist es schon schwer genug, die Autoren davon zu überzeugen, das Alt-Feld auszufüllen. Ein weiteres Titel-Feld würde sie nur verwirren.

Die BILDSTIL-VORSCHAU regelt, wie das Bild während der Bearbeitung des Inhalts angezeigt wird. Im Moment haben wir hier die Optionen THUMBNAIL, MEDIUM und LARGE. Weitere Bildstile fügen wir in Abschnitt 6.2.2 hinzu.

6.1.7 Feldtypen für Zahlen

Drupal kennt drei Feldtypen für Zahlen: *Ganze Zahl* (Integer), *Dezimalzahl* (Decimal) und *Fließkommazahl* (Float). Eine ganze Zahl ist eine Zahl ohne Nachkommastellen. Eine Dezimalzahl nutzen Sie, wenn Sie Nachkommastellen benötigen, die exakt gespeichert werden müssen. Der häufigste Fall dürfte ein Preis mit zwei Nachkommastellen sein. Die Fließkommazahl oder auch Gleitzahl ist eine ungefähre Zahl zur genäherten Darstellung einer reellen Zahl. Auf üblichen Webseiten werden Sie den Datentyp nicht benötigen.

Ich beschränke mich im Folgenden auf die ganzen Zahlen, zum Beispiel um die maximale Anzahl der Teilnehmer eines Seminars anzugeben. Hier gibt es keine weiteren Feldeinstellungen. Bei den weiteren Optionen (siehe Abbildung 6.11) können Sie ein MINIMUM und MAXIMUM festlegen, zum Beispiel für eine Jahreszahl zwischen 1930 und 2010. Außerdem können Sie dem Wert, wenn er angezeigt wird, ein PRÄFIX voranstellen oder ein SUFFIX anhängen. In der Regel stellen Sie so Einheiten wie Euro, m² oder kg dar. Außerdem können Sie wieder einen STANDARDWERT vergeben. Ohne weitere Module können Sie über diesen Feldtyp auch eine Jahreszahl ermöglichen, für ein Projekt mit Datumsangaben werden Sie aber eher Ihre Feldtypen mit dem Modul *Date* erweitern (siehe Kapitel 24).

Die vorhandenen Feldtypen für Zahlen helfen Ihnen, die möglichen Werte für das Feld zu beschränken, wenn Sie darauf angewiesen sind, dass tatsächlich nur Zahlen eingegeben werden dürfen. In vielen Fällen müssen Sie nicht unbedingt darauf zurückgreifen. Wenn Sie etwa Immobilienangebote anlegen möchten, können Sie die Zimmer oder die Quadratmeter auch über ein simples Textfeld abfragen. Dann bieten Sie einem Redakteur zwar die Möglichkeit, eine falsche Angabe zu machen, aber erfahrungsgemäß sind sie durchaus in der Lage, solche Felder richtig auszufüllen. Mitunter ist es auch sinnvoll, etwas flexibler zu sein – wenn jemand zum Beispiel »70 m² (mit 10 m² Wintergarten)« eintragen möchte.

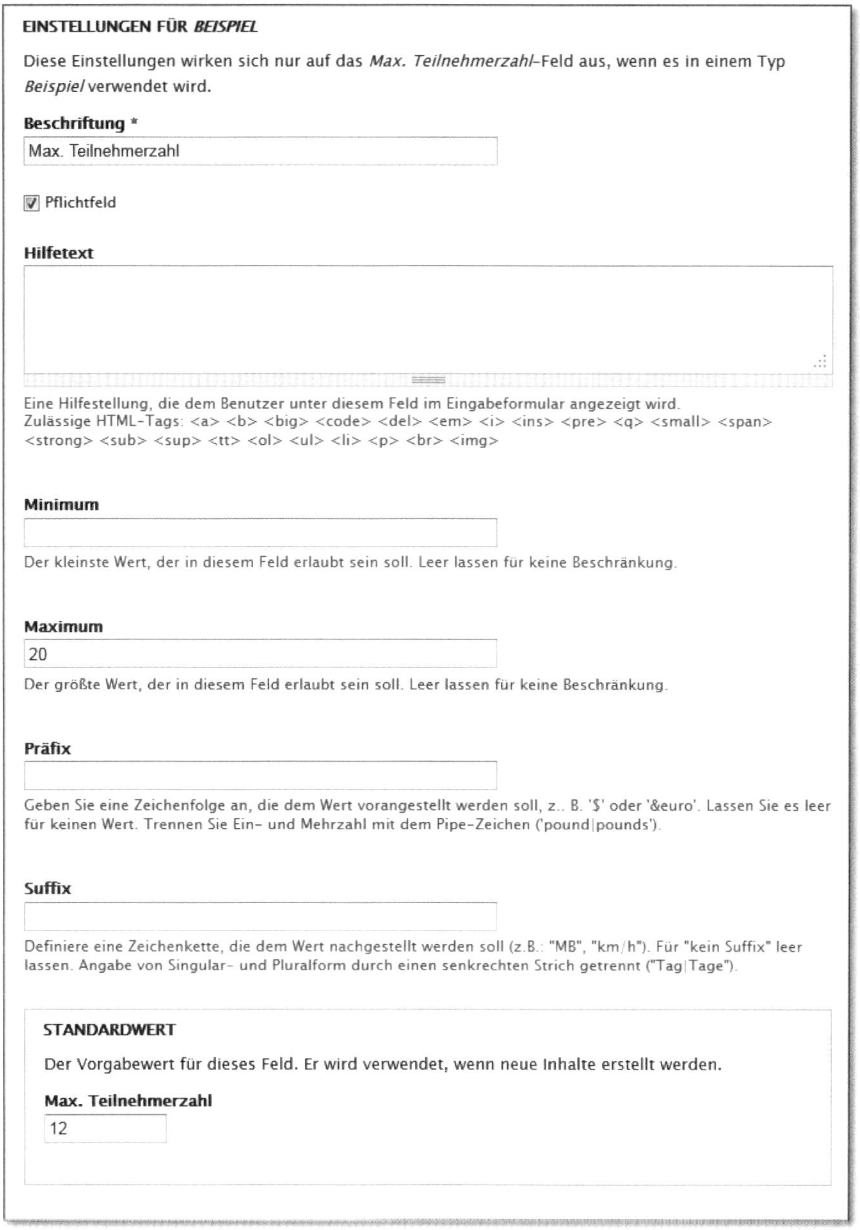

> **EINSTELLUNGEN FÜR *BEISPIEL***
>
> Diese Einstellungen wirken sich nur auf das *Max. Teilnehmerzahl*-Feld aus, wenn es in einem Typ *Beispiel* verwendet wird.
>
> **Beschriftung** *
>
> Max. Teilnehmerzahl
>
> ☑ Pflichtfeld
>
> **Hilfetext**
>
>
> Eine Hilfestellung, die dem Benutzer unter diesem Feld im Eingabeformular angezeigt wird.
> Zulässige HTML-Tags: <a> <b> <big> <code> <del> <em> <i> <ins> <pre> <q> <small> <span> <strong> <sub> <sup> <tt> <ol> <ul> <li> <p>
 <img>
>
> **Minimum**
>
> Der kleinste Wert, der in diesem Feld erlaubt sein soll. Leer lassen für keine Beschränkung.
>
> **Maximum**
>
> 20
>
> Der größte Wert, der in diesem Feld erlaubt sein soll. Leer lassen für keine Beschränkung.
>
> **Präfix**
>
> Geben Sie eine Zeichenfolge an, die dem Wert vorangestellt werden soll, z.. B. '$' oder '&euro'. Lassen Sie es leer für keinen Wert. Trennen Sie Ein- und Mehrzahl mit dem Pipe-Zeichen ('pound|pounds').
>
> **Suffix**
>
> Definiere eine Zeichenkette, die dem Wert nachgestellt werden soll (z.B.: "MB", "km/h"). Für "kein Suffix" leer lassen. Angabe von Singular- und Pluralform durch einen senkrechten Strich getrennt ("Tag|Tage").
>
> > **STANDARDWERT**
> >
> > Der Vorgabewert für dieses Feld. Er wird verwendet, wenn neue Inhalte erstellt werden.
> >
> > **Max. Teilnehmerzahl**
> >
> > 12

Abbildung 6.11 Die Einstellungen für eine ganze Zahl

6.1.8 Auswahllisten

Als übliche Formularelemente fehlen uns noch die Selectboxen. Drupal bietet Ihnen drei Versionen an LISTE (FLOAT), LISTE (GANZZAHL) und LISTE (TEXT). Ich gehe hier nur auf den häufigsten Fall ein: eine Text-Liste. Nehmen wir als Beispiel ein Seminar. Ihr Unternehmen bietet hier vier Formen an: zweitägige, dreitägige, einwöchige und zweiwöchige Seminare. Wenn der Seminarleiter ein neues Seminar anlegt, soll er auch gleich die Art festlegen.

Wir fügen also einem Inhaltstyp *Seminar* ein neues Feld *Seminardauer* hinzu, das vom Feldtyp *Liste (Text)* ist. Bei den Listen haben Sie wieder die Möglichkeit, das Steuerelement festzulegen. Sie können zwischen AUSWAHLLISTE und KONTROLLKÄSTCHEN/AUSWAHLKNÖPFE wählen. Dahinter verbirgt sich wieder die Wahl zwischen einer Selectbox oder Check- bzw. Radioboxen. Für unser Beispiel wählen wir KONTROLLKÄSTCHEN/AUSWAHLKNÖPFE.

Bei den Feldeinstellungen (siehe Abbildung 6.12) legen Sie die Werte fest, die ausgewählt werden können. Das Format ist immer *Schlüssel|Wert (key|value)*. Der *Wert* ist der Text, der auch angezeigt wird. Der *Schlüssel* ist der Text, der in der Datenbank gespeichert wird. Offiziell reicht auch eine Angabe, dann wird der Schlüssel auch als Wert benutzt. Ich empfehle Ihnen dennoch, immer mit einem Paar *Schlüssel|Wert* zu arbeiten, Sie sind dadurch flexibler.

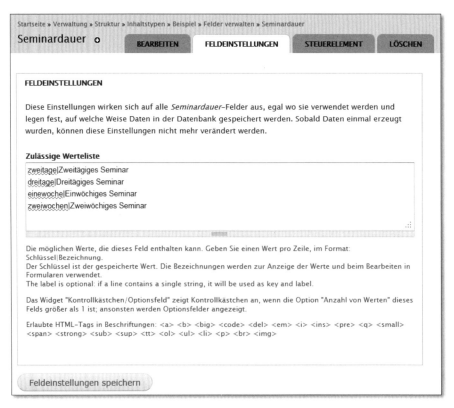

Abbildung 6.12 In den Feldeinstellungen legen Sie die möglichen Werte fest.

Ein Beispiel: Sie könnten zu Beginn allein die Werte »Zweitägiges Seminar«, »Dreitägiges Seminar«, »Einwöchiges Seminar« und »Zweiwöchiges Seminar« (ohne Schlüssel) anlegen. Nach ein paar Monaten stellen Sie fest, dass einige Besucher nachfragen, ob die Seminare auch am Wochenende stattfinden. Sie entscheiden sich daraufhin, die Bezeichnungen zu erweitern auf: »Zweitägiges Seminar (jeweils Mo–Di)«, »Dreitägiges Seminar (jeweils Mi–Fr)«, Einwöchiges Seminar (jeweils 1x Mo–Fr)« und »Zweiwöchiges Seminar (jeweils 2x Mo–Fr)«. Wenn Sie keinen festen Schlüssel angegeben haben, verlieren alle bisher eingetragenen Seminare ihre Werte in diesem Feldtyp, weil der Text als Schlüssel dient und sich gerade geändert hat. Tragen Sie also besser folgende Schlüssel und Werte ein:

```
zweitage|Zweitägiges Seminar (jeweils Mo-Di)
dreitage|Dreitägiges Seminar (jeweils Mi-Fr)
einewoche|Einwöchiges Seminar (jeweils 1x Mo-Fr)
zweiwochen|Zweiwöchiges Seminar (jeweils 2x Mo-Fr)
```

Wenn Sie nun nachträglich die Texte der Werte ändern, bleiben die Schlüssel dieselben; alle bisher gespeicherten Seminare behalten ihre Daten bei – und zeigen in der Ansicht nun den neuen Text.

Abbildung 6.13   Darstellung mit dem Steuerelement »Kontrollkästchen/Auswahlknöpfe«

Abbildung 6.14   Darstellung mit dem Steuerelement »Auswahlliste«

Bei anderen Feldtypen können Sie angeben, wie häufig Inhalte eingetragen werden können. Hier haben Sie auch die Möglichkeit, die ANZAHL VON WERTEN festzulegen. Diese Angabe hat hier einen etwas anderen Effekt. Haben Sie festgelegt, dass nur genau ein Wert ausgewählt werden kann, zeigt Ihnen das System entweder eine Auswahlliste mit Radiobuttons (siehe Abbildung 6.13) oder eine einzeilige Select-Box (siehe Abbildung 6.14). Dem Nutzer wird so schon angezeigt, dass er nur eine Option auswählen kann. Sind hingegen mehrere Optionen möglich, sehen Sie entweder eine mehrzeilige Select-Box oder aber Checkboxen – je nach gewähltem Steuerelement. Die Beschränkung der Werte wird nicht automatisch angezeigt, wenn Sie neue Inhalte anlegen. Allerdings bekommen Sie eine Warnung, wenn Sie mehr Optionen auswählen als vorgesehen. Sie können den Inhalt erst speichern, wenn Sie die Bedingungen für das Feld erfüllt haben. Falls Sie also die Anzahl beschränken, sollten Sie einen entsprechenden Hilfetext schreiben.

6.1.9 Weitere Feldtypen

Einen Feldtypen stellt Ihnen das Core-System noch zur Verfügung: *Referenz auf Taxonomy-Begriffe*. Dieser Typ wird bereits beim Inhaltstyp *Artikel* verwendet. Über diesen Feldtyp verknüpfen Sie den Inhaltstyp mit einer Taxonomie. Mehr darüber erfahren Sie in Kapitel 11.

Weitere Typen können Sie durch zusätzliche Module wie *References*, *Location* oder *Date* hinzufügen (siehe Abschnitt 7.6, »User und Nodes referenzieren«, und Kapitel 22, »Geodaten und Karten«, und 24, »Datum und Kalender«).

6.1.10 Übersicht über alle vorhandenen Felder

Das System bietet Ihnen in der Feldliste eine Übersicht über all die Felder, die Sie angelegt haben. Diese finden Sie aber nicht unter der Struktur oder bei den Inhaltstypen, sondern unter BERICHTE • FELDLISTE (*/admin/reports/fields*).

6.2 Anzeige verwalten

Nachdem Sie Ihre Inhaltstypen mit den notwendigen Feldtypen ausgestattet haben, können Sie festlegen, wie diese Felder in verschiedenen Situationen angezeigt werden sollen. Werfen Sie einen Blick auf den Reiter ANZEIGE VERWALTEN beim Inhaltstyp *Artikel* (siehe Abbildung 6.15). Hinter können Sie umfangreiche Einstellungen an der Anzeige vornehmen, ohne eine einzige Zeile Code für das Theme schreiben zu müssen.

Für jeden Inhaltstyp legen Sie die Ausgabe zunächst für zwei Anlässe fest: STANDARD und ANRISSTEXT; die beiden Punkte sehen Sie rechts oben unter den Reitern. Sie können unter den einzelnen Feldern die BENUTZERDEFINIERTE ANZEIGEEINSTELLUNGEN ausklappen. Dort können Sie weitere Anzeigemodi aktivieren. Ist am Ende kein Anzeigemodus angeklickt, gilt ein Standard für alle Anlässe.

Abbildung 6.15 Die Standardanzeige der Felder bei einem Artikel

Im Einzelnen:

1. VOLLSTÄNDIGER-INHALT ist gemeint, wenn der Inhalt auf einer eigenen Seite angezeigt wird, etwa ein einzelner Eintrag im Blog. Das ist die Seite, die intern auch unter */node/[node-id]* erreichbar ist.
2. Der ANRISSTEXT wird genutzt, wenn der Node nicht auf seiner eigenen Seite angezeigt werden soll, sondern zum Beispiel auf der Startseite oder Übersichtsseiten.
3. RSS bezieht sich auf die Anzeige in einem RSS-Feed.
4. Mit dem SUCHINDEX können Sie festlegen, ob ein Feld überhaupt indiziert wird. Vielleicht gibt es auf Ihrer Webseite ja interne Daten, die über die Suche nicht gefunden werden sollen.
5. Über das SUCHERGEBNIS schließlich können Sie bestimmten, welche Elemente angezeigt werden, wenn der Inhalt als Ergebnis der internen Suche genutzt wird.

Mit neuen Modulen können hier weitere Anzeigemodi hinzukommen.

Bei der Anzeige können Sie zunächst einmal die Reihenfolge der Felder per Drag & Drop bestimmen. Alternativ können Sie oben rechts ZEILENREIHENFOLGE ANZEIGEN anklicken und die Gewichtung der Felder manuell wählen. Es gilt: Je höher das Gewicht eines Feldes ist, desto tiefer »fällt« es und wird weiter unten angezeigt.

Die Beschriftung können Sie oberhalb oder inline anzeigen lassen – oder verstecken. *Oberhalb* meint eine eigene Zeile über dem Inhalt des Feldes. *Inline* bedeutet, dass die Beschriftung beginnt und rechts daneben sofort der Inhalt folgt. Das Format hängt vom jeweiligen Feldtyp ab.

Wenn Sie die beiden Anzeigemodi beim Typ *Artikel* vergleichen, stellen Sie fest, dass das Bild im Anrisstext als »Bildstil: medium« angezeigt wird und als Link auf den Inhalt dient. Beim vollständigen Artikel erscheint das Bild im »Bildstil: large«. Außerdem wird der Body beim Anrisstext als »Zusammenfassung oder gekürzt« angezeigt statt vollständig. Bevor wir uns näher mit den Formaten der Felder beschäftigen, stelle ich Ihnen erst Textformate und Bildstile vor.

6.2.1 Textformate mit Ausgabefiltern formatieren

Immer wenn Sie bei einem Textfeld unter TEXTVERARBEITUNG die Option GEFILTERTER TEXT gewählt haben, finden Sie unter dem Feld bei der Eingabe der Daten eine Selectbox für das Textformat. Standardmäßig stehen Ihnen drei Formate zur Verfügung: *Filtered HTML*, *Full HTML* und *Plain text*. Je nach Format werden die Texte, die Benutzer schreiben, anders ausgegeben.

Wozu ist das gut? Wenn Sie zwischen *Full HTML* und *Filtered HTML* umschalten, ändert sich der Hilfstext direkt unter dem Textformat. Während bei *Full HTML* wirklich alle HTML-Elemente erlaubt sind, lässt das Format *Filtered HTML* nur bestimmte Elemente zu. Zum Beispiel reicht es in vielen Projekten, wenn Sie Ihren Autoren nur die Elemente h2, h3, h4, p, ul, ol, li, br, img, strong, em und a zur Verfügung stellen. Bei Kommentaren hingegen reicht oft das *Plain Text*-Format.

Textformate helfen Ihnen dabei, Redakteuren und Administratoren das Leben einfacher zu machen. Wenn Sie bei einem Webprojekt keine Definitionslisten benötigen, müssen Ihren Autoren diese HTML-Elemente gar nicht erst zur Verfügung stehen. Außerdem können diese Filter die Sicherheit Ihrer Webseite erhöhen. Zum Beispiel sollen Autoren nicht in der Lage sein, fremde – ggf. unseriöse oder unsichere – Webseiten über ein iframe auf Ihrer Seite einzubinden.

Sie stellen die Textformate über KONFIGURATION • INHALTSERSTELLUNG • TEXTFORMATE (*/admin/config/content/formats*) ein. Sehen Sie sich als Beispiel *Filtered HTML* an (siehe Abbildung 6.16).

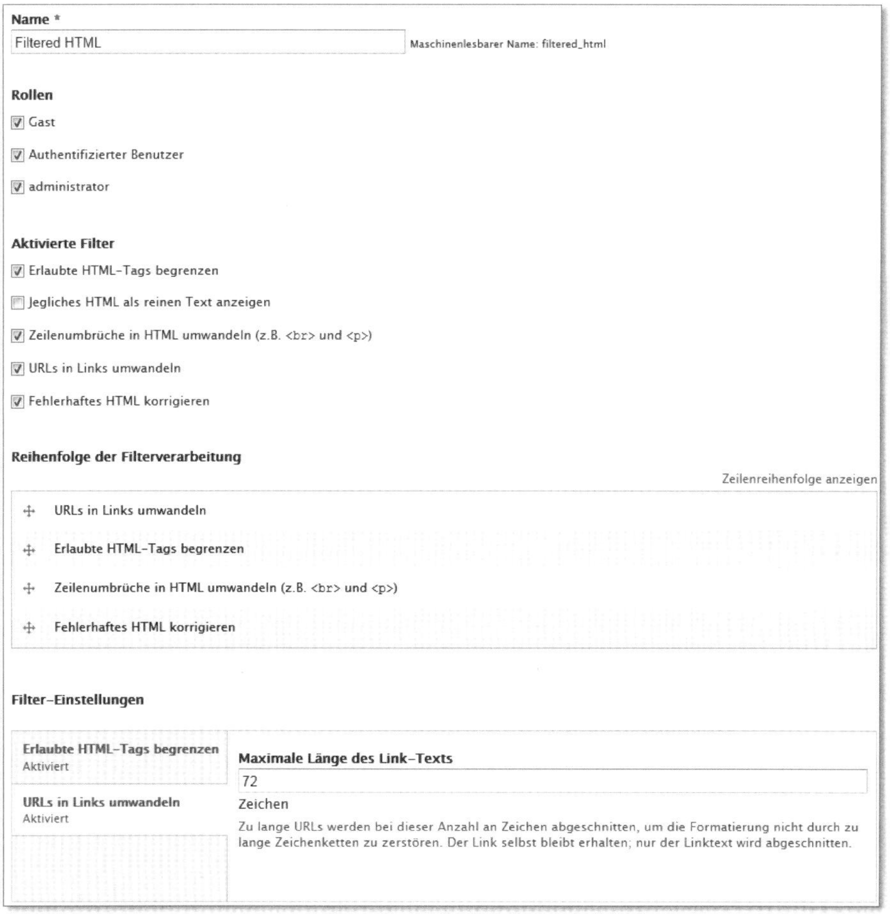

Abbildung 6.16 Einstellungen für das Textformat »Filtered HTML«

Oben legen Sie den Namen des Textformats fest. Nun können Sie angeben, welche Rolle dieses Format benutzen darf. Dieses Recht finden Sie auch über die Berechtigungen der Rollen (*/admin/people/permissions*). Beide Stellen sind aufeinander abgestimmt. Wenn Sie an der einen Stelle die Rechte ändern, sind diese geänderten Rechte auch an der anderen Stelle zu sehen.

Nun kommen die Filter ins Spiel. Zunächst stehen Ihnen fünf Filter zur Auswahl:

- Erlaubte HTML-Tags begrenzen
- Jegliches HTML als reinen Text anzeigen
- Zeilenumbrüche in HTML umwandeln (z. B.
 und <p>)
- URLs in Links umwandeln
- Fehlerhaftes HTML korrigieren

Sie können diese Filter nutzen, müssen es aber nicht. Wichtig ist die Reihenfolge der Filterverarbeitung. Die Filter werden der Reihe nach abgearbeitet. Zum Beispiel sollte Fehlerhaftes HTML korrigieren hinten stehen. Dadurch lassen Sie erst alle anderen Filter ihre Jobs erledigen und prüfen ganz am Ende, ob noch etwas am HTML-Code korrigiert werden muss.

Bei einigen Filtern können Sie zusätzliche Konfigurationen vornehmen. Ist URLs in Links umwandeln aktiviert, können Sie unten auf der Seite eine Maximale Länge des Link-Textes eingeben. Der Standard-Wert steht auf 72. Längere Link-Texte würden dann nach 72 Zeichen abgeschnitten, der Link selbst funktioniert aber noch. Das ist praktisch, falls jemand etwa eine ziemlich lange URL in den Text hineinkopiert, die das Design stören könnte.

Im Reiter Erlaubte HTML-Tags begrenzen können Sie eine Liste von erlaubten HTML-Elementen anlegen. Zum Beispiel könnten Sie ein neues Textformat für Kommentare anlegen und den Autoren dort `<blockquote>`, `<em>` und `<strong>` erlauben, um etwas mehr als automatische Absätze und URLs in Links umwandeln zu ermöglichen, wie es beim Format *Plain Text* der Fall ist.

Der Filter Fehlerhaftes HTML korrigieren tut sein Möglichstes, stößt aber irgendwann an seine Grenzen. Aus einem falschen `<h3>Zwischenüberschrift</h4>` macht er zwar ein `<h3>Zwischenüberschrift</h3>`. Aber aus dem fehlerhaften `<h3><p>Zwischenüberschrift</p></h3>` wird ein `<h3> </h3><p>Zwischenüberschrift</p>`, und Sie haben ein unnötiges leeres h3-Element. Nutzen Sie stattdessen besser den *HTML Purifier*, wenn Sie auf sauberen Code nach Webstandards Wert legen (siehe Abschnitt 13.4).

Sie können diese Filter außer um den *HTML Purifier* auch mit einer Menge anderer Module erweitern. Mit *Spam Span* können Sie versuchen, E-Mail-Adressen zu schützen (siehe Abschnitt 17.1). Mit *Smileys* könnten Sie für ein Forum ASCII-Smileys (so etwas wie `;-)`) durch Icons ersetzen.

Textformate sind ein nützlicher Mechanismus, weil Ihnen Filter viele Arbeiten erleichtern. Achten Sie darauf, dass die Textformate im Zusammenspiel mit Editoren richtig eingestellt sind (siehe Kapitel 13).

6.2.2 Bilder automatisch über Bildstile formatieren

Mit Drupal 7 sind einige Bild-Module in den Core eingezogen. Richtig nützlich sind die Bildstile, die Sie unter Konfiguration • Medien • Bildstile (*/admin/config/media/image-styles*) finden. Diese Funktionen erlauben es Ihnen, beliebig viele Vorlagen anzulegen, um Bilder automatisch zu bearbeiten. Zu Beginn stehen Ihnen die Formate *thumbnail*, *medium* und *large* zur Verfügung. Klicken Sie einmal auf den Link Thumbnail, um das Format zu bearbeiten.

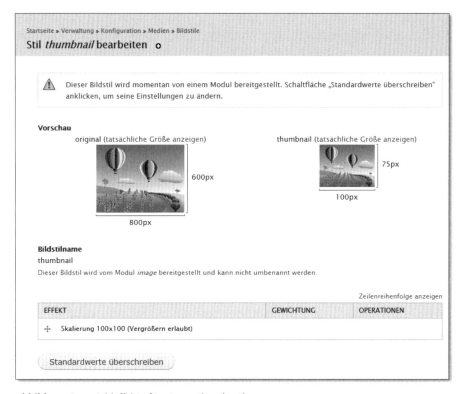

Abbildung 6.17 Bildeffekte für einen »thumbnail«

Oben sehen Sie nun eine Vorschau, wie die Vorgabe auf ein Bild wirkt (siehe Abbildung 6.17). Links ist das Original zu sehen, rechts das verarbeitete Bild. Der Effekt wird nicht 1:1 dargestellt, insofern als die Bilder nicht in der Originalgröße zu sehen sind. Deshalb sehen Sie oberhalb der Bilder Links zu den Bildern in der richtigen Größe.

Darunter finden Sie den Namen des Bildstils, hier: THUMBNAIL, mit kurzer Beschreibung. In diesem Fall wird der Bildstil durch ein Modul erzeugt. Nun werden die Effekte aufgelistet. Hier wird ein Bild auf eine Größe von 100 × 100 Pixel skaliert. Der erste Wert bezieht sich auf die Breite, der zweite auf die Höhe. Beim Skalieren wird das Verhältnis des Bildes erhalten. Der Thumbnail rechts hat also die Maße 100 × 75 Pixel und nicht 100 × 100. Sie können mit diesen Vorgaben arbeiten oder die STANDARDWERTE ÜBERSCHREIBEN.

Wir generieren uns einen ganz neuen Bildstil. Sagen wir, es geht um ein Bild für eine News. Die News sollen in einem einheitlichen Design erscheinen, deshalb soll das Bild immer die Maße 140 Pixel breit × 105 Pixel hoch haben, so wie bei unserer Examplast GmbH aus Kapitel 4. Gehen Sie über die Brotkrumen-Navigation unter der Toolbar eine Ebene zurück, und klicken Sie auf STIL HINZUFÜGEN. Auf der nächsten Seite tragen Sie als Namen »news_teaser« ein. Einen Klick weiter können Sie Ihrem neuen Style verschiedene Effekte zuordnen:

- *Zuschneiden (Crop)* beschneidet Ihr Bild schlicht. Sie können eine Höhe und Breite angeben und anhand eines 3×3-Rasters festlegen, von welchem Bereich Ihres Bildes ausgehend geschnitten wird. Stellen Sie sich ein Tic-Tac-Toe-Feld vor, das aus drei Zeilen und drei Spalten besteht. Es gibt also neun Positionen. Wenn Sie ein größeres Bild auf das Format 100 × 100 Pixel zurechtschneiden wollten, könnten Sie festlegen, ob von unten links, oben rechts, der Mitte oder einer der anderen Positionen aus geschnitten werden soll. Dieser Bildbereich bleibt also erhalten.

- Bei *Entsättigen (Desaturate)* können Sie nichts weiter festlegen. Der Effekt wandelt Ihr Bild schlicht in Graustufen um.

- Mit *Größe ändern (Resize)* legen Sie eine exakte Breite und Höhe fest. Das Bild wird genau auf diese Maße verzerrt. In diesem Fall wird also auch das Verhältnis nicht mehr beibehalten. Für die meisten Bilder ist der Effekt nicht brauchbar, weil Sie Personen oder Landschaften nicht verzerren möchten.

- *Drehen (Rotate)* dreht ein Bild. Sie legen hier zunächst einen Winkel fest. Wenn das Bild gedreht wird, entstehen »leere« Flächen, die irgendwie gefüllt werden müssen, also können Sie dafür eine Hintergrundfarbe festlegen. Das wird meist die Hintergrundfarbe Ihres Themes sein. Außerdem könnten Sie den Winkel mit der letzten Option auch zufällig wählen lassen.

- *Skalierung (Scale)* ist der Effekt, der in den drei Default-Beispielen eingestellt ist. Sie wählen eine Breite und Höhe, und das Bild wird auf diese Maße getreu dem Verhältnis skaliert. Das Bild ist am Ende maximal so hoch oder breit, wie Sie es hier angeben. Sie können erlauben, dass kleinere Bilder hochskaliert werden. Ist das Bild zu klein, wird das hochskalierte Bild jedoch nicht besonders brauchbar aussehen. Hier kommt es darauf an, welchen Zweck die Bilder erfüllen sollen. Im Zusammenspiel mit den Einstellungen für den Feldtyp *Bild* (siehe Abbildung 6.10), könnten Sie auch festlegen, dass Bilder in diesem Feld eine bestimmte Größe haben müssen, sodass sie niemals hochskaliert werden.

- *Skalieren und Zuschneiden (Scale and Crop)* ist ein Effekt, den Sie vermutlich zusammen mit dem einfachen Skalieren am häufigsten benötigen. Das Bild wird zuerst skaliert und dann beschnitten. Sie erreichen ebenso wie beim Effekt *Größe ändern* ein festes Endformat in Breite und Höhe, das Bild wird aber nicht verzerrt. Je nachdem, was für Bilder Ihre Autoren hochladen, kann es aber passieren, dass Köpfe oder andere wichtige Bildelemente abgeschnitten werden. Skalierte Bilder in einem festen Format sind dann sinnvoll, wenn Ihr Design das vorsieht – zum Beispiel, wenn Sie mehrere Cover für Buchrezensionen einheitlich darstellen möchten oder wenn News direkt untereinander stehen und jeweils mit einem Teaserbild geschmückt sind. Unterschiedliche Bildergrößen sehen dann schlicht unordentlich aus.

In unserem Fall sehen wir ein festes Format für die Bilder zu unseren News vor. Der Name legt bereits nahe, dass wir einen Effekt benötigen, der ein Bild für einen Newsteaser formatiert. Wählen Sie SKALIEREN UND ZUSCHNEIDEN bei 140 Pixel Breite und 105 Pixel Höhe. Das entspricht einem üblichen Verhältnis von 4:3.

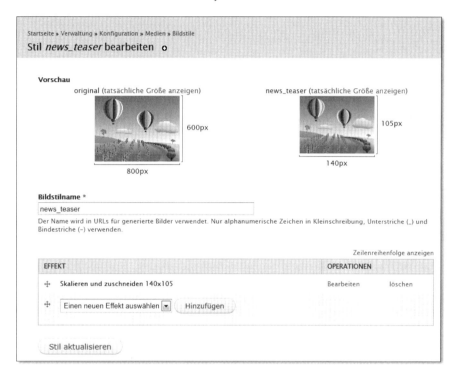

Abbildung 6.18 Der neu erstellte Bildstil »news_teaser«

Die Bildstile sind sehr hilfreich, um Redakteuren die Arbeit abzunehmen. Nicht alle Nutzer kennen sich mit Bildbearbeitung aus oder wollen sich die Arbeit machen. Hier ist es viel einfacher, wenn ein Redakteur irgendein Bild hochladen kann und das System es auf die richtige Größe bringt. Ähnliches gilt auch für Communityseiten: Um die Profilseiten etwas aufzupeppen, könnten Sie etwa festlegen, dass alle Profilbilder in Graustufen erscheinen und um 5 Grad gedreht sind. Und Ihre Nutzer müssen trotzdem einfach nur ein normales Porträtfoto hochladen.

Mit zusätzlichen Modulen ist es denkbar, dass weitere Effekte genutzt werden können. Hier müssen Sie lediglich darauf achten, einen Effekt nicht nur zu nutzen, weil er da ist. Der Effekt muss zum restlichen Design der Webseite passen.

GD Toolkit und ImageMagick

Im Hintergrund setzt Drupal auf das *GD Toolkit*, eine Open-Source-Bibliothek zur dynamischen Generierung von Bildern. Unter KONFIGURATION • MEDIEN • BILD-TOOLKIT (*/admin/config/media/image-toolkit*) können Sie die JPEG-QUALITÄT für das *GD Toolkit* einstellen. Der Default für die JPEG-QUALITÄT steht auf 75 %. Wenn Sie sich mit Bildbearbeitung nicht auskennen, bleiben Sie ruhig bei diesem Wert. Falls Sie bemerken, dass die Qualität einiger Bilder durch die automatische Bearbeitung leidet, können Sie den Wert immer noch erhöhen. Eine höhere Qualität sorgt auch für größere Bilder. Auf dem Server sollten Sie also über genügend Speicherplatz verfügen. Das ist in der Regel an dieser Stelle aber kein Problem.

Statt auf das GD Toolkit können Sie auch auf *ImageMagick* als Alternative setzen. Wenn ImageMagick auf Ihrem Server installiert ist, nutzen Sie einfach das gleichnamige Drupal-Modul. Dann können Sie sich unter KONFIGURATION • MEDIEN • BILD-TOOLKIT entscheiden, welches der beiden Tools Sie benutzen möchten.

6.2.3 Feldtypen über verschiedene Formate anzeigen

Kommen wir zurück zu den verschiedenen Formaten, um Feldtypen anzuzeigen. Diese Formate richten sich ganz nach den konkreten Feldtypen. Bei einigen Formaten erscheint am rechten Rand der Tabelle ein Button für weitere Einstellungen.

Einen normalen Text können Sie beispielsweise in den Formaten STANDARD, KLARTEXT und GETRIMMT anzeigen. Außerdem gibt es noch die Option <HIDDEN>, um den Inhalt bei dieser Anzeige zu verstecken. Legen Sie STANDARD fest, wird der Text mit dem Textformat ausgegeben, den Sie beim Inhalt festgelegt haben. Wählen Sie hingegen KLARTEXT, werden alle HTML-Elemente entfernt, unabhängig davon, ob Sie beim Inhalt vielleicht als Textformat *Filtered HTML* angegeben haben und einige HTML-Elemente erlaubt sind. Mit GETRIMMT schneiden Sie die Ausgabe nach einer bestimmten Anzahl von Zeichen ab. Hier können Sie eine beliebige ganze Zahl eintragen.

Geht es um Zahlen, können Sie diese als STANDARD oder UNFORMATIERT anzeigen lassen. Im Wesentlichen kommt es hier auf die weiteren Einstellungen an. Sie können das Trennzeichen für Tausender festlegen: entweder keines, einen Dezimalpunkt, ein Komma oder ein Leerzeichen. Und Sie können festlegen, ob Präfix und Suffix angezeigt werden.

Bei Listen, Check- und Radiobuttons wählen Sie bei der Anzeige zwischen STANDARD und SCHLÜSSEL. Der STANDARD entspricht dem Wert, der SCHLÜSSEL entsprechend dem Schlüssel. Bei dem Beispiel aus Abschnitt 6.1.8, »Auswahllisten«, entspricht das zum Beispiel dem Unterschied zwischen »dreitage« (dem Schlüssel) und »Dreitägiges Seminar (jeweils Mi–Fr)« (dem Wert).

Als Nächstes wären da die Dateien: Das Format ALLGEMEINE DATEI zeigt ein Icon der Dateiart und den Namen der Datei, der mit der Datei selbst verlinkt ist. Die TABELLE DER DATEIEN zeigt diese Daten samt Dateigröße in einer Tabelle an. Und URL ZUR DATEI zeigt lediglich den kompletten absoluten Pfad zur Datei an – ohne eine Verlinkung.

Bei einem Bild kommen nun die Bildstile ins Spiel (siehe Abbildung 6.19). Sie geben hier zunächst einen Bildstil an, mit dem das Bild dargestellt werden soll. Natürlich können Sie das Bild auch im Original anzeigen lassen. Außerdem können Sie bei Bedarf das Bild mit dem eigentlichen Node oder der Datei verlinken.

Abbildung 6.19 Das Format für ein Teaserbild

Bei der Anzeige ist es noch wichtig zu wissen, dass Sie auch die Reihenfolge der Elemente bei der Ausgabe beeinflussen können. Allerdings steht der Titel des Nodes, den Sie zum Beispiel in Abbildung 5.5 oben eingetragen haben, im Default-Theme immer über den weiteren Feldern. Das können Sie an dieser Stelle nicht per Drag & Drop ändern. Um zum Beispiel eine Dachzeile über dem Titel anzuzeigen, müssen Sie das entsprechende Template ändern (siehe Abschnitt 31.4.1).

6.3   Ein Inhaltstyp für News

Wie basteln uns für News einen neuen Inhaltstyp, den Sie bei der Examplast GmbH aus Kapitel 4 in Aktion sehen können. Diese News beinhalten den Titel, einen Teaser, der in der Einzelansicht wiederholt wird, den Rest der News und ein Bild, das in der Vorschau etwas kleiner angezeigt wird. Dazu benötigen wir vier Schritte:

1. Zunächst legen wir einen eigenen Inhaltstyp für die News an.
2. Dann ergänzen/löschen wir die Felder für den Inhaltstyp.
3. Im dritten Schritt kümmern wir uns darum, dass die Felder in der Teaser-Ansicht und in der Einzelansicht der News richtig angezeigt werden.
4. Und schließlich können wir mit etwas CSS die Darstellung grafisch aufpeppen.

Legen Sie einen neuen Inhaltstyp namens *News* via STRUKTUR • INHALTSTYPEN • INHALTSTYP HINZUFÜGEN (*/admin/structure/types/add*) an. Der maschinenlesbare Name lautet automatisch news. Alternativ ändern Sie den bestehenden Inhaltstyp Artikel entsprechend um. Als Beschreibung geben Sie ein: »Die News sind kurze Nachrichten für die Webseite. Etwa einmal im Monat sollte es eine neue News geben.« Die Einstellungen in den vertikalen Reitern können wir weitgehend beibehalten. Vielleicht geben Sie unter »Erklärung oder Richtlinien zum Erstellen von Inhalt« den Hinweis: »Die News erscheinen automatisch auf der Startseite«. Bei den Menüeinstellungen deaktivieren wir die Checkbox beim Hauptmenü. Keine einzelne News soll in irgendeinem Menü als eigenständiger Punkt vorkommen. Und auch unter ANZEIGEEINSTELLUNGEN deaktivieren Sie die Checkbox bei AUTOR- UND DATUMSINFORMATIONEN ANZEIGEN. Unsere News sollen kommentiert werden können, aber wir benötigen keine Baumstruktur und auch keine Kommentartitel. Speichern Sie die Einstellungen.

Wenn Sie einen neuen Inhaltstyp anlegen, gibt Drupal die ersten beiden Felder immer vor. Das erste ist der Titel, ein Pflichtfeld, das Sie nicht ändern oder löschen können. Das zweite ist der Body (oder Textkörper) vom Feldtyp *Langer Text und Zusammenfassung*. Ich habe bereits in Abschnitt 6.1.3 argumentiert, dass ich für einen Teaser ein eigenes Feld bevorzuge. Löschen Sie den Body also einfach. Dieses Feld ersetzen wir durch zwei neue.

Nun legen Sie also zwei neue Felder an. Einen *Text für den Teaser* mit einem Feldnamen »field_news_teaser« vom Typ *Langer Text*. Der Teaser soll immer existieren, also ist das ein Pflichtfeld. Bei der Textverarbeitung wählen wir *Klartext*. Das bedeutet, dass hier keine HTML-Elemente möglich sein sollen. Genauer gesagt: Durch diese Einstellung wird später gar nicht erst der WYSIWYG-Editor angezeigt (siehe Kapitel 13). Wir wählen den Klartext hier hauptsächlich aus Designgründen. Ein Teaser soll den Leser einladen, auf ein MEHR LESEN zu klicken. Wir wollen dort nicht schon Links einbauen, die den Leser ganz woanders hinzuführen. Zwischenüberschriften und Listen benötigen wir dort ebenfalls nicht. Bestenfalls könnten wir fetten und kursiven Text erlauben. In dem Fall würden Sie einen eigenen Textfilter anlegen, der nur die HTML-Elemente <strong> und <em> erlaubt. Wir belassen es bei reinem Text. Ebenfalls aus Designgründen kann es auch sinnvoll sein, die Länge des Teasers zu beschränken. Siehe dazu das Modul

114

Maxlength in Abschnitt 7.7. Wenn nicht nur Sie selbst neue Inhalte anlegen, sollten Sie immer einen Hilfetext anlegen. Zum Beispiel: »Der Teasertext erscheint sowohl auf Übersichtsseiten als auch auf der Einzelseite einer News«. Und natürlich darf es das Feld nur einmal geben.

Das nächste Feld *Weiterer Text* mit dem Feldnamen »field_news_mehr« ist ebenso vom Typ *Langer Text*. Sie könnten daraus auch ein Pflichtfeld machen, sodass eine News immer aus zwei Teilen bestehen muss. Das hängt von der Konzeption Ihrer Seite und den Leuten ab, die die News pflegen sollen. Manchmal gibt es wirklich nur ganz kurze Nachrichten. Mit »Am 24. und 31. Dezember bleibt unser Geschäft geschlossen« haben Sie zum Beispiel vielleicht schon alles gesagt. Was gäbe es hinter einem MEHR LESEN noch zu erwähnen? Wir halten die News daher flexibel: Ein Teasertext ist Pflicht, der weitere Text optional. Das teilen wir dem Benutzer auch in der Hilfe mit: »Der weitere Text ist optional. Falls Sie weiteren Text hier eingeben, erscheint dieser nur in der Einzelansicht einer News. Hinter dem Teaser erscheint auf den Übersichtsseiten ein ›Mehr lesen‹-Link zum Rest der News.« Es hängt von der Medienerfahrung Ihrer Benutzer ab, wie umfangreich Sie solche Dinge erklären müssen. Unter Textverarbeitung wählen wir hier GEFILTERTER TEXT.

Nun benötigen wir noch den Feldtyp *Bild*, ganz simpel mit der Beschriftung »Bild« und dem Feldnamen »field_news_bild«. Das Bild soll in der Teaseransicht im Format 140 × 105 Pixel erscheinen. In der Einzelansicht soll es aber größer zu sehen sein. In diesem Fall wählen wir 280 × 210 Pixel für diese Ansicht. Damit machen wir uns die Sache mit den zwei Formaten recht einfach, denn beide haben dasselbe Verhältnis. Das Teaserbild ist einfach eine kleinere Ansicht der normalen Größe. Wir legen als minimale Bildauflösung ebenfalls 280 × 210 Pixel fest. Das heißt, dass wir keine Bilder hochskalieren müssen. Für unsere beiden Ansichtsmodi werden wir das Originalbild einfach über Bildstile skalieren und ggf. abschneiden.

Eine andere Lösung wäre, tatsächlich zwei verschiedene Bilder hochzuladen. Das kleinere Bild für den Teaser wäre ein skaliertes Bild oder ein manuell gewählter Ausschnitt des Originalbildes. Das kann aus Designgründen sinnvoll sein, macht aber mehr Arbeit und kommt deshalb in der Praxis seltener vor.

Wir legen noch ein Standardbild fest, sodass in jedem Fall ein Bild zu sehen ist. Außerdem geben wir ein Dateiverzeichnis *newsbild* vor und aktivieren die Alt- und Titel-Felder.

Nun haben wir vier Feldtypen *Titel, Text für den Teaser, Weiterer Text* und *Bild* und kümmern uns um die Anzeige. Dazu benötigen wir zunächst zwei Bildstile: »news_teaser« legen wir genauso an wie in Abschnitt 6.2.2. Den Bildstil »news«

legen wir analog an, wir ändern nur die Maße auf 280 × 210 Pixel beim Skalieren und Zuschneiden.

Nun geht es zum Reiter Anzeige verwalten (*/admin/structure/types/manage/news/display*). Zunächst ändern wir die Reihenfolge unter Standard in *Bild, Text für den Teaser* und *Weiterer Text*. Die Beschriftung blenden wir überall aus (<Hidden>). Beim Bild geben wir noch den Bildstil »news« vor. Beim Anrisstext blenden wir ebenfalls die Beschriftungen aus. Das Bild und den Teaser-Text verschieben wir nun in den oberen Bereich, sodass nur noch der *Weitere Text* ausgeblendet ist. Das Bild wir hier mit dem Bildstil »news_teaser« angezeigt und mit dem Inhalt verknüpft.

Geben Sie nun eine erste News als Beispiel ein. Wenn Sie alles richtig angelegt haben, erscheint die News mit Titel, einem kleinen Bild und Teaser-Text auf der Startseite. Darunter werden die Links Weiterlesen und Neuen Kommentar schreiben hinzugefügt. Titel, Bild und Weiterlesen-Link sind mit der eigentlichen Seite verknüpft. Dort erscheint das Bild größer, und der *Weitere Text* wird angezeigt. Genau so, wie es sein soll.

Mit CSS können Sie die Anzeige in Ihrem Theme noch etwas aufpolieren. Im Theme der Examplast GmbH finden Sie in der *layout.css* die entsprechende Stelle:

```
/* News */
.node-news { margin-top: 20px; }
.node-news h2 a { text-decoration: none; color: #6E94A8; }
.node-news div.field-name-field-bild { width: 280px; height: 210px;
padding: 4px; margin: 0 0 15px 0; background-color: #6E94A8; }
.node-news.node-teaser div.field-name-field-bild { width: 140px; height:
105px; padding: 2px; margin: 0 15px 0 0; background-color: #6E94A8;
float: left; }
ul.links li { padding: 0; margin-right: 10px; }
```

Im Wesentlichen sorgen wir hier für ein paar Abstände und Farben. Außerdem fließt das Bild im Teaser links neben dem Teaser-Text. Im Examplast-Beispiel verfügen die News außerdem über die Taxonomie »Tags«, siehe Kapitel 11.

*»Nimm an, was nützlich ist. Lass weg, was unnütz ist.
Und füge das hinzu, was dein Eigenes ist.«*
– Bruce Lee

7 Nützliche Module für Inhaltstypen

Es gibt viele Module, mit denen Sie die Grundfunktionen der Inhalts- und Feldtypen erweitern können. Einige davon stelle ich Ihnen in diesem Kapitel vor.

7.1 Drupal als Blog-System

Der Drupal-Core beinhaltet ein Modul *Blog*, das einen vorbereiteten Inhaltstyp *Blog* hinzufügt. Dieser Inhaltstyp ist recht einfach gehalten. Er besteht aus einem Titel und einem *Langen Text und Zusammenfassung*, analog zu unserem Beispiel eines ersten Artikels aus Abschnitt 3.2. Der Unterschied zu anderen Inhaltstypen besteht darin, dass es sich hier um ein Blog *pro Benutzer* handelt. Auf der Profilseite der User erscheint automatisch ein Link AKTUELLE BLOGEINTRÄGE ANZEIGEN, der zu einer Übersicht der Blogeinträge des betreffenden Benutzers führt. Ebenso steht in den Links eines Blog-Beitrags nun auch ein Link BLOG VON [USERNAME] (siehe Abbildung 7.1). Außerdem wird ein neuer Block NEUESTE BLOGEINTRÄGE hinzugefügt.

Abbildung 7.1 Beispiel für einen Blogeintrag mit Link auf das ganze Blog

Der Inhaltstyp *Blog* mag sinnvoll sein, wenn alle Mitglieder einer Community ein eigenes Blog führen dürften. Wenn es um ein Themenblog geht, das zwar von verschiedenen Autoren geführt wird, inhaltlich aber als einzelnes Blog erscheinen soll, können Sie auch einen eigenen Inhaltstyp anlegen, anstatt das Modul zu benutzen. Die Trennung nach Autoren wäre hier nicht unbedingt nötig.

Auch wenn dieser Inhaltstyp *Blog* heißt: Ein paar Funktionen, die Sie von anderen Blogs kennen, müssen Sie mit zusätzlichen Modulen nachrüsten. Und zwar, wenn es um Trackbacks bzw. Pingbacks geht. Dazu soll es für Drupal 7 ein Modul names *Vinculum* geben, das aktuell aber noch nicht fertig ist.

7.2 Drupal als Forum

Das Core-Modul *Forum* fügt einen neuen Inhaltstyp *Forenthema* und eine Taxonomie *Foren* hinzu. Dieser Typ besteht erst einmal aus dem Betreff, dem Textkörper und der Referenz auf die Taxonomie *Foren*. Wie bei anderen Inhaltstypen können Sie weitere Felder hinzufügen, zum Beispiel damit Benutzer Dokumente an Forenthemen anhängen können (siehe Kapitel 6).

Unter dem Menüpunkt STRUKTUR finden Sie den neuen Punkt FOREN. Hier können Sie neue Ordner (Container) oder neue Foren anlegen. Sie können beide Elemente nutzen, um Ihre Foren zu gruppieren. Dabei können Sie neue Themen nur in Foren posten, nicht aber in Container. Die Struktur, die Sie über Ordner und Foren anlegen, wirkt sich ebenso auf die Taxonomie *Foren* aus. Sie könnten die Taxonomie direkt bearbeiten. Dort haben Sie aber keine Möglichkeit, zwischen Ordnern und Foren zu unterscheiden. Lassen Sie die Taxonomie in diesem Fall also besser in Ruhe, und bearbeiten Sie die Foren nur über die Struktur.

Einstellungen für alle Foren finden Sie unter STRUKTUR • FOREN • EINSTELLUNGEN (*/admin/structure/forum/settings* – siehe Abbildung 7.2). Wenn ein Thema in einem Forum eine bestimmte Anzahl an Kommentaren erhalten hat, können Sie es als »wichtiges Thema« deklarieren. Solche Themen können Sie im Forum besonders hervorheben oder in einem Block anzeigen lassen. Vorgesehen ist ein Grenzwert zwischen 5 und 500 Kommentaren; die richtige Wähl hängt davon ab, wie stark in Ihren Foren diskutiert wird.

Die BEITRÄGE PRO SEITE legen fest, wie viele Themen in einem Forum zu sehen sein sollen. Enthält das Forum weitere Themen, kommen am Ende der Liste entsprechende Links hinzu. Außerdem können Sie die Reihenfolge der Themen festlegen.

Ihnen stehen automatisch zwei neue Blöcke zur Verfügung: AKTIVE FORENTHEMEN und NEUE FORENTHEMEN.

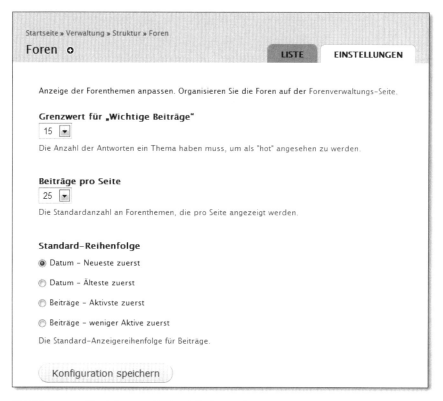

Abbildung 7.2 Einstellungen für den Inhaltstyp »Forum«

Wenn das Forum ein wichtiger Bestandteil Ihrer Webseite ist, sollten Sie sich einmal das Modul *Advanced Forum* anschauen. Damit können Sie das Core-Forum ausbauen.

7.3 Titel für Nodes automatisch erzeugen

Normalerweise verlangt Drupal für neue Nodes zwingend einen Titel. Das kann in einigen Fällen aber überflüssig oder gar lästig sein. Nehmen wir an, Sie betreiben ein Musikportal und bewerten neue Alben. Es gibt einen eigenen Inhaltstyp namens *Rezension*, für den Sie unter anderem die Pflichtfelder KÜNSTLER/BAND und ALBUMTITEL vorgesehen haben. Als Titel möchten Sie nun einfach das Format »Künstler/Band: Albumtitel« nutzen. Nun könnten Sie Ihre Autoren anweisen, den Titel nach diesem Muster zu vergeben. Das ist zum einen fehleranfällig, weil Autoren solche Richtlinien gerne vergessen. Zum anderen ist es doppelte Arbeit, weil die Autoren den Künstler bzw. die Band und den Albumnamen ja ohnehin einmal eintragen müssen. Hier kommt nun das Modul *Automatic Nodetitles* ins Spiel.

Wenn Sie das Modul aktivieren, erhalten Sie einen zusätzlichen Reiter bei der Konfiguration Ihrer einzelnen Inhaltstypen: AUTOMATISCHE ERZEUGUNG VON TITELN. Um das Modul sinnvoll zu nutzen, sollten Sie außerdem das Modul *Token* installieren, dadurch können Sie bei der Erzeugung der Titel auf andere Felder des Inhaltstyps und weitere Variablen zugreifen (siehe Abbildung 7.3).

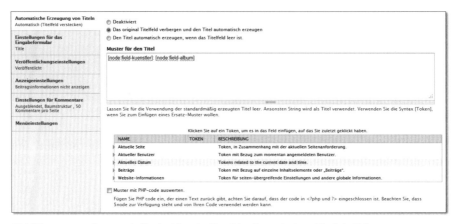

Abbildung 7.3 »Automatic Nodetitles« in Kombination mit dem Modul »Token«

Die automatische Erzeugung ist zunächst deaktiviert. Sie können alternativ vorgeben, dass das Titelfeld immer weggelassen wird und der Titel also zwangsläufig erstellt wird. Oder aber das Titelfeld erscheint und *Automatic Nodetitle* kommt nur dann zum Zuge, wenn der Autor keinen eigenen Titel eingibt. In unserem Fall wählen wir DAS ORIGINAL TITELFELD VERBERGEN UND DEN TITEL AUTOMATISCH ERZEUGEN.

Mithilfe des Moduls *Token* können Sie nun zuerst in das Feld MUSTER FÜR DEN TITEL klicken und sich dann über die Rubrik BEITRÄGE die Token suchen, die hier passen. Mit den entsprechenden Namen für Ihre Felder heißt das Muster dann zum Beispiel: `[node:field-kuenstler]: [node:field-album]`.

7.4 Bestehende Inhalte duplizieren

Mit dem Modul *Node clone* können Sie einen vorhandenen Node kopieren (klonen) und dann bearbeiten. Für eine kleine News ist das egal, denn die schreiben Sie ohnehin komplett neu. Aber vielleicht werden auf Ihrer Seite viele Regionalgruppen eines deutschlandweiten Vereins vorgestellt, bei denen sich jeweils nur wenige Absätze unterscheiden. Dann sparen Sie eine Menge Zeit, indem Sie einfach eine vorhandene Regionalgruppe kopieren und dann bearbeiten. Sie finden das Modul unter KONFIGURATION • INHALTSERSTELLUNG • NODE CLONE MODULE (/admin/config/content/clone – siehe Abbildung 7.4).

Abbildung 7.4 Optionen für das Modul »Node clone«

Die Optionen sind leicht verständlich: Sie können die Methode bei der Duplizierung wählen. Entweder geht das Modul über den bekannten Weg INHALT HINZUFÜGEN, öffnet also ein Formular für einen neuen Inhalt dieses Inhaltstyps und füllt die Felder mit dem Inhalt des Originals. Oder aber das Modul speichert einen neuen Node mit demselben Inhalt ab und öffnet ihn dann zum Bearbeiten. Der Unterschied ist also, dass der Node im ersten Fall noch nicht in der Datenbank existiert, sondern einmal gespeichert werden muss. Darauf weist Sie das Programm in dem Fall auch hin: »Dieses Duplikat wird erst in der Datenbank gespeichert, wenn der Beitrag gespeichert wird«. Haben Sie die zweite Methode gewählt, können (und sollten) Sie eine Bestätigung erzwingen. Andernfalls wird bei jedem Klick ein neuer Inhalt gespeichert. Bei ungeübten Benutzern kann das zu vielen doppelten und unnötigen Beiträgen führen. Mit CLONE MENU LINKS können Sie festlegen, dass die Menüeinstellungen ebenfalls geklont werden.

Nun geben Sie für jeden einzelnen Inhaltstyp vor, ob die Veröffentlichungseinstellungen beim Duplizieren auf den Standard gesetzt werden. Nehmen wir an, eine News ist standardmäßig auf *veröffentlicht* gesetzt. Nun klonen Sie eine News, die Sie vorher auf *nicht öffentlich* gestellt haben. Der geklonte Beitrag ist erst einmal ebenfalls nicht öffentlich. Es sei denn, Sie erzwingen die Standardeinstellungen. In dem Fall würde der geklonte Beitrag auf *öffentlich* stehen. Am Ende können Sie noch Inhaltstypen auswählen, die nicht geklont werden dürfen. Bei Inhalten, die geklont werden dürfen, sehen Sie nun einen CLONE CONTENT-Link.

Achten Sie darauf, dass Sie außerdem die Berechtigungen für die Rollen anpassen. Sie können zwei Rechte vergeben: CLONE ANY NODE und CLONE OWN NODES.

7.5 Inhalte zu festen Terminen veröffentlichen

Das Datum, das Sie unter dem Reiter INFORMATIONEN ZUM AUTOR bei einem Node angeben können, hat keine Auswirkung darauf, ob der Inhalt zu einem bestimmten Zeitpunkt öffentlich ist oder nicht. Die Öffentlichkeit hängt alleine von der Checkbox VERÖFFENTLICHT ab – und ggf. von den Rechten der Rollen. Manchmal möchten Sie aber einen Text anlegen, der erst ab einem bestimmten Zeitpunkt lesbar sein soll. Ein vorbereiteter Blogeintrag zum Beispiel oder eine Pressemitteilung. Hierfür können Sie das Modul *Scheduler* nutzen. Damit ist es möglich, einen genauen Zeitpunkt anzugeben, an dem ein Beitrag veröffentlicht wird – oder auch eine Veröffentlichung zurückgenommen wird. Bei jedem Cronlauf (siehe Abschnitt 4.7) überprüft das System dann, ob ein solcher Zeitpunkt erreicht wurde, und die Veröffentlichungseinstellungen werden wie gewünscht geändert.

Nach der Installation finden Sie unter KONFIGURATION • INHALTSERSTELLUNG • SCHEDULER MODULE SETTINGS (*/admin/config/content/scheduler*) drei Reiter. Im ersten Reiter, EINSTELLUNGEN legen Sie zunächst das Format für das Datum fest, zum Beispiel »d.m.Y H:i:s«. Darunter können Sie das DATE POPUP FIELD aktivieren, wenn die Zusatzmodule *Date* und *Date Popup* aktiviert sind (siehe Kapitel 24). Am Ende haben Sie die Möglichkeit, einen Hilfetext für Ihre Autoren und Redakteure zu schreiben, die den Scheduler benutzen dürfen. Die anderen beiden Reiter enthalten Hilfen für einen zusätzlichen Lightweight-Cronjob und zur Serverzeit.

Der Scheduler funktioniert nur im Zusammenspiel mit einem Cronjob. Wenn Sie den Scheduler so anlegen würden, dass ein Artikel minutengenau veröffentlicht werden kann, müsste auch der Cronjob jede Minute aufgerufen werden. Da nicht immer die kompletten Aufgaben eines Drupal-Cronjobs durchlaufen werden müssen, können Sie alternativ den *Lightweight Cron* des Schedulers nutzen. Diesen erreichen Sie unter */scheduler/cron*. Dann könnten Sie den normalen Drupal-Cron beispielsweise einmal in der Stunde aufrufen und den Scheduler-Cron alle fünf Minuten (oder eben jede Minute).

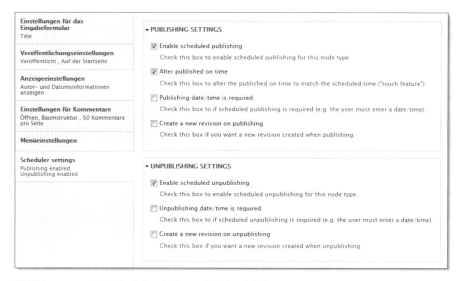

Abbildung 7.5 Die Scheduler-Optionen bei den Inhaltstypen

Bei den Inhaltstypen finden Sie nun einen neuen vertikalen Reiter, SCHEDULER SETTINGS (siehe Abbildung 7.5). Die sieben Checkboxen in der Reihenfolge:

1. ENABLE SCHEDULED PUBLISHING – regelt, ob dieser Inhaltstyp überhaupt den Scheduler zur Veröffentlichung nutzen darf.
2. ALTER PUBLISHED ON TIME – Ist die Checkbox gesetzt, passt der Scheduler das Node-Datum »geschrieben am« dem Zeitpunkt an, an dem der Inhalt auf *öffentlich* gesetzt wird.
3. PUBLISHING DATE/TIME IS REQUIRED – klärt, ob der Autor hier ein Datum eingeben *muss*.

4. CREATE A NEW REVISION ON PUBLISHING – hiermit können Sie eine neue Version des Inhalts erstellen, wenn der Node auf *öffentlich* gesetzt wird.
5. ENABLE SCHEDULED UNPUBLISHING – regelt, ob dieser Inhaltstyp den Scheduler nutzen soll, um einen Inhalt auf *nicht-öffentlich* zu setzen.
6. UNPUBLISHING DATE/TIME IS REQUIRED – klärt, ob der Autor hier ein Datum eingeben *muss*.
7. CREATE A NEW REVISION ON UNPUBLISHING – hiermit können Sie eine neue Version des Inhalts erstellen, wenn der Node auf *nicht-öffentlich* gesetzt wird.

Wenn Sie die entsprechenden Checkboxen abhaken, können Sie für diesen Inhaltstyp nun neue Termine eintragen, um einen Inhalt zu bestimmten Terminen auf *öffentlich* bzw. *nicht-öffentlich* zu setzen (siehe Abbildung 7.6).

Abbildung 7.6 Zwei Termine für den Scheduler (mit aktiviertem Date Popup)

Wenn Sie übrigens die Zeit so einstellen, dass der Node erst in der Zukunft veröffentlicht werden soll, aber trotzdem einen Haken bei VERÖFFENTLICHT setzen, sorgt der Scheduler dafür, dass der Haken dort wieder entfernt wird und der Inhalt also nicht-öffentlich gespeichert wird.

7.6 User und Nodes referenzieren

Das Modul *References* stellt Ihnen zwei neue Feldtypen zur Verfügung, mit denen Sie andere Nodes oder User referenzieren können. Wozu mag das sinnvoll sein?

Drupal kennt für jeden Inhalt einen Urheber, den Autor. Nun kann es aber vorkommen, dass mehrere Autoren einen längeren Artikel schreiben. Wie bilden Sie diesen Fall ab? Es gibt mehrere Möglichkeiten: Sie könnten ein Textfeld vorsehen, in das Sie einfach einen oder mehrere Autoren eintragen. Oder Sie nutzen die *User Reference*, um einen oder mehrere Benutzer zu referenzieren. Das hat den Vorteil, dass Sie gleich noch die Profilfotos oder andere Informationen zum Benutzer aus dessen Profil abbilden können. Es muss auch nicht unbedingt um die Autoren eines Artikels gehen, vielleicht bieten Sie Seminare an, die von mehreren Benutzern geleitet werden. Auch hier kann die User Reference helfen. Nehmen wir das Beispiel mit den Seminarleitern. Aktivieren Sie die drei Bestandteile des Moduls *References*, und legen Sie bei einem Inhaltstyp *Seminar* ein neues Feld *Seminarleiter* an. Alle Seminarleiter, die infrage kommen, sollen bereits als Benutzer in unserem System angemeldet sein. Wenn Sie den Feldtyp *User reference* wählen, stehen Ihnen drei Steuerelemente zur Verfügung:

- Die Auswahlliste erscheint als Selectbox.
- Die Option KONTROLLKÄSTCHEN/AUSWAHLKNÖPFE listet alle Möglichkeiten als Radio- oder Checkbuttons auf.
- Das *Autocomplete text field* ist ein Textfeld, das auf aufgrund der eingegebenen ersten Buchstaben passende Usernamen vorschlägt.

Wählen Sie für dieses Beispiel die Auswahlliste. Bei den Feldeinstellungen in Abbildung 7.7 können Sie nun entscheiden, welche Rollen referenziert werden dürfen und welchen Status die einzelnen User haben dürfen. Die weiteren Einstellungen entsprechen den bekannten Optionen für Feldtypen.

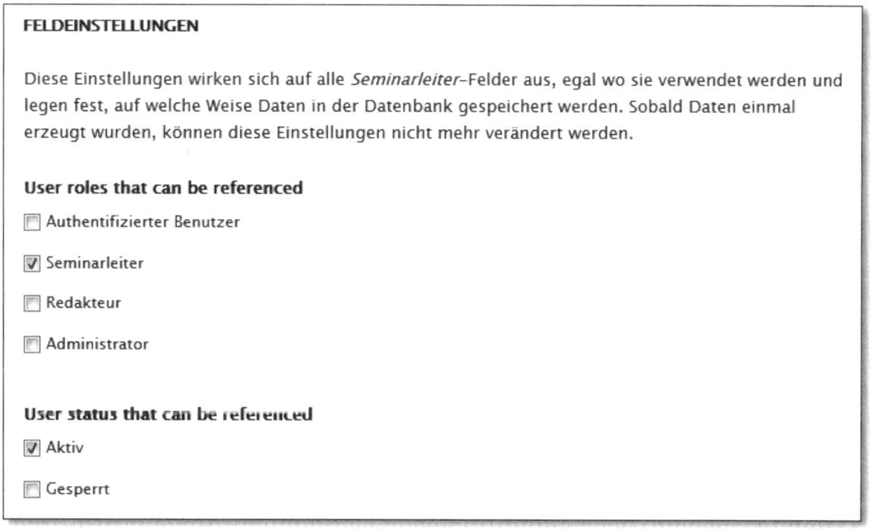

Abbildung 7.7 Welche Rollen kommen als Referenz infrage?

Ähnlich verhält es sich bei der *Node Reference*. Vielleicht pflegen Sie ein Musikportal. Dort gibt es einen Inhaltstyp *Künstler/Band* mit einer Biografie, einem Link zur Webseite und dem Label. Dazu kommt ein Inhaltstyp *Album*. Bei einem Album möchten Sie aber nicht immer wieder neu das Label, die Webseite und die Biografie eintragen. Stattdessen nutzen Sie die Node Reference und verweisen das Album einfach auf einen bestehenden Inhalt vom Typ *Künstler/Band*. Analog zur *User Reference* können Sie beim Feldtyp *Node Reference* festlegen, welche Inhaltstypen jeweils referenziert werden dürfen.

7.7 Textfelder auf eine maximale Länge beschränken

Bei unserem Inhaltstyp *News* aus Abschnitt 6.3 möchten wir gerne dafür sorgen, dass sich unsere Autoren beim Teaser wirklich kurz fassen, damit nicht einige dort gleich einen halben Artikel hineinschreiben. Für solch einen Fall eignet sich das Modul *Maxlength*, mit dem Sie Feldtypen vom Typ *Text* oder *Langer Text* beschränken können. Für das Modul selbst gibt es keine weiteren Konfigurationsmöglichkeiten. Stattdessen stehen Ihnen neue Optionen beim Titel eines Inhaltstyps und bei Text-Feldtypen zur Verfügung (siehe Abbildung 7.8).

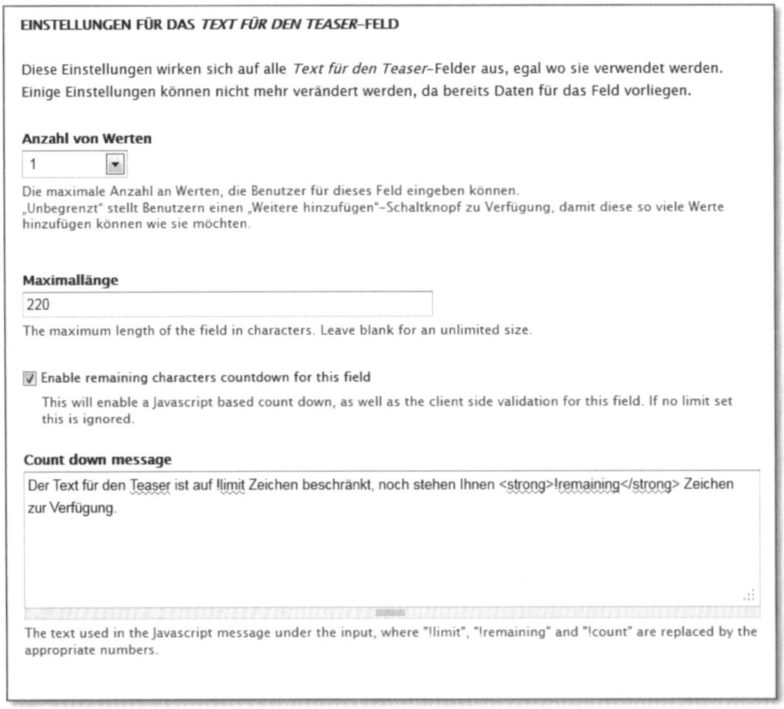

Abbildung 7.8 »Maxlength« beschränkt Textfelder auf eine bestimmte Anzahl an Zeichen.

Sie geben hier die gewünschte maximale Anzahl an Zeichen vor. Durch Aktivieren der Checkbox ENABLE REMAINING CHARACTERS COUNTDOWN FOR THIS FIELD sorgen Sie dafür, dass Ihren Autoren über JavaScript die verbleibende Zeichenzahl angezeigt wird. Am Ende können Sie einen Text für den Countdown angeben, zum Beispiel: »Der Text für den Teaser ist auf !limit Zeichen beschränkt, noch stehen Ihnen !remaining Zeichen zur Verfügung.« Dabei steht die Variable !limit für die maximale Zeichenzahl und !remaining für die Zeichen, die dem Autor noch bleiben. Überschreitet ein Autor die maximale Zeichenzahl, sorgt das JavaScript dafür, dass die übrigen Zeichen einfach gelöscht werden.

Beachten Sie, dass das Modul alle Zeichen zählt, also auch HTML-Code. Wenn Sie das Modul zum Beispiel zusammen mit einem WYSIWYG-Editor benutzen, wird es eventuell nicht richtig funktionieren.

7.8 Dateinamen automatisch mit ASCII-Zeichen speichern

Beim Upload von Bildern oder Dateien mischt sich Drupal bei den Dateinamen nicht ein und übernimmt den vorgegebenen Namen. Das kann bei Leerzeichen, deutschen oder fremdsprachigen Zeichen Probleme geben. Eine Datei *Portrait Büßing.jpg* kann so als *Portrait BÃ¼Ãing.jpg* enden. Auch wenn die richtigen Zeichen beim Upload beibehalten werden, können Umlaute und Leerzeichen Probleme machen.

Nun können Sie Ihren Autoren einbläuen, ein festes Format beizubehalten, nämlich nur Kleinbuchstaben zu verwenden, die Umlaute umzuwandeln (ä → ae, ß → ss) und einen Underscore _ statt des Leerzeichens zu verwenden. Aus *Portrait Büßing.jpg* wird so *portrait_buessing.jpg*. Noch besser wäre es jedoch, wenn der Upload die Datei automatisch umbenennen würde. Das Modul *Transliteration* bietet genau das. Nachdem das Modul aktiviert worden ist, sorgt es bei neuen Uploads automatisch für verwendbare Dateinamen. Bei den Einstellungen zum Dateisystem KONFIGURATION • MEDIEN • DATEISYSTEM (*/admin/config/media/file-system*) finden Sie nun zwei neue Optionen. Mit TRANSLITERIEREN VON DATEINAMEN BEIM SPEICHERN sorgen Sie dafür, dass Sonderzeichen in ASCII-Zeichen umgewandelt werden. Durch ZU KLEINBUCHSTABEN TRANSKRIBIERTE DATEINAMEN können Sie alle Zeichen gleich in Kleinbuchstaben umwandeln lassen, was meist einheitlicher wirkt.

Noch besser: Unter KONFIGURATION • MEDIEN • DATEISYSTEM • TRANSLITERATION (*/admin/config/media/file-system/transliteration*) zeigt Ihnen das Modul Filenamen, die Sie nachträglich noch umwandeln können, wenn sie andere Zeichen als die erlaubten ASCII-Zeichen enthalten.

7.9 Weitere Module

Es gibt noch eine ganze Reihe weiterer Module, die für Inhalts- und Feldtypen für Ihr Webprojekt infrage kommen können. Zum Beispiel:

- Mit *Field Group* können Sie Ihre Feldtypen gruppieren und die Formulare übersichtlicher gestalten.
- Das Modul *Diff* zeigt Ihnen die Veränderungen zwischen zwei Versionen an. Was ist hinzugekommen, was wurde gelöscht?
- Mit dem Modul *Content Lock* können Sie einen Inhalt sperren, sobald ein User diesen bearbeitet. Andere Nutzer können den Inhalt dann nicht versehentlich gleichzeitig bearbeiten.
- Und *Edit Limit* sorgt dafür, dass Sie Limits setzen können, wenn es darum geht, Inhalte und Kommentare zu bearbeiten. Das kann die Häufigkeit sein, wie oft ein Inhalt bearbeitet werden darf, oder ein Zeitraum, nach dem der Inhalt nicht mehr geändert werden kann.
- Das Modul *Flag* wiederum erlaubt Ihnen, ein flexibles System zu nutzen, um Nodes, Kommentare oder User zu markieren. So können Sie zum Beispiel wichtige Inhalte oder beleidigende Kommentare oder Freunde bei den Usern markieren. Dadurch können Sie das Modul auch als Element eines Workflows verwenden (siehe Kapitel 19).
- Mit dem Modul *Relation* können Sie Beziehungen zwischen Entitys herstellen. Etwa: »Album A -> ist ein Album -> von Künstler 120«. Oder: »User 123 -> ist der Lehrer von -> User 256«.
- Von einigen Webseiten kennen Sie vielleicht Links für WEBSEITE AUSDRUCKEN, PDF-VERSION oder ALS E-MAIL VERSENDEN unter den Inhalten. Das können Sie zum Beispiel mit dem Modul *Print* ermöglichen.
- *Simple Access* dient dazu, die Ansicht, Bearbeitung oder das Löschen einzelner Nodes auf bestimmte Rollen zu beschränken.
- Mit den Modulen *Email Field* und *Link* erweitern Sie Ihre Feldtypen um spezielle Felder nur für E-Mail-Adressen oder Links. Dadurch können Sie zum Beispiel gleich prüfen, ob die Eingabe überhaupt dem Format einer Mail-Adresse entspricht.

*»Es genügt nicht, dass man zur Sache spricht.
Man muss zu den Menschen sprechen.«*
– Stanislaw Jerzy Lec

8 Sprechende URLs

Neue Node-Inhalte sind in Drupal erst einmal unter einer URL erreichbar, die sich aus der fortlaufenden Nummer des Nodes (Node-ID, NID) selbst ergibt, also */node/1*, */node/2*, */node/3* usw. Wenn Sie das Core-Modul *Path* aktivieren, können Sie Nodes eine sprechende URL, einen URL-Alias, zuweisen. Das ist sowohl für Menschen als auch für Suchmaschinen geschickter; statt */node/5* soll also etwa */impressum* zu lesen sein.

Ist das Modul aktiviert und hat ein Autor das notwendige Recht, steht ihm beim Anlegen des neuen Inhalts der Reiter URL-ALIAS-EINSTELLUNGEN zur Verfügung. Hier kann er einen relativen Pfad angeben; es reicht also etwa das Wort »impressum«. Das System merkt selbst, wenn URLs doppelt vergeben werden, und warnt Sie entsprechend. Sie müssen dann den Alias ändern, bevor Sie den Inhalt speichern können. Unter KONFIGURATION • SUCHE UND METADATEN • LESBARE URLS (*/admin/config/search/path*) finden Sie eine Liste der aktuellen URL-Aliase (siehe Abbildung 8.1).

In der Regel orientieren Sie sich bei Inhalten, die direkt über das Menü erreichbar sind, an der Menüstruktur, etwa bei den Seiten */unternehmen* und */unternehmen/standorte*. Bei Inhalten, die nicht direkt im Menü verankert sind, wie etwa einzelne News oder Seminare, nutzen Sie den Titel für die URL, zum Beispiel als */news/tag-der-offenen-tuer* oder auch mit einem Datum: */news/2011/08/10/tag-der-offenen-tuer*.

In der Übersicht der URL-Aliase können Sie auch direkt neue Pfade anlegen (siehe Abbildung 8.2). Zunächst wählen Sie die Sprache, für die der Alias gelten soll (wenn auch das Core-Modul *Locale* aktiviert ist). Die Aliase sind meist sprachspezifisch: */impressum* gilt im Deutschen, */imprint* im Englischen (siehe dazu auch Kapitel 26 über Mehrsprachigkeit). Im Anschluss benötigen Sie einen existierenden Pfad und einen neuen Alias, den Sie anlegen möchten.

8 | Sprechende URLs

Abbildung 8.1 Die Liste der aktuell im System hinterlegen URL-Aliase

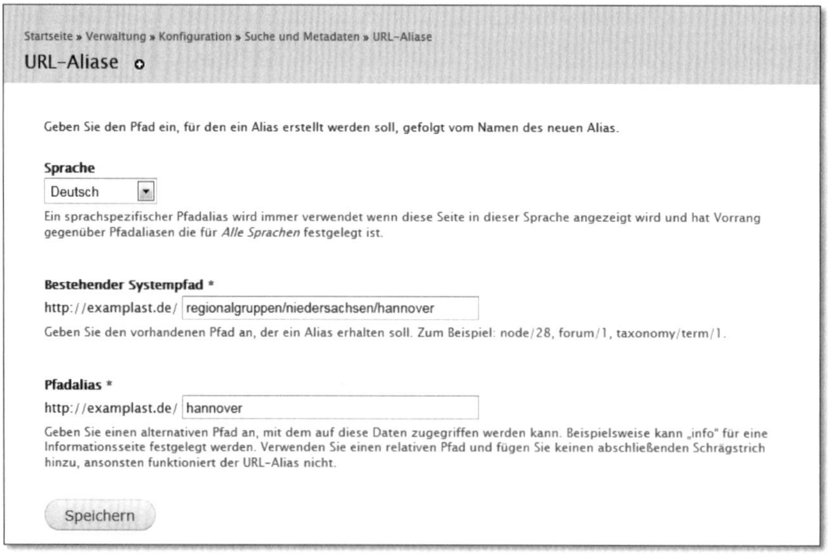

Abbildung 8.2 Sie können beliebig viele URL-Aliase anlegen.

Sie können zu einem existierenden Pfad beliebig viele Aliase anlegen. Vielleicht sind Regionalgruppen über eine Menüstruktur erreichbar. Die Inhalte haben einen Pfad wie etwa */regionalgruppen/niedersachsen/hannover*. Um aber auch kurze URLs verschicken zu können, legen Sie */hannover* als Alias an.

8.1 Automatische URL-Aliase mit Pathauto

Über den Core haben Sie zwar die Möglichkeit, manuell saubere URLs zu vergeben, aber auf Dauer wird das lästig. Insbesondere wenn die Adressen einem Muster folgen sollen, kann es passieren, dass Autoren und Redakteure sich schnell nicht mehr daran halten. Deshalb automatisieren wir die Vergabe der URLs nun mit dem Modul *Pathauto*. Sie benötigen dazu ebenfalls das Modul *Token*. Unter KONFIGURATION • SUCHE UND METADATEN • URL-ALIASE (*/admin/config/search/path/patterns*) gibt es nun neue Reiter: MUSTER, EINSTELLUNGEN, BULK UPDATE und ALIASE LÖSCHEN. Schauen wir uns die MUSTER an (siehe Abbildung 8.3).

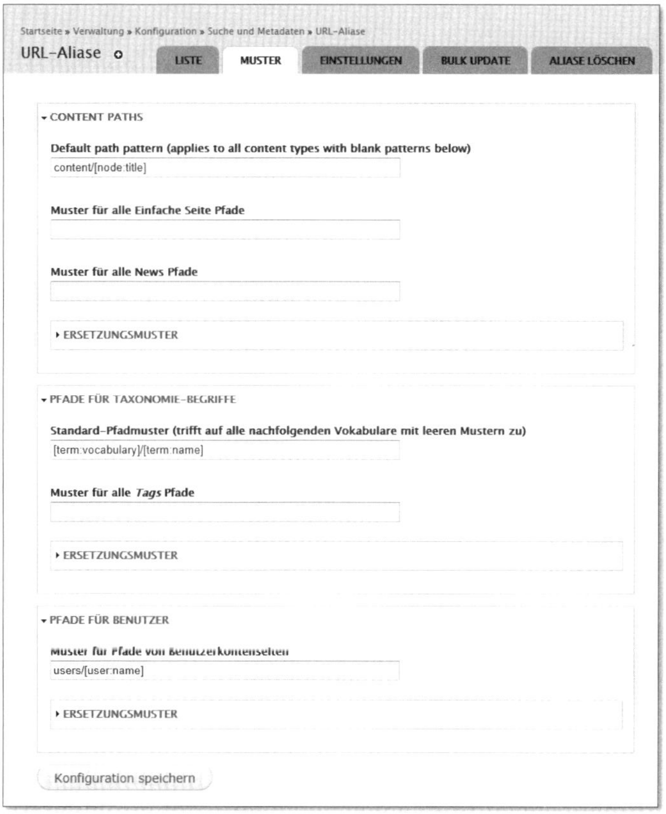

Abbildung 8.3 Die Standardeinstellungen der Ersetzungsmuster

Sie können URL-Muster für drei Bereiche vorgeben: Nodes, Taxonomie und User. Bei den Inhalten gibt es eine Grundeinstellung, die für all jene Nodes gilt, die kein eigenes Muster verwenden. Darunter stellen Sie das konkrete Muster für einen einzelnen Inhaltstyp ein. Das allgemeine Muster kann etwa »[node:title]« lauten. Die Variablen, die Sie benutzen können, finden Sie jeweils unter ERSETZUNGSMUSTER. Für News kann das Schema lauten: »news/[node:created:custom:Y]/[node:title]«. In dem Fall würde die URL aus den Bestandteilen »news« + Jahr + Titel bestehen. Für einfache Seiten, die in ein Menü gehängt werden, orientieren Sie sich entsprechend an den Variablen für ein Menü. Weitere Module können hier eigene Variablen zur Verfügung stellen. Zum Beispiel kommt die Variable »[node:scheduler-publish]« über das Modul *Scheduler* zustande. Wenn Sie einen Inhalt haben, der vom Typ zwar dem der *Einfachen Seite* entspricht, ausnahmsweise aber keinen eigenen Menüpunkt bekommt, auf dem der Pfad aufbauen soll, würde Pathauto kein URL-Alias generieren können (etwa für eine eigene Fehlerseite). In solchen Fällen können Sie aber immer noch manuell einen Alias vergeben.

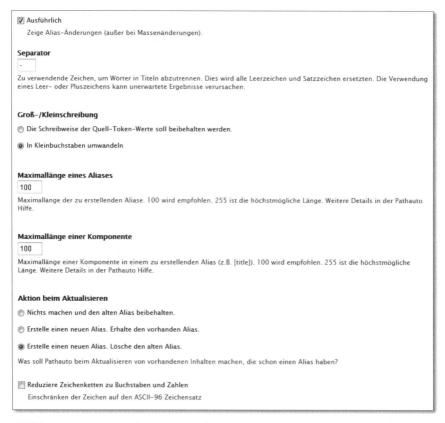

Abbildung 8.4 Die Einstellungen für die konkreten URLs

Weiter geht es mit dem Reiter EINSTELLUNGEN (siehe Abbildung 8.4). Die erste Checkbox, AUSFÜHRLICH, sollten Sie aktivieren, damit das System Sie aktiv über Änderungen bei den Aliasen informiert – in dem Fall erscheint nach dem Speichern eine Status-Meldung mit der Änderung. Nun folgt der Separator, der Leerzeichen und andere unerwünschte Zeichen wie Punkte oder Kommata ersetzt. Belassen Sie es beim üblichen Bindestrich (-). Unter GROSS-/KLEINSCHREIBUNG wählen Sie am besten die zweite Option: IN KLEINBUCHSTABEN UMWANDELN, das sorgt für ein einheitliches Bild. Die nächsten beiden Felder legen Längen für die URL selbst und für darin enthaltene Komponenten fest. Belassen Sie es auch hier ruhig bei den Standardwerten. Zu lange URLs werden dann nach 100 Zeichen abgeschnitten.

Spannend wird es bei den Optionen für die AKTION BEIM AKTUALISIEREN. Was passiert, wenn ein sich ein Alias ändert, weil Sie zum Beispiel einen Rechtschreibfehler im Titel korrigieren? Sie können

1. nichts tun und den alten Alias behalten,
2. einen neuen Alias erzeugen und den vorhandenen behalten oder
3. einen neuen Alias erzeugen und den alten löschen.

In meinen Projekten wähle ich hier Option 2 oder 3. Nichts tun ist insofern schlecht, als dass Sie einen Fehler ja auch gerne in der URL korrigieren möchten. Option 2 kann dazu führen, dass viele alte URLs im System bleiben, die Sie eigentlich nicht mehr benötigen – aber alte Links sind weiterhin nutzbar. Bei Option 3 behalten Sie nur die gewünschten Aliase bei, aber das kann dazu führen, dass interne Links nicht mehr funktionieren, weil alte Aliase nicht mehr existieren.

Im Moment würde aus einem Titel wie »Über uns« das Alias »über-uns«. Das funktioniert erst einmal, wird beim Kopieren in eine Mail aber zu »%C3%BCber-uns« und sieht nicht mehr hübsch oder gar lesbar aus. Die nächste Option, REDUZIERE ZEICHENKETTEN ZU BUCHSTABEN UND ZAHLEN, filtert alle Zeichen heraus, die nicht zum ASCII-96-Zeichensatz gehören. Ist die Checkbox aktiviert, würde aus dem Pfad »ber-uns«, weil das »ü« verloren geht. Wenn Sie auch hier mit dem Modul *Transliteration* aus Abschnitt 7.8, »Dateinamen automatisch mit ASCII-Zeichen speichern«, arbeiten, kommt eine weitere Checkbox hinzu: UMCODIEREN, BEVOR DER ALIAS ERSTELLT WIRD. Ist diese aktiviert, werden Umlaute umgewandelt. Nun können Sie bei beiden Checkboxen einen Haken setzen und erhalten als Pfad das Gewünschte: »ueber-uns«.

Am Ende der Seite können Sie noch Begriffe auflisten, die Sie vielleicht nicht in der URL sehen möchten, um sie kürzer zu halten. Und über SATZZEICHEN können Sie entscheiden, wie bei bestimmten Zeichen wir »@« oder »!« verfahren werden soll.

8 | Sprechende URLs

Mit dem Reiter ALIASE LÖSCHEN löschen Sie gesammelt Aliase, über den Reiter BULK UPDATE erzeugen Sie in einem Zuge für all jene Inhalte Aliase, die bisher noch keinen Alias haben.

8.2 Hilfreiche Ergänzungen durch Global Redirect

Das Modul *Global Redirect* ist für alle Webprojekte sinnvoll. Es sorgt für einige Erweiterungen an Ihren URLs und Weiterleitungen. Das Modul stellt Ihnen unter KONFIGURATION • SYSTEM • GLOBAL REDIRECT (*/admin/config/system/globalredirect*) eine Reihe von Checkboxen zur Verfügung, die Sie nur aktivieren müssen. Ich weise hier nur auf die wichtigsten Punkte hin (siehe Abbildung 8.5).

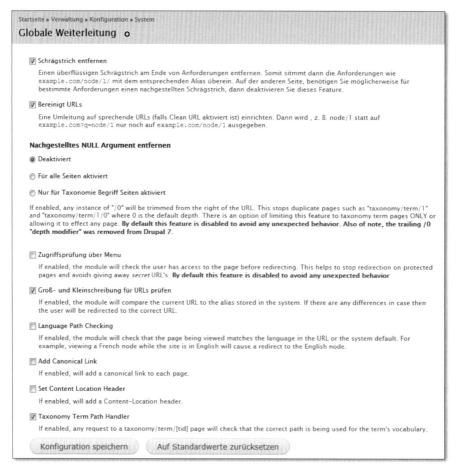

Abbildung 8.5 Global Redirect für hübschere URLs

- SCHRÄGSTRICH ENTFERNEN: Kappt ein unnötiges Slash (/) am Ende Ihrer URLs. Aus einem */rezensionen/* wird also ein */rezensionen*.
- BEREINIGT URLs: Sie sollten für Ihr Projekt saubere URLs verwenden, also etwa */impressum*. Allerdings nutzt Drupal intern seine Nummerierung per Node, und Ihr Impressum kann ebenso unter dem Pfad */node/11* und *?q=node/11* erreichbar sein. Im Grunde möchten Sie nur die URL */impressum* bedienen. Setzen Sie hier also einen Haken, und *Global Redirect* sorgt dafür, dass immer der URL-Alias angezeigt wird.
- GROSS- UND KLEINSCHREIBUNG FÜR URLs PRÜFEN: Die URLs */Rezensionen* und */rezensionen* würden beide zur selben Seite führen. Aktivieren Sie diese Option, wird das System die URL anzeigen, die als Alias gespeichert ist.
- ADD CANONICAL LINK: Angenommen ein Inhalt ist über mehrere Aliase erreichbar, etwa */regionalgruppen/niedersachsen/hannover* und */hannover*. Mit dieser Checkbox können Sie Ihrer Seite im `<head>`-Bereich einen Link hinzufügen, der Suchmaschinen sagt, welche URL die bevorzugte ist. Das entsprechende Meta-Tag lautet etwa: `<link rel="canonical" href="/regionalgruppen/niedersachsen/hannover" />`.

8.3 Webseiten umleiten mit Redirect

Mit dem Modul *Redirect* können Sie alte oder falsche URLs auf existierende Adressen umleiten. Vielleicht war vor dem Relaunch das alte Impressum unter */impressum.html* zu erreichen. Der Pfad unter der neuen Drupal-Seite lautet aber einfach nur */impressum*. Versucht jemand die alte Adresse aufzurufen, weil diese etwa noch auf anderen Webseiten verlinkt ist oder noch von Suchmaschinen genannt wird, würde er auf der Fehlerseite aus Abschnitt 4.9 landen. Wir könnten einen ganz normalen URL-Alias für */impressum.html* anlegen und diesen auf */impressum* verlinken. Aber die alte Adresse soll hier keinen alternativen Zugang zum Inhalt bieten. Wir möchten unsere Besucher direkt auf die neue URL führen. In solchen Fällen können wir Sie das Modul *Redirect* nutzen. Sie finden die Einstellungen unter KONFIGURATION • SUCHE UND METADATEN • URL REDIRECTS • EINSTELLUNGEN (*/admin/config/search/redirect/settings*).

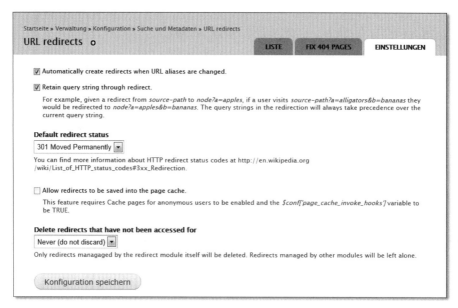

Abbildung 8.6 URLs umleiten mit »Redirect«

Die erste Checkbox in Abbildung 8.6, AUTOMATICALLY CREATE REDIRECTS WHEN URL ALIASES ARE CHANGED, sorgt dafür, dass automatisch ein Redirect erzeugt wird, wenn Sie einen URL-Alias ändern. (Diese Option funktioniert aber nicht im Zusammenspiel mit dem Modul *Pathauto*. Für *Pathauto* nutzen Sie besser die entsprechende Funktion, bei der alte Aliase bestehen bleiben.) Mit der zweiten Checkbox, RETAIN QUERY STRING THROUGH REDIRECT, können Sie Query-Strings erhalten. Wenn Sie etwa einen Redirect von */seminare* auf */termine* legen und jemand einen Link wie */seminare?ort=hamburg* eingibt, würde der Query-String erhalten bleiben und der Redirect auf */termine?ort=hamburg* führen.

Nun geben Sie den DEFAULT REDIRECT STATUS an. Innerhalb von HTTP existieren verschiedene Statuscodes, die von Webservern übermittelt werden. Dazu gehören zum Beispiel »200 – OK«, für erfolgreiche Anfragen. Oder »404 Not Found«, die bekannte Meldung, wenn eine Seite nicht gefunden wird. Hier geht es um Statusmeldungen der Gruppe 3xx, die für Weiterleitungen gedacht sind. Diese können Sie hier angeben. Die häufigste Verwendung dürfte »301 Moved Permanently« sein, wenn sich eine Adresse permanent geändert hat, wie in unserem Beispiel mit dem Impressum. Belassen Sie es ruhig bei diesem Default, Sie können diese Angabe bei jedem einzelnen Redirect überschreiben.

Mit der nächsten Checkbox, ALLOW REDIRECTS TO BE SAVED INTO THE PAGE CACHE, können Sie solche Redirects auch über den Drupal-Cache abwickeln. Am Ende geben Sie an, was mit Redirects passiert, die nie benutzt werden. Das bietet Ihnen eine Möglichkeit, nicht benötigte Daten aus der Datenbank zu löschen.

Über den Reiter Fix 404 Pages zeigt Ihnen das Modul eine Liste von Seiten und Dateien, die zu einem 404-Fehler geführt haben. Dazu müssen die Systemfehler aufgezeichnet werden (siehe Abschnitt 4.3, »Grundlegende Einstellungen«, oder 28.4, »Protokolle für Systemereignisse«). Werfen Sie ab und zu einen Blick auf diese Liste, und sorgen Sie zumindest bei den häufigsten Fehlern dafür, dass Redirects auf existierende Seiten angelegt sind.

Der Reiter Liste zeigt Ihnen die angelegten Redirects. Dort können Sie auch neue Redirects hinzufügen. Sie geben die alte URL und den neuen Pfad an, auf den Sie verweisen möchten (siehe Abbildung 8.7). Danach können Sie noch eine Sprache angeben, für die der Redirect gelten soll, und die Default-Einstellung für den Status des Redirects ändern.

Abbildung 8.7 Ein permanenter Redirect für ein altes »impressum.html«

»Zeiten der Ordnung sind die Atempausen des Chaos.«
– Walter Hilsbecher

9 Hierarchien erzeugen

Wie bereits erwähnt wurde, arbeitet Drupal inhaltsbasiert. Nodes stehen erst einmal gleichberechtigt nebeneinander. Die Core-Module bieten Ihnen zwei Möglichkeiten, Hierarchien zu erzeugen: durch *Menüs* und durch *Bücher*.

9.1 Das Menü-System

Wie der Name vermuten lässt, sorgt das Core-Modul *Menu* für die Menüs auf der Webseite. Es mag einige Ausnahmen geben, in denen Sie vielleicht kein Menü benötigen. Wenn Sie zum Beispiel ein Blog führen, das nur eine Startseite, ein Archiv und ein Impressum benötigt, könnten Sie diese Menüpunkte auch fest ins Template schreiben, ohne das Modul *Menu* zu bemühen. In der Regel werden Sie das Modul aber verwenden. Ihre aktuellen Menüs finden Sie unter STRUKTUR • MENÜS (*/admin/structure/menu*). Per Default verfügt das System über vier Menüs (siehe Abbildung 9.1): HAUPTMENÜ, MANAGEMENT, NAVIGATION und USER MENU.

Das HAUPTMENÜ ist für die Hauptnavigation gedacht und meistens für alle Besucher sichtbar. MANAGEMENT bietet die Links für administrative Aufgaben. Es ist das Menü, das auch oben in der Toolbar abgebildet wird und damit für die Adminstration gedacht ist. Die NAVIGATION steht angemeldeten Nutzern zur Verfügung und enthält zum Beispiel Links, um neue Inhalte zu erstellen. Das USER MENU ist ebenso nur für jene Personen gedacht, die sich angemeldet haben. Hier sind Informationen zum eigenen Profil und ein Link zum Logout zu finden. Neue Module fügen unter Umständen eigene Menüpunkte zu diesen Menüs hinzu.

Auf der Übersichtsseite finden Sie auch die Möglichkeit, neue Menüs hinzuzufügen. Vielleicht möchten Sie zum Beispiel ein neues Menü HILFE anbieten, das lediglich vier Menüpunkte zum Umgang mit der Webseite bietet. Oder Sie teilen die Inhalte Ihrer Webseite für unterschiedliche Zielgruppen in die Menüs FÜR ELTERN und FÜR KINDER auf.

9 | Hierarchien erzeugen

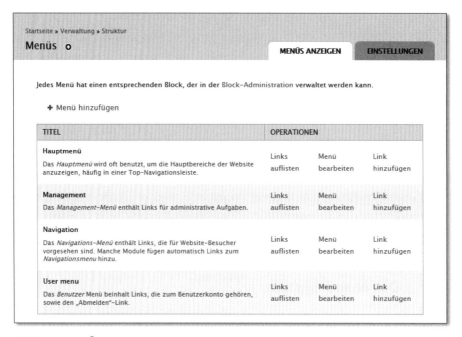

Abbildung 9.1 Übersicht der Standard-Menüs

Sie können jedes Menü bearbeiten, die Menüpunkte auflisten oder neue Menüpunkte hinzufügen. Unter MENÜ BEARBEITEN können Sie den Namen des Menüs bearbeiten und die Beschreibung ändern. Bei den Default-Menüs stehen die Namen fest und können nicht bearbeitet werden. Der Name ist wichtig, um damit eventuell im Theme auf bestimmte Menüs zuzugreifen oder um den Namen als Teil einer URL einfließen zu lassen. Legen Sie selbst neue Menüs an, sollten Sie gleich eine Beschreibung angeben, damit Sie ein paar Monate später noch wissen, wozu dieses oder jenes Menü dient.

Wenn Sie sich die Menüpunkte anzeigen lassen, können Sie zu Beginn Menüpunkte hinzufügen. Diese Option werden Sie eher selten benötigen, weil Sie neue Menüpunkte gleich zusammen mit neuen Inhalten anlegen können. Aber falls Sie einen zusätzlichen Link setzen möchten – weil vielleicht ein Inhalt in zwei Menüs auftauchen soll –, können Sie das hier erledigen.

Weitaus häufiger benötigen Sie die Darstellung des Menüs mit den einzelnen Menüpunkten (siehe Abbildung 9.2). Hier können Sie alle Menüpunkte nach Belieben anordnen. Sie können die Reihenfolge ändern, Menüpunkte zu Untermenüpunkten machen oder über die Checkbox AKTIVIERT festlegen, ob ein Link überhaupt im Menü erscheinen soll.

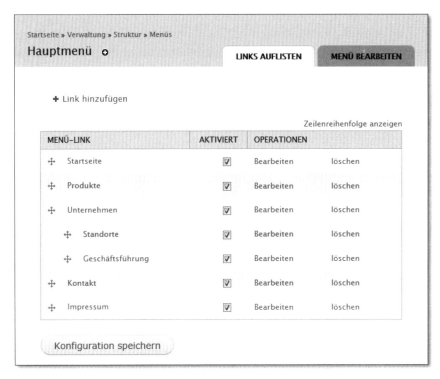

Abbildung 9.2 Menüstrukturen per Drag & Drop

Aber aufgepasst: Ein Inhalt, der nicht im Menü erscheint, ist trotzdem da. Wer die Adresse kennt, kann auch auf diese Seite zugreifen, solange Sie sie nicht löschen oder über zusätzliche Module schützen. Wenn Sie einen Link einzeln bearbeiten, können Sie außerdem einstellen, dass der Menüpunkt immer ausgeklappt ist, und einen Text vergeben, der erscheint, wenn Sie mit der Maus darüber hovern.

Unter STRUKTUR • MENÜS • EINSTELLUNGEN (*/admin/structure/menu/settings*) legen Sie fest, was als Quelle der Hauptlinks (Default: MAIN MENU) und der Sekundärlinks (Default: USER MENU) dienen soll. Diese Einstellungen sind im Zusammenspiel mit Themes sinnvoll, denn dort sind meist bestimmte Stellen fest für die Haupt- und Sekundärlinks vorgegeben und schon ensprechend gestaltet. In dem Fall müssen Sie nicht selbst am Theme werkeln (siehe dazu auch Abschnitt 31.3.4, »Template für page.tpl.php«).

Zu jedem Menü steht Ihnen automatisch ein Block zur Verfügung, den Sie den verschiedenen Regionen der Webseite zuordnen können (siehe Abschnitt 3.7, »Blöcke mit zusätzlichen Inhalten«). Diese Blöcke zeigen Ihnen das gesamte Menü an. Untermenüpunkte sind per Default erst einmal nicht zu sehen; sie erscheinen erst, wenn ein Besucher den übergeordneten Menüpunkt ausgewählt hat – es sei denn, Sie haben festgelegt, dass ein Menüpunkt immer aufgeklappt erscheinen soll. Anstatt also die Haupt- und Sekundärlinks aus dem vorherigen Absatz zu nutzen, können Sie dort als Quelle einfach KEINE HAUPTLINKS bzw. KEINE SEKUNDÄREN LINKS einstellen und stattdessen flexibler die Blöcke der benötigten Menüs in die gewünschten Regionen schieben – so, wie wir es bei der Examplast-Seite aus Kapitel 4 gemacht haben.

9.2 Flexiblere Menü-Blöcke mit Menu Block

Die vorhandenen Blöcke der Menüs sind schon recht nützlich, aber manchmal benötigen Sie leicht angepasste Menüs für Ihre Zwecke. Wir nehmen ein Beispiel für die Webseite der Examplast GmbH: Statt der bisherigen Aufteilung sollen die sechs Hauptmenüpunkte horizontal unter dem Header erscheinen. Menüpunkte der zweiten Ebene sollen dort erscheinen, wo bisher das Hauptmenü zu finden war; das trifft im Moment nur auf den Punkt UNTERNEHMEN zu. Die Menüpunkte sollen sich also so verteilen wie in Abbildung 9.3. Das horizontale Menü soll also nur eine Ebene an Menüpunkten anzeigen, und das Menü links soll nur die Menüpunkte ab der zweiten Ebene anzeigen – wenn diese vorhanden sind. Dazu benutzen wir das Modul *Menu Block*.

Abbildung 9.3 Getrennte Ebenen des Hauptmenüs durch »Menu Block«

Die Grundeinstellungen für das Modul finden Sie unter KONFIGURATION • BENUTZEROBERFLÄCHE • MENU BLOCK (*/admin/config/user-interface/menu-block*). Dort können Sie Drupals übliche Menü-Blöcke unterdrücken und festlegen, welche Menüs überhaupt für dieses Modul infrage kommen. Über STRUKTUR • BLÖCKE • ADD MENU BLOCK (*/admin/structure/block/add-menu-block*) werden wir nun einen neuen Menü-Block hinzufügen. Uns reichen hier die BASIC OPTIONS (siehe Abbildung 9.4).

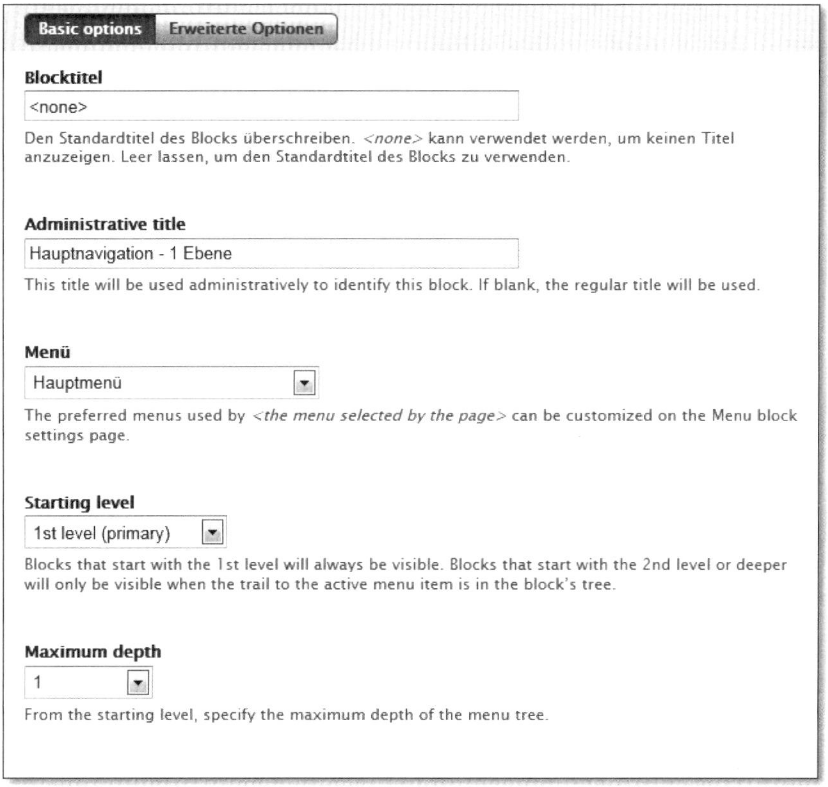

Abbildung 9.4 Über die Blöcke können Sie einen neuen »Menu Block« hinzufügen.

Wir beginnen mit der obersten Ebene des Hauptmenüs. Einen Blocktitel benötigen wir nicht, tragen Sie also »<none>« ein. Der administrative Titel hilft uns, den Block in der Block-Übersicht ausfindig zu machen. Für unsere Zwecke passt also »Hauptnavigation – 1 Ebene«. Wir möchten das Hauptmenü anzeigen, starten dort mit der obersten Ebene (1st level) und zeigen nur eine Ebenentiefe an (MAXIMUM DEPTH = 1). Die weiteren Optionen entsprechenden den bekannten für Blöcke.

Für unseren zweiten Block gehen wir analog vor. Der administrative Titel lautet hier zum Beispiel »Hauptnavigation – ab 2. Ebene«. Es geht wieder um das Hauptmenü, das wir ab dem zweiten Level anzeigen, dieses Mal mit MAXIMUM DEPTH = »Unbegrenzt«.

Nun haben Sie zwei neue Blöcke, die Sie in die entsprechenden Regionen schieben können. Ausgehend vom Examplast-Theme kommt der erste Block in die Region »Kopfbereich« und der zweite in die »Linke Seitenleiste«. Mit ein paar Anpassungen im CSS können Sie das Layout so ändern, dass es der Abbildung 9.3 entspricht. Der Menü-Block für die Navigation ab der zweiten Ebene erscheint nur, wenn es dort auch Menüpunkte gibt, hier also nur unter dem Menüpunkt UNTERNEHMEN.

In diesem Fall hätten Sie solch eine Navigation auch über entsprechende Quellen für Hauptlinks und Sekundärlinks in Ihrem Theme auf Grundlage des Drupal Cores anlegen können. Dann hätten Sie sowohl für die Hauptlinks als auch für das sekundäre Menü das »Hauptmenü« gewählt. Die Menü-Blocks sind allerdings flexibler, weil Sie die Ebenen genauer einstellen können.

9.3 Ausklappbare Menüs mit Nice Menus

Immer wieder gerne gefragt: Wie richten Sie eines dieser Menüs ein, bei denen die Untermenüpunkte so schön aus- und einklappen, wenn ein Nutzer mit der Maus darüberfährt? Zum Beispiel mit dem Modul *Nice Menus* (siehe Abbildung 9.5).

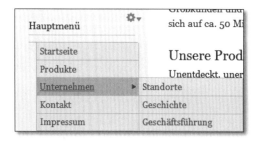

Abbildung 9.5 Beispiel für ein ausgeklapptes »Nice Menu« im Theme »Bartik«

Das Modul fügt zunächst zwei neue Blöcke hinzu: *Nice menu* 1 und 2. Wenn Sie diese Blöcke konfigurieren, sehen Sie besondere Optionen (siehe Abbildung 9.6). Über ÜBERGEORDNETES MENÜ wählen Sie eines Ihrer Menüs aus, das angezeigt werden soll. Mit der MENÜTIEFE können Sie bestimmen, wie viele Ebenen des Menüs angezeigt werden sollen. Der MENÜSTIL schließlich legt fest, wie das

Menü ausgeklappt wird. Welche Einstellungen Sie wählen sollten, hängt vom Design der Webseite ab.

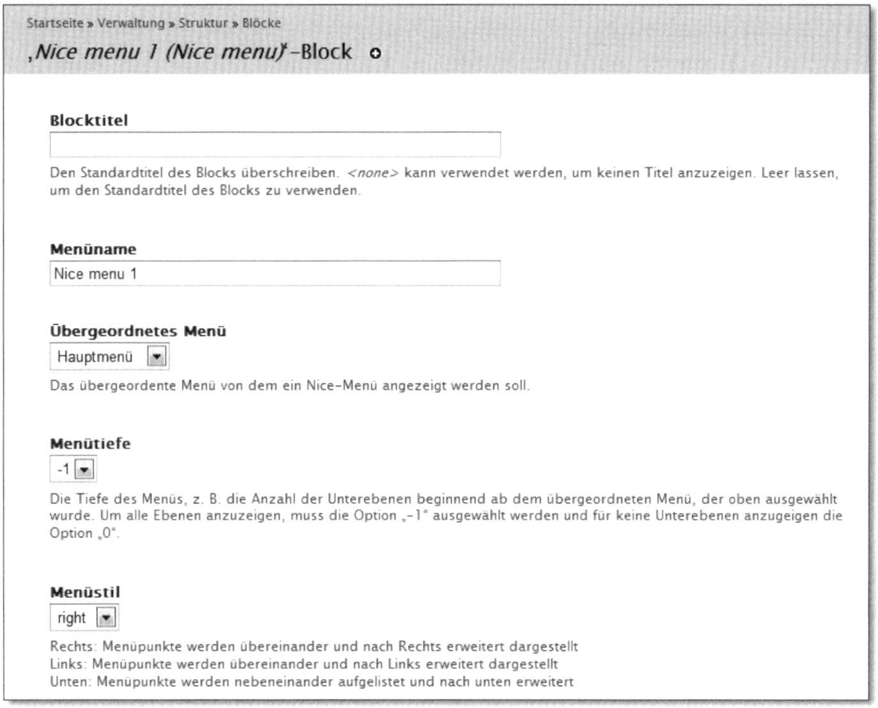

Abbildung 9.6 Zusätzliche Optionen in der Konfiguration der Blöcke

Außerdem finden Sie unter KONFIGURATION • BENUTZEROBERFLÄCHE • NICE MENUS (*/admin/config/user-interface/nice_menus*) weitere Optionen. Dort können Sie zum Beispiel die Anzahl der Nice-Menus-Blöcke einstellen. Sie könnten hier auch keinen Block einstellen und die Funktionen, die Nice Menus bereitstellt, direkt im Ihrem Theme einbinden.

Nice Menus funktioniert eigentlich als reine CSS-Lösung. Die funktioniert im Internet Explorer 6 aber nicht, sodass Sie in der Konfiguration eine JavaScript-Lösung für den IE6 dazuschalten können; diese ist standardmäßig aktiviert.

9.4 Inhalte als Bücher anlegen

Der Core bietet Ihnen noch eine weitere Möglichkeit, Nodes in einer Hierarchie anzulegen: das Modul *Book*. Wie der Name bereits vermuten lässt, folgt es dem Schema eines Buches. Sie können Kapitel, Unterkapitel, Unterunterkapitel usw.

anlegen. Die Grundeinstellungen nehmen Sie über INHALT • BÜCHER • EINSTELLUNGEN (*/admin/content/book/settings*) vor. Wenn Sie das Modul aktiviert haben, verfügen Sie sofort über einen neuen Inhaltstyp namens *Buchseite*. Dieser Inhaltstyp ist zunächst als einziger für Buchgliederungen zugelassen. Sie können dessen Funktionalität aber in den Einstellungen auch auf andere Inhaltstypen erweitern. Wenn Sie nun einen neuen Inhalt anlegen, der über diese Funktionalität verfügt, sehen Sie einen neuen vertikalen Reiter, INHALTSVERZEICHNIS. Dort können Sie neue Bücher anlegen oder neue Seiten als Kapitel, Unterkapitel usw. anlegen (siehe Abbildung 9.7).

Abbildung 9.7   Neue Optionen beim Inhaltstyp »Buch«

Wenn Sie einen Inhalt aus dem Buch ansehen, fügt Drupal unterhalb des Textes automatisch Links aus dem Buchkontext hinzu, nämlich: VORHERIGES KAPITEL, NACH OBEN und NÄCHSTES KAPITEL. Damit können Sie schnell zwischen den Kapiteln wechseln oder auf die nächsthöhere Ebene des Buches gelangen. Das System eignet sich zum Beispiel für technische Dokumentationen.

*»Ich weiß nicht immer, wovon ich rede.
Aber ich weiß, dass ich recht habe.«
– Muhammad Ali*

10 Kommentare

Um mit den Besuchern Ihrer Webseite zu kommunizieren, können Sie bei Ihren Inhalten Kommentare erlauben. In diesem Kapitel erfahren Sie, wie Sie Kommentare ermöglichen, moderieren und bei Bedarf um weitere Funktionen erweitern.

10.1 Grundformate für Kommentare festlegen

Ob ein Inhalt kommentiert werden darf oder nicht, legen Sie zunächst als Default für jeden Inhaltstyp fest (siehe Abschnitt 5.1.4, »Einstellungen für Kommentare (Comment settings)«). Bei jedem einzelnen Node können Sie diese Default-Einstellungen jedoch überschreiben. Die Grundeinstellungen für die Kommentare finden Sie bei jedem einzelnen Inhaltstyp über die Reiter FELDER DES KOMMENTARS und KOMMENTARANZEIGE.

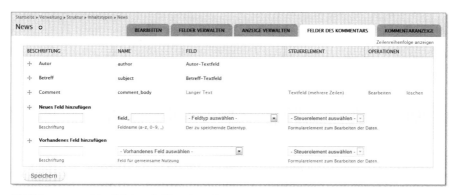

Abbildung 10.1 Die üblichen Felder eines Kommentars

Die FELDER DES KOMMENTARS sind ähnlich flexibel wie die Inhalte selbst (siehe Abbildung 10.1). Sie bestehen zunächst aus den Feldern für den Autor, den Betreff und den Kommentar selbst. Bei angemeldeten Benutzern, die einen Kommentar schreiben, übernimmt Drupal gleich den Usernamen im Feld für den Autor. Der

Betreff erscheint nur, wenn Sie in den Grundeinstellungen des Inhaltstyps die Option KOMMENTARTITEL ERLAUBEN gewählt haben (siehe wiederum Abschnitt 5.1.4). Die Felder AUTOR und BETREFF können Sie nicht ändern oder löschen. Analog zu den Inhaltstypen erweitern Sie Ihre Kommentare bei Bedarf durch die Feldtypen aus Abschnitt 6.1. So können Sie zum Beispiel Felder für E-Mail-Adressen oder Webseiten vorsehen, wie Sie es von Blogs kennen. Vorstellbar ist auch, dass User zum Kommentar gleich eine oder mehrere Dateien hochladen können. Das wird ihnen durch flexible Kommentare nun sehr einfach gemacht.

Über den Reiter KOMMENTARANZEIGE legen Sie dann fest, wie Ihre Felder angezeigt werden sollen. Die Anzeige der Kommentare erfolgt analog zur Anzeige der Felder des eigentlichen Inhalts (siehe Abschnitt 6.2). Vorgesehen ist hier unter BENUTZERDEFINIERTE ANZEIGEEINSTELLUNGEN zunächst nur der komplette Kommentar. Wenn Sie die Kommentare übrigens generell für Ihre Webseite ausschalten möchten, deaktivieren Sie einfach das Core-Modul Comment.

10.2 Kommentare verwalten

Bei den Berechtigungen legen Sie fest, welche Rollen zum Beispiel Kommentare schreiben oder verwalten dürfen (siehe dazu auch Kapitel 12). Wenn Sie allen Rollen Kommentare erlauben, benötigen auch Gäste das Recht *Kommentare veröffentlichen*, um Kommentare schreiben zu dürfen. Wenn Gäste zusätzlich das Recht *Freigabe von Kommentaren überspringen* erhalten, erscheinen die Kommentare sofort auf der Webseite. Andernfalls kommen diese in eine Moderationsschleife, in der Rollen mit dem Recht *Kommentare und Kommentareinstellungen verwalten* die betreffenden Kommentare freischalten dürfen.

Mit dem entsprechenden Recht erreichen Sie über INHALT • KOMMENTARE (*/admin/content/comment*) die veröffentlichten Kommentare und über den Reiter UNBESTÄTIGTE KOMMENTARE oben rechts die Kommentare, die in der Moderationsschleife warten (siehe Abbildung 10.2).

Abbildung 10.2 Liste der unbestätigten Kommentare

Darüber können Sie die Kommentare nun veröffentlichen, bearbeiten oder löschen. Um Spam-Kommentare zu vermeiden, nutzen Sie die Module aus Kapitel 17.

10.3 E-Mail-Benachrichtigungen bei neuen Kommentaren

Wenn jemand Kommentare schreibt, möchten Sie meist bestimmte Nutzer und Gruppen informieren. Um Redakteure und Admins zu benachrichtigen, arbeiten Sie am besten mit dem Modul *Rules* aus Abschnitt 19.2, »Komplexere Workflows mit Rules«. Für Autoren und andere Kommentatoren verwenden Sie das Modul *Comment Notify*. Das Modul stellen Sie via KONFIGURATION • BENUTZER • KOMMENTARBENACHRICHTIGUNGEN (*/admin/config/people/comment_notify*, siehe Abbildung 10.3) ein.

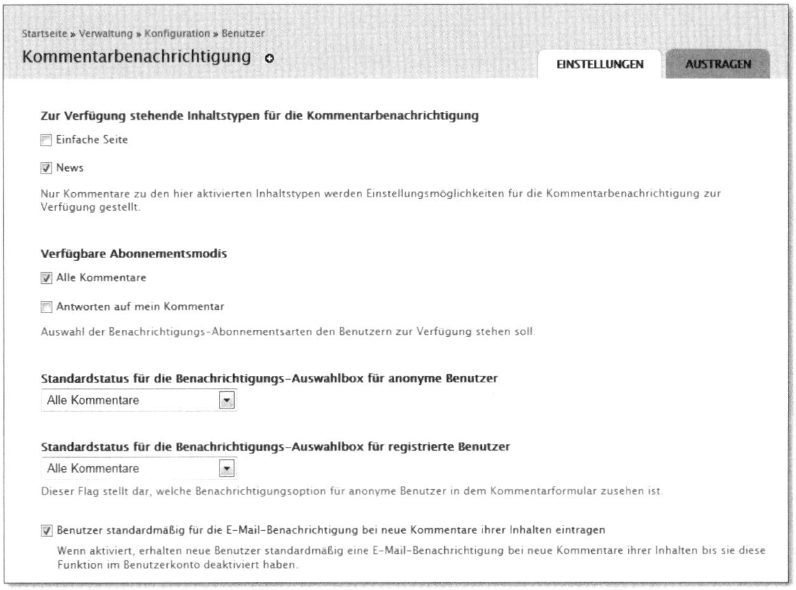

Abbildung 10.3 Die wesentlichen Optionen von »Comment Notify«

Zunächst legen Sie fest, für welche Inhaltstypen das Modul Benachrichtigungen bei Kommentaren verschicken soll. Dann folgen die Abonnementsmodi. In Drupal können Kommentatoren nicht nur auf den Node, sondern auch auf Kommentare antworten. Sie können hier also festlegen, ob Benachrichtigungen für alle Kommentare verschickt werden sollen oder nur für Antworten auf den eigenen Kommentar. Wenn es nicht gerade um ein Forum geht, werden Sie die Option, einzelne Kommentare zu beantworten, meist ausblenden. In einem Blog wird etwa meist nur eine Ebene an Kommentaren genutzt. In so einem Fall würde ein

Haken bei ALLE KOMMENTARE reichen. Nun legen Sie einen Default für anonyme und angemeldete Benutzer fest: KEINE BENACHRICHTIGUNGEN, ALLE KOMMENTARE oder ANTWORTEN AUF MEINEN KOMMENTAR. Es folgt eine Checkbox, mit der Autoren beim Anlegen neuer Inhalte automatisch über Kommentare informiert werden. Zum Schluss können Sie noch entsprechende Texte für die Benachrichtigungsmails verfassen. Dort stehen Ihnen auch Variablen zur Verfügung, sodass Sie gleich den Inhalt der Kommentare in der Mail verschicken können.

Wenn Sie alles konfiguriert haben, werden die Kommentarfelder erweitert. Kommentatoren können sich nun entsprechend Ihrer Vorgaben für Benachrichtigungen anmelden (siehe Abbildung 10.4). Diese gelten jeweils für einen einzelnen Node. Sorgen Sie dafür, dass die E-Mails einen Link beinhalten, damit die Kommentatoren ihre Abonnements wieder abbestellen können. Diese Links sind in den Standards-E-Mails bereits enthalten.

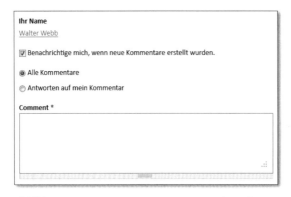

Abbildung 10.4 Das erweiterte Kommentarformular

10.4 Weitere Module

Mit dem Modul *Gravatar* erweitern Sie Ihre Kommentare um einen global verfügbaren Avatar, der mit der E-Mail-Adresse eines Nutzers verknüpft ist. Sie melden sich dazu auf *gravatar.com* an, hinterlegen eine E-Mail-Adresse und ein Profilbild. Und alle Blogs, die *Gravatar* eingebunden haben, zeigen dieses Profilbild an, wenn Sie dort einen Kommentar unter Ihrer E-Mail-Adresse einbinden. Der Service lohnt sich erfahrungsgemäß eher bei Webprojekten mit netzaffinen Lesern, die auch tatsächlich über einen Gravatar verfügen.

Mit dem *Comment closer* können Sie dafür sorgen, dass die Kommentarfunktion automatisch nach einer bestimmten Zeit auf GESCHLOSSEN gesetzt wird. Bestehende Kommentare können dann noch gelesen werden, aber es können keine neuen mehr hinzugefügt werden.

»Gegenüber der Fähigkeit, die Arbeit eines einzigen Tages sinnvoll zu ordnen, ist alles andere im Leben ein Kinderspiel.«
– Johann Wolfgang von Goethe

11 Inhalte mittels Taxonomie kategorisieren

Das Core-Modul *Taxonomy* liefert den Mechanismus, mit dem Sie Inhalte in feste Rubriken einordnen können oder eine freie Verschlagwortung ermöglichen. Insbesondere Anfänger scheuen manchmal davor zurück, sich mit dem System zu beschäftigen, aber die Taxonomie ist ein nützliches Werkzeug, das Ihnen bei vielen kleinen Anforderungen helfen kann. Eine Taxonomie ist in einem Vokabular organisiert und beinhaltet mehrere Begriffe. Etwa das Vokabular »Genre« mit Begriffen wie »Thriller«, »Komödie«, »Action«, »Drama« etc.

Drupal erstellt automatisch Übersichtseiten mit allen Nodes, in denen ein Begriff aus der Taxonomie vorkommt (siehe als Beispiel Abbildung 11.1). Die Anzahl der Nodes, die hier dargestellt werden, hängen von der Einstellung *Anzahl der Beiträge auf der Startseite* unter KONFIGURATION • SYSTEM • WEBSITE-INFORMATIONEN (*/admin/config/system/site-information*) ab. Diese Seiten erreichen Sie zunächst unter Pfaden wie */taxonomy/term/2*, Sie können aber für jeden Begriff auch saubere Pfade vergeben, etwa */genre/drama*. Letzteres können Sie mit dem Modul *Pathauto* aus Abschnitt 8.1 auch automatisieren. Über Ihr Theme können Sie die Darstellung dieser Übersichtseiten anpassen. Diese Funktion ermöglicht es Ihnen, schnell alle Inhalte zu einem Thema zusammenzustellen, ohne dafür einen eigenen View programmieren zu müssen siehe Kapitel 23).

Wenn Sie das deutschsprachige Installationsprofil gewählt haben, existiert bereits ein Vokabular mit dem Namen »Tags«, das noch keine Begriffe enthält. Weitere Vokabulare können durch Module automatisch hinzukommen. So legen beispielsweise die Module *Forum* und *Simplenews* eigene Vokabulare an. Wir richten uns das Vokabular »Genre« ein: STRUKTUR • TAXONOMIE • VOKABULAR HINZUFÜGEN (*/admin/structure/taxonomy/add*). Im ersten Schritt benötigen Sie einen Namen (»Genre«) und optional eine Beschreibung (»Taxonomie für Kinofilme«). Das neue Vokabular erscheint nun in der Liste (siehe Abbildung 11.2).

11 | Inhalte mittels Taxonomie kategorisieren

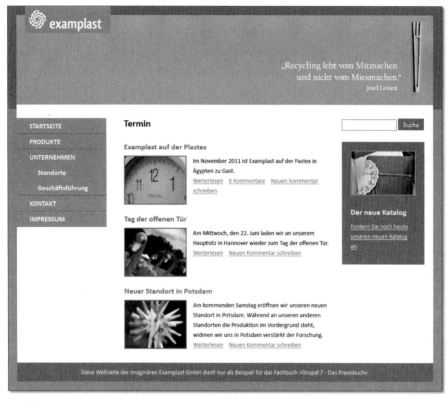

Abbildung 11.1   Eine Examplast-Taxonomie-Seite zum Term »Termin«

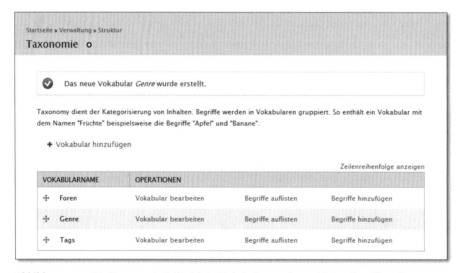

Abbildung 11.2   Die Taxonomie teilt sich in Vokabulare und zugehörige Begriffe auf.

Über den Link BEGRIFFE HINZUFÜGEN legen wir nun verschiedene Genres an (siehe Abbildung 11.3). Der Name ist der wesentliche Teil; dies ist der Begriff selbst. Die Beschreibung ist optional. Das URL-Alias können Sie festlegen, wenn Sie die Taxonomie-Übersichtsseiten nutzen. Über VERBINDUNGEN können Sie eine Hierarchie unter den Begriffen aufbauen.

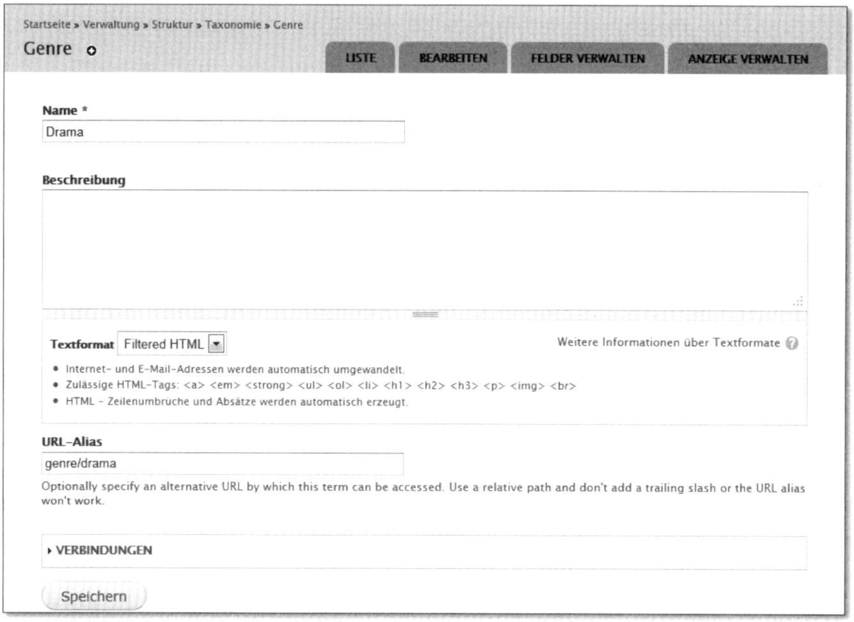

Abbildung 11.3 Ein neuer Begriff für die Taxonomie »Genre«

11.1   Taxonomie über Felder erweitern

Wenn Sie ein bestehendes Vokabular bearbeiten, sehen Sie wieder die bekannten Reiter FELDER VERWALTEN und ANZEIGE VERWALTEN. Denn ebenso wie Inhaltstypen, Kommentare und User ist die Taxonomie eine Entity, und die darf mit Feldern ausgestattet werden. Das Prozedere ist dasselbe wie bei Inhaltstypen. Viel wichtiger ist vermutlich die Frage: Was soll das?

Auf vielen Webseiten werden Artikel gerne einer Rubrik zugeordnet, und feste Rubriken werden manchmal mit einem Bild versehen. In Drupal könnten Sie für die Taxonomie also einfach ein weiteres Feld für ein Bild hinzufügen, die Anzeige der Felder entsprechend anpassen, und schon hat jede Rubrik auf Wunsch ein eigenes Bild. Redakteure können die Bilder dann selbst pflegen, ohne dass sie im Theme irgendwelchen Code ändern müssten. Sie benötigen lediglich die Rechte, die Taxonomie bearbeiten zu dürfen.

Ein anderes Beispiel wären Seminare, die an verschiedenen Standorten stattfinden können. Nun könnten Sie eine Taxonomie mit den Städten anlegen und über die Felder die einzelnen Standorte um ihre Adresse und eine Wegbeschreibung ergänzen. Bei einem einzelnen Seminar braucht der Autor nun allein einen Standort auszuwählen; in der Ansicht des Seminars können dann die weiteren Felder der Taxonomie angezeigt werden, ohne dass der Autor jedes Mal wieder Adresse und Wegbeschreibung eintragen muss. Einen ähnlichen Effekt könnten Sie auch über zwei Inhaltstypen *Seminare* und *Standorte* aufbauen und beide durch das Modul *Node Reference* aus Abschnitt 7.6 verknüpfen.

11.2 Taxonomie vs. Felder

Wenn Sie sich bereits mit den Feldtypen vertraut gemacht haben, erinnern Sie sich vielleicht an die Listen vom Typ *Text*. Wenn es darum geht, eine Auswahlliste zu erstellen, die genau eine Option erfordert, können Sie das erst einmal sowohl mit Feldern als auch mit der Taxonomie umsetzen. Welche Methode wählen Sie nun?

Es kommt darauf an. Wenn es darum geht, Ihre Inhalte in irgendeiner Art und Weise zu kategorisieren, wählen Sie immer die Taxonomie. Wenn Sie hingegen keine Kategorien benötigen, verwenden Sie ruhig Felder. Beachten Sie, dass weitere Module auf den jeweiligen Techniken aufbauen. In manchen Fällen kann es sinnvoll sein, die eine oder andere Technik zu wählen, weil Sie eines der Zusatzmodule nutzen können. Bei der Taxonomie werden wie gesagt automatisch Übersichtsseiten zu den Begriffen angelegt. Das Modul *Taxonomy Menu* macht aus einem Vokabular ein Menü, *Taxonomy Access Control* schränkt den Zugriff für Benutzer anhand der Taxonomie ein. Diese beiden Module nutzen – wie der Name schon sagt – die Taxonomie als Basis.

Unsere Genres sind also ideal bei der Taxonomie aufgehoben. Wenn Sie hingegen Ihre Benutzer um ein Feld für die Ansprache erweitern möchten (Herr oder Frau), ist das eher eine Zusatzinformation als eine Kategorie. In dem Fall setzen Sie besser auf ein einfaches Feld vom Typ *Liste (Text)*.

11.3 Weitere Module

Sie können mit der Taxonomie viele Anwendungsfälle abdecken. Dabei unterstützen Sie auch hier zusätzliche Module, die auf der Taxonomie aufbauen und Funktionalitäten erweitern:

- Die *Taxonomy Access Control* nutzt Ihre Taxonomie für Berechtigungen. So kann vielleicht die eine Rolle nur Inhalte des Genres »Western« bearbeiten, eine andere nur Inhalte des Genres »Komödie«.
- Das Modul *Block Visibility by Term* fügt einen neuen vertikalen Reiter bei den Sichtbarkeitseinstellungen von Blöcken hinzu. Sie können damit einen Block nur dann anzeigen, wenn Seiten Inhalte mit bestimmten Termen aus der Taxonimie enthalten – also zum Beispiel einen Werbeblock für eine bestimmte DVD, der nur angezeigt wird, wenn der Hauptinhalt den Wert »Western« als Taxonomie-Genre bekommen hat.
- Wenn Sie Tagclouds (Schlagwortwolken) mögen, können Sie *Tagadelic* verwenden, um eine solche Wolke aus einer Taxonomie aufzubauen. Je häufiger ein Begriff genutzt wird, desto größer erscheint er in der Tagcloud.
- Mit dem Modul *Taxonomy Breadcrumb* beeinflussen Sie die Breadcrumbs/Brotkrumen-Navigation. Auf der Übersichtsseite eines einzelnen Terms zeigen Ihnen die Breadcrumbs normalerweise nur STARTSEITE an. Mit diesem Modul können Sie die Anzeige erweitern auf zum Beispiel STARTSEITE > [VOKABULAR] > TERM > [TERM].

*»Es ist immer dasselbe:
eingeräumte Rechte sind auferlegte Pflichten.«*
– Hans Lohberger

12   Benutzer und Rechte verwalten

Die registrierten User finden Sie unter BENUTZER (*/admin/people*). Dort haben Sie auch die Möglichkeit, neue Benutzer hinzuzufügen. Nutzer können mit einer zusätzlichen Rolle ausgestattet sein, das muss aber nicht der Fall sein. Mit den Rollen wiederum hängen die Rechte zusammen. Bevor wir uns damit näher beschäftigen, rufen Sie bitte erst die Kontoeinstellungen auf: KONFIGURATION • BENUTZER • KONTOEINSTELLUNGEN (*/admin/config/people/accounts*).

12.1   Grundsätzliche Vorgaben in den Kontoeinstellungen

Zu Beginn benötigt Drupal einen Namen für anonyme Nutzer, zum Beispiel *Gast* (siehe Abbildung 12.1). Dieser Name erscheint, wenn Gäste Inhalte anlegen dürfen oder Kommentare schreiben, denn sie haben ja keinen eigenen Benutzernamen. Ob anonyme Benutzer überhaupt Inhalte anlegen dürfen, klären wir später bei den Rechten. Behalten Sie als Namen *Gast* bei, oder wählen Sie *Anonym* oder *Anonymous*.

Die nächste Option, KONTAKT-EINSTELLUNGEN, sehen Sie nur, wenn das Modul *Contact* aktiviert ist (siehe Abschnitt 16.1). Hier können Sie den Default für neue Benutzer festlegen: Ist bei neuen Nutzern also standardmäßig das persönliche Kontaktformular aktiv oder nicht? Jeder Nutzer kann diese Einstellung selbst in seinem Profil ändern.

Wenn ein neues Modul installiert wird, müssen Sie in der Regel alle Rechte für dieses Modul neu verteilen. Haben Sie mit der nächsten Option eine Administrator-Rolle vergeben, so bekommt diese Rolle automatisch alle Rechte an neuen Modulen. Das ist eine äußerst sinnvolle Option, weil Sie die Rechte nicht mehr manuell setzen müssen und Sie eine mögliche Fehlerquelle vermeiden.

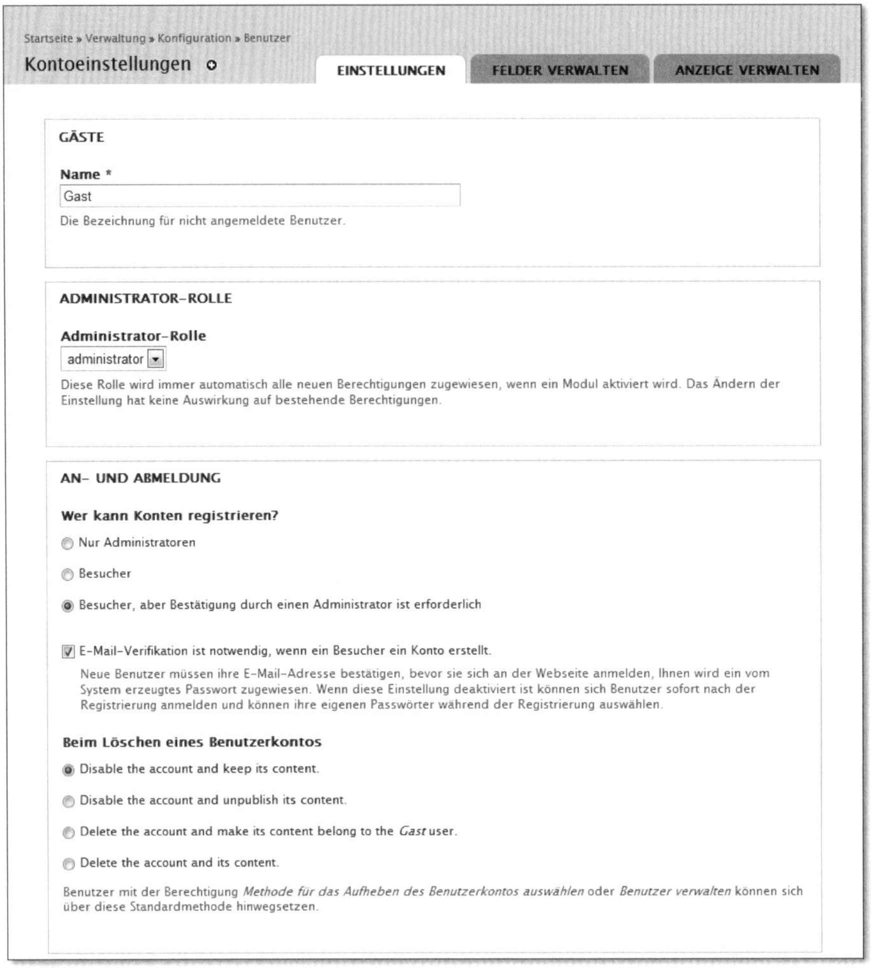

12 | Benutzer und Rechte verwalten

Abbildung 12.1 Die Kontoeinstellungen für die Benutzer des Systems

Nun legen Sie fest, wie sich neue Nutzer im System anmelden können. Es gibt drei Optionen. Bei kleinen Webseiten ist es sinnvoll, dass nur die Administratoren neue Nutzer anlegen. Oft kommt nur alle paar Monate mal ein neuer Autor oder Redakteur hinzu. So behält der Admin die volle Kontrolle. Bei Communitys wollen Sie hingegen erreichen, dass sich viele Nutzer anmelden und sofort loslegen können. In so einem Fall wählen Sie also die zweite Option: Besucher können sich selbst anmelden und sind automatisch freigeschaltet. Im dritten Fall können sich Besucher zwar selbst anmelden, solange ein Admin sie aber nicht freigeschaltet hat, können sie auf der Webseite auch nichts machen. Dies ist etwa für größere Vereine geeignet. Die Mitglieder können sich zwar selbst anmelden, aber der Admin oder der Vorstand des Vereins überprüft zunächst, ob der Nutzer tatsächlich Mitglied im Verein ist. Zusätzlich können Sie festlegen, dass der neue Nutzer seine E-Mail-Adresse verifizieren muss. In diesem Fall erhält er eine E-Mail an die Adresse, die er angegeben hat, und bekommt vom System eine einmalige URL für die erste Anmeldung geschickt. Das Passwort kann er bei seiner ersten Anmeldung festlegen. Diese E-Mail-Verifikation ist nützlich, um sicherzugehen, dass die E-Mail-Adresse auch existiert. So etwas kann sich hinterher lohnen, wenn Sie zum Beispiel E-Mails an alle angemeldeten Nutzer schicken möchten, um sie über neue Features in Ihrer Community zu informieren.

Was passiert, wenn ein Nutzer seinen Account löschen möchte? Über die Berechtigungen (siehe Abschnitt 12.6, »Benutzer-Profile anlegen und erweitern«) können Sie festlegen, ob sich ein Nutzer selbst löschen darf oder ob das nur ausgewählten Rollen erlaubt ist. In jedem Fall müssen Sie wissen, was mit den Inhalten passieren soll, die dieser Nutzer online gestellt hat. Ihnen stehen wieder mehrere Möglichkeiten zur Verfügung:

- den Account deaktivieren und die Inhalte behalten
- den Account deaktivieren und die Inhalte auf *nicht veröffentlicht* setzen
- den Account löschen und die Inhalte dem anonymen Nutzer zuweisen
- den Account zusammen mit den Inhalten löschen

Hier kommt es ganz darauf an, was auf Ihrer Webseite passiert und um welche Inhalte es geht. Wenn Sie ein Forum betreiben, möchten Sie in der Regel nicht alle Inhalte löschen, vielleicht gab es einige interessante Beiträge, die umfangreich diskutiert wurden. Hier könnten Sie also den Autor auf *anonym* setzen. Andererseits hat der Autor natürlich die Rechte an Texten, Bildern und anderen Dateien, die er vielleicht hochgeladen hat. Hier sollten Sie in den AGB im Voraus klären, was mit den Inhalten passiert. Wenn Sie hingegen ein Firmenblog führen und ein Mitarbeiter das Unternehmen verlässt, möchten Sie dessen Beiträge gerne im Blog belassen. Hier hat der Mitarbeiter die Texte vermutlich im Auftrag Ihres Unternehmens geschrieben, und es reicht, den Nutzer zu deaktivieren und die Inhalte so zu belassen. Im Zweifel klären Sie die Situation mit Ihrem Anwalt.

12.2 Personalisierung der Benutzerkonten

Nun folgen mehrere Optionen, um das eigene Profil zu personalisieren (siehe Abbildung 12.2). Sie können Signaturen und Profilbilder erlauben. Signaturen können unter Artikeln oder unter Kommentaren erscheinen, falls Ihr Theme es vorsieht. Die Einstellungen für ein Profilbild verlaufen analog zu einem Feldtyp *Bild*; zum Beispiel können Sie auch dieses Bild einem Bildstil zuordnen. Der einzige Unterschied besteht darin, dass Sie hier das Standard-Benutzerbild nicht hochladen können, sondern lediglich die Adresse dafür eintragen.

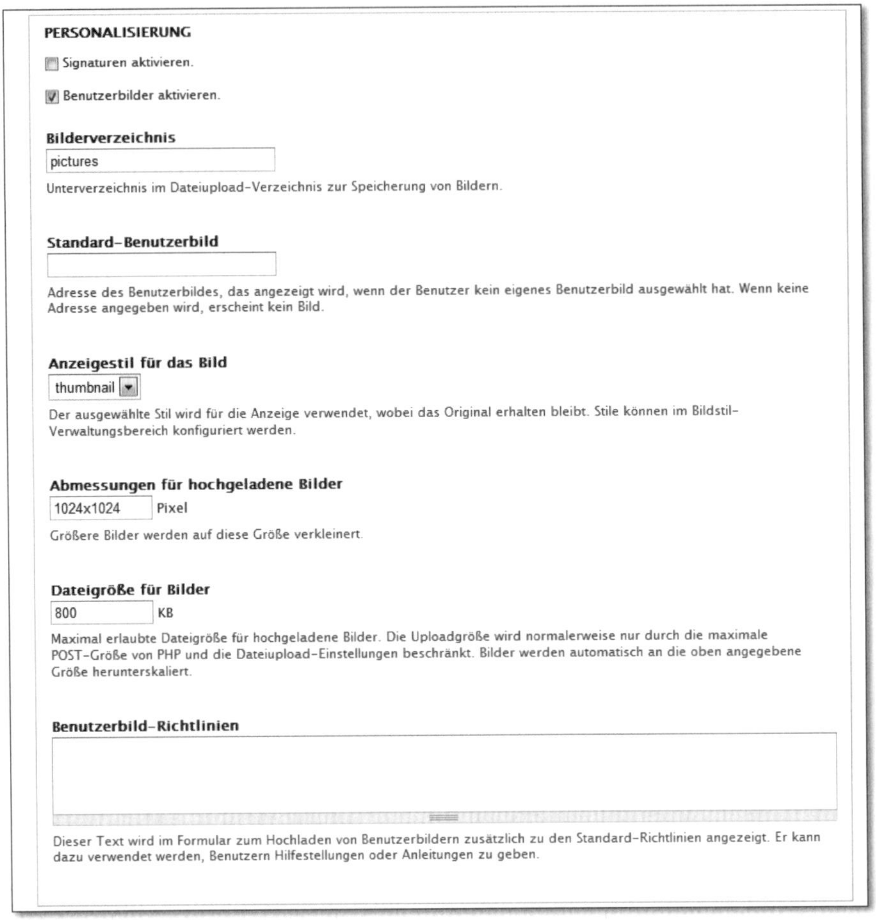

Abbildung 12.2 Optionen für die Personalisierung der Konten

12.3 Automatische E-Mails an Ihre Benutzer

Das System verschickt zu verschiedenen Gelegenheiten E-Mails an Ihre Nutzer. Es sind acht Ereignisse vorgesehen:

- Willkommen (Neuer, von einem Administrator erstellter Benutzer)
- Willkommen (Bestätigung erwartet)
- Willkommen (keine Bestätigung nötig)
- Benutzerkonto-Aktivierung

- Konto gesperrt
- Bestätigung zum Löschen des Benutzerkontos
- Benutzerkonto gelöscht
- Passwort-Wiederherstellung

Bei den jeweiligen Reitern ist genauer erklärt, in welchen Fällen diese E-Mails verschickt werden. Sie sollten die Texte dieser E-Mails so anpassen, wie es für Ihre Seite geeignet ist. Ein Finanzdienstleister wird seine Nutzer anders ansprechen als eine Community für Extremsportler. Bei jeder E-Mail stehen Ihnen verschiedene Variablen zur Verfügung, die Sie nutzen können, zum Beispiel:

- `[site:name]`: der Name der Webseite
- `[site:url]`: die URL der Webseite
- `[user:name]`: der Name des Benutzers
- `[user:mail]`: die E-Mail-Adresse des Benutzers
- `[site:login-url]`: die URL für den Login
- `[user:edit-url]`: die URL zum Bearbeiten des Benutzers
- `[user:one-time-login-url]`: die URL für einen einmaligen Login

Das Passwort wird nie in solchen E-Mails mitgeschickt. Stattdessen wird eine URL für einen einmaligen Login verschickt. Wenn das Modul *Token* aktiviert ist, stehen Ihnen hier weitere Variablen zur Verfügung.

12.4 Die Rollen

Ein Benutzer ist eine einzelne Person, die sich mit eigenem Nutzernamen und Passwort im System anmelden kann. Zusätzlich kann der Benutzer eine oder mehrere Rollen einnehmen. Drupal kennt erst einmal zwei Rollen für Nutzer: einfache, anonyme Gäste der Webseite und angemeldete (also eingeloggte) Benutzer. Ein angemeldeter Benutzer mag im System keine weiteren Rechte haben, gilt aber trotzdem als angemeldet. Zusätzlich zu diesen beiden Grundrollen, können Sie beliebig viele weitere Rollen anlegen (unter BENUTZER • BERECHTIGUNGEN • ROLLEN – */admin/people/permissions/roles*). Bei der deutschsprachigen Installation gibt es zusätzlich die Rolle *Administrator*. In einem kleinen System beschränkt sich die Anzahl vielleicht auf zwei oder drei zusätzliche Rollen (siehe Abbildung 12.3). Bei umfangreichen Webseiten mag es auch ein Dutzend Rollen geben, die alle für unterschiedliche Bereiche zuständig sind. Machen Sie sich gleich zu Beginn Gedanken darüber, wie viele Rollen Sie benötigen; zu viele Rollen werden schnell unübersichtlich.

Abbildung 12.3 Übliche Rollen in einem kleinen Webprojekt

Die Rechte, die Sie im nächsten Schritt Ihren Rollen zuteilen, sind kumulativ. Das heißt, ein Nutzer hat die Summe aller Rechte, die seinen Rollen entsprechen. Nehmen wir wieder ein Beispiel mit Autoren und Redakteuren. Autoren dürfen nur News schreiben, aber nicht veröffentlichen, und ihre eigenen News ändern. Redakteure dürfen News schreiben, veröffentlichen und News aller Nutzer ändern. Nun soll ein Newsletter hinzukommen. Den sollen einige Redakteure verschicken, aber nicht alle. Sie könnten nun aus dem Redakteur zwei Rollen machen: *Einfacher Redakteur* und *Redakteur und Newsletter*. Dann gäbe es drei Rollen, und jeder Nutzer hätte genau eine Rolle. Was aber, wenn ein bestimmter Autor auch den Newsletter verschicken darf, weil er sich damit auskennt? Sie könnten auch die Autoren trennen, sinnvoller ist es aber von vornherein eine andere neue Rolle zu schaffen: *Newsletter verschicken*. Diese Rolle hat einzig und allein Rechte am Newsletter. Allen Personen, die Newsletter verschicken dürfen – egal ob Autor oder Redakteur –, geben Sie nun zusätzlich die Rolle *Newsletter verschicken*, sodass einige Personen zwei Rollen innehaben.

Manchmal möchten Sie überprüfen, wie die Webseite für bestimmte Nutzer und Rollen aussieht bzw. welche Optionen Ihnen zur Verfügung stehen. Nutzen Sie dazu am besten das Modul *Masquerade* (siehe Abschnitt 12.9, »Als andere Benutzer maskieren«).

12.5 Die Rechte Ihrer User

Jeder Rolle können Sie verschiedene Rechte geben. Die Konfiguration nehmen Sie unter BENUTZER • BERECHTIGUNGEN (*/admin/people/permissions*) vor. Oben rechts können Sie zwischen Berechtigungen und Rollen hin- und herschalten. Bei den Rechten finden Sie eine lange Reihe mit Checkboxen, die nach Modulen sortiert sind (siehe Abbildung 12.4).

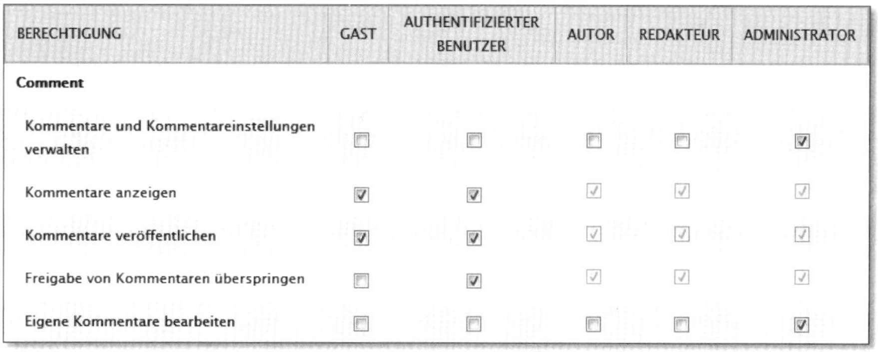

BERECHTIGUNG	GAST	AUTHENTIFIZIERTER BENUTZER	AUTOR	REDAKTEUR	ADMINISTRATOR
Comment					
Kommentare und Kommentareinstellungen verwalten	☐	☐	☐	☐	☑
Kommentare anzeigen	☑	☑	☑	☑	☑
Kommentare veröffentlichen	☑	☑	☑	☑	☑
Freigabe von Kommentaren überspringen	☐	☑	☑	☑	☑
Eigene Kommentare bearbeiten	☐	☐	☐	☐	☑

Abbildung 12.4 Die Rechte am Beispiel der Kommentare

Bei den anonymen Nutzern (Gast) sollten nur wenige Checkboxen ein Häkchen bekommen. Unter dem Punkt NODE dürfen Gäste veröffentlichten Inhalt lesen. Falls auf der Webseite kommentiert werden kann, sollten sie die Kommentare lesen dürfen. Meist dürfen sie auch selbst kommentieren und dafür eventuell einen Text-Filter *Kommentar HTML* nutzen. Wenn Sie die Suche zugeschaltet haben, sollten Gäste natürlich auch die Suche nutzen dürfen.

Bei einigen Rechten sehen Sie nützliche Erklärungen. So hat das Recht *Inhaltstypen verwalten (Administer content types)* den zusätzlichen Hinweis:

> »Warnung: Sollte nur vertrauenswürdigen Rollen gewährt werden; diese Berechtigung hat Auswirkungen auf die Sicherheit.«

Ich gehe die Rechte nicht im Einzelnen durch, dazu sind es zu viele. Viele davon werden klar, wenn Sie sich näher mit Drupal beschäftigen. Wenn ein Recht das Wort »verwalten (Administer)« enthält, setzen Sie das Häkchen in der Regel nur bei den Adminstratoren.

Wir gehen aber ein paar ausgewählte Rechte durch, die auf den ersten Blick nicht unbedingt klar sind:

▶ *Flush Caches:* Mehr zum Thema *Caches* finden Sie in Abschnitt 4.10, »Die Performance auf Live-Seiten verbessern«. Das Recht erlaubt es Rollen, den Cache zu löschen. Manchmal werden Redakteure nervös, wenn geänderte Inhalte nicht sofort auf der Webseite erscheinen. Einigen können Sie erklären, was ein Cache ist, andere fragen immer wieder nach. Geben Sie Redakteuren dann einfach das Recht, den Cache selbst zu löschen.

▶ *Kommentare veröffentlichen:* Die aktuelle Übersetzung ist vielleicht nicht ganz eindeutig, gemeint ist das Recht, eigene Kommentare schreiben zu dürfen.

- *Freigabe von Kommentaren überspringen:* Kommentare von Rollen mit diesem Recht müssen nicht freigeschaltet werden. So könnten Sie festlegen, dass Gäste zwar Kommentare schreiben dürfen, diese sind jedoch erst einmal nicht öffentlich. Kommentare von Redakteuren erscheinen im Gegensatz dazu aber sofort öffentlich. Mit dem Modul *Rules* (siehe Abschnitt 19.2) könnten Sie Redakteure über neue Kommentare benachrichtigen, die diese dann freischalten.

- *Eigene Kommentare bearbeiten:* Soll ein Benutzer im Nachhinein in der Lage sein, seinen Kommentar zu bearbeiten? Das mag sinnvoll sein, wenn ein Nutzer im Nachhinein Rechtschreibfehler korrigieren oder einen Link hinzufügen möchte. Andererseits möchten Sie auch nicht, dass er Tage später einen eigenen Kommentar löscht, auf den sich andere Benutzer beziehen. Am sinnvollsten wäre eine Möglichkeit, dem Benutzer für einen bestimmten Zeitraum zu erlauben, den Kommentar zu bearbeiten. Mit den Core-Modulen geht das nicht, aber das Zusatzmodul *Edit Limit* hilft Ihnen hier weiter.

- *Kontextabhängige Links verwenden:* Kontextabhängige Links werden in Abschnitt 27.2 erklärt. Schalten Sie das Recht für authentifizierte Nutzer ruhig ein. Wenn dieser nun mit der Maus über einem Block oder Inhalt hoovert, erhält er die kontextabhängigen Links – aber nur, wenn er zusätzlich das Recht hat, Blöcke oder Inhalte überhaupt zu bearbeiten.

- *Das Textformat [name] verwenden:* Hier regeln Sie, welche Rolle welche Textformate nutzen darf. Bei drei Formaten – *Kommentar HTML*, *Filtered HTML* und *Full HTML* – könnten Sie festlegen, dass Gäste nur *Kommentar HTML* benutzen dürfen, Autoren nur *Kommentar HTML* und *Filtered HTML* und Redakteure alle Formate.

  Beachten Sie in diesem Fall Folgendes: Wenn eine Rolle einen Inhalt bearbeiten möchte, der in einem Format angelegt ist, für das diese Rolle keine Rechte besitzt, darf sie den Inhalt auch nicht bearbeiten. Angenommen, ein Autor legt eine News im Format *Filtered HTML* an. Der Redakteur liest die News, ändert das Textformat auf *Full HTML* und veröffentlicht diese. Wenn der Autor eigene News ändern darf, sollte er eigentlich den Inhalt bearbeiten dürfen. Da das Textformat aber nun auf *Full HTML* steht, kann er den Inhalt nur noch bearbeiten, wenn er selbst dieses Textformat verwenden darf. Sie können die Textformate dadurch als zusätzliche Berechtigung verwenden.

- *Inhaltsversionen anzeigen:* Wenn Sie die Versionierung nutzen, müssen nicht alle Rollen die verschiedenen Versionen sehen. Das ist bei Wikipedia für alle Besucher interessant; bei einer üblichen Firmenwebseite muss nur ein Redakteur darauf zugreifen können.

- *Inhaltsversionen zurücksetzen:* Wer darf ältere Versionen wiederherstellen? In der Regel nur die höheren Rollen: Redakteur, Chefredakteur, Admin – je nach

Aufgabenverteilung. Dieses Recht geht üblicherweise mit *Inhaltsversionen anzeigen* Hand in Hand.

- *Benutzerprofile anzeigen:* Wer darf die Nutzerprofile einsehen? Bei einem Verein sollen vielleicht auch Gäste die Mitgliederseiten sehen dürfen, bei einer Partner-Vermittlung dürfte es den Mitgliedern vorbehalten sein. Bei einer kleinen Webseite mit drei Autoren brauchen Sie vielleicht keine Profile. Jeder Nutzer hat trotzdem eines, aber das darf dann eben niemand sehen.
- *Eigenes Benutzerkonto löschen:* Darf ein Benutzer sein eigenes Konto löschen? Wenn Sie Rollen dieses Recht geben, sollten Sie unbedingt festlegen, was mit den Inhalten dieser Benutzer passiert (siehe Abschnitt 12.1, »Grundsätzliche Vorgaben in den Kontoeinstellungen«).

Achten Sie darauf, dass einige Rechte umfangreiche Auswirkungen haben können. Vielleicht möchten Sie einem Nutzer für ein Modul die Rechte an Teilbereich A geben, er erhält aber automatisch auch Rechte für den Teilbereich B. Wenn Sie beispielsweise einer Rolle das Recht *Inhalte verwalten* geben, darf diese Rolle alle Inhalte bearbeiten oder löschen, egal was Sie bei den Rechten für einzelne Inhaltstypen eingestellt haben.

Wenn es speziell um Rechte an Inhalten geht, sehen Sie sich auch die Module *Override Node Options* (siehe Abschnitt 12.8, »Kleinteiligere Rechte für Node-Optionen«), *Simple Access* und *Taxonomy Access* an.

12.6 Benutzer-Profile anlegen und erweitern

Vielleicht haben Sie es schon ausprobiert, als es um die Grundeinstellungen für die Nutzer ging: Ein User ist in Drupal ebenso wie Nodes, Kommentare und Terms eine Entity. Als solche dürfen Sie sie mit weiteren Feldern ausstatten. Sie finden die Einstellungen unter KONFIGURATION • BENUTZER • KONTOEINSTELLUNGEN • FELDER VERWALTEN (*/admin/config/people/accounts/fields*). Damit können Sie nun umfangreiche Profile für Ihre Nutzer ermöglichen.

Zwei dieser Felder sind schon da: *Benutzername + Passwort* und die *Zeitzone*. Auf die Zeitzonen gehe ich in Abschnitt 26.1, »Sprachen und Übersetzungen«, näher ein. Beide Felder benötigt das System in jedem Fall, deshalb können sie nicht gelöscht werden.

Je nach Art Ihrer Website können Sie nun das Profil erweitern. Bei einer Firmenwebsite benötigen Sie meistens keine Profile. In einer Community sind vielleicht Alter, Geschlecht, Wohnort und Hobbys interessant. Die Feldtypen funktionieren so wie bei den Inhaltstypen. Eine Checkbox kommt jedoch hinzu: IM BENUTZER-

REGISTRIERUNGSFORMULAR ANZEIGEN. Wenn Sie hier einen Haken setzen, wird das Feld bereits bei der Registrierung eines neuen Benutzers angezeigt.

12.7 Rollen verteilen mit Role Delegation

Das Modul *Role Delegation* hilft Ihnen bei einem umfangreicheren Rollensystem. Vielleicht sind Sie ein Admin, haben zusätzlich aber Chefredakteure, Redakteure und Autoren angelegt. Wenn Sie wollten, dass Chefredakteure anderen Nutzern die Rollen *Redakteur* und *Autor* zuweisen dürften, müssten Sie Ihnen die Berechtigung *Benutzer verwalten* geben. Dann dürften die Chefredakteure aber auch weitere Chefredakteure oder gar Admins ernennen. Das wäre nicht in Ihrem Sinne.

Nun kommt *Role Delegation* ins Spiel und bietet Ihnen unter BERECHTIGUNG neue Checkboxen. So können Sie genau bestimmen, welche Rolle welche anderen Rollen zuweisen darf (siehe Abbildung 12.5).

BERECHTIGUNG	GAST	AUTHENTIFIZIERTER BENUTZER	AUTOR	REDAKTEUR	CHEFREDAKTEUR	ADMINISTRATOR
Role delegation						
Assign all roles *Warnung: Sollte nur vertrauenswürdigen Rollen gewährt werden; diese Berechtigung hat Auswirkungen auf die Sicherheit.*	☐	☐	☐	☐	☐	☑
Assign *Autor* role				☑	☑	☑
Assign *Redakteur* role	☐	☐	☐	☐	☑	☑
Assign *Chefredakteur* role	☐	☐	☐	☐	☐	☑

Abbildung 12.5 Rechte für »Role Delegation« für das beschriebene Beispiel

12.8 Kleinteiligere Rechte für Node-Optionen

In den Berechtigungen, die der Core vorsieht, können Sie für einen einzelnen Inhaltstyp die folgenden Rechte setzen:

- [Inhaltstyp]: Neuen Inhalt erstellen
- [Inhaltstyp]: Eigenen Inhalt bearbeiten
- [Inhaltstyp]: Beliebigen Inhalt bearbeiten
- [Inhaltstyp]: Eigenen Inhalt löschen
- [Inhaltstyp]: Beliebigen Inhalt löschen

Manchmal benötigen Sie für bestimmte Rollen mehr Rechte, zum Beispiel die Möglichkeit, Inhalte auf *nicht öffentlich* zu setzen oder den Autor zu ändern. Dazu müssten Sie das Recht *Inhalte verwalten* vergeben. Damit hätten diese Rollen aber umfangreichen Zugriff auf alle Inhalte und können gleich viel mehr einstellen, als Sie eigentlich vorgesehen haben. Das Modul *Override Node Option* hilft Ihnen hier weiter.

Es hat keine weiteren Konfigurationsmöglichkeiten, sondern fügt einfach ein paar Rechte pro Inhaltstyp in den Berechtigungen hinzu:

- Override [Inhaltstyp] published option.
- Override [Inhaltstyp] promote to front page option.
- Override [Inhaltstyp] sticky option.
- Override [Inhaltstyp] revision option.
- Override [Inhaltstyp] authored on option.
- Override [Inhaltstyp] authored by option.

Geben Sie einer Rolle zum Beispiel das Recht *Override News authored by option* darf sie zukünftig den Autor ändern, auch ohne das Recht *Inhalte verwalten* (siehe Abbildung 12.6).

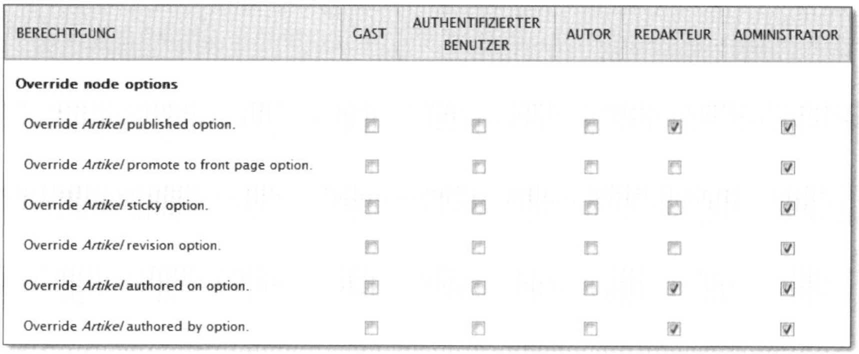

BERECHTIGUNG	GAST	AUTHENTIFIZIERTER BENUTZER	AUTOR	REDAKTEUR	ADMINISTRATOR
Override node options					
Override *Artikel* published option.	☐	☐	☐	☑	☑
Override *Artikel* promote to front page option.	☐	☐	☐	☐	☑
Override *Artikel* sticky option.	☐	☐	☐	☐	☑
Override *Artikel* revision option.	☐	☐	☐	☐	☑
Override *Artikel* authored on option.	☐	☐	☐	☑	☑
Override *Artikel* authored by option.	☐	☐	☐	☑	☑

Abbildung 12.6 »Override Node Option« fügt nützliche Rechte hinzu.

12.9 Als andere Benutzer maskieren

Sobald Ihre Webseite mehrere Benutzer und Rollen hat, möchten Sie überprüfen, wie die Webseite für die verschiedenen Benutzer eingerichtet ist und ob alle Rollen die richtigen Rechte besitzen. Nun könnten Sie sich jeweils ausloggen und als anderer Benutzer einloggen (wenn Sie das Passwort kennen) – oder mit zwei verschiedenen Browsern (und verschiedenen Nutzern) gleichzeitig arbeiten, aber beides ist umständlich. Glücklicherweise gibt es das Modul *Masquerade*. Damit können Sie sich als ein beliebiger anderer Nutzer »maskieren«. Die Einstellungen unter Konfiguration • Benutzer • Masquerade (*/admin/config/people/masquerade*) sind recht übersichtlich (siehe Abbildung 12.7).

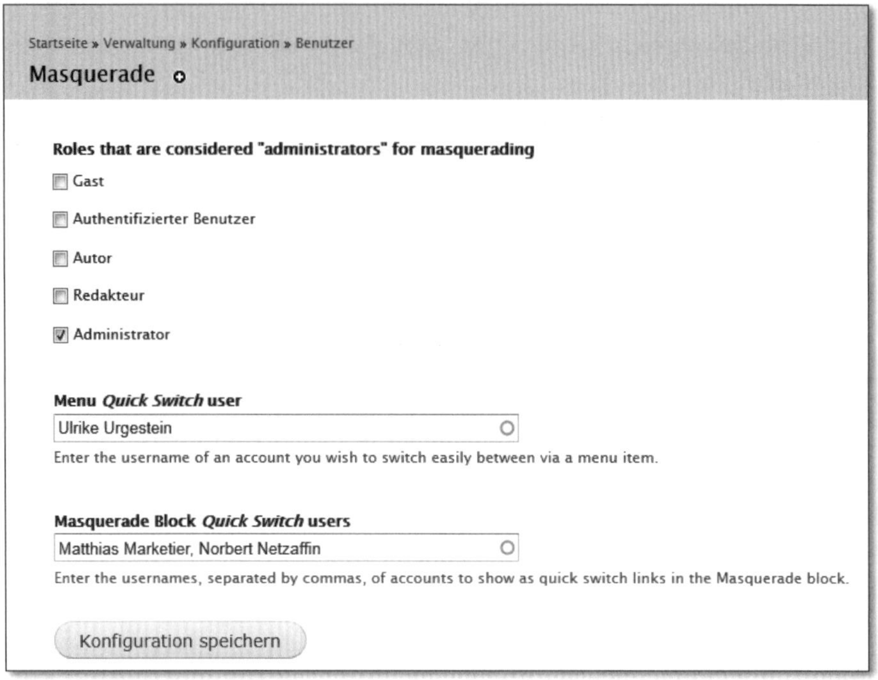

Abbildung 12.7 Optionen, um sich als anderer Nutzer zu maskieren

Mit der ersten Option, ROLES THAT ARE CONSIDERED "ADMINISTRATORS" FOR MASQUERADING, regeln Sie, welche Rollen Masquerade zum Wechseln des Users nutzen dürfen. Hier können Sie auf ein Häkchen verzichten oder allenfalls eines bei der Rolle ADMINISTRATOR setzen.

Bei den nächsten beiden Feldern geben Sie existierende Usernamen an. In der Regel sind das User mit verschiedenen Rollen. Wenn Sie dort Buchstaben eingeben, bietet Ihnen Drupals Autocomplete-Funktion passende Usernamen an. Mit MENU QUICK SWITCH USER können Sie einen einzelnen Benutzer herauspicken, der nun als »Quicklink« im Menü NAVIGATION erscheint. Unter MASQUERADE BLOCK QUICK SWITCH USERS können Sie, durch Kommata getrennt, mehrere Personen anlegen, die Ihnen in einem neuen Block angezeigt werden. Diesen Masquerade-Block müssen Sie nur noch in eine der Regionen schieben, um ihn nutzen zu können. In dem Block können Sie sich über ein Input-Feld als beliebiger Benutzer maskieren, darunter stehen Ihnen die hier eingetragenen Namen als Quick Switches zur Verfügung.

Wenn Sie sich als ein anderer Benutzer maskieren, erscheint eine kurze Meldung. Sie sehen nun die Webseite so, wie der ausgewählte Benutzer sie wahrnimmt, mit denselben Rechten und Optionen. Der einzige Unterschied ist ein SWITCH

BACK-Link im Menü NAVIGATION, durch den Sie wieder zu Ihrem eigentlichen Benutzer wechseln können.

In den Rollen-Berechtigungen gibt es drei neue Rechte: *Masquerade as user* erlaubt es, sich als anderer Benutzer zu maskieren. Mit *Masquerade as admin* darf sich eine Rolle als Hauptuser (User 1) maskieren. Da dies mit wirklich allen Rechten verbunden ist, werden Sie hierfür selten Verwendung finden. Und *Administer Masquerade* dient zur Verwaltung des Moduls.

Kleiner Hinweis: Mit Masquerade können Sie bequem die Möglichkeiten anderer Benutzer testen. Allerdings wird dieser Benutzer im System auch so vermerkt, als habe er die Webseite tatsächlich besucht. Das kann stören, wenn Sie überprüfen möchten, ob sich dieser User überhaupt schon einmal im System angemeldet hat. In dem Fall können Sie auch Testuser für die verschiedenen Rollen anlegen (Testautor, Testredakteur), die Sie zum Maskieren verwenden.

12.10 Den Usernamen durch andere Felder ersetzen

Drupal zeigt Ihnen bei Inhalten und Kommentaren zunächst den Benutzernamen an. Das ist nicht immer erwünscht, weil der Benutzername manchmal nur ein Spitzname oder eine Abkürzung ist. Auf der Webseite wollen Sie den Autor aber nicht unbedingt als *nicschwarz* nennen, sondern mit dem vollen Namen *Nicolai Schwarz*. Sie könnten entweder festlegen, dass sich Ihre Benutzer immer mit dem realen Namen anmelden müssen. Oder Sie legen ein zusätzliches Textfeld an, in das die Benutzer im Profil ihren realen Namen schreiben können. Oder Sie nutzen zwei Felder für den Vor- und Nachnamen. Mit dem Modul *RealName* können Sie dann festlegen, dass nicht mehr der Benutzername angezeigt wird, sondern ein bestimmtes Feld oder eine Kombination mehrerer Felder. Damit das Modul richtig funktioniert, benötigen Sie außerdem die Module *Token* und *Entity API* (samt *Entity tokens*).

Unter KONFIGURATION • BENUTZER • REAL NAME (*/admin/config/people/realname*) können Sie ein Pattern festlegen, das als neuer Benutzername genutzt wird (siehe Abbildung 12.8). Wenn Sie zum Beispiel in Ihrem Benutzerprofil zwei eigene Felder für den Vor- und Nachnamen der Benutzer angelegt haben, können Sie als Pattern: `[user:field-vorname] [user:field-nachname]` benutzen. Dazu müssen die beiden Feldtypen im Profil auch `field_vorname` und `field_nachname` lauten.

Das Modul sorgt dafür, dass überall, wo sonst der Benutzername verwendet würde, nun das *Realname pattern* angezeigt wird. Wäre dieser neue Text leer, weil Vor- und Nachname etwa keine Pflichtfelder sind und leer gelassen wurden, wird der Benutzername angezeigt.

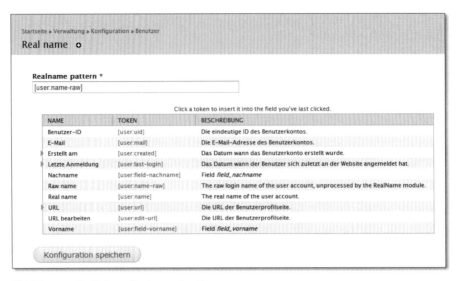

Abbildung 12.8 Pattern für den realen Namen

Eine Einschränkung gibt es dennoch: Es kann passieren, dass andere Module unsauber programmiert sind und direkt auf den Benutzernamen zugreifen. In dem Fall kann das Modul REALNAME keine Ersetzung vornehmen, und Sie müssen eine andere Lösung finden. Das hängt aber vom jeweiligen Modul ab.

12.11 LoginToboggan

Mit dem Modul *LoginToboggan* peppen Sie Ihren Registrierungs- und Login-Prozess auf. Richten Sie das Modul unter KONFIGURATION • SYSTEM • LOGINTOBOGGAN (*/admin/config/system/logintoboggan* – siehe Abbildung 12.9) ein.

Zunächst können Sie Benutzern die Möglichkeit geben, sich zusätzlich zum Benutzernamen mit der E-Mail-Adresse anzumelden. Das ist für Communitys hilfreich, weil Benutzer gerne vergessen, mit welchem Namen sie registriert sind.

Über die Checkbox PRESENT A UNIFIED LOGIN/REGISTRATION PAGE lassen Sie den Login und die Registrierung auf einer Seite anzeigen. Im Normalfall bietet Ihnen Drupal dafür Reiter an und lädt die Seite jeweils neu. Durch diese Option werden beide Formulare über JavaScript umgeschaltet, die Seite selbst muss also nicht neu geladen werden.

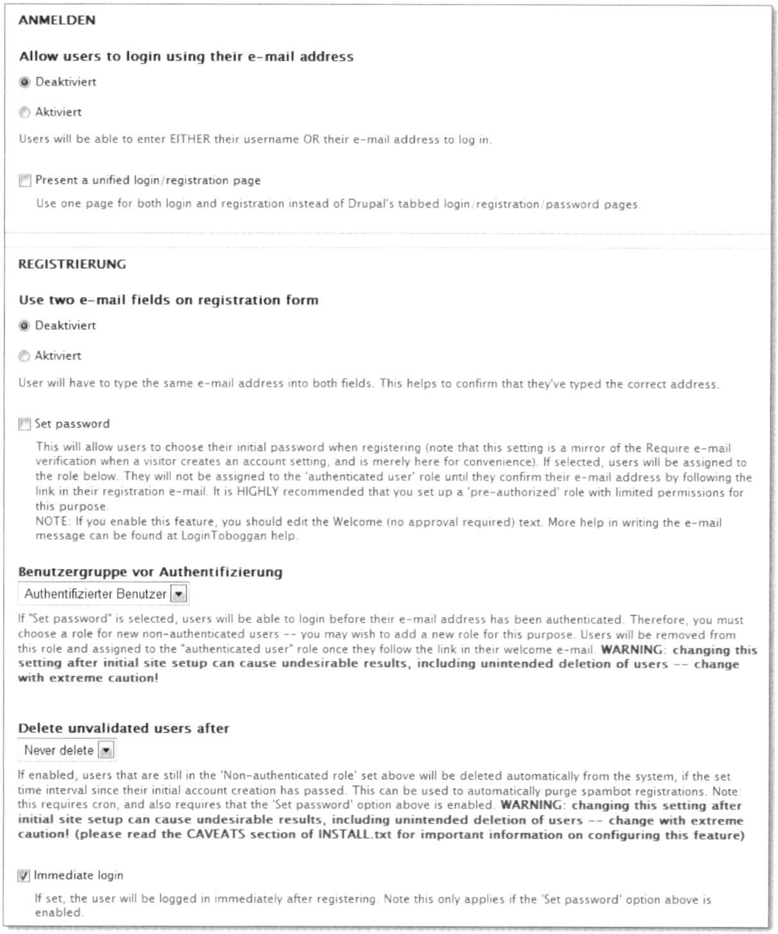

ANMELDEN

Allow users to login using their e-mail address

◉ Deaktiviert

◯ Aktiviert

Users will be able to enter EITHER their username OR their e-mail address to log in.

☐ Present a unified login/registration page

Use one page for both login and registration instead of Drupal's tabbed login/registration/password pages.

REGISTRIERUNG

Use two e-mail fields on registration form

◉ Deaktiviert

◯ Aktiviert

User will have to type the same e-mail address into both fields. This helps to confirm that they've typed the correct address.

☐ Set password
This will allow users to choose their initial password when registering (note that this setting is a mirror of the Require e-mail verification when a visitor creates an account setting, and is merely here for convenience). If selected, users will be assigned to the role below. They will not be assigned to the 'authenticated user' role until they confirm their e-mail address by following the link in their registration e-mail. It is HIGHLY recommended that you set up a 'pre-authorized' role with limited permissions for this purpose.
NOTE: If you enable this feature, you should edit the Welcome (no approval required) text. More help in writing the e-mail message can be found at LoginToboggan help.

Benutzergruppe vor Authentifizierung

[Authentifizierter Benutzer ▼]

If "Set password" is selected, users will be able to login before their e-mail address has been authenticated. Therefore, you must choose a role for new non-authenticated users -- you may wish to add a new role for this purpose. Users will be removed from this role and assigned to the "authenticated user" role once they follow the link in their welcome e-mail. **WARNING: changing this setting after initial site setup can cause undesirable results, including unintended deletion of users -- change with extreme caution!**

Delete unvalidated users after

[Never delete ▼]

If enabled, users that are still in the 'Non-authenticated role' set above will be deleted automatically from the system, if the set time interval since their initial account creation has passed. This can be used to automatically purge spambot registrations. Note this requires cron, and also requires that the 'Set password' option above is enabled. **WARNING: changing this setting after initial site setup can cause undesirable results, including unintended deletion of users -- change with extreme caution! (please read the CAVEATS section of INSTALL.txt for important information on configuring this feature)**

☑ Immediate login
If set, the user will be logged in immediately after registering. Note this only applies if the 'Set password' option above is enabled.

Abbildung 12.9 Die Erweiterungen beim Login durch »LoginToboggan«

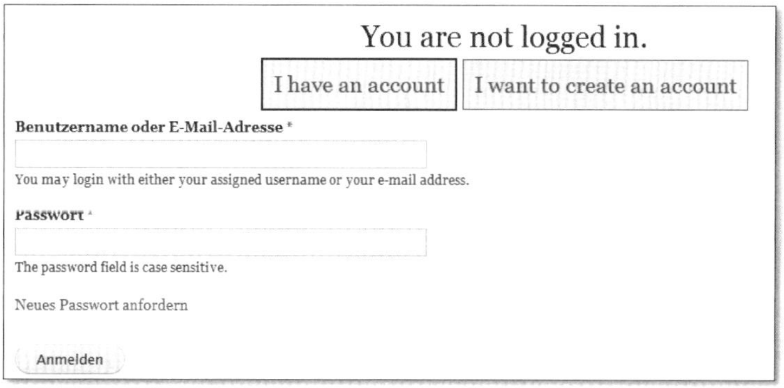

You are not logged in.

[I have an account] [I want to create an account]

Benutzername oder E-Mail-Adresse *

[_____]

You may login with either your assigned username or your e-mail address.

Passwort *

[_____]

The password field is case sensitive.

Neues Passwort anfordern

[Anmelden]

Abbildung 12.10 Login und Registrierung auf einer Seite – noch ohne Design

Sie können nun die Registrierung erweitern. Ist USE TWO E-MAIL FIELDS ON REGISTRATION FORM aktiviert, fügt das Modul ein zweites Feld hinzu, in dem die E-Mail-Adresse noch einmal eingegeben werden muss. Das hilft, die korrekte Adresse zu bekommen, damit Registrierungs-Mails nicht im Nichts – oder beim falschen Adressaten – landen.

Die nächsten vier Optionen gehören zusammen. Ist SET PASSWORD aktiviert, können neue Benutzer schon mal in die Webseite hineinschnuppern, bevor Sie Ihre E-Mail-Adresse verifiziert haben. In dem Fall legen Sie bei BENUTZERGRUPPE VOR AUTHENTIFIZIERUNG eine Rolle fest, die Sie für diesen Zweck angelegt haben. Vielleicht haben Sie eine Community-Seite, bei der sich Leute anmelden sollen und direkt danach vielleicht Zugriff auf die Termine erhalten. Andere Inhalte sollen sie aber erst sehen, wenn sie ihre E-Mail-Adresse bestätigt haben. Erst dann können Sie etwa die Profile der anderen Nutzer sehen und das Forum lesen. Dann mag es Benutzer geben, die ihre E-Mail-Adresse niemals bestätigen. Diese könnten Sie über DELETE UNVALIDATED USERS AFTER nach einer vorgegebenen Zeit zwischen einem Tag und einem Jahr löschen – oder niemals. Wenn solch ein Szenario für Ihre Webseite infrage kommt, können Sie die nächste Option, IMMEDIATE LOGIN, ebenfalls aktivieren. Der Benutzer darf sich dann sofort umschauen – ohne sich noch einmal extra anmelden zu müssen.

Im nächsten Abschnitt, REDIRECTIONS, können Sie zwei spezielle Seiten angeben, auf denen der Benutzer landet, nachdem er sich angemeldet (Fall 1) oder seine E-Mail-Adresse verifiziert hat (Fall 2). Sie könnten hierfür zwei Seiten anlegen, die dem Nutzer die nächsten Schritte oder die wichtigsten Bereiche Ihrer Webseite nahebringen. Andernfalls landet der Benutzer im Fall 1 auf der Startseite und im Fall 2 auf seinem Profil – und steht vielleicht etwas verloren da.

Unter ANDERE können Sie zunächst einstellen, dass ein Gast ein Anmeldeformular sieht, wenn er versucht, eine Seite anzuzeigen, für die er keine Zugriffsrechte besitzt. Mit DISPLAY LOGIN SUCCESSFUL MESSAGE zeigen Sie Benutzern optional eine »Log in successful«-Nachricht an. Da nach einem Login meist weitere Menüs und/oder andere Inhalte verfügbar sind, merken Benutzer auch ohne solch eine Nachricht, dass der Login erfolgreich war. Bei weniger webaffinen Benutzern können Sie die Option dennoch einschalten. Zum Schluss können Sie sinnvollerweise eine minimale Passwortlänge eingeben. Ich meine, acht Zeichen sollten es schon sein.

LoginToboggan bietet Ihnen außerdem eine Integration mit dem Modul *Rules*, das wir in Abschnitt 19.2 näher betrachten.

*»Man muß etwas Neues machen,
um etwas Neues zu sehen.«
– Georg Christoph Lichtenberg*

13 Inhalte mit Editoren bearbeiten

Im Rahmen der Beispielseite haben Sie schon bemerkt, dass Drupals Core keinen Editor anbietet, um Inhalte einzugeben. Ohne weitere Module müssen Sie also Ihr HTML selbst schreiben. Das ist natürlich lästig. Und wenn Redakteure, Autoren oder Gäste auch Inhalte einstellen dürfen, sollen diese gar nicht erst mit HTML konfrontiert werden. Mit den entsprechenden Modulen haben Sie grob unterteilt drei weitere Möglichkeiten, Ihre Inhalte einzugeben:

1. Markup-Editoren (siehe Abschnitt 13.1)
2. WYSIWYG-Editoren (siehe Abschnitt 13.2)
3. Und als Sonderfall der *BUEditor*, der zwar wie ein WYSIWYG-Editor Buttons anbietet, im Gegensatz dazu aber HTML-Elemente direkt anzeigt (siehe Abschnitt 13.3)

In den meisten Fällen werden Sie einen WYSIWYG-Editor einsetzen. Für bestimmte Projekte können aber auch Markup-Editoren oder der BUEditor infrage kommen. Ich habe die Erfahrung gemacht, dass Personen, die wenig Weberfahrung haben, Texte mit einem Markup-Editor eher semantisch korrekt auszeichnen als mit einem WYSIWYG-Editor. Im letzteren Fall neigen viele Leute dazu, eine Zwischenüberschrift einfach als Absatz zu kennzeichnen, der schlicht als fett markiert ist. Das ergibt als HTML also `<p><strong>Eine Zeile Text </strong></p>`. Mit einem Markup-Editor wird tatsächlich eher das korrekte Format für eine `<h2>` oder `<h3>` vergeben. Noch offensichtlicher wird es bei Listen. In den WYSIWYG-Editoren ist es für viele Nutzer einfacher, eine neue Zeile mit einem Spiegelstrich zu setzen, anstatt den Button für eine unnummerierte Liste zu drücken. Auch das funktioniert mit einem Markup-Editor besser. Ob Sie Ihren Autoren einen Markup-Editor anbieten, müssen Sie anhand der Zielgruppe entscheiden. Viele verlangen schlicht etwas, das »so aussieht wie in Word« – in dem Fall werden Sie einen WYSIWYG-Editor benutzen.

13.1 Textile als Markup-Sprache

Unter einer Markup-Sprache verstehe ich hier eine Möglichkeit, Ihren Text mit einer vereinfachten Auszeichnungssprache anzulegen. Diese Sprache ist kein HTML, sorgt aber dafür, dass Benutzer ihre Texte dennoch semantisch auszeichnen können. Die bekanntesten Markup-Editoren sind *Textile* und *Markdown*, die auch für Drupal zur Verfügung stehen. Textile soll hier als Beispiel genügen. Es ist eine einfache Markup-Sprache, die ursprünglich von *Dean Allen* entwickelt wurde. Sie benutzt bestimmte Auszeichnungen, die einfacher als HTML zu merken sind und die über den Textile-Filter vor der Ausgabe in echten HTML-Code umgewandelt werden. Zum Beispiel:

```
h3. Dies ist eine Überschrift

Hier folgt der Text, mit einem *betonten Element* und einem "Link zu Textile":http://de.wikipedia.org/wiki/Textile.
```

Daraus wird:

```
<h3>Dies ist eine Überschrift</h3>
<p>Hier folgt der Text, mit einem <strong>betonten Element</strong> und einem <a href="http://de.wikipedia.org/wiki/Textile">Link zu Textile</a>.</p>
```

Textile kennt Auszeichnungen für fette und kursive Texte, Links, Bilder, Zwischenüberschriften, Tabellen, Akronyme, Blockzitate und einiges mehr. Für Kunden reichen eine Handvoll Auszeichnungen. Weitere Informationen finden Sie auf der Homepage des Projekts: *http://textile.thresholdstate.com*. Dort können Sie die Formate in einer kleinen Demo auch gleich ausprobieren.

Zunächst installieren Sie die Drupal-Module *Textile* sowie *Vars* wie gewohnt. Dabei dient das Drupal-Modul *Textile* aber nur als Brücke zwischen Drupal und dem eigenständigen Tool, das Sie sich unter *https://github.com/netcarver/textile/downloads* herunterladen können. In diesem Download finden Sie eine Datei *classTextile.php*. Diese laden Sie in ein neues Verzeichnis unter */sites/all/libraries/textile* auf Ihren Webserver. Die Struktur auf dem Server sollte also so aussehen wie in Abbildung 13.1.

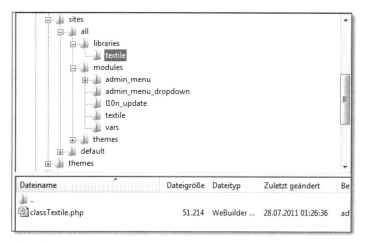

Abbildung 13.1 Die Dateistruktur für Textile und die beteiligten Module

Nachdem Sie das Modul installiert haben, stellt es Ihnen einen weiteren Filter für Textformate zur Verfügung. Wenn Sie das Modul in Ruhe testen möchten und mit Textile bisher nicht vertraut sind, empfehle ich Ihnen, unter */admin/config/content/formats/add* einen frischen Textfilter zu erstellen, der nur Textile als einzigen Filter benutzt (siehe auch Abschnitt 6.2.1, »Textformate mit Ausgabefiltern formatieren«).

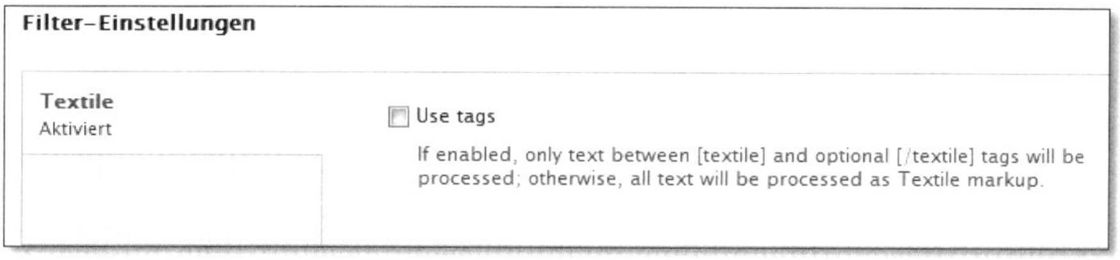

Abbildung 13.2 Die Option für Textile: Tags nutzen oder nicht?

Haben Sie den Filter für Textile aktiviert, können Sie eine einzelne weitere Option auswählen: Tags nutzen oder nicht (siehe Abbildung 13.2). Wenn Sie die Checkbox aktivieren, wird nur solcher Text via Textile formatiert, der zwischen den Tags [textile] und [/textile] steht. Das mag hilfreich sein, wenn Sie mehrere Filter gleichzeitig verwenden. Möchten Sie grundsätzlich mit Textile arbeiten, setzen Sie hier keinen Haken.

13.2 WYSIWYG-Editoren

Viele Kunden möchten einen Editor, der sich an das anlehnt, was sie aus Word können. Deshalb kommen Sie oft nicht darum herum, einen WYSIWYG-Editor zu installieren. WYSIWYG steht für *What You See Is What You Get*. Alle WYSIWYG-Editoren funktionieren nach demselben Schema: Eine Textbox (Textarea) wird durch JavaScript zu einem Editor erweitert. Das heißt auch: Wenn beim Nutzer kein JavaScript aktiviert ist, kann er auch keinen WYSIWYG-Editor verwenden.

Installieren Sie also zunächst das Modul *Wysiwyg*, das Sie danach unter KONFIGURATION • INHALTSERSTELLUNG • WYSIWYG PROFILES (*/admin/config/content/wysiwyg*) konfigurieren können. Allerdings stellt Ihnen das Modul nur einen Rahmen zur Verfügung; die Editoren selbst müssen Sie – analog zu Textile – noch herunterladen. *Wysiwyg* unterstützt aktuell ganze zehn Editoren: *Whizzywig, openWYSIWYG, markItUp, TinyMCE, FCKeditor, NicEdit, WYMeditor, jWYSIWYG, CKEditor* und *YUI Editor*.

Die bekanntesten und wichtigsten davon sind TinyMCE und der FCKeditor. Dazu kommt der CKEditor als Weiterentwicklung des FCKeditors; er ist noch dazu hübscher anzusehen. Allerdings gehört es zur Philosophie des CKEditors, zum Beispiel Bilder mit Inline-Styles einzubetten. In der Demo sehen Sie etwa:

```
<img alt="" src="http://a.cksource.com/c/1/inc/img/demo-little-red.jpg"
style="margin-left: 10px; margin-right: 10px; float: left; width: 120px;
height: 168px;" />.
```

Unter Anhängern von Webstandards sind Inline-Styles eher verpönt. Das Verhalten kann auch stören, wenn Sie Inline-Styles etwa mit dem *HTML Purifier* aus Abschnitt 13.4 herausfiltern. Wenn Ihnen Inline-Styles egal sind, probieren Sie ruhig den CKEditor aus.

Bei den anderen Editoren lohnt sich vielleicht noch ein Blick auf den YUI Editor von Yahoo. Alle weiteren Editoren sind eher kleine Lösungen, die wirklich nur infrage kommen, wenn sie zufällig genau die eine Option bieten sollten, die Sie gerade für ein Projekt benötigen und die die anderen Editoren nicht bieten. Ich kann Ihnen sagen, dass in all meinen Projekten entweder TinyMCE oder FCKEditor (oder eben Textile) eingesetzt werden, und das klappt tadellos. Wir werden uns hier den FCKEditor als Beispiel ansehen.

Auf der Konfigurationsseite liefert Ihnen das Modul gleich die Links zu den Editoren und sagt Ihnen, wo Sie diese speichern müssen. Erstellen Sie einen Ordner */sites/all/libraries*. Dort werden die Editoren gespeichert, die Sie nutzen möchten. Sobald dort mindestens ein Editor korrekt hinterlegt wurde, rufen Sie erneut

/admin/config/content/wysiwyg auf. Sie können nun jedem Eingabeformat einen Editor zuordnen. Sinnvollerweise werden Sie bei einem Webprojekt immer nur einen Editor verwenden, um Ihre Benutzer nicht zu irritieren.

Wir statten nun unser bestehendes Textformat *Filtered HTML* mit dem FCKEditor aus. Dazu müssen Sie einfach über die Selectbox FCKEditor wählen, speichern und nun diesen Editor bearbeiten. Die folgende Konfiguration ist grundsätzlich für alle Editoren gleich. Lediglich die Schaltflächen und Plugins können sich unterscheiden, je nachdem, was der jeweilige Editor zu bieten hat. Die Einstellungen sind ziemlich umfangreich.

13.2.1 Das Basis-Setup

Sie können den Editor standardmäßig aktivieren oder auch nicht (siehe Abbildung 13.3). Außerdem könnten Sie dem Benutzer die Option lassen, ob der Editor als Standard angezeigt wird oder nicht. In dem Fall finden Benutzer in ihrem Profil Checkboxen unter TEXT FORMATS ENABLED FOR RICH-TEXT EDITING vor und können für jedes Textformat (für das *Wysiwyg* einen Editor vorsieht) den Standard einstellen.

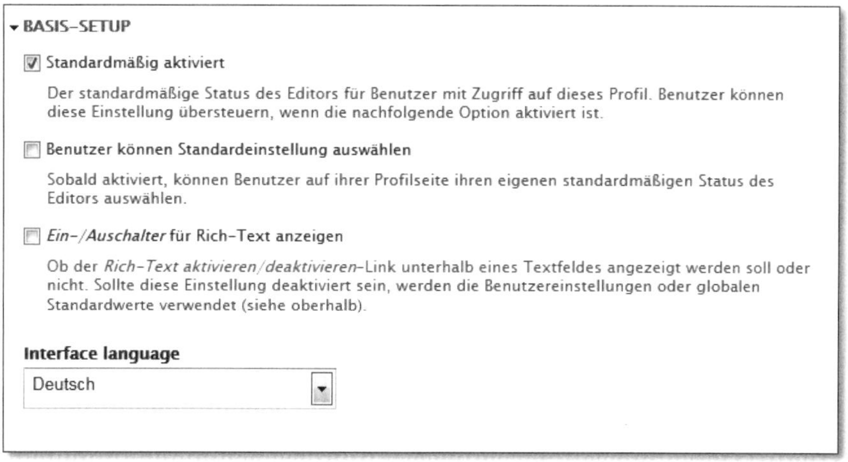

Abbildung 13.3 Das Basis-Setup Ihres »Wysiwyg«-Moduls

Sie bauen den Editor ja meistens ein, weil Kunden danach verlangen: Deshalb sollte der Editor standardmäßig aktiviert sein, und Benutzer müssen Sie gar nicht erst mit zu vielen Optionen belasten. Setzen Sie also das erste Häkchen, aber nicht das zweite. Die dritte Option sorgt dafür, dass unterhalb des Editors ein Link erscheint, mit dem Sie den Editor wieder ausschalten können. Prinzipiell ist es sinnvoll, irgendwie an den Quelltext zu kommen. Ab und zu wollen Sie vielleicht überprüfen, was der Editor dort erzeugt hat. Sie können aber weiter unten einfach eine Schaltfläche innerhalb des Editors für den Quelltext vorsehen. Dann haben Sie alle Buttons beieinander und können hier auf das Häkchen verzichten. Die Sprache für das Interface ist offenkundig Deutsch.

13.2.2 Schaltflächen und Plugins

Die Einstellungen an dieser Stelle sind enorm wichtig, um es Ihren Autoren einfach zu machen (siehe Abbildung 13.4). Diese sollen die Webseite so pflegen, wie Sie es vorgesehen haben. Dazu stellen Sie ihnen ein Set an HTML-Elementen zur Verfügung, die sie benutzen dürfen und sollen – aber nicht mehr als das!

Abbildung 13.4 Erlauben Sie Ihren Autoren nur die benötigten Elemente.

Das heißt, dass Sie hier nicht alle Häkchen setzen, sondern sich genau überlegen müssen, was Sie benötigen. Zu viele Optionen sorgen nur dafür, dass Sie Ihre Benutzer überfordern oder einige Benutzer wild alles ausprobieren und vielleicht das Design der Webseite zerschießen. Die Optionen hier unterscheiden sich von Editor zu Editor etwas. Was benötigen Sie? In der Regel reduzieren sich die benötigten HTML-Elemente auf:

- `<strong>` – Checkbox »Fett«
- `<em>` – Checkbox »Kursiv«
- `<ul><li>` – Checkbox »Aufzählungszeichen«
- `<ol><li>` – Checkbox »Nummerierte Liste«
- `<a>` – Checkboxen »Link« und »Link entfernen«
- `<a>` als Anker – Checkbox »Anker«
- `<img>` – Checkbox »Bild«
- `<p>`, `<h2>`, `<h3>` – HTML-Blockformat
- Sonderzeichen

Dazu kommen einige Buttons, die zwar keinem HTML-Element entsprechen, aber die Arbeit erleichtern:

- Rückgängig
- Wiederholen
- Quellcode
- Blöcke anzeigen
- Formatierungen entfernen
- Mit diesen Einstellungen sieht Ihre Button-Leiste so aus wie in Abbildung 13.5.

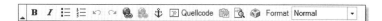

Abbildung 13.5 Übliche Buttons im FCKEditor

Wenn Sie mit dem Feldtyp *Langer Text mit Zusammenfassung* arbeiten, benötigen Sie hier außerdem einen Button, der den Drupal-Break einfügt. Das entspricht der Checkbox »Anrisstext trennen«.

13.2.3 Erscheinungsbild des Editors

Das Erscheinungsbild ist wieder recht einfach zu handhaben (siehe Abbildung 13.6). Wo soll die Leiste erscheinen? Oben. Wie richten Sie die Schaltknöpfe aus?

Links. Sie könnten den Pfad der HTML-Elemente anzeigen lassen, falls Sie selbst damit arbeiten und es Ihnen bei der Arbeit helfen sollte. Für Autoren blenden Sie die Zeile besser aus.

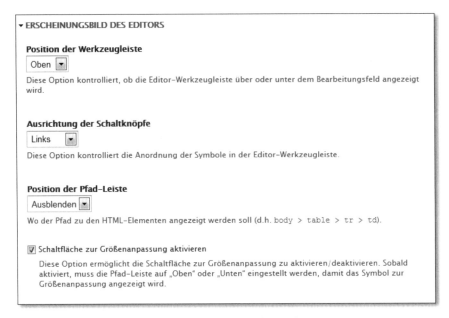

Abbildung 13.6 Einstellungen zum Erscheinungsbild des Editors

Die vierte Option sorgt dafür, dass der Nutzer das Textfeld selbst größer oder kleiner ziehen kann. Das ist nutzerfreundlich, also klicken Sie es ruhig an, allerdings funktioniert es nicht bei jedem Editor.

13.2.4 Bereinigung und Ausgabe

Nun können Sie ein paar weitere Checkboxen setzen (siehe Abbildung 13.7). Hier kommt es auf Ihre persönlichen Vorlieben und etwaige andere Filter an. Wenn Sie mit dem *HTML Purifier* arbeiten, benötigen Sie zum Beispiel keine Haken bei HTML PRÜFEN oder <FONT>-TAGS ZU STYLES KONVERTIEREN. Ohne den *HTML Purifier* sollten Sie bei beiden jedoch einen Haken setzen.

Zumindest die letzten beiden Checkboxen können Sie immer aktivieren. Mit QUELLCODEFORMATIERUNG ANWENDEN wird Ihr Quellcode meist übersichtlicher. Und BEREINIGUNG BEIM STANDARDMÄSSIGEN EINFÜGEN ERZWINGEN hilft gegen störende Word-Formate (siehe dazu auch Abschnitt 13.4, »Inhalte umfangreich filtern mit dem HTML Purifier«).

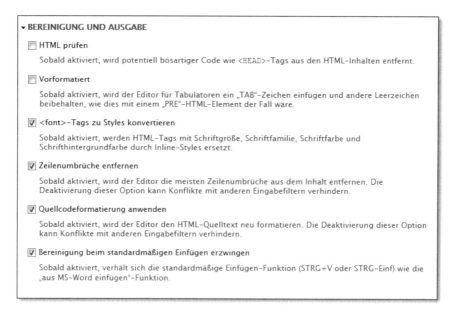

Abbildung 13.7 Die Einstellungen der Ausgabe hängen auch von anderen Filtern ab.

13.2.5 CSS

Nun können Sie noch festlegen, wie der Editor die Inhalte darstellen soll (siehe Abbildung 13.8). Sie können ihm hier ein eigenes CSS zuweisen. Am besten fahren Sie, wenn der Benutzer den Text innerhalb des Editors möglichst so sieht, wie er hinterher auf der Webseite erscheint. Sie könnten auf die CSS-Anweisungen des Themes zurückgreifen. Das funktioniert aber nicht immer. Im Zweifel legen Sie ein eigenes Stylesheet für den Editor an. Das macht zu Beginn mehr Arbeit, aber Sie machen Ihren Benutzern das Leben einfacher.

Das Textfeld BLOCKFORMATE gehört zur Checkbox HTML-BLOCKFORMATE, die Sie in Abschnitt 13.2.2, »Schaltflächen und Plugins«, aktiviert haben. Hier geben Sie ebenso nur die Formate vor, die Ihre Autoren benötigen. Die ganze Palette an Überschriften – von h1 bis h6 – ist oft nicht nötig. Wenn zum Beispiel Ihre h1 immer über den Titel erzeugt wird, genügen hier die weiteren Überschriften h2 bis h4 sowie der Absatz p.

Der FCKEditor steht nun allen Benutzern zur Verfügung, die das Textformat *Filtered HTML* nutzen dürfen und dieses auch gewählt haben. Vergessen Sie also nicht, die Berechtigungen für die Textformate zu setzen.

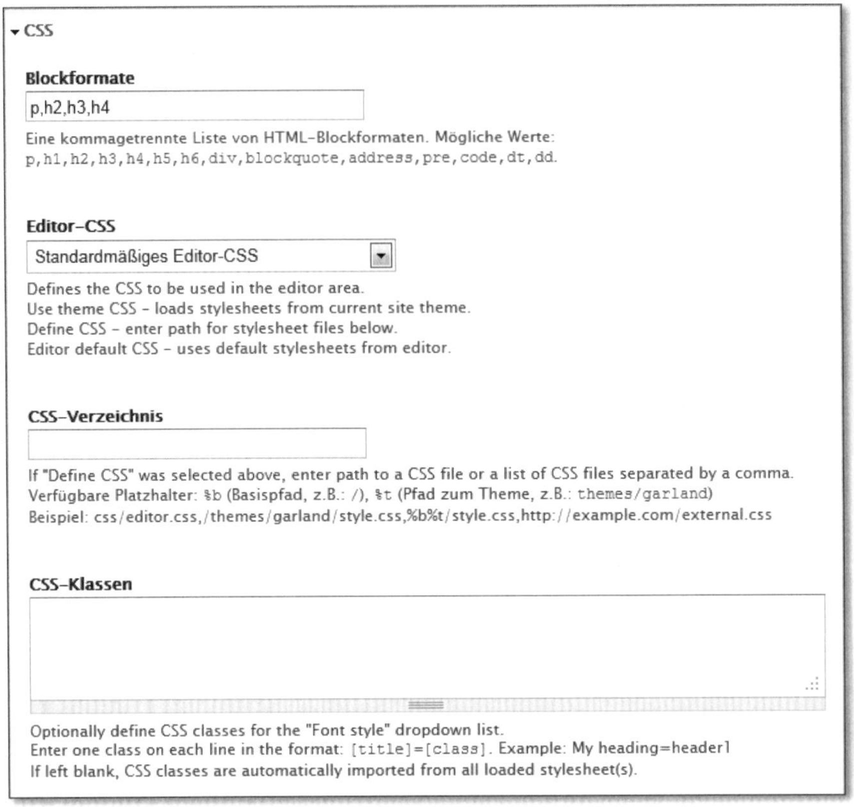

Abbildung 13.8 Erlaubte Blockformate und CSS-Optionen

13.3 Der BUEditor für webaffine Nutzer

Eine weitere Möglichkeit für einen Editor bietet Ihnen den BUEditor. Wie bei einem WYSIWYG-Editor fügt auch er eine kleine Button-Leiste über Ihren Textareas hinzu. Im Gegensatz dazu erweitert er Ihren Text aber um den entsprechenden HTML-Code. Wenn Sie also das Wort »Beispiel« markieren und danach auf das **B** für *Bold* klicken, wird daraus `<strong>Startseite2</strong>`.

Bei vielen Projekten würde der HTML-Code die Autoren nur verwirren. Allerdings mag dieser Editor sinnvoll sein, wenn Sie an einem Angebot für webaffine Menschen arbeiten. Bei einem Blog über HTML5 und CSS3 zum Beispiel könnten Sie Ihren Kommentatoren den BUEditor zumuten, denn es werden viele Webworker dabei sein, die sich damit auskennen. Auch das Forum auf *drupalcenter.de* nutzt eine angepasste Version von BUEditor. Es kommt also – wie so oft – auf Ihre Zielgruppe an.

Im Gegensatz zu den anderen beschrieben Editoren ist der BUEditor für Sie als ersten Benutzer (User 1) sofort verfügbar, wenn Sie das Modul aktiviert haben (siehe Abbildung 13.9).

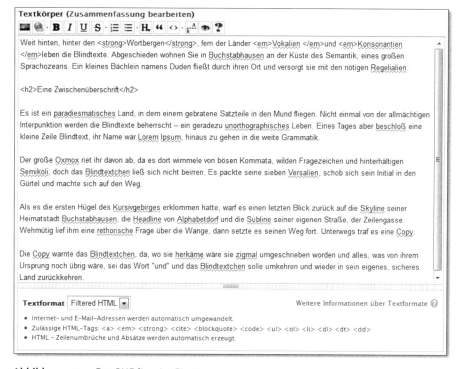

Abbildung 13.9 Der BUEditor im Einsatz

Ohne weitere Anpassungen sehen Sie in der Button-Leiste folgende Funktionen:

- Bild einfügen, bearbeiten
- Link einsetzen, bearbeiten
- Bold (fett, `<strong>`)
- Italic (kursiv, `<em>`)
- Underline (unterstrichen, `<ins>`)
- Strikethrough (durchgestrichen, `<del>`)
- Nummerierte Liste (`<ol><li>`)
- Unnumerierte Liste (`<ul><li>`)
- Überschriften (`<h1>` bis `<h6>`)
- Quote (`<blockquote>`)

- Code (`<code>`)
- Break (der Drupal-Break für *Lange Texte mit Zusammenfassung*)
- Preview (eine Voransicht)
- Hilfe

Das Modul können Sie unter KONFIGURATION • INHALTSERSTELLUNG • BUEDITOR (*/admin/config/content/bueditor*) anpassen.

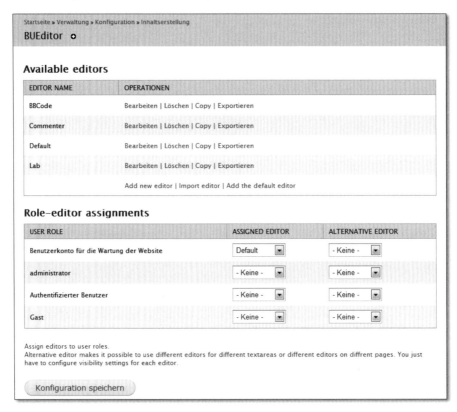

Abbildung 13.10 Konfigurationsmöglichkeiten für den BUEditor

Im oberen Bereich von Abbildung 13.10 sehen Sie vorgefertigte Templates für den Editor, die Sie nutzen, bearbeiten, kopieren, löschen oder exportieren können. Außerdem können Sie eigene Templates hinzufügen. Im unteren Bereich weisen Sie dann den Rollen das passende Template zu. Dabei kann jede Rolle einen Standard-Editor plus eine Alternative bekommen. Zum Beispiel können Sie einem Autor für das Erstellen einer neuen Rezension den vollen Editor zuweisen, für das Kommentieren aber nur einen reduzierten Editor. Sehen wir uns die Einstellungen für den Commenter-Editor an (siehe Abbildung 13.11).

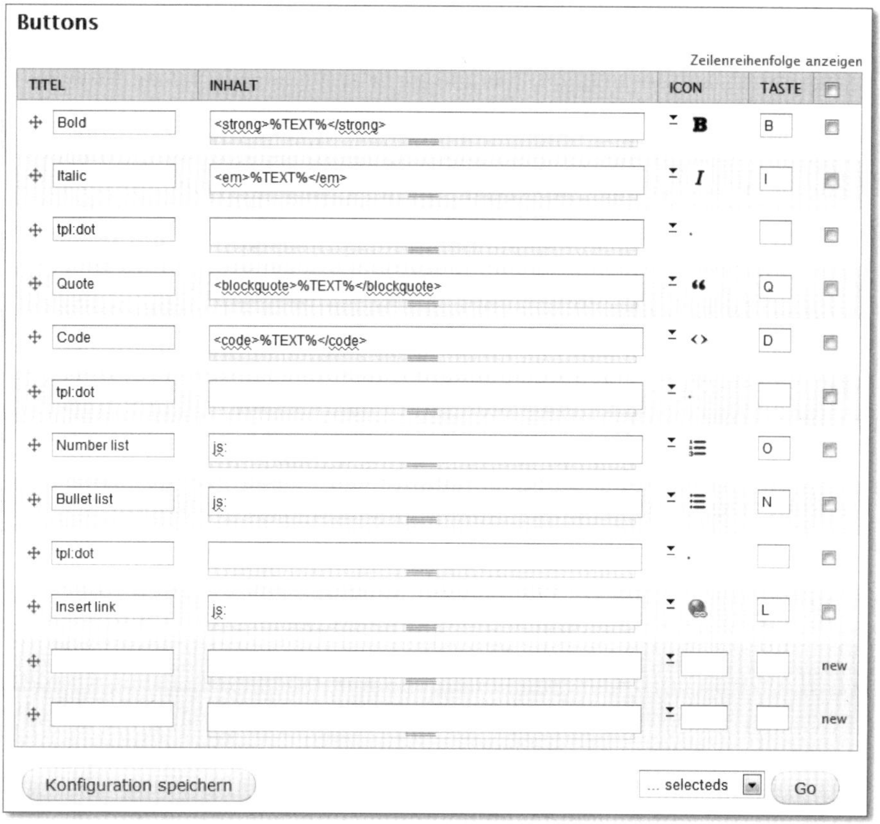

Abbildung 13.11 Umfangreiche Optionen für ein eigenes Editor-Theming

Die Reiter im oberen Bereich: Unter Editor name geben Sie schlicht den Namen dieses Editor-Templates an. Mit den Sichtbarkeitseinstellungen können Sie den Editor auf bestimmten Seiten anzeigen oder bei bestimmten Textareas verstecken. Die Grundeinstellungen hier sagen aus, dass der Editor erst einmal auf allen Seiten mit dem Muster *node/** und *comment/** erscheint. Das sind die Seiten, auf denen Inhalte (genauer: Nodes) oder Kommentare bearbeitet werden. Bei den Textareas `edit-log` und `edit-menu-description` wird der Editor jedoch nicht angezeigt. Das Muster für die Seiten zu bestimmen ist recht einfach, für die Textareas müssen Sie aber im Quelltext nachschlagen, wie ein bestimmtes Feld heißt. Mit Editor paths und Import Buttons binden Sie eigene Buttons, JavaScripts oder CSS-Dateien ein.

Nun folgen die Buttons samt Funktionen, Icons und Tastenkürzel. Sie können die Reihenfolge der Buttons ändern oder neue hinzufügen. Die eigentlichen Funktionen verbergen sich im Inhalt. Eine Anweisung wie `<strong>%TEXT%</strong>`

bedeutet einfach, dass der markierte Text %TEXT% durch das neue Konstrukt ersetzt, hierdurch also fett dargestellt wird. Sehen Sie nur ein js:, können Sie in das Feld hineinklicken und sich den JavaScript-Code ansehen. Wenn Sie darin fit sind, können Sie so leicht eigene Funktionen hinzufügen. Diese Funktion mag diesen Editor für Sie auch interessanter machen als die Editoren zu Beginn des Kapitels. Auf der Webseite des Projekts *http://ufku.com/drupal/bueditor/contributions* finden Sie ein paar Beispielcodes, um etwa Sonderzeichen, Smileys oder Videos einzufügen.

Unterhalb des Buttons KONFIGURATION SPEICHERN sehen Sie die Demo Ihrer Einstellungen. Sie müssen aber erst einmal speichern, damit Ihre Änderungen auch angezeigt werden.

Beachten Sie, dass zu einer Textarea trotzdem noch Textformate gehören. Wenn Sie mit dem BUEditor eine h3 vergeben, diese aber nicht im gewählten Textformat vorgesehen ist, werden <h3> und </h3> entsprechend herausgefiltert.

13.4 Inhalte umfangreich filtern mit dem HTML Purifier

Sobald Autoren Texte schreiben dürfen, haben Sie ein Interesse daran, dass diese keinen unerwünschten oder gar schadhaften Code eingeben können. Bisher haben Sie verschiedene Möglichkeiten kennengelernt, um das zu vermeiden. Sie können über vorbereitete Filter in Ihren Textformaten nur bestimmte HTML-Elemente zulassen oder fehlerhaftes HTML korrigieren (siehe Abschnitt 6.2.1, »Textformate mit Ausgabefiltern formatieren«). Ebenso können Sie mit einem WYSIWYG-Editor versuchen, fehlerhaftes HTML zu korrigieren. Alle diese Möglichkeiten stoßen an ihre Grenzen, wenn Autoren Texte aus Word oder anderen Textverarbeitungsprogrammen kopieren. In diesen Texten sind mitunter Formatierungen verborgen, die Sie auf Ihrer Webseite nicht gebrauchen können und die im schlimmsten Fall das Design stören.

Hier kommt nun das Modul *HTML Purifier* ins Spiel. Auch in diesem Fall bildet das Drupal-Modul nur die Brücke zum Projekt *HTML Purifier*, das Sie einzeln herunterladen müssen. In dem Modul finden Sie eine Datei *INSTALL.txt* mit den entsprechenden Anweisungen. Wenn Sie das Modul richtig installiert haben, stehen Ihnen zwei neue Filter bei den Textformaten zur Verfügung: *HTML Purifier* und *HTML Purifier (advanced)*. Benutzen Sie jeweils nur einen der beiden Filter. Falls Sie bisher die Filter ERLAUBTE HTML-TAGS BEGRENZEN oder FEHLERHAFTES HTML KORRIGIEREN benutzt haben, können Sie diese nun deaktivieren, denn der Purifier übernimmt diese Funktionen. Er ist extrem umfangreich und erschlägt Sie bei den ersten Schritten mit seinen vielen Optionen. Aktivieren Sie deshalb zunächst die Basisversion HTML PURIFIER; ein paar Funktionen gehen wir hier durch (siehe Abbildung 13.12).

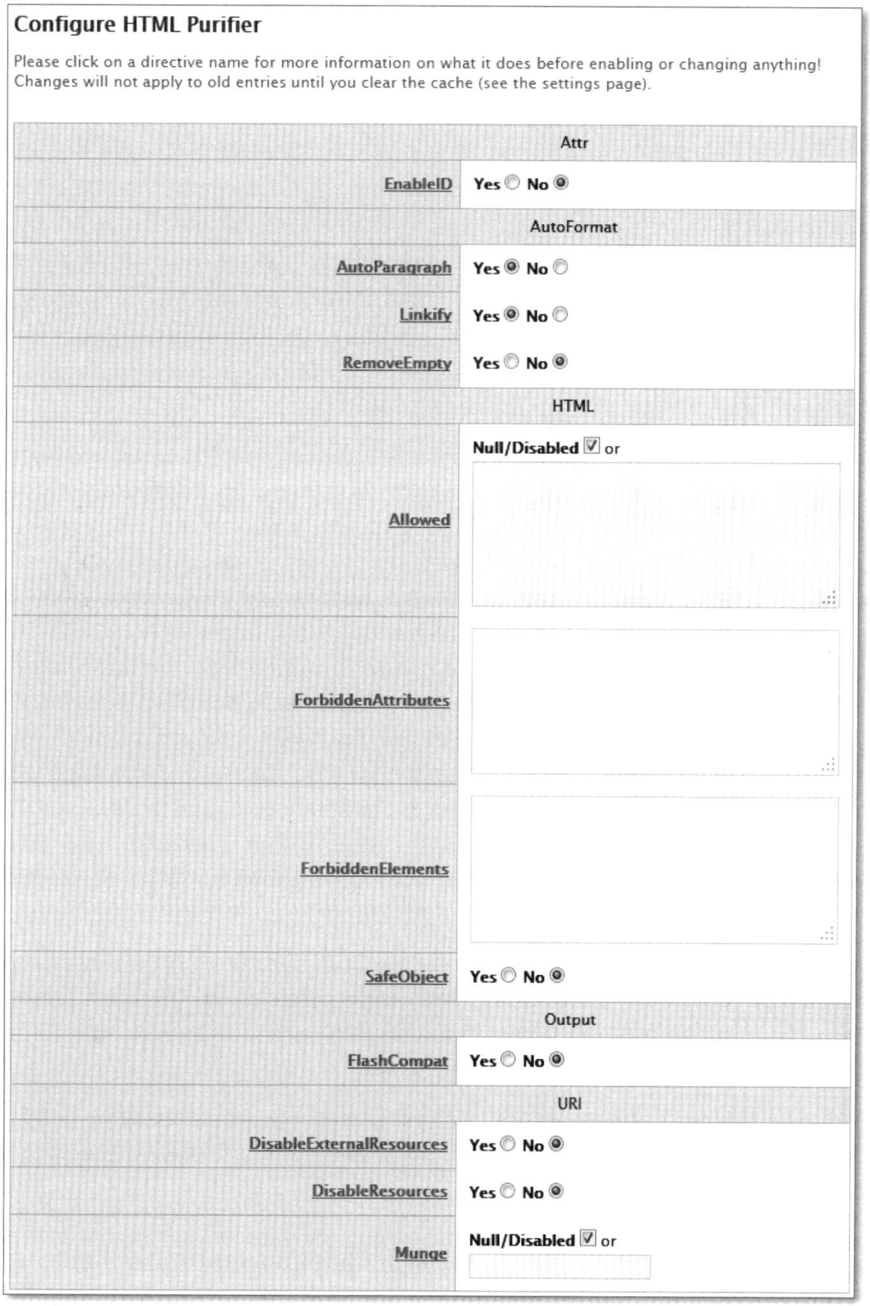

Abbildung 13.12 Der »HTML Purifier« in der Basisversion

Die jeweiligen Funktionen des Purifiers sind mit einem Link versehen, über den Sie weitere Informationen erhalten. Die Rubrik AUTOFORMAT bietet Ihnen zum Beispiel die folgenden Optionen:

- Mit AUTOPARAGRAPH werden doppelte Zeilenumbrüche in echte Paragraphen (`<p>`) umgewandelt.
- Durch LINKIFY werden URLs, die nur als Text hinterlegt sind, automatisch in Links umgewandelt. Das geschieht analog zum Drupal-Filter URLS IN LINKS UMWANDELN, aber ohne die Option, eine maximale Länge für den Link-Text anzugeben.
- Die Option REMOVEEMPTY entfernt zum Beispiel leere Absätze, also etwa `<p></p>`, nicht aber `<p>nbsp;</p>`. Da in WYSIWYG-Editoren gerne leere Absätze mit einem *non-breaking space* (`nbsp;` – erzwungenes Leerzeichen) erzeugt werden, können Sie diese über eine erweiterte Funktion *RemoveEmpty.RemoveNbsp* mit dem »*HTML Purifier (advanced)*« entfernen.

Über die Rubrik »HTML« können Sie Elemente erlauben oder Elemente oder Attribute verbieten. Sie können bei der Funktion ALLOWED zum Beispiel den Haken bei NULL/DISABLED entfernen und nun die Elemente und Attribute eintragen, die der Filter durchlassen soll. Diese werden im Format `element1[attr1|attr2]`, `element2` notiert. Wenn Sie zum Beispiel nur Absätze und Links erlauben möchten, notieren Sie `p, a[href]`. Diese Funktion ist äußerst nützlich, Sie müssen nur darauf achten, was Sie erlauben, und das auch mit Ihren Editoren und anderen Filtern abstimmen. Wenn Sie im WYSIWYG-Editor zum Beispiel Überschriften (`h2`, `h3`, `h4`) erlauben, aber nicht im *HTML Purifier*, werden Sie auf der Seite auch keine Überschriften sehen. Für Links müssen Sie das Attribut `href` erlauben, weil sonst die URL des Links fehlt. Und wenn Sie beispielsweise auf den CKEditor setzen, müssen Sie bei Bildern auch das `style`-Attribut vorsehen (also etwa `img[src|alt|title|style]`), weil sonst wichtige Angaben zur Höhe, Breite oder Floats fehlen (siehe das Code-Beispiel in Abschnitt 13.2, »WYSIWYG-Editoren«).

In der Rubrik »URI« können Sie durch die Funktion DISABLEEXTERNALRESOURCES verhindern, dass Ihre Benutzer Bilder oder andere Dateien von fremden Servern verlinken (Hot-Linking). Das verhindert dann aber auch, dass zum Beispiel Bilder direkt von Flickr verlinkt werden.

Wenn Sie sich mit der Basisversion vertraut gemacht haben, können Sie den Filter *HTML Purifier (advanced)* testen und damit mehr und umfangreichere Einstellungen vornehmen.

Achten Sie am Ende genau darauf, welche Filter Sie aktiviert haben und in welcher Reihenfolge diese abgearbeitet werden. Der *HTML Purifier* sollte in der Regel als letzter Filter verwendet werden, weil er den Code, den alle vorherigen Filter erzeugt haben, noch einmal gründlicher überprüft.

*»Was gibt uns die Verwaltung?
Sie gibt uns zu denken.«
– Lothar Schmidt*

14 Medien verwalten

Die Feldtypen helfen Ihnen, Ihre Inhaltstypen so zu erweitern, dass Sie dort passende Bilder oder Dateien hochladen können. Oft genug möchten Sie aber in einem Textblock ein Bild einbauen oder eine Datei verlinken. Ein eigener Feldtyp hilft Ihnen dann nicht unbedingt weiter. Hier setzen Sie besser auf eine Medienverwaltung. In Drupal 7 können Sie diese auf zwei Module aufbauen: *IMCE* oder *Media*. Beide arbeiten konzeptionell komplett unterschiedlich.

14.1 Dateien verwalten mit IMCE

Mit einem WYSIWYG-Editor aus Kapitel 13 können Sie bisher zwar Bilder einbauen, aber Sie müssen mühsam den Pfad zum Bild selbst eintragen. Hier hilft Ihnen das Modul *IMCE* weiter. Um IMCE nutzen zu können, benötigen Sie außerdem das Modul *IMCE Wysiwyg API bridge*. Die Einstellungen nehmen Sie über KONFIGURATION • MEDIEN • IMCE (*/admin/config/media/imce*) vor. Auch mit IMCE können Sie Profile vorgeben und einzelnen Rollen diese Profile zuordnen (siehe Abbildung 14.1). Außerdem können Sie zwischen öffentlichen und privaten Dateien unterscheiden. Zu Beginn verfügen Sie über ein Profil für den USER-1 und ein SAMPLE PROFILE. Sie können weitere Profile anlegen (siehe unten) und den einzelnen Rollen dann die Profile zuordnen.

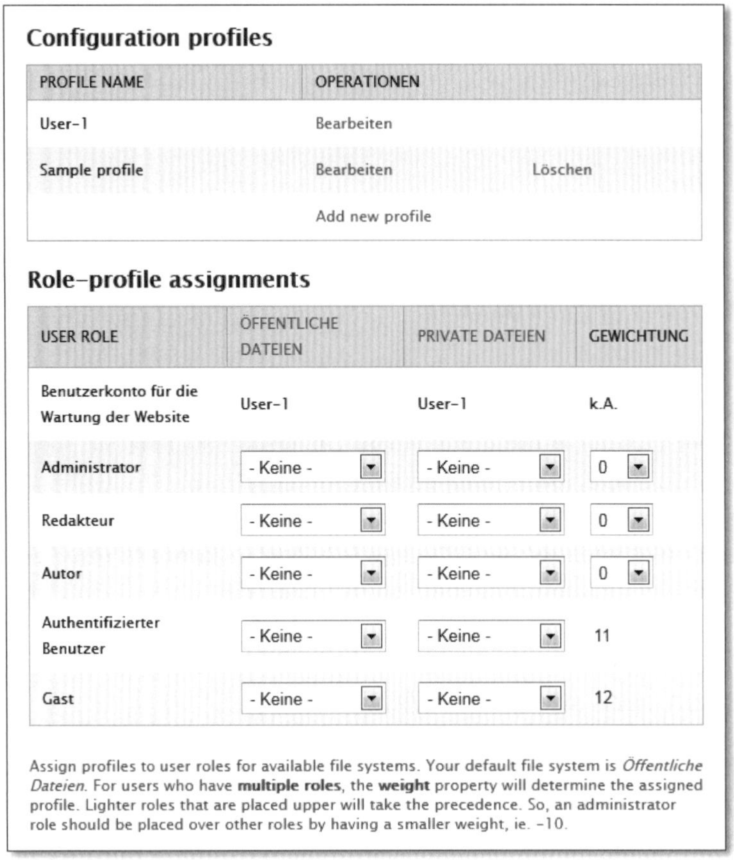

14 | Medien verwalten

Configuration profiles		
PROFILE NAME	OPERATIONEN	
User-1	Bearbeiten	
Sample profile	Bearbeiten	Löschen
	Add new profile	

Role-profile assignments

USER ROLE	ÖFFENTLICHE DATEIEN	PRIVATE DATEIEN	GEWICHTUNG
Benutzerkonto für die Wartung der Website	User-1	User-1	k.A.
Administrator	- Keine -	- Keine -	0
Redakteur	- Keine -	- Keine -	0
Autor	- Keine -	- Keine -	0
Authentifizierter Benutzer	- Keine -	- Keine -	11
Gast	- Keine -	- Keine -	12

Assign profiles to user roles for available file systems. Your default file system is *Öffentliche Dateien*. For users who have **multiple roles**, the **weight** property will determine the assigned profile. Lighter roles that are placed upper will take the precedence. So, an administrator role should be placed over other roles by having a smaller weight, ie. -10.

Abbildung 14.1 Auch in IMCE können Sie eigene Profile erstellen.

14.1.1 Common Settings

Die COMMON SETTINGS sehen wir uns auch hier einmal genauer an (siehe Abbildung 14.2). Mit der Option ENABLE INLINE IMAGE/FILE INSERTION INTO PLAIN TEXTAREAS könnten Sie erlauben, per IMCE Bilder zu einer reinen Textarea hinzuzufügen. Da wir IMCE meist einem WYSIWYG-Editor kombinieren, ist das nicht nötig. Die Checkbox ABSOLUTE URLS würde die Bilder mit einem absoluten Pfad einsetzen. Das heißt also, das Bild verlinkt auf *www.examplast.de/dateien/katalog_titel2.jpg* statt nur auf */dateien/katalog_titel2.jpg*. Wenn Sie irgendwann einmal Ihr Webprojekt in eine Testumgebung kopieren möchten oder aber mit der Domain umziehen, sind relative Pfade sinnvoller, denn in dem Falle bleiben die Pfade auch in der neuen Umgebung gültig.

Nun geben Sie an, wie IMCE mit Uploads verfahren soll, wenn eine Datei gleichen Namens bereits auf dem Server existiert. Hier kommt es auf Ihre Benutzer an. Wenn alle auf denselben Ordner zugreifen dürfen, Sie aber nicht sicher sind, ob alle wirklich wissen, was sie tun, dann nutzen Sie die erste Option, KEEP THE EXISTING FILE RENAMING THE NEW ONE. Dann existieren beide Versionen auf dem Server – sicher ist sicher. Wenn nur eine Handvoll Leute mit dem System arbeitet, die sich im Web auskennen, geben Sie ruhig REPLACE THE EXISTING FILE WITH THE NEW ONE an. Dadurch überschreiben Sie Dateien mit demselben Namen. Das spart Platz auf dem Server, aber alte Dateien sind dann eben auch weg.

Die nächste Option bezieht sich auf Thumbnails, die Sie im Profil im nächsten Abschnitt einstellen. Für Thumbnails nutzen wir schon unsere Bildformate (aus Abschnitt 6.2.2, »Bilder automatisch über Bildstile formatieren«), diese Option können Sie also ignorieren. Die nächste Checkbox lassen Sie am besten angehakt, damit IMCE nicht einfach Dateien aus den privaten Verzeichnissen ausgibt.

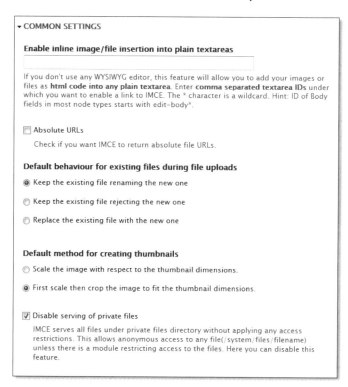

Abbildung 14.2 Die Standard-Common-Settings für IMCE

14.1.2 Profile

Nun kommen wir zu den Profilen in Abbildung 14.3. Klicken Sie dazu auf das SAMPLE PROFILE. Der Profilname am oberen Rand ist noch einfach zu handhaben. Im nächsten Schritt könnten Sie durch einen Klick auf den User-1-Link die Werte aus dem anderen Profil importieren. Die Checkbox DISPLAY FILE BROWSER TAB IN USER PROFILE PAGES legt fest, ob im Benutzerprofil ein Tab mit dem IMCE-Filebrowser erscheinen soll oder nicht. Das ist Geschmackssache. Ich meine, es reicht, wenn IMCE über den WYSIWYG-Editor erreichbar ist.

Nun zu den Begrenzungen: Via MAXIMUM FILE SIZE PER UPLOAD begrenzen Sie die Größe einer einzelnen Datei. Wenn sich jemand nicht auskennt, versucht er auch schon mal, ein 5-MB-Bild auf der Webseite unterzubringen. Wenn Sie genau wissen, dass hier nur Bilder hochgeladen werden sollen, die auf der Webseite angezeigt werden, können Sie den Upload problemlos auf 1 MB und weniger begrenzen. Das System zeigt Ihnen hier ein Maximum an, das durch den Server vorgegeben wird. Selbst wenn dort eine hohe Zahl steht, kann es vorkommen, dass der Upload schon bei geringeren Größen abbricht. Das hängt dann von der Größe der Datei, Ihrer Upload-Geschwindigkeit und den Servereinstellungen ab. Wenn Sie zum Beispiel große Audio- oder Videodateien zur Verfügung stellen möchten, sollten Sie diese besser per FTP hochladen.

Das DIRECTORY QUOTA legt optional eine maximale Größe für einen Ordner fest. Mit TOTAL USER QUOTA können Sie die Größe der Dateien begrenzen, die Ihre Benutzer hochladen. Das mag vielleicht sinnvoll sein, wenn Sie nicht so viel Speicherplatz auf Ihrem Server übrig haben. Andernfalls setzen Sie diese beiden Werte auf 0.

Die PERMITTED FILE EXTENSIONS regeln, welche Dateitypen hochgeladen werden können. In der Regel geht es um Bilder (*gif*, *png*, *jpg*, *jpeg*) und ein paar Dokumente (zum Beispiel *pdf*, *doc*, *docx*, *xls*, *otf*, *rtf*). Versucht ein Benutzer eine Datei hochzuladen, die hier nicht erlaubt wurde, erhält er eine Fehlermeldung, und die Datei wird nicht hochgeladen. Dabei wird übrigens nur die Dateiendung, nicht aber der Inhalt überprüft. Falls also nur PDFs erlaubt wären und jemand ein funktionierendes *dokument.docx* schlicht in ein *dokument.pdf* umbenennt, könnte er dieses falsche PDF hochladen.

Unter DIRECTORIES legen Sie fest, auf welche Ordner Rollen mit diesem Profil zugreifen können. Ein üblicher Fall bei kleinen Webseiten wäre, alle Dateien im Verzeichnis */dateien* zu sammeln (siehe Abschnitt 4.4, »Das Dateisystem«). Wenn Sie den Ordner */dateien* als Ordner für Ihre öffentlichen Dateien angegeben haben, entspricht das dem Ordner der <Hauptebene>. Sie können in der ersten Zeile einfach einen Punkt ».« einsetzen, und das Profil darf dann auf alle Unterordner zugreifen. Sie können hier aber auch zusätzliche Ordner für Bilder und Dateien anlegen, damit Benutzer nicht aus Versehen Ordner verwenden, die eigentlich den Bildstilen oder anderen Modulen zugeordnet sind.

Sie können für Benutzer über den Platzhalter %uid auch automatisch eigene Ordner kreieren lassen. Das kann für Communitys hilfreich sein. Außerdem können

Sie auch PHP nutzen, um komplexere Ordner anzulegen. Sie sind übrigens nicht auf die angezeigten drei Ordner beschränkt. Wenn Sie alle Felder mit Werten belegen und speichern, bekommen Sie zwei neue leere Felder.

Die THUMBNAILS können Sie meisten ignorieren, denn für feste Änderungen an Ihren Bildern nutzen Sie meistens die Bildformate.

Abbildung 14.3 Die Einstellungen für ein einzelnes IMCE-Profil

14.1.3 IMCE in Aktion

Wenn Sie an dieser Stelle nun einen bestehenden Inhalt bearbeiten möchten, werden Sie von IMCE noch nichts sehen. Sie müssen erst Ihr *Wysiwyg*-Profil aus

Abschnitt 13.2 anpassen und bei SCHALTFLÄCHEN UND PLUGINS die neue Checkbox IMCE abhaken. Vergessen Sie dabei nicht, das Modul *IMCE Wysiwyg API bridge* zu installieren.

Wenn Sie nun einen Inhalt bearbeiten (oder neu anlegen) und auf den BILD-Button im WYSIWYG-Editor klicken, sehen Sie das gewohnte Pop-Up. Neu daran ist die Schaltfläche SERVER DURCHSUCHEN. Diese öffnet den IMCE-Filebrowser (siehe Abbildung 14.4).

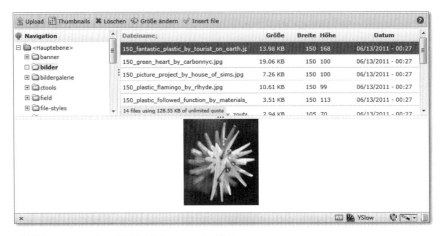

Abbildung 14.4   Der IMCE-Filebrowser in Aktion

In der obersten Reihe finden Sie – etwas unscheinbar – die Möglichkeiten des Browsers. Mit UPLOAD laden Sie Dateien hoch. Dabei müssen die Rechte bei den betreffenden Verzeichnissen richtig gesetzt sein, damit Benutzer dort überhaupt Dateien speichern dürfen (siehe die Dateirechte in Abschnitt 33.2, »Filezilla als FTP-Client«). THUMBNAILS hilft Ihnen, vorgegebene Formate an Thumbnails zu erzeugen. Mit LÖSCHEN entfernen Sie eine Datei vom Server. Mit GRÖSSE ÄNDERN können Sie eine Bilddatei auf ein beliebiges Format ändern. Und INSERT FILE sendet die Informationen einer ausgewählten Datei an den WYSIWYG-Editor zurück.

Das Feld links oben zeigt Ihnen Ihre Verzeichnisstruktur. Wenn bereits ein Verzeichnis ausgewählt ist, werden Ihnen parallele Ordner nicht immer angezeigt. In dem Fall müssen Sie einmal auf die <Hauptebene> klicken. Rechts davon sehen Sie eine Tabelle mit den Dateinamen, der Größe der Datei (bei Bildern sehen Sie auch die Breite und Höhe) und dem Datum des Uploads. Im unteren Feld zeigt Ihnen IMCE Meldungen an oder eine Ansicht des ausgewählten Bildes.

Laden Sie zum Test ein Bild hoch, wählen es aus und klicken oben auf INSERT FILE. Der WYSIWYG-Editor hat den Pfad zum Bild nun übernommen, und Sie können dort weiterarbeiten.

Ebenso erscheint die Schaltfläche SERVER DURCHSUCHEN, wenn Sie Text markieren und einen einfachen Link setzen möchten. So können Sie Dateien auf dem Server verlinken.

Wenn Sie einigen Rollen die Möglichkeit bieten möchten, innerhalb des Hauptordners für Dateien weitere Verzeichnisse zu erzeugen oder zu löschen, nutzen Sie das Modul *IMCE Mkdir*.

14.1.4 IMCE vs. Datei- und Bildfelder

Wenn Sie bereits Inhaltstypen mit eigenen Feldern für Dateien und Bilder angelegt haben, fragen Sie sich vielleicht, warum Sie noch einen Filebrowser benötigen. Eigene Felder für Bilder oder Dateien sind dann sinnvoll, wenn diese nach einem bestimmten Muster genutzt werden. Eine News hat vielleicht ein Feld für ein Teaserbild. Ein Seminar hat vielleicht genau ein Dateifeld für ein PDF mit den Themen. Aber Sie können oft nicht alle Inhaltstypen so festlegen. Ein Inhaltstyp *Einfache Seite* hat vielleicht im Impressum kein einziges Bild, auf der Teamseite aber vier. Deshalb benötigen Sie eine Möglichkeit, um neben den vorgegebenen Upload-Feldern flexibel Daten hinzuzufügen.

Beachten Sie, dass Sie über IMCE zwar Bilder und Dateien auf den Server hochladen und in Ihre Inhalte einbauen können, im Gegensatz zu einzelnen Bild- und Datei-Feldtypen weiß das Drupal-System aber nicht, dass diese Dateien dort liegen. Es gibt darüber keine einzelnen Informationen in der Datenbank.

14.2 Die eigene Mediathek mit Media

Mit *IMCE* verwalten Sie Ihre Dateien: Sie können sie auf den Server hochladen, löschen und in Webseiten einbauen. Aber Drupal weiß nicht, dass diese Dateien existieren. Es werden keine Pfade oder Metaangaben wie die Größe in der Datenbank gespeichert. Mit *IMCE* können Sie zwar eine Menge erreichen, aber es gibt doch einige Dinge, die das Modul nicht kann. Zum Beispiel müssen Sie bei jedem Bild, das Sie einbinden, immer wieder aufs Neue einen Alternativtext vergeben. Von einer modernen Mediathek kann man erwarten, dass ein Bild einmal hochgeladen wird, dass dabei einmal eine Bildunterzeile vergeben wird und dass diese automatisch immer als Defaultwert benutzt wird – so, wie Sie es vielleicht aus WordPress kennen.

Die Entwickler des Moduls *Media* haben sich zum Ziel gesetzt, ein modernes Framework zur Verfügung zu stellen, das Medien aller Art managen soll. Dabei geht es nicht nur um Dateien, die Sie auf Ihren Server hochladen, sondern auch um

Dateien, die irgendwo im Netz liegen, zum Beispiel Videos bei YouTube oder Bilder bei Flickr. Die Entwickler legen besonderen Wert auf Benutzerfreundlichkeit, Einheitlichkeit und Möglichkeiten für Erweiterungen.

Im Moment (Mitte 2011) ist das Modul noch nicht ganz einsatzbereit, aber vielversprechend. In ein paar Monaten sollten Sie es problemlos einsetzen können. Zusätzlich zu *Media* benötigen Sie das Modul *Chaos tools*. Aktivieren Sie zunächst *Media*, *File Entity* und *Chaos tools*.

14.2.1 Die Grundlagen von Media

Wie erwähnt, setzt Drupal 7 auf Entitys. Aus dem Core-System kennen Sie Nodes, Kommentare, Benutzer und die Taxonomie. Module können aber ihre eigenen Entitys hinzufügen. Genau das macht Media und bietet Medientypen, die Sie unter KONFIGURATION • MEDIEN • FILE TYPES (*/admin/config/media/file-types*) erreichen. In der Konfiguration finden Sie vier Medientypen: *Audio*, *Bild*, *Video* und *Other* (der ganze Rest). Da es sich hier um Entitys handelt, können Sie sie über FELDER VERWALTEN mit weiteren Feldtypen ergänzen. Der Reiter ANZEIGE VERWALTEN ist ebenfalls analog zu handhaben. Hier geben Sie an, wie die Felder in verschiedenen Situationen ausgegeben werden. Als Situationen kommen VORGABE, LINK, VORSCHAU, KLEIN, GROSS und ORIGINAL infrage. Mit MANAGE FILE DISPLAY können Sie verschiedene Angaben zum File zusätzlich ausgeben, zum Beispiel den Pfad zur Datei oder ein passendes Icon (siehe Abbildung 14.6).

Über INHALT • MEDIEN (*/admin/content/media*) zeigt Ihnen das Modul eine Liste der Medien, die es erkannt hat (siehe Abbildung 14.5). Sie können über INHALT • MEDIEN • IMPORT MEDIA auch Medien aus einem Verzeichnis importieren und über INHALT • MEDIEN • MEDIA BROWSER auf die Medienbibliothek zugreifen und einzelne Dateien hochladen.

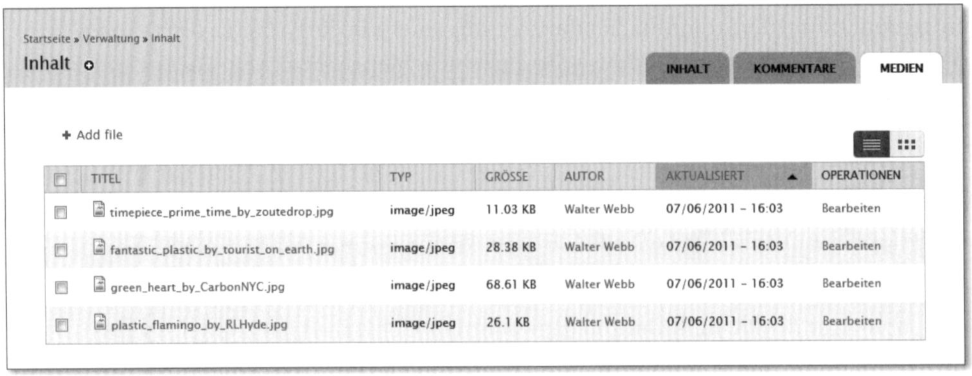

Abbildung 14.5 Die Liste der Medien

Wenn Sie einen WYSIWYG-Editor benutzen, fügt das Modul einen neuen Button MEDIA BROWSER hinzu, den Sie im Profil für die Textformate aktivieren können. Über den Button können Sie nun beim Bearbeiten eines Inhalts neue Dateien hochladen oder aus der Medienbibliothek auswählen (siehe Abbildung 14.7).

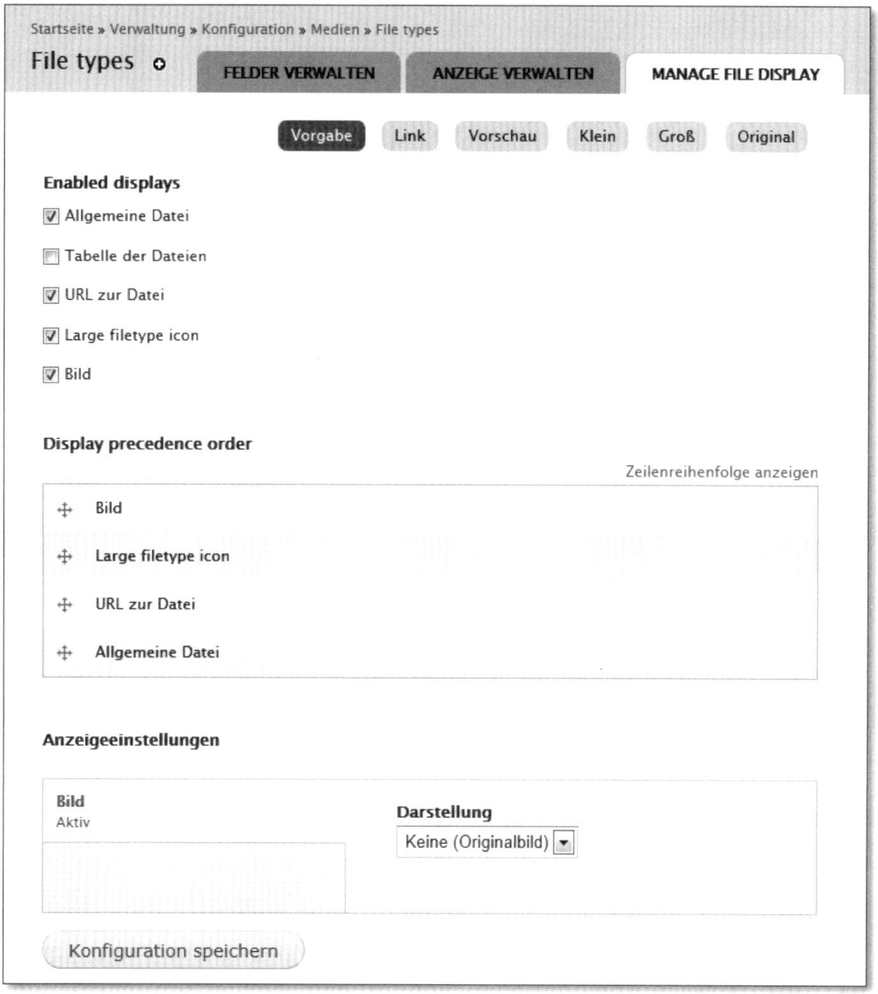

Abbildung 14.6 Zuschaltbare Angaben für Files

Abbildung 14.7 Die Media Library im Zusammenspiel mit einem WYSIWYG-Editor

Wählen Sie hier ein Bild aus, können Sie im nächsten Schritt die Anzeige bestimmen. Entweder nutzen Sie eines der Formate LINK, VORSCHAU, GROSS oder ORIGINAL (siehe Abbildung 14.8). Die Ansicht KLEIN steht im Moment nicht zur Auswahl, weil dort keine Felder angezeigt werden. Wenn Sie hingegen im Reiter ANZEIGE VERWALTEN aus Abbildung 14.6 (unter *admin/config/media/file-types/manage/image/display/media_small*) dafür sorgen, dass hier die Datei nicht mehr ausgeblendet wird, steht Ihnen in der Medienbibliothek auch die Ansicht KLEIN zur Verfügung.

Abbildung 14.8 Auswahl des Formats für dieses Bild

Das Modul schreibt einen entsprechenden Code in den Quelltext, ähnlich zu:

```
[{"type":"media","view_mode":"media_large","fid":"6",
"attributes":{"alt":"","class":"media-image",
"typeof":"foaf:Image"}}]]
```

Damit diese Angabe in der späteren Ansicht durch die entsprechende Datei ersetzt wird, müssen Sie noch beim Textformat einen Haken beim Filter CONVERTS MEDIA TAGS TO MARKUP setzen.

14.2.2 Media als Feldtyp

In Kapitel 6 haben Sie die Feldtypen für Bilder und Dateien kennengelernt. *Media* fügt einen neuen Feldtyp hinzu: *Multimedia Asset*. Dabei können Sie einstellen, welche Medientypen (AUDIO, IMAGE, VIDEO oder OTHER) und welche Verzeichnisse (öffentlich und privat) bei diesem Feld erlaubt sein sollen (siehe Abbildung 14.9).

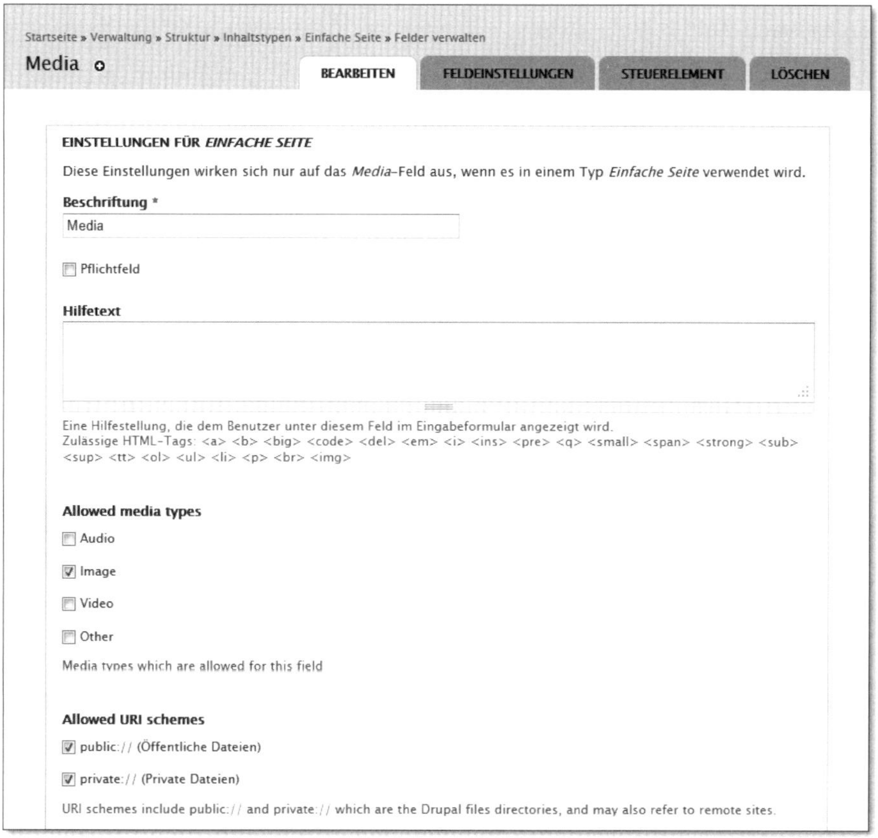

Abbildung 14.9 Einstellungen für den Feldtyp »Media Asset«

Im Reiter ANZEIGE VERWALTEN haben Sie zunächst nur die Möglichkeit, diese Dateien im Format MEDIEN ausgeben. Für mehr Optionen können Sie zusätzlich das Modul *Styles* installieren. Styles alleine bietet nur eine API (Schnittstelle), auf die andere Module aufbauen können. Im Zusammenspiel mit Media erhalten Sie fünf neue Media Styles: *square_thumbnail*, *thumbnail*, *large*, *medium* und *original*. Diese können Sie sich analog zu den Bildstilen vorstellen. Mit den Bildstilen geben Sie Formate für Bilder vor – Dateistile geben Formate allgemeiner für Dateien vor. Sie stellen ein Format jeweils für die vier Medientypen *Image*, *Audio*, *Video* und *Other* ein.

Sie können diesen Feldtyp also benutzen, um die Feldtypen *Bild* und *Datei* zu ersetzen.

14.2.3 Media im Zusammenspiel mit YouTube

Installieren Sie das Zusatzmodul *Media: YouTube*. Wenn Sie nun über den MEDIA-Button in einem WYSIWYG-Editor eine Datei einfügen möchten, sehen Sie den zusätzlichen Reiter WEB. Darüber können Sie Videos von YouTube einbinden (siehe Abbildung 14.10). Sie geben entweder die URL oder den Code zum Einbetten an, den Rest erledigt das Modul. Falls Sie kein Video auf der Webseite sehen können, überprüfen Sie, ob Sie den Filter CONVERTS MEDIA TAGS TO MARKUP in Ihrem Textformat aktiviert haben und an welcher Stelle der Filter steht. Wenn Sie zum Beispiel zunächst die Media-Tags umwandeln und danach der Filter ERLAUBTE HTML-TAGS BEGRENZEN nicht erlaubte HTML-Tags aussortiert, müssen Sie im letzten Filter auch die nötigen Elemente `object`, `embed` und `param` erlauben.

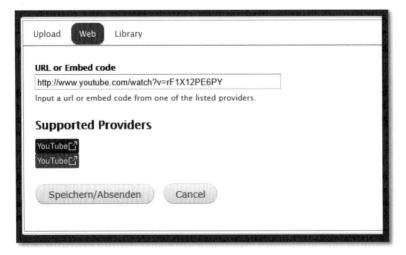

Abbildung 14.10 YouTube-Videos können Sie bequem über die URL einfügen

*»Man sollte alle Tage wenigstens ein kleines Lied hören, ein gutes
Gedicht lesen, ein treffliches Gemälde sehen und, wenn es möglich zu
machen wäre, ein vernünftiges Wort sprechen.«*
– Johann Wolfgang von Goethe

15 Bildergalerien, Audio und Video

Neben Texten und einzelnen Bildern hat eine Webseite heutzutage natürlich mehr zu bieten. So werden Sie auch Bildergalerien, Audio- und Videodateien integrieren wollen. Dafür buhlen gleich eine ganze Reihe von Drupal-Modulen um Ihre Gunst. In diesem Kapitel stelle ich Ihnen die Module *Colorbox*, *MediaElement* und *Video* vor. Alternativ könnten Sie ebenso gut auf Erweiterungen für das Modul *Media* aufbauen (siehe Abschnitt 14.2). Mit der *Media Gallery* können Sie zum Beispiel eine Galerie hinzufügen, die aktuell Bilder und YouTube-Videos unterstützt. Weitere Alternativen bieten etwa *Audiofield* und *MediaFront*, die Audio- und Videooptionen hinzufügen.

15.1 Bildergalerien mit Colorbox

Legen Sie einen neuen Inhaltstyp *Bildergalerie* an. Er enthält Felder für den Titel, ein Textfeld (*Langer Text*) für eine optionale Beschreibung und ein Feld für einen Bilder-Upload. Die Bilder sollen in einem Verzeichnis *bildergalerie* gespeichert werden, und wir erlauben Alt- und Titel-Attribute. Vor allem aber können unbegrenzt viele Bilder hochgeladen werden.

Bei der Ansicht einer einzelnen Bildergalerie sollen nun alle Bilder als Thumbnail in einer bestimmten Größe erscheinen. Bei einem Klick soll sich das Bild groß in einer *Colorbox* öffnen. Dabei wird die Webseite abgedunkelt, und das Bild erscheint in einem neuen Layer größer im Vordergrund – so funktioniert auch das Core-Modul *Overlay*. Diesen Effekt gibt es auch unter Namen wie *Lightbox* oder *Shadowbox* – mit entsprechenden Drupal-Modulen.

Für die Thumbnails legen wir einen neuen Bildstil namens *galerie_160x120* an, der die Bilder auf 160 Pixel Breite und 120 Pixel Höhe skaliert und zuschneidet. Auch für die Bilder innerhalb der Colorbox gibt es einen eigenen Bildstil: *galerie_800hoch*. Dabei wird das Bild auf eine Höhe von 800 Pixeln skaliert. Darauf komme ich gleich noch zurück.

Dann installieren und aktivieren Sie das Modul Colorbox. Nun zeigt Ihnen das Modul unter KONFIGURATION • MEDIEN • COLORBOX (*/admin/config/media/colorbox*) zunächst einen Warnhinweis: Sie müssen über den angegebenen Link noch das Colorbox-Plugin herunterladen und unter */sites/all/libraries/colorbox* installieren. Alternativ können Sie auch einen anderen Pfad für das Plugin wählen.

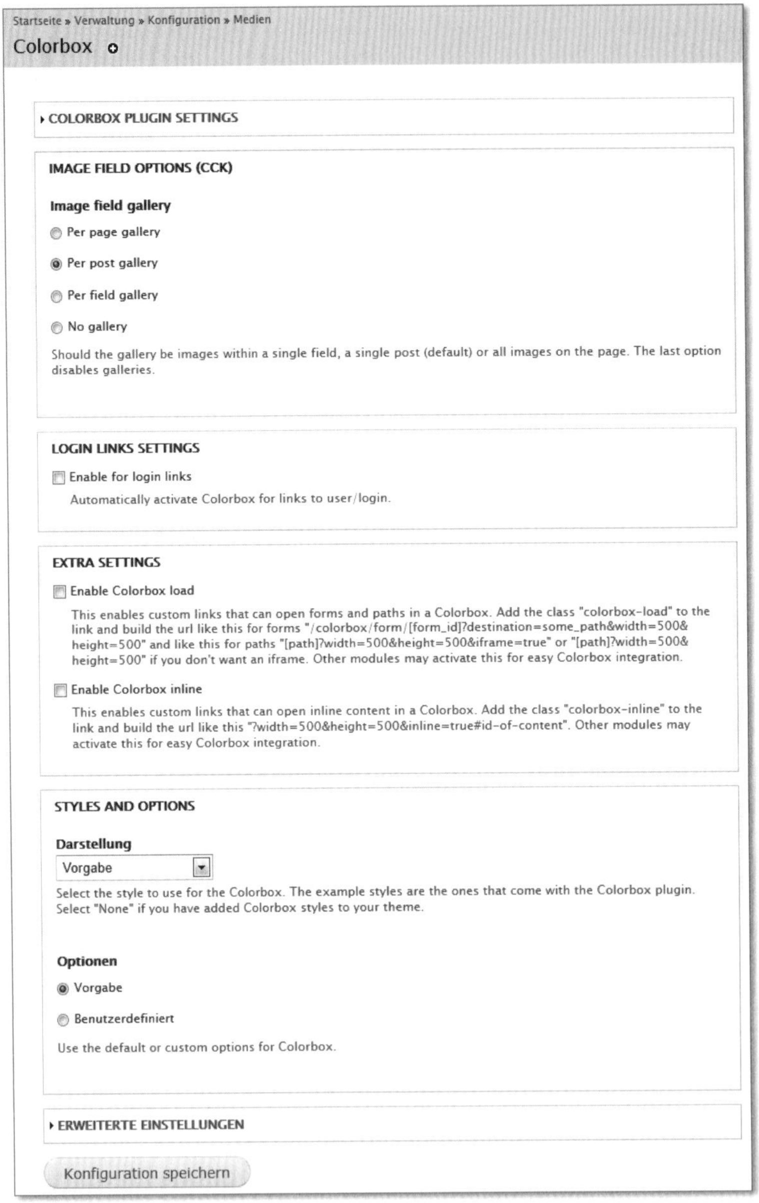

Abbildung 15.1 Einstellungen für das »Colorbox«-Modul

Nachdem das Plugin korrekt installiert worden ist, nehmen Sie ein paar Einstellungen vor (siehe Abbildung 15.1). Mit der IMAGE FIELD GALLERY bestimmen Sie, welche Bilder als zusammenhängende Galerie gewertet werden. Innerhalb einer Galerie können Sie mit den Pfeiltasten vor- und zurückblättern. Nehmen wir an, die Bildergalerien erscheinen mit allen Bildern auch auf der Startseite. Sie haben zwei Bildergalerien (zwei Nodes) zu einer Veranstaltung »Tag 1« und »Tag 2« angelegt. Beide Nodes werden auf der Startseite angezeigt. Wenn Sie PER PAGE GALLERY wählen, können Sie alle *Colorbox*-Bilder beider Tage auf der Startseite in einem Zug durchblättern. Bei PER POST GALLERY würde es zwei unabhängige Galerien geben, die Sie jeweils nur für sich genommen durchblättern können. Mit PER FIELD GALLERY könnten Sie die Galerie auf Felder einschränken; das hätte in unserem Beispiel denselben Effekt wie PER POST GALLERY. Durch NO GALLERY müssten Sie jedes Bild einzeln öffnen und schließen.

Über die LOGIN LINKS SETTINGS und EXTRA SETTINGS können Sie die Loginbox bzw. andere Seiten oder Inhalte in einer Colorbox öffnen. In STYLES AND OPTIONS haben Sie die Auswahl aus verschiedenen Designs für die Colorbox und können die Animationen und Texte anpassen. Probieren Sie einfach verschiedene Einstellungen aus. Bei der Design-Vorgabe erscheint der Titel eines Bildes zum Beispiel nur kurz, beim Design *Stockholm Syndrome* ist der Titel immer zu sehen.

Bearbeiten Sie nun den Reiter ANZEIGE VERWALTEN des Inhaltstyps *Bildergalerie*. Hier können Sie bei den Bildern das neue FORMAT »Colorbox« wählen. Stellen Sie es so ein, dass als NODE IMAGE STYLE der neue kleinere Bildstil gewählt wird und als COLORBOX IMAGE STYLE der Bildstil »galerie_800hoch« (siehe Abbildung 15.2).

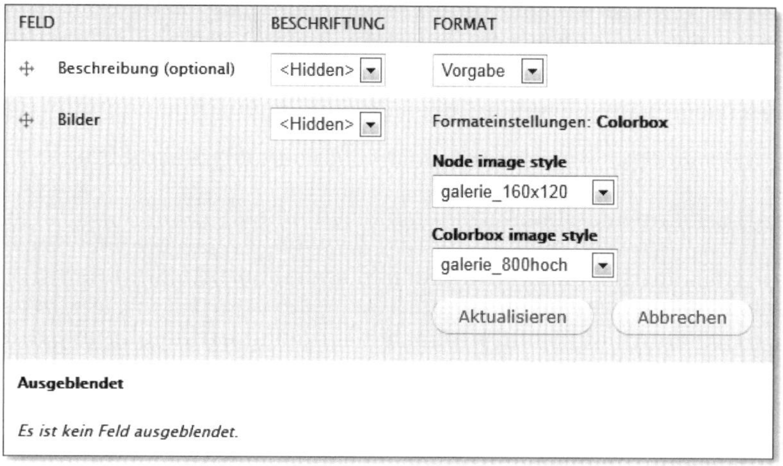

Abbildung 15.2 Anzeige der »Colorbox« für die Bildergalerie

Legen Sie eine eigene Bildergalerie an. Je nach Design könnte die Anzeige so aussehen wie in Abbildung 15.3 (ein Beispiel finden sie unter *nicolaischwarz.de/drupal/buch*). Wenn Sie Bilder hochladen, die nicht dem Format 4:3 entsprechen, werden diese in den Thumbnails entsprechend beschnitten. Das macht sich am stärksten bei Bildern im Hochformat bemerkbar. In dem Fall belassen wir es trotzdem bei dem festen Format für die Thumbnails, damit diese nebeneinander ordentlich aussehen.

Abbildung 15.3   Eine Beispielgalerie

Bei einem Klick auf eines der Bilder öffnet sich nun die Colorbox in einem Layer. Das Bild wird wie vorgesehen mit einer Höhe von 800 Pixeln angezeigt. Auf einem üblichen Monitor mit einer Auflösung von 1280 × 1024 Pixeln und mit einem Browser im Vollbildschirmmodus würde das Bild nun groß genug angezeigt (siehe Abbildung 15.4). Falls das Browserfenster nicht groß genug ist, um das Bild in der gewünschten Höhe anzuzeigen, skaliert *Colorbox* das Bild ganz automatisch auf die maximale Größe.

Da sich die *Colorbox* nach der Größe richtet, die zur Verfügung steht, könnten Sie auf den Bildstil *galerie_800hoch* auch verzichten und das Original anzeigen. Allerdings muss der User dann tatsächlich das Bild in voller Dateigröße in den Browser laden, wo es erst im Nachhinein skaliert wird – das ist nicht effektiv. Vielleicht haben Sie ein Foto in 2592 × 1944 Pixel aufgenommen? Das passt so ohnehin in kaum ein Browserfenster. Und bei einer Bildergalerie von 40 Bildern, bei denen jedes Bild zwischen 1 und 2 MB groß ist, muss ein Betrachter recht viele Daten herunterladen. Durch den Bildstil für die *Colorbox* sorgen wir dafür, dass das Bild ausreichend groß angezeigt wird und die Dateigröße entsprechend kleiner ausfällt.

Abbildung 15.4 Ein einzelnes Bild in der »Colorbox«

Als Titel für ein einzelnes Bild verwendet das Modul zunächst den Text, den Sie als title-Attribut angeben. Ist der nicht vorhanden, wird der Text des Alt-Feldes angezeigt. Wenn beide Felder leer sind, zeigt das Modul den Titel des Nodes an.

15.2 mp3s mit dem MediaElement abspielen

Das *MediaElement.js* bietet Ihnen einen HTML5-Audio- und Video-Player. Für ältere Browser enthält er Flash- und Silverlight-Player, die so aussehen wie der HTML5-Player. Wir benutzen ihn hier, um *.mp3*-Dateien abzuspielen. Installieren Sie das Drupal-Modul, und schauen Sie sich Konfiguration • Medien • MediaElement.js (*/admin/config/media/mediaelement*) an. Wie in anderen Fällen dient dieses Modul nur als Brücke zwischen Drupal und der *MediaElement*-Bibliothek, die Sie unter *mediaelementjs.com* zusätzlich herunterladen und installieren müssen. Entpacken Sie das heruntergeladene Zip-File, ändern Sie den Namen des entpackten Verzeichnisses in *mediaelement*, und laden Sie dieses in das Verzeichnis */sites/all/libraries* hoch. Wenn Sie alles richtig gemacht haben, zeigt Ihnen die Seite Konfiguration • Medien • MediaElement.js nun ein Video an (siehe Abbildung 15.5).

Abbildung 15.5 Ist das Modul richtig installiert, sehen Sie zunächst das Video.

Alle Beispiel benutzen wir einen Inhaltyp *Audio*. Er enthält Felder für den Titel, ein Textfeld (*Langer Text*) für eine optionale Beschreibung und ein Feld für einen Datei-Upload. Bei der Datei lassen wir nur die Endung *mp3* zu; das File speichern wir in einem Verzeichnis namens *mp3* ab. Außerdem aktivieren wir das Feld für die Beschreibung.

Bisher gab es keinen Unterschied zum Upload jeder anderen Datei. Das Media-Element tritt erst im Reiter ANZEIGE VERWALTEN des Inhaltstyps auf. Hier haben Sie zwei neue Formate zur Auswahl: MEDIAELEMENT AUDIO und MEDIAELEMENT VIDEO. Wählen Sie hier das Audio-Format, und nutzen Sie die Optionen, um den Player entsprechend Ihrer Wünsche einzustellen (siehe Abbildung 15.6).

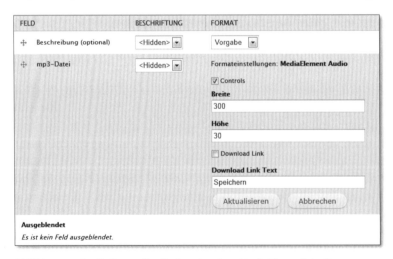

Abbildung 15.6 Optionen für die Anzeige des »MediaElement Audio«

Geben Sie nun einen Beispielinhalt ein. Auf der Webseite eines Klavierlehrers könnte es etwa Beispiele verschiedener Musikstücke geben. Je nach Text und Design kann das so aussehen wie in Abbildung 15.7.

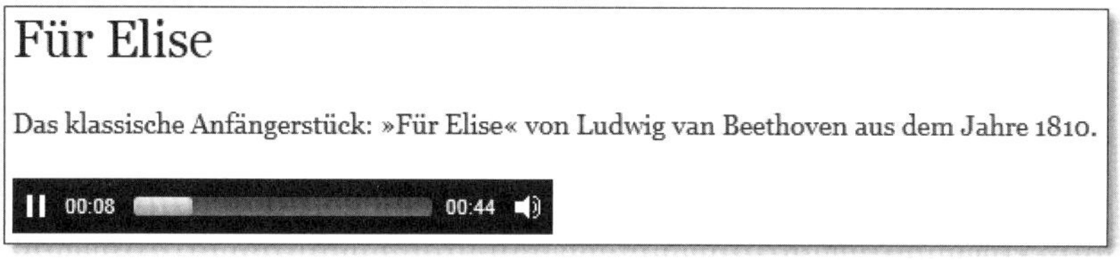

Abbildung 15.7 Das »MediaElement Audio« im Einsatz

15.3 Videos mit dem Modul Video integrieren

Um Videos auf der Webseite einzubinden, nutzen wir hier das Modul *Video*. Das *MediaElement* aus dem letzten Abschnitt kann zwar bereits Videos abspielen, aber das Modul *Video* ist umfangreicher und unterstützt mehr Videoformate. Installieren Sie *Video*, und aktivieren Sie *Video* und *Video UI*. Unter KONFIGURATION • MEDIEN • VIDEO (*/admin/config/media/video*) finden Sie nun sechs Reiter mit umfangreichen Einstellungen. Im Reiter SPIELER sehen Sie, dass das Modul eine ganze Reihe an Videoformaten unterstützt. Sie geben hier an, welches Format mit welchem Player abgespielt werden soll. Belassen Sie es hier zunächst überall bei den Standard-Einstellungen.

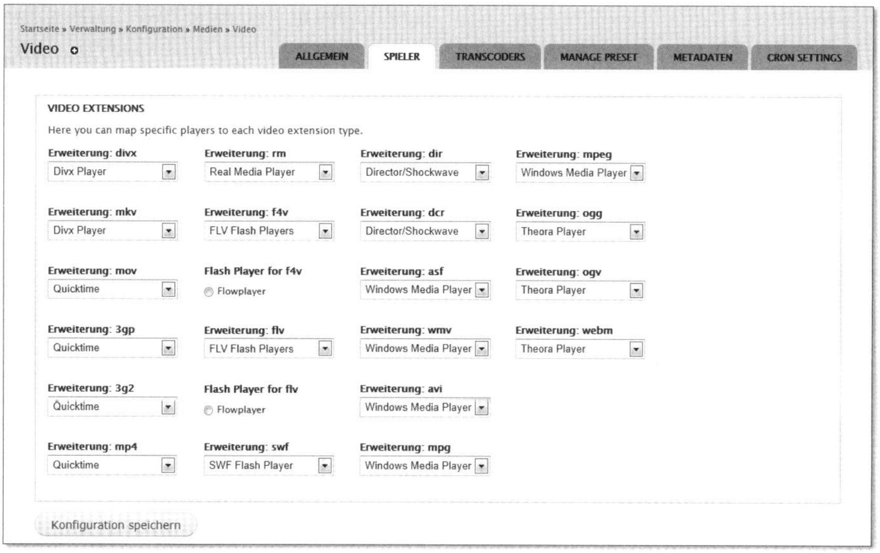

Abbildung 15.8 Videoformate, die das Modul »Video« unterstützt

Legen Sie einen neuen Inhaltstyp *Video* an. Analog zu den anderen Beispielen in diesem Kapitel enthält er Felder für den Titel, ein Textfeld (*Langer Text*) für eine optionale Beschreibung und ein Feld für einen Video-Upload. In diesem Fall nutzen Sie dafür den neuen Feldtyp *Video*, der durch das Modul hinzugekommen ist. Hier haben Sie ein paar neue Feldtyp-Optionen (siehe Abbildung 15.9). So können Sie beim Upload Videoformate automatisch in webkompatible Formate wie *.flv* umwandeln. Für diese Option müssen Sie die TRANSCODER SETTINGS entsprechend anpassen – außerdem muss das Tool *FFMPEG* auf Ihrem Server installiert sein (*ffmpeg.org*). Weiterhin können Sie beim Upload gleich ein Thumbnail erstellen lassen oder manuell hochladen. Für unser Beispiel wandeln wir das Video nicht um und wählen DON'T CREATE THUMBNAIL.

Im nächsten Schritt geben Sie wie bei Datei-Uploads wieder ein Dateiverzeichnis an oder geben eine maximale Dateigröße vor. Hier können Sie auch zwischen etlichen Auflösungen für das Video auswählen. Der Default ist 640 × 360 Pixel. Diese Angabe können Sie bei jedem einzelnen Video ändern. Wir belassen es auch hier beim Default. Beim Inhaltstyp können Sie im Reiter ANZEIGE VERWALTEN wieder das Format für das Video anpassen und etwa einen Bildstil für den Thumbnail vorgeben.

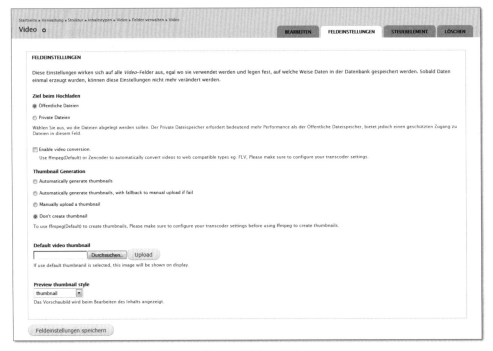

Abbildung 15.9 Neue Optionen für den Feldtyp »Video«

Legen Sie nun einen Beispielinhalt an. Dafür benötigen Sie ein Video in einem der erlaubten Formate: *mp4, ogg, avi, mov, wmv, flv, ogv* oder *webm*. Das Ergebnis sieht – je nach Video und Auswahl – so ähnlich aus wie in Abbildung 15.10.

Abbildung 15.10 Simples Beispielvideo, dargestellt mit dem »Flowplayer«

Da Sie bei diesem Modul eine ganze Reihe an Einstellungen wählen können, probieren Sie einfach verschiedene Möglichkeiten aus. Wenn zum Beispiel Ihr Video nicht angezeigt wird, können Sie über den Reiter SPIELER in Abbildung 15.8 testweise einfach einen anderen Videoplayer auswählen.

Auf der Projektseite des Moduls (*drupal.org/project/video*) finden Sie Links zu einer Demo und einer Dokumentation.

*»Wir haben ein Abstimmungsproblem –
das müssen wir automatisieren.«
– Berti Vogts*

16 Formulare und Abstimmungen

Sobald ein Webprojekt etwas größer wird, kommen Sie um eigene Formulare nicht mehr herum. Das ist im einfachsten Fall nur ein Kontaktformular, geht über einfache Abstimmungen hin zu komplexeren oder mehrseitigen Formularen. Ein paar Optionen bieten Ihnen die Core-Module *Contact* und *Poll*, für umfangreichere Formulare nutzen Sie besser das Modul *Webform*.

16.1 Ein einfaches Kontaktformular

Das Kontaktformular, das Ihnen der Drupal-Core bietet, ist uns bereits in Abschnitt 4.5.4 begegnet. Sobald Sie das Modul *Contact* aktivieren, steht Ihnen ein Kontaktformular zur Verfügung, das Sie unter */contact* finden (siehe Abbildung 16.1).

Abbildung 16.1 Das Drupal-Standard-Kontaktformular im »Bartik«-Theme

Sie sehen die üblichen Felder für den Namen, die E-Mail-Adresse, ein Thema und die eigentliche Nachricht. Alle Felder sind Pflichtfelder. Gäste können das Formular erst nutzen, wenn das entsprechende Recht gesetzt ist. Die Checkbox für KOPIE AN MICH SCHICKEN sehen nur angemeldete Nutzer. Das ist eine Sicherheitsmaßnahme. Wenn diese Option allen Gästen zur Verfügung stünde, könnten Spam-Roboter irgendwelche E-Mail-Adressen eintragen, um darüber Spam-Mails zu verschicken.

Unter STRUKTUR • KONTAKTFORMULAR (*/admin/structure/contact*) können Sie das Modul konfigurieren (siehe Abbildung 16.2). So können Sie zum Bespiel mehrere Kategorien einrichten: *Geschäftsführung, Vertrieb, Presseabteilung*. Pro Kategorie erzeugt das System ein eigenes Formular, das an verschiedene E-Mail-Adressen verschickt werden kann. Außerdem sind unterschiedliche automatische Antworten möglich. Wenn Sie verschiedene Kategorien anlegen, erscheint im Kontaktformular unter */contact* eine Selectbox, in der alle Kategorien zu finden sind. Eine einzelne Kategorie können Sie als AUSGEWÄHLT angeben, diese ist dann als Standard unter */contact* eingestellt. Mit der GEWICHTUNG legen Sie Reihenfolge der Kategorien in der Selectbox fest.

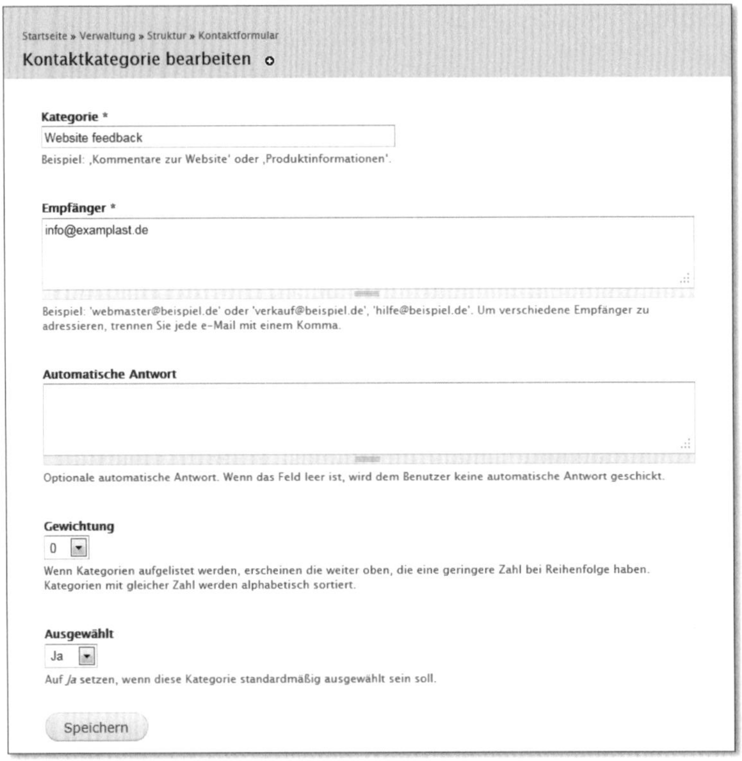

Abbildung 16.2 Die Einstellungsmöglichkeiten für Kontaktformulare

Das Modul sorgt aber nicht nur für ein generelles Kontaktformular. Es fügt auch ein persönliches Kontaktformular im Profil jedes einzelnen Users hinzu. Das kann für Communitys sinnvoll sein, ist auf kleinen Webseiten aber oft nicht gewünscht. Wenn Sie nicht gerade persönliche Kontaktformulare für eine Community benötigen, empfehle ich Ihnen, auf das Modul *Contact* ganz zu verzichten. Sie können sich ein eigenes Kontaktformular viel flexibler mit dem Modul *Webform* zusammenstellen (siehe Abschnitt 16.3).

Ein weiterer Grund dafür, auf *Contact* zu setzen, wäre ein zusätzliches Modul, auf das Sie angewiesen sind und das auf *Contact* aufbaut (zum Beispiel *Contact Form* oder *Advanced Contact*). Allerdings können Sie zusätzliche Funktionen in der Regel auch über *Webform* abbilden.

16.2 Umfragen mit Poll

Einfache Umfragen können Sie ebenfalls über die Core-Funktionen umsetzen. Das Core-Modul *Poll* fügt dafür einen neuen Inhaltstyp *Umfrage* hinzu. Der Inhaltstyp besteht aus Feldern für die Frage, Antwortoptionen für Umfragen und Umfrageeinstellungen, die Sie nicht verändern können. Darüber hinaus können Sie aber wie üblich eigene Felder hinzufügen. Basteln wir uns ein kleines Beispiel (siehe Abbildung 16.3), indem Sie einen neuen Inhalt vom Typ *Umfrage/Poll* hinzufügen (*/node/add/poll*).

Die Umfrage besteht aus einer Frage und mehreren vorgegebenen Antworten. Sie ist so angelegt, dass ein Benutzer oder auch Gast jeweils eine Option wählen kann und speichert. Die Anzahl der Stimmen neben den Antwortmöglichkeiten erlaubt es Ihnen, bereits einen Startwert mitzugeben (was natürlich das Ergebnis verfälscht).

Die Umfrage ist aktuell entweder aktiv oder geschlossen. Nur bei aktiven Umfragen kann abgestimmt werden. Sie können Ihre Umfragen manuell nach einiger Zeit von Aktiv auf geschlossen stellen – oder Sie geben eine feste Zeit vor, wie lange die Umfrage laufen soll. Die Umfragedauer lässt nur einen Zeitraum zu, von einem Tag in verschiedenen Stufen bis 1 Jahr. Die Möglichkeit, einen konkreten Zeitpunkt für das Ende der Umfrage festzulegen, gibt es erst einmal nicht. Damit die Umfrage automatisch geschlossen wird, muss der Cronjob regelmäßig aufgerufen werden.

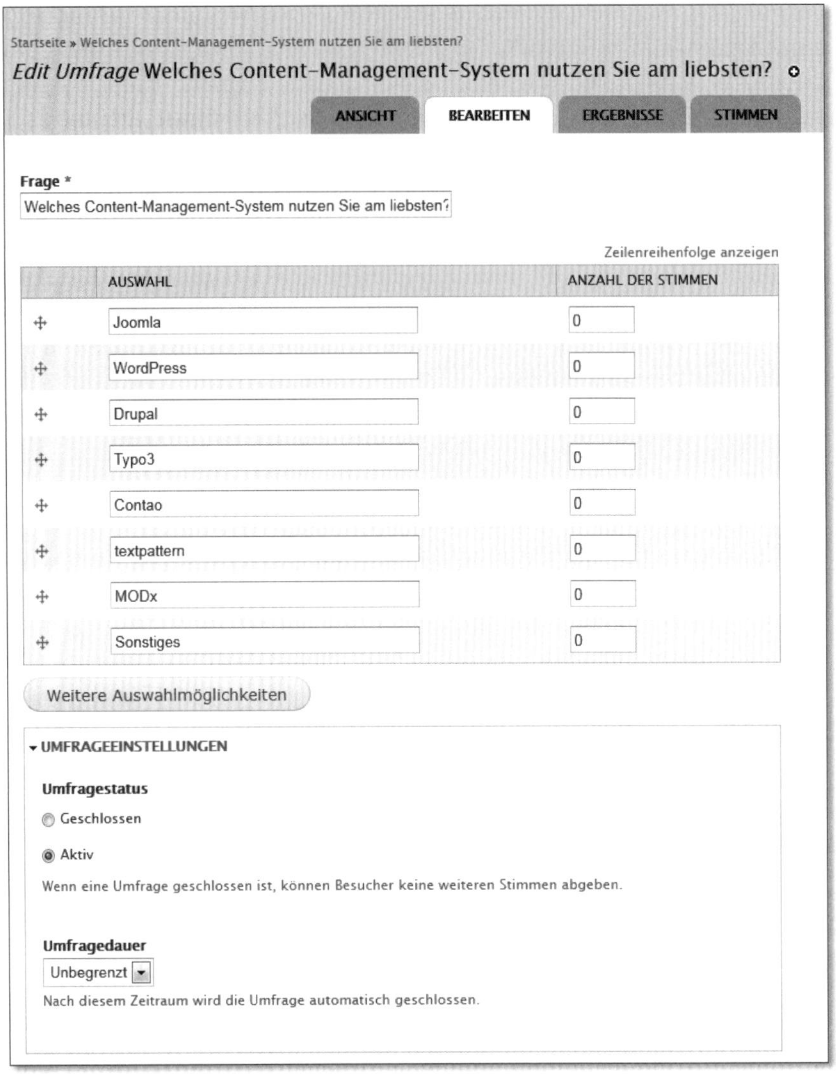

16 | Formulare und Abstimmungen

Abbildung 16.3 Eine einfache Umfrage

Aus dieser Umfrage wird schlicht eine einfache Anzeige mit Radioboxen (siehe Abbildung 16.4). Auf vielen Webseiten finden Sie solche Umfragen in der Seitenspalte. Dazu können Sie zum Beispiel ganz einfach den neuen Block NEUESTE UMFRAGE verwenden, den das Modul automatisch erzeugt.

Die Reiter über dem Inhalt in Abbildung 16.4 hängen natürlich von Ihren Rechten ab. In den Berechtigungen finden Sie drei neue Rechte: *An Umfragen teilnehmen*, *Abbrechen und eigene Stimmen ändern* und *Abstimmungsergebnisse anzeigen*.

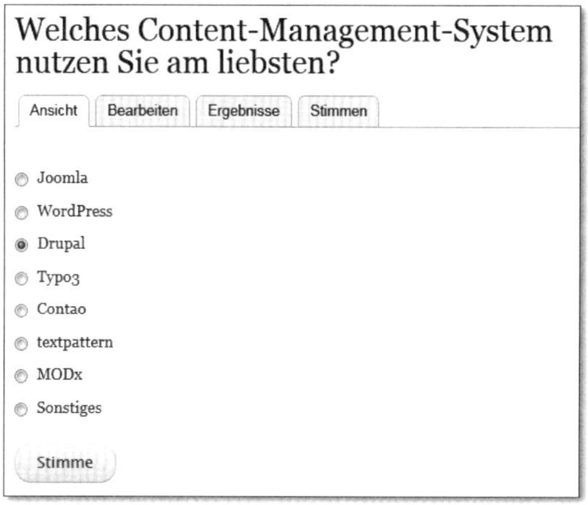

Abbildung 16.4 So sieht die Umfrage auf der Webseite aus.

Vielleicht dürfen Gäste an der Umfrage teilnehmen, angemeldete Benutzer dürfen vielleicht sogar ihre eigene Stimme ändern. Das Ergebnis ist eine übliche Balkengrafik (siehe Abbildung 16.5).

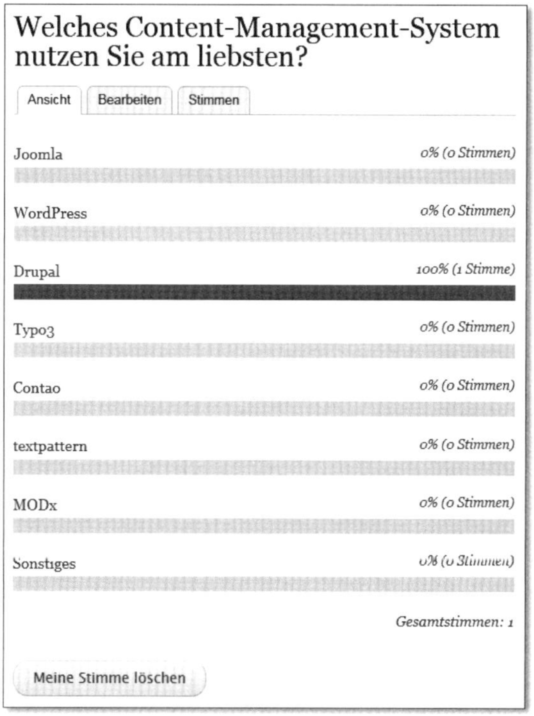

Abbildung 16.5 Die Anzeige der Ergebnisse

Bei angemeldeten Benutzern weiß das System, ob schon abgestimmt wurde oder nicht. So verhindert es, dass ein Nutzer mehrfach abstimmt. Wenn Sie auch Gästen erlauben, an der Abstimmung teilnehmen, versucht das System diese anhand der IP-Adresse des Computers zu identifizieren. Diese Methode ist natürlich nicht eindeutig. In einem Firmennetzwerk kann es passieren, dass alle Mitarbeiter mit derselben IP-Adresse surfen. Außerdem birgt die Speicherung von IP-Adressen rechtliche Probleme mit sich (siehe auch Anhang A.5, »Piwik als Besucher-Statistik«) – fragen Sie Ihren Anwalt.

Standardmäßig sind bei diesem Inhaltstyp die Kommentare aktiviert. In den meisten Fällen wollen Sie jedoch nur, dass Benutzer abstimmen, aber nicht auch noch kommentieren.

16.3 Umfangreiche Formulare mit Webform

Die Core-Module *Contact* und *Poll* sind auf einfache Anwendungsfälle zugeschnitten. In Webprojekten benötigen Sie auch andere, umfangreichere Formulare, und hierfür verwenden Sie das Modul *Webform*. Sie können damit zum Beispiel ein eigenes Kontaktformular erstellen, das nur die Felder E-MAIL-ADRESSE und NACHRICHT zur Verfügung stellt. Sie können ebenso Bestellformulare oder mehrseitige Umfragen anlegen.

Nach der Installation verfügen Sie über einen weiteren Inhaltstyp: *Webform*. Nun ist wichtig zu wissen, dass neue Formulare mit diesem Modul als eigener Node gespeichert werden. Das Formular selbst ist ein Node; einzelne abgeschickte Formulare werden in der Datenbank gespeichert, sind aber keine Nodes.

16.3.1 Inhaltstyp oder Webform wählen?

Immer, wenn Benutzer Daten eingeben sollen, müssen Sie überlegen, ob ein eigener Inhaltstyp oder ein Webform-Formular besser geeignet sind. Für ein einfaches Bestellformular ist *Webform* die richtige Wahl. Wenn aber Benutzer und Gäste Termine eintragen können, die auf der Webseite angezeigt werden, ist ein Inhaltstyp *Termin* die bessere Wahl. Grundsätzlich gilt: Wenn die Daten nur für Sie wichtig sind (Anmeldungen, Umfragen), nutzen Sie eher *Webform*. Wenn Sie die Daten noch in irgendeiner Form auf der Webseite anzeigen wollen (Termine, News, Rezensionen) nutzen Sie einen eigenen Inhaltstyp, den jeder anlegen darf, aber nur Redakteure freischalten dürfen.

16.3.2 Grundlegende Einstellungen

Unter KONFIGURATION • INHALTSERSTELLUNG • WEBFORM SETTINGS (*/admin/config/content/webform*) legen Sie die Einstellungen fest. Sie könnten nun alle Inhaltstypen für die *Webform*-Komponenten aktivieren (siehe Abbildung 16.6). Dafür gibt es aber keinen Grund. Es ist übersichtlicher, nur *Webform* als Inhaltstyp für neue Formulare zu verwenden.

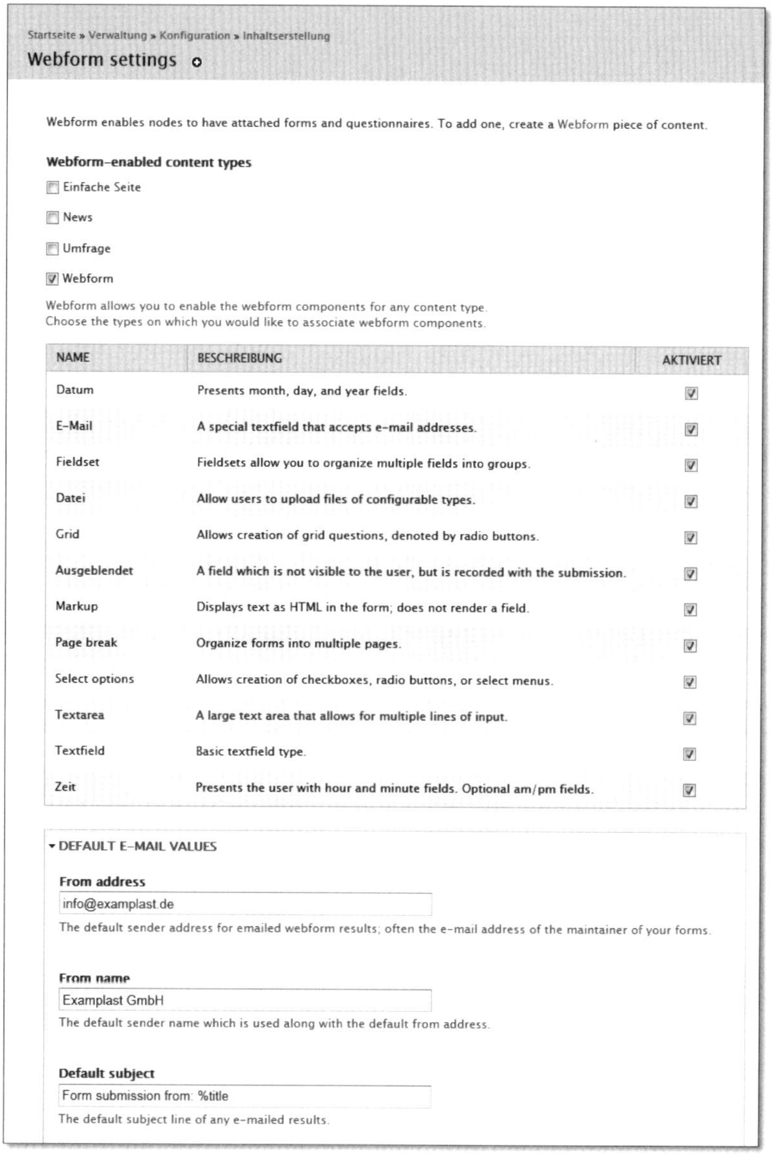

Abbildung 16.6 Grundlegende Einstellungen für »Webform«

Nun wählen Sie aus, welche Komponenten für ein neues Formular infrage kommen; per Default sind alle Komponenten aktiviert. Wenn nur die Admins Formulare einrichten, können Sie alle Komponenten aktiviert lassen. Falls Sie Ihren Redakteuren erlauben möchten, selbst Webformulare z. B. für Gewinnspiele einzurichten, können Sie die Komponenten auf das Nötige beschränken, um sie nicht mit den zusätzlichen Optionen zu verwirren.

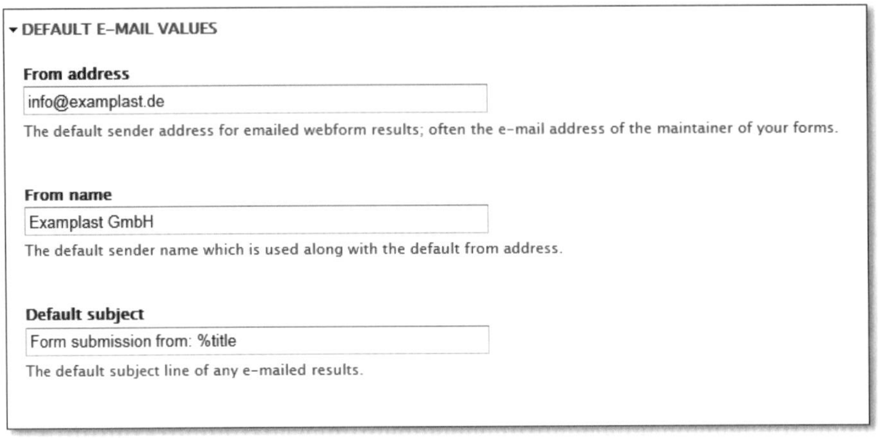

```
▼ DEFAULT E-MAIL VALUES

From address
info@examplast.de
The default sender address for emailed webform results; often the e-mail address of the maintainer of your forms.

From name
Examplast GmbH
The default sender name which is used along with the default from address.

Default subject
Form submission from: %title
The default subject line of any e-mailed results.
```

Abbildung 16.7 Wie sollen E-Mails verschickt werden?

Jedes Mal, wenn jemand ein Formular ausgefüllt hat, ist es üblich und erwünscht, dass eine E-Mail verschickt wird. In der Regel schicken Sie eine E-Mail an einen Redakteur und ggf. eine Bestätigungs-E-Mail an den Absender. Im Folgenden legen Sie die Grunddaten für solche E-Mails fest: die Absenderadresse, den Namen des Absenders und einen Standardtitel (siehe Abbildung 16.7). Kleine Empfehlung: Manchmal möchten Sie einfach nur Bestätigungsmails verschicken, auf die Kunden nicht antworten sollen. Übliche Absender sind dann *no-reply@examplast.de* oder *system@examplast.de*. Erfahrungsgemäß kann das Kunden irritieren. Besser ist es, existierende Adressen der zuständigen Redakteure zu verwenden. Falls ein Kunde dann eine Frage hat, kann er mit einem einfachen REPLY zumindest eine Person fragen.

Das Modul versucht zu vermeiden, dass Formulare wiederholt ausgefüllt werden. Dazu gibt es drei Mechanismen: Benutzer, IP-Adresse und Cookies. Bei einem Benutzer ist es am einfachsten. Wenn jemand im System angemeldet ist, kann sich Drupal genau merken, dass dieser Benutzer das Formular schon ausgefüllt hat. Zusätzlich merkt sich das Modul die IP-Adresse. Das funktioniert wiederum nicht, wenn sich Nutzer in einem Büro oder einem Unternehmen eine IP-Adresse teilen.

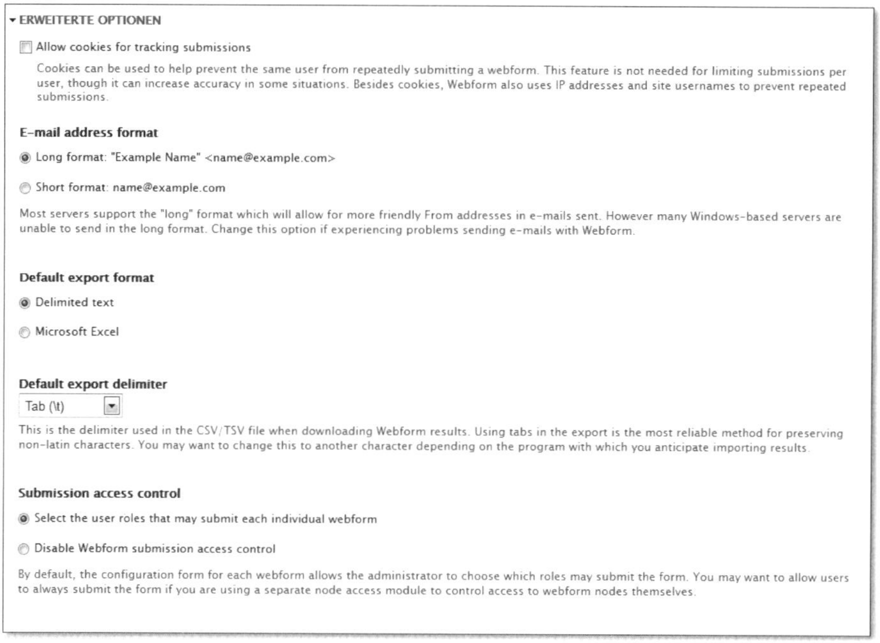

Abbildung 16.8 Erweiterte Optionen für Webforms

Es mag außerdem rechtlich problematisch sein: In Deutschland gibt es Diskussionen darüber, ob es legal ist, die IP-Adresse der Besucher zu speichern. Als dritte Option können Sie Cookies einstellen. In dem Fall hinterlegt das System einen Cookie (eine kleine Textdatei) auf dem Rechner des Absenders, wenn dort Cookies erlaubt sind (siehe Abbildung 16.8).

Die nächsten Optionen sind Default-Werte für die Angabe von E-Mail-Adressen und den Export der Formulardaten. Am Ende können Sie über SUBMISSION ACCESS CONTROL bestimmen, ob Sie für jedes Formular einzeln einstellen wollen, wer es abschicken darf. Belassen Sie es im Zweifel bei den Default-Werten.

16.3.3 Bestellformular als Beispiel

Wir erstellen nun ein Bestellformular für unsere Examplast GmbH aus Kapitel 4. Kunden sollen über die Webseite die Möglichkeit bekommen, den neuen Produktkatalog per Post zu bestellen. Legen Sie einen neuen Inhalt vom Typ *Webform* mit dem Titel »Bestellformular« an. Der Body kann leer bleiben. Hängen Sie diese Seite als Untermenüpunkt der Produkte ins Hauptmenü, und speichern Sie den Node.

16 | Formulare und Abstimmungen

Abbildung 16.9 Hier fügen Sie dem Formular einzelne Felder hinzu.

Im Gegensatz zu anderen Inhaltstypen sehen Sie nun nicht sofort die Seite mit dem Formular, sondern können dem Webformular Komponenten hinzufügen (siehe Abbildung 16.9). Wir benötigen folgende Informationen:

- NAME: ein Pflichtfeld für den Vor- und Nachnamen
- UNTERNEHMEN: ein optionales Feld, damit wir wissen, welche Firma sich für uns interessiert
- E-MAIL-ADRESSE: ein Pflichtfeld für eine Bestätigungs-E-Mail
- STRASSE: ein Pflichtfeld für die Adresse
- PLZ/ORT: ein weiteres Pflichtfeld für die Adresse
- WIE VIELE KATALOGE SOLLEN VERSCHICKT WERDEN?: Wir könnten jedem einfach einen Katalog schicken, aber falls jemand mehrere haben möchte, soll er die ruhig bekommen. Auch das ist ein Pflichtfeld.
- BEMERKUNGEN: ein optionales Textfeld für Bemerkungen, Nachrichten, Hinweise oder Fragen. Besucher müssen das Feld nicht nutzen, aber die Erfahrung zeigt, dass manche es nutzen und dass sich darüber lohnende Diskussionen entwickeln können.

Wir beginnen mit dem Namen (siehe Abbildung 16.10). Tragen Sie »Name« in das erste Feld ein, wählen Sie den Typ *Textfield*, setzen Sie bei der Checkbox ERFORDERLICH einen Haken, und klicken Sie auf HINZUFÜGEN. Der »Name« wird als Beschriftung übernommen; in manchen Fällen können Sie hier alternativ »Vorname Nachname« schreiben, um deutlich zu machen, welches Format Sie bevorzugen. Der Feldschlüssel übernimmt eine maschinenlesbare Form der Beschriftung, in unserem Fall »name«. Der Feldschlüssel ist dann wichtig, wenn Sie an anderer Stelle auf den Wert dieses Feldes zugreifen möchten. Einen Standardwert benötigen wir nicht. Mithilfe der Token-Werte können wir hier bestimmte Werte vorgeben; ein Beispiel finden Sie in Abschnitt 16.3.6. Die Beschreibung kann Gästen beim Ausfüllen des Formulars helfen.

Unter VALIDATION haben wir schon vorher festgelegt, dass hier ein Wert eingegeben werden muss (ERFORDERLICH). UNIQUE fragt ab, ob der Wert eindeutig sein soll. Die Maximallänge ist hier nicht nötig. Vielleicht fragen Sie aber mal in einem Feld eine deutsche Postleitzahl ab, dann können Sie die Eingabe auf 5 begrenzen.

Im Bereich ANZEIGEN können Sie die Breite des Textfeldes beeinflussen. Das bezieht sich wiederum nicht auf eine Pixelangabe. Geben Sie zum Beispiel den Wert »50« ein, sorgt das beim entsprechenden `input`-Element für das Attribut `size="50"`. Sie können dem Feld links und rechts Text hinzufügen (siehe unten). Außerdem können Sie den Titel verbergen und die Bearbeitung deaktivieren. All das benötigen Sie bei diesem Feld nicht.

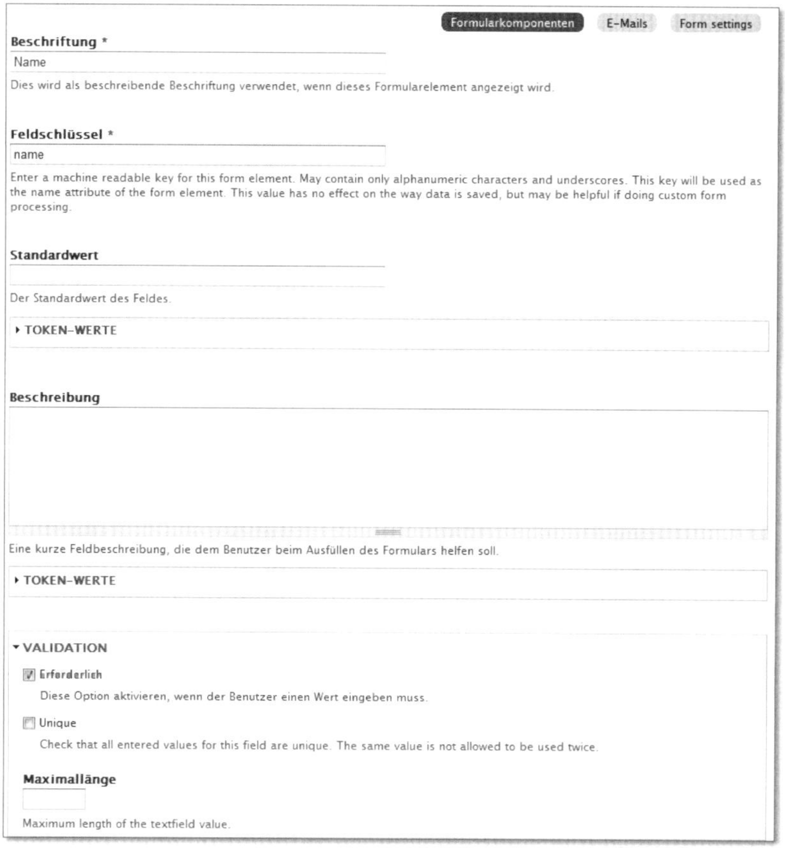

Abbildung 16.10 Die Optionen für ein Textfeld erinnern an die Optionen für Felder.

Die weiteren Felder vom Typ *textfield* geben Sie analog ein: Bei UNTERNEHMEN ist kein Wert erforderlich, STRASSE und PLZ ORT wiederum sind erforderlich.

Den Wert für »Wieviele Kataloge sollen verschickt werden?« legen Sie auch als Textfield an. Den Feldschlüssel ändern wir von »wieviele_kataloge_sollen_verschickt_werden« auf ein einfacheres »anzahl_kataloge«. Die meisten werden vermutlich 1 Katalog haben wollen, also geben wir als Standardwert diese 1 vor. Die Maximallänge und Breite beschränken wir auf 2. Das beschränkt die Eingabe auf 99 Kataloge. Die meisten werden ein, zwei oder drei Kataloge wählen; wer tatsächlich mehr als 99 braucht, kann das in den Bemerkungen notieren. Bei BESCHRIFTUNG, DIE LINKS VOM TEXTFELD PLAZIERT WIRD geben Sie ein: »Ich bestelle«. Und bei BESCHRIFTUNG, DIE RECHTS VOM TEXTFELD PLAZIERT WIRD tippen Sie: »Katalog/e.« In diesem Fall verstecken wir den Titel des Labels, denn der Satz sagt bereits alles nötige aus.

Für die BEMERKUNGEN wählen Sie den Typ *textarea*. Unter ANZEIGEN haben Sie nun weitere Möglichkeiten. Wir lassen die Felder zu Breite und Höhe auch hier leer und behalten bei, dass das Textfeld in der Größe angepasst werden kann.

Nun fehlt noch die E-Mail-Adresse. Hierfür nutzen Sie den passenden Typ *E-Mail*. Hier sehen Sie die Besonderheit, dass die E-Mail-Adresse des Benutzers als Standardwert verwendet werden kann. Das bezieht sich auf den angemeldeten Benutzer. Ist Benutzer A angemeldet, sieht er im Formular seine Mail-Adresse A; Benutzer B sieht aber seine eigene Mail-Adresse B. Da unsere Benutzer den Katalog nicht bestellen müssen, bringt uns die Option bei diesem Formular nichts.

Bringen Sie die Felder in eine vernünftige Reihenfolge, und das Formular sieht im Theme *Bartik* so aus wie in Abbildung 16.11.

Je nach Theme würden Sie nun das Design anpassen. Allerdings erscheint das Formular noch etwas unvermittelt; eine kurze Einleitung wäre nicht schlecht. Fügen Sie eine weitere Komponente hinzu: eine »Einleitung« vom Typ *Markup*, die Sie später an die erste Stelle schieben. Mit diesem Typ können Sie schlicht HTML zwischen Ihren Formularkomponenten einfügen, zum Beispiel einen einfachen Absatz wie »Unser aktueller Katalog bietet Ihnen viele neue Produktpaletten. Bestellen Sie sich Ihr Exemplar!« Da dieser Satz über dem Formular stehen soll, können Sie ihn alternativ auch über den Body des Nodes (über den Reiter BEARBEITEN hinzufügen).

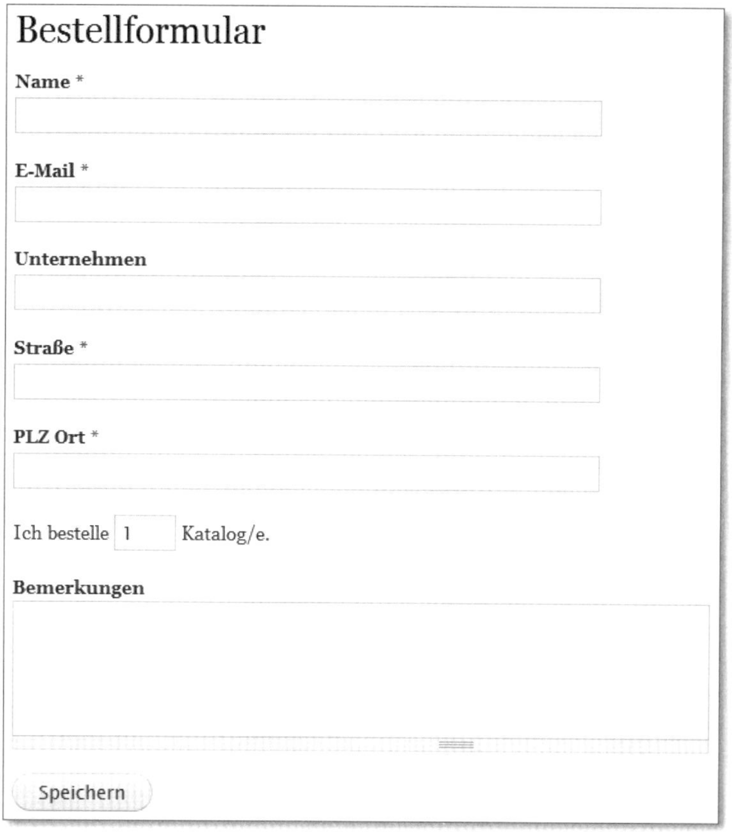

Abbildung 16.11 Das aktuelle Bestellformular

16.3.4 Form settings

Wählen Sie im Reiter *Webformular* den Punkt FORM SETTINGS aus. Im oberen Bereich legen Sie fest, was den Benutzer erwartet, nachdem er das Formular abgeschickt hat (siehe Abbildung 16.12).

Sie können eine CONFIRMATION PAGE anzeigen, die den Inhalt ausgibt, den Sie im oberen Textfeld eingeben. Oder Sie leiten den Benutzer auf eine eigene Seite weiter oder laden schlicht noch einmal das Formular. In jedem Fall sollten Sie ihm mitteilen, dass etwas passiert ist. Wenn Sie ihn einfach auf die Startseite leiten, hinterlassen Sie nur einen irritierten Nutzer. In unserem Fall reicht eine CONFIRMATION MESSAGE in der Art: »Vielen Dank für Ihre Bestellung. Wir schicken Ihnen unseren Katalog in den nächsten Tagen zu.«

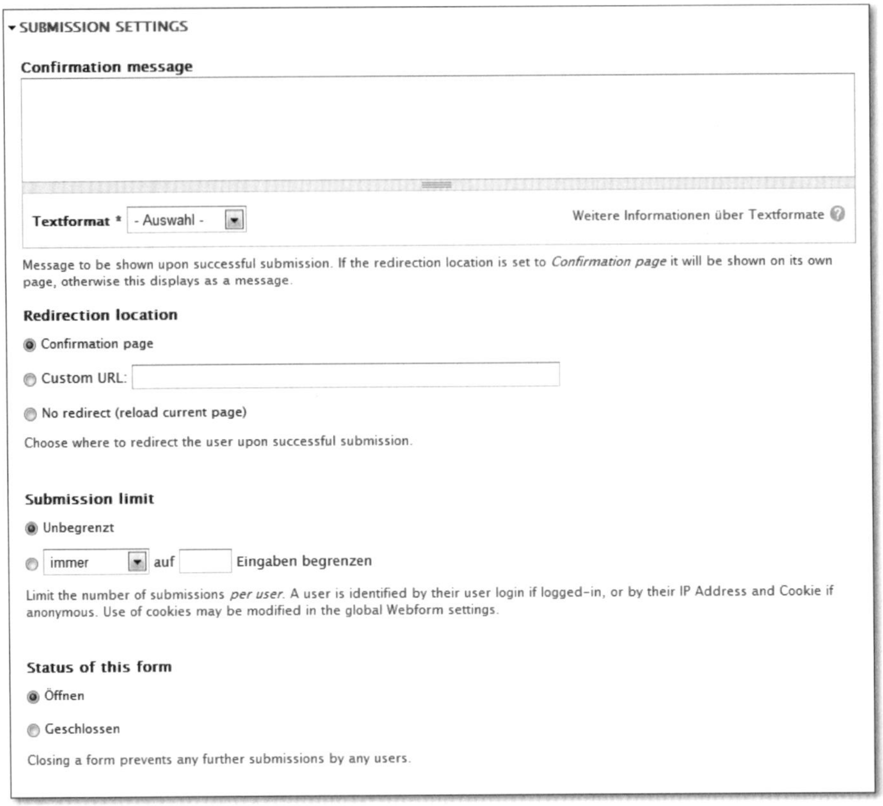

Abbildung 16.12 »Submission Settings« für ein Webformular

Sie können beliebig viele Formular-Einträge zulassen oder diese pro User beschränken. Das System versucht, den User eindeutig zu identifizieren; und zwar anhand seines Logins, der IP-Adresse oder eines Cookies. Wenn es um ein Gewinnspiel geht, darf jeder User das Formular vermutlich nur einmal senden. Dieses System des Wiedererkennens greift natürlich nur bei registrierten Benutzern sicher. Außerdem können Sie das Formular komplett schließen, wenn es nicht mehr benötigt wird, aber noch auf der Webseite erscheinen soll – zum Beispiel um externe Links auf das Formular abzufangen.

SUBMISSION ACCESS regelt, wer ein Formular abschicken darf (siehe Abbildung 16.13). Diese Einstellung ist unabhängig von der Anzeige des Formulars.

In den ERWEITERTEN EINSTELLUNGEN können Sie Ihr Formular als Block zugänglich machen (siehe Abbildung 16.14). Ist der Haken an der entsprechenden Stelle gesetzt, finden Sie in der Block-Konfiguration den neuen Block.

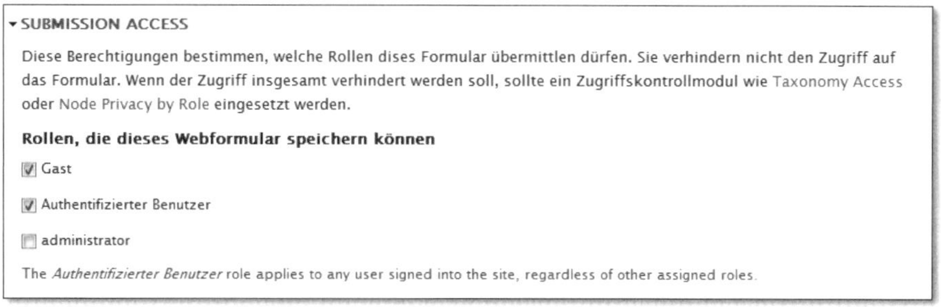

Abbildung 16.13 Submission Access

Mit der zweiten Checkbox können Sie das komplette Formular anzeigen, auch wenn es nur als Teaser und nicht auf einer einzelnen Seite angezeigt wird. Die dritte Option erlaubt Usern, den Zwischenstand zu speichern. Das kann sinnvoll sein, wenn Sie eine mehrseitige Umfrage starten, die ein paar Minuten dauert. Ist die letzte Checkbox aktiviert, teilen Sie dem User mit, dass er das Formular ggf. bereits abgeschickt hat. Dort behalten wir die Checkbox bei für den Fall, dass sich jemand nicht daran erinnern kann, ob er den Katalog schon bestellt hat oder nicht.

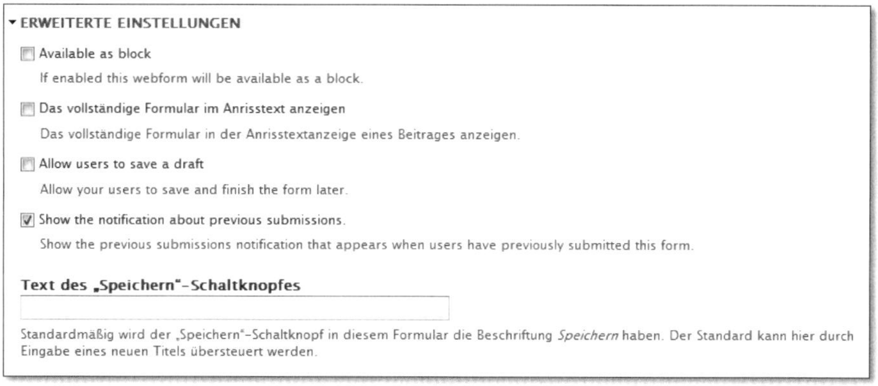

Abbildung 16.14 Erweiterte Einstellungen eines Webformulars

Nun können Sie noch den Text für den SPEICHERN-Button einstellen. Das Wort »Speichern« passt bei uns nicht ideal, wir ändern es in »Bestellen«.

16.3.5 E-Mails verschicken

In dieser Form können Gäste zwar das Formular ausfüllen (vergessen Sie die entsprechenden Rechte nicht!), aber es fehlen noch die Benachrichtigungen. Klicken Sie auf den Menüpunkt E-MAILS. Hier können Sie E-Mails an verschiedene Empfänger mit verschiedenen Inhalten schreiben. Wir benötigen zwei E-Mails. Die erste geht an eine Sekretärin, die für den Versand der Kataloge zuständig ist. Die zweite E-Mail geht an den Absender der Bestellung. Er erhält zwar bereits eine Bestätigung auf der Webseite, wir schicken ihm aber zusätzlich die E-Mail. Beginnen wir im Dialog aus Abbildung 16.15 mit der ersten E-Mail an *sekretariat@examplast.de*.

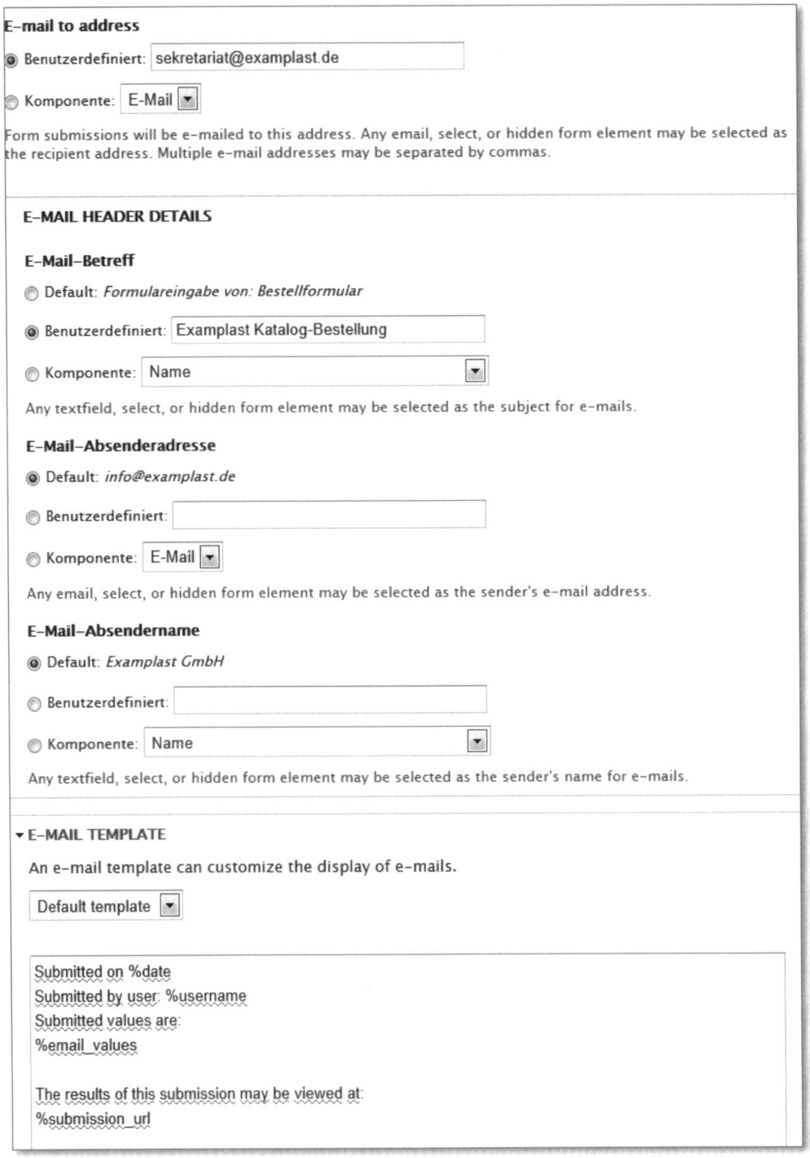

Abbildung 16.15 E-Mails versenden mit »Webform«

Für die Angaben des E-Mail-Betreffs, der Absenderadresse und des Absendernamens können Sie entweder den Default-Wert nehmen, einen eigenen Text eingeben oder eine Komponente aus dem Formular selbst verwenden. Hier wählen Sie:

- E-MAIL-BETREFF, BENUTZERDEFINIERT: Examplast Katalog-Bestellung
- E-MAIL-ABSENDERADRESSE, KOMPONENTE: E-Mail
- E-MAIL-ABSENDERNAME, KOMPONENTE: Name

Sie könnten diese E-Mail auch von *system@examplast.de* an Ihre Sekretärin schicken lassen, aber für den Fall, dass der Absender Fragen oder Anmerkungen hat, machen Sie Ihrer Sekretärin über diese Auswahl das Leben einfacher: Sie kann dann einfach auf die E-Mail antworten.

Das E-Mail-Template regelt den Inhalt der E-Mail. Das Default-Template enthält einige Angaben, die wir nicht benötigen:

- `Submitted on %date` enthält ein Datum, aber uns reicht das Datum der E-Mail; es muss nicht noch einmal im Text erscheinen.
- `Submitted by user: %username` ist wichtig, wenn es um Formulare für angemeldete Benutzer geht; hier bestellen aber Gäste.
- `Die Ergebnisse dieser Eingabe können eingesehen werden unter: %submission_url` lohnt sich nur, wenn sich der Empfänger auch auf der Webseite einloggen kann; das ist bei unserer Sekretärin nicht der Fall.

Hier richten wir also ein *Custom template* ein mit dem Text:

Hallo,

hiermit bestelle ich Ihren neuen Katalog.

%email_values

Technisch würden es reichen, die `%email_values` zu übermitteln, die ersten Zeilen sind eher ein Zugeständnis an die Sekretärin. Zum Schluss können Sie noch festlegen, welche Werte in der E-Mail übernommen werden. Hier wollen wir alle Daten senden.

Für die zweite E-Mail an den Absender gehen Sie analog vor. Sie wählen als Empfänger aber »KOMPONENTE: E-Mail«:

- E-MAIL-BETREFF, BENUTZERDEFINIERT: Ihre Bestellung unseres Examplast-Kataloges

- E-Mail-Absenderadresse, Benutzerdefiniert: sekretariat@examplast.de
- E-Mail-Absendername, Benutzerdefiniert: Examplast GmbH
- Achten Sie darauf, dass der Text der E-Mail keine Daten enthält, die der Absender des Formulars nicht sehen soll:

> Hallo %email[name],
>
> vielen Dank für Ihre Bestellung. Unser Katalog wird in den nächsten Tagen an Ihre Adresse geschickt. Diese Daten haben Sie angegeben:
>
> %email_values
>
> Mit freundlichem Gruß
> Ihre Examplast GmbH

In der ersten Zeile bedienen wir uns aus den Daten des Formulars und übernehmen den Namen. Für solche Zwecke ist also der Feldschlüssel sinnvoll.

16.3.6 Beispiel: Kurs buchen

In diesem Beispiel soll es darum gehen, einen Parameter an das Formular zu übergeben. Stellen Sie sich eine Webseite vor, die Seminare anbietet. Für die Seminare existiert ein eigener Inhaltstyp, in dem auch ein eindeutiger Seminarcode eingetragen wird. Bei der Anzeige eines einzelnen Seminars gibt es einen Link zu einem Formular für die Anmeldung. Dort kann der Besucher in ein Feld den Seminarcode eintragen. Nun wäre es geschickt, wenn das Feld schon mit dem Seminarcode vorbelegt ist, von dem der Besucher gerade kommt.

Das Anmeldeformular können Sie erst einmal wie gewohnt anlegen. Es gibt Text-Pflichtfelder für den Namen, die Straße und Hausnummer sowie die PLZ und den Ort. Außerdem fragen wir die E-Mail-Adresse ab und fügen eine Checkbox (vom Typ *select*) hinzu, mit dem Text »Ich habe die AGB gelesen und akzeptiere diese«. Das Formular sieht nun – je nach Theme – vielleicht so aus wie in Abbildung 16.16.

Der Pfad für die Anmeldung soll hier */seminar/anmeldung* lauten. Wer das Formular vielleicht über das Hauptmenü findet, kann dort ruhig selbst den Seminarcode eintragen. Wer einen Link bei einem Seminar nutzt, soll hier gleich den richtigen Seminarcode sehen. Dazu bearbeiten Sie die Formularkomponente mit dem Seminarcode noch einmal. Unter dem Standardwert können Sie eine Liste mit Token Values ausklappen (siehe Abbildung 16.17).

Abbildung 16.16 Das Formular für eine einfache Anmeldung

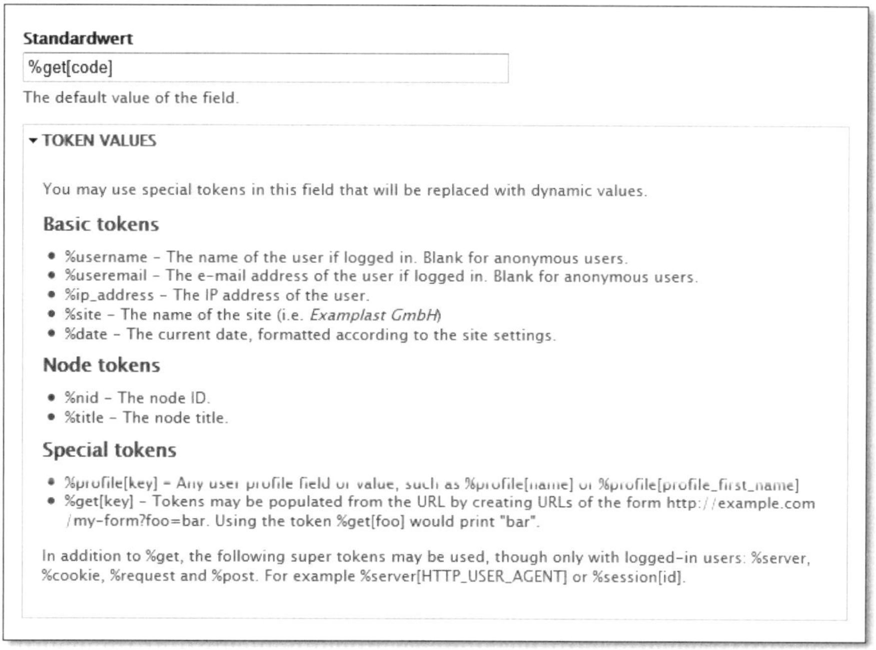

Abbildung 16.17 Mögliche Token Values für den Standardwert

Hier wählen Sie `%get[code]` als Standardwert. Dadurch können Sie den Wert über die URL vorgeben. Wenn Sie etwa den Pfad */seminar/anmeldung?code=YOGA101* aufrufen, wird nun der Wert *YOGA101* als Wert für den Seminarcode verwendet. Bei der Anzeige Ihrer Seminare würden Sie nun am Ende nicht einfach auf */seminar/anmeldung* verlinken, sondern immer gleich den entsprechenden Code an den Pfad anhängen. Das können Sie leicht über ein eigenes Template erreichen (siehe Kapitel 31, »Theming«).

16.3.7 Zusätzliche Möglichkeiten

Über den Reiter RESULTATE können Sie sich die bisherigen Formulareinträge ansehen, analysieren, exportieren oder auch löschen.

Mit der Formularkomponente PAGE BREAK splitten Sie ein Formular auf mehrere Seiten auf. Damit wird es dann auch interessant, die Option CONDITIONAL RULES zu nutzen. Sie können damit auf die Formularekomponenten vor dem letzten PAGE BREAK zugreifen und abhängig von diesen Angaben hier Elemente anzeigen lassen oder nicht (siehe Abbildung 16.18). Vielleicht kann sich der Besucher auf der ersten Seite für ein Produkt entscheiden, und auf Seite zwei sollen nur noch jene Felder erscheinen, die zum gewählten Produkt passen.

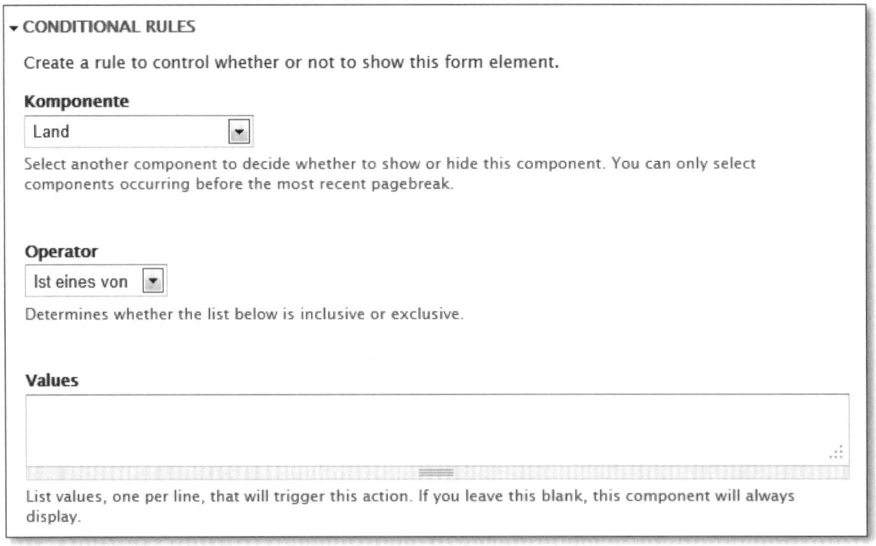

Abbildung 16.18 »Conditional Rules« für mehrseitige Formulare

Die CONDITIONAL RULES des Moduls *Webform* können Sie erst einmal nur für mehrseitige Formulare verwenden. Sie können aber das Zusatzmodul *Webform Conditional (Same Page Conditionals)* installieren, um Komponenten von Select-

Elementen (Selectboxen, Radiobuttons oder Checkboxen) abhängig zu machen, die sich auf derselben Seite befinden.

Mit dem Modul *Select (or other)* erweitern Sie Selectboxen, Radiobuttons oder Checkboxen um ein OTHER/SONSTIGES-Feld. Wird dieses ausgewählt, erscheint ein zusätzliches Textfeld, in das der User selbst einen Wert eintragen kann. Das Modul stellt diese Erweiterung übrigens nicht nur für *Webform*, sondern auch für den entsprechenden Feldtyp aus Abschnitt 6.1.8, »Auswahllisten«, zur Verfügung.

Außerdem mag das Modul *Webform Validation* für Sie interessant sein. Damit können Sie Ihre Formularkomponenten um Regeln erweitern, sodass nur entsprechende Werte zugelassen werden, zum Beispiel durch eine minimale Länge oder einen regulären Ausdruck (Regex).

»Sisyphus wäre heute bei der Müllabfuhr.«
– Wolfram Weidner

17 Spam verhindern

Nun verwenden Sie auf Ihrer Webseite vielleicht Kommentare oder andere Formulare, die Sie mit dem Modul *Webform* erstellt haben. Sobald auch Gäste Formulare abschicken können, sollten Sie sich Gedanken darüber machen, wie Sie sich gegen Spam-Roboter schützen können. Dazu bieten sich zwei Module an: *Captcha* und *Mollom*. Aber auch E-Mail-Adressen, die auf Ihrer Webseite stehen, sollten Sie versuchen zu schützen.

17.1 Der SpamSpan-Filter für E-Mail-Adressen

Das Modul *SpamSpan Filter* fügt einen kleinen Filter für Ihre Textformate hinzu. Dieser Filter macht es Spam-Robotern etwas schwieriger, E-Mail-Adressen von Webseiten einzusammeln. Er nutzt eine Technik, die auf *http://www.spamspan.com* beschrieben wird.

Ist das Modul aktiviert, können Sie in den Textformaten jeweils einen neuen Filter aktivieren. Sie können dadurch das @ in einer E-Mail-Adresse durch ein übliches [at] (oder einen anderen Text) ersetzen (siehe Abbildung 17.1). Zusätzlich können Sie das @ durch eine Grafik ersetzen, falls der Besucher JavaScript aktiviert hat.

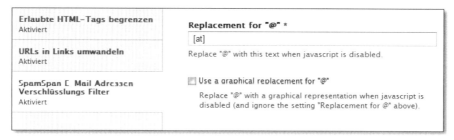

Abbildung 17.1 Die Optionen für den SpamSpan-Filter

Achtung: Der Filter sorgt nicht dafür, dass Spam-Robotern gar nicht mehr an Ihre E-Mail-Adressen kommen! Der Filter macht es Spambots lediglich etwas schwerer.

17.2 Formulare mit einem Captcha schützen

Das Modul *Captcha* bietet Ihnen eine Möglichkeit, Ihre Formulare vor Spam-Robotern zu schützen. Dazu wird eine weitere Abfrage – ein Captcha – bei beliebigen Formularen auf der Webseite hinzugefügt. Besucher müssen erst eine kleine Aufgabe erfüllen, bevor das Formular abgeschickt werden kann. Das Modul bietet zunächst einmal zwei Captcha-Varianten: Eine mathematische Frage und ein Bild-Captcha.

Die mathematische Frage ist eine einfache Rechenaufgabe, eine Addition, nach dem Schema x + y = ? (siehe Abbildung 17.2). Die Rechenaufgabe selbst können Sie nicht weiter konfigurieren.

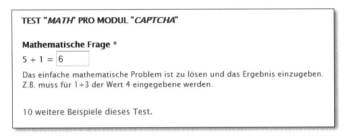

Abbildung 17.2 Beispiel für ein Mathe-Captcha

Das Bild-Captcha zeigt Ihnen ein paar verzerrte Buchstaben, die Sie erkennen müssen (siehe Abbildung 17.3).

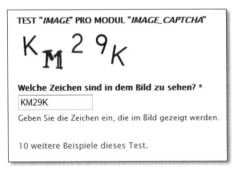

Abbildung 17.3 Beim Bild-Captcha gilt es Buchstaben zu erkennen.

Beide dieser Standard-Captchas haben ihre Probleme. Die Rechenaufgabe ist so simpel, dass auch Spam-Roboter sie lösen können. Ich habe mehrere Webprojekte betreut, bei denen das Mathe-Captcha deshalb keinen brauchbaren Schutz mehr darstellte.

Das Bild-Captcha bietet Ihnen zwar jede Menge Möglichkeiten, an den Einstellungen zu schrauben. So können Sie die Textlänge festlegen, bestimmen, welche Buchstaben genutzt werden, zwischen verschiedenen Schriftarten wählen und Farben und Verzerrung festlegen. Das ändert aber nichts daran, dass das Bild-Captcha *nicht barrierefrei* ist. Blinde und sehbehinderte Besucher Ihrer Webseite können das Captcha nicht nutzen. Und wenn Sie die Buchstaben für Screenreader als Alternativtext anlegen würden, könnten auch Spam-Roboter die Buchstaben auslesen. Das Bild-Captcha fällt also ebenfalls weg.

Was also tun? Glücklicherweise gibt es ein paar Module, die *Captcha* um weitere Aufgaben erweitern. Versuchen Sie es mit dem *Captcha Riddler* oder dem *Captcha Pack*.

17.2.1 Riddle me this

Ich bevorzuge den *Captcha Riddler*. Damit können Sie verschiedene Fragen und Antworten vorgeben. Installieren Sie das Modul, und stellen Sie es unter Konfiguration • Benutzer • Captcha • Riddler (*/admin/config/people/captcha/riddler*) näher ein. Die Fragen sollten so gewählt sein, dass jeder sie beantworten kann (siehe Abbildung 17.4). Eine Frage wie »Wie heißt der amerikanische Präsident?« ist vermutlich nicht geeignet. Natürlich kommt es auch auf die Zielgruppe an, aber wenn sich Ihre Webseite an »alle« richtet, können Sie nicht davon ausgehen, dass wirklich jeder die Frage beantworten kann. Und es ist nicht nett, Ihre Besucher vorzuführen, die vielleicht nur einen Kommentar schreiben möchten. Zumal Sie bei solch einer Frage sofort die Antworten ändern müssten, wenn der Präsident wechselt. Besser sind einfachere Fragen. Zum Beispiel: »Welcher Tag folgt auf Sonntag?« oder »Welcher Monat folgt auf den April?«. Sie können mehrere Antworten vorgeben, solange es nur jeweils ein Wort ist. Auf die Frage nach dem Tag könnten Sie etwa »Montag«, »montag«, »Mo« und »mo« angeben, um alle Fälle zu berücksichtigen.

Ändern Sie hier die Standard-Frage von Riddle 1 von »So you like SPAM?« in »Welcher Tag folgt auf Sonntag?«. Als Antwort geben Sie hier nur »Montag« an, um die Groß- und Kleinschreibung kümmern wir uns im nächsten Abschnitt. Nun können Sie über Add another noch die anderen Tage hinzufügen. Die Gewichtung oben auf der Seite bestimmt, wo das Captcha-Element zwischen anderen Elementen im Formular erscheint – analog zu der Gewichtung von Feldern bei den Inhaltstypen.

Abbildung 17.4   Der »Captcha Riddler« bietet ein einfaches Frage-Antwort-Schema.

17.2.2   Allgemeine Einstellungen

Egal, welche Art von Captcha Sie wählen, die allgemeinen Einstellungen finden Sie unter KONFIGURATION • BENUTZER • CAPTCHA (*/admin/config/people/captcha*). Zunächst stellen Sie ein Default-Captcha ein (siehe Abbildung 17.5). Darunter können Sie jedem Formular entweder kein Captcha zuordnen, das Default-Captcha oder ein konkretes Captcha wählen. Legen Sie sich einfach auf ein Default-Captcha fest, und stellen Sie den Aufgabentyp bei den einzelnen Formularen auf Default. Sie werden das Captcha nicht unbedingt bei allen Formularen benötigen. Wenn zum Beispiel nur der Admin neue Benutzer anmelden darf, müssen Sie das Formular für die Registrierung (*user_register_form*) auch nicht schützen.

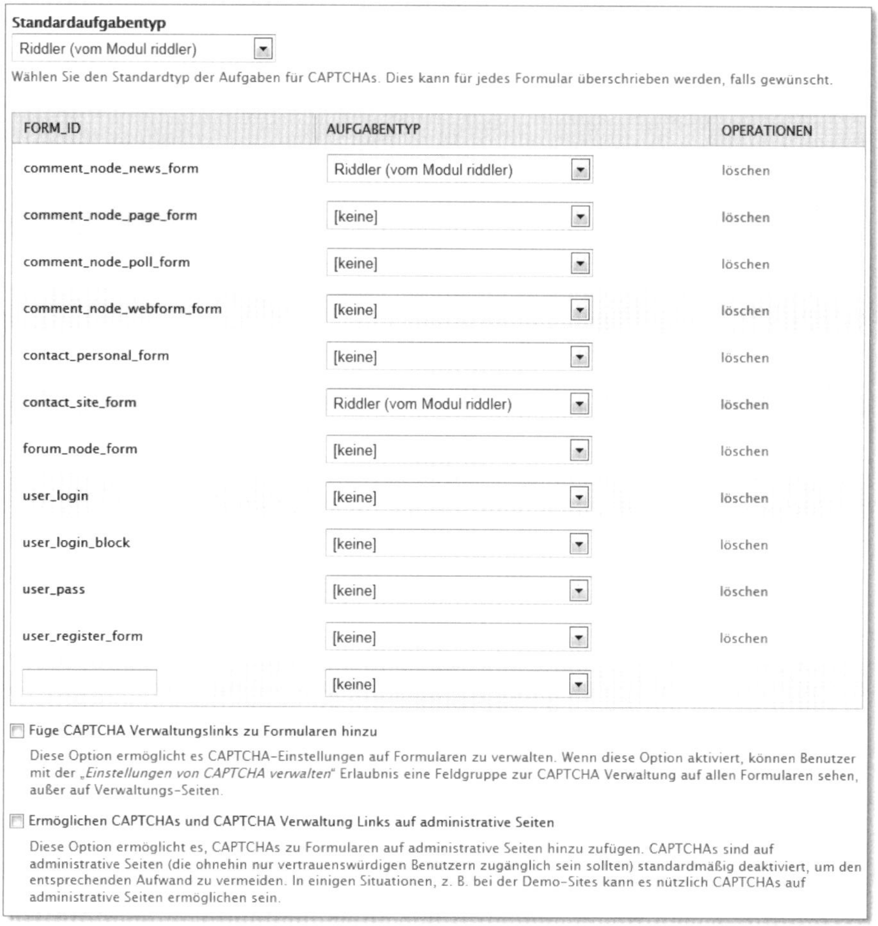

Abbildung 17.5 Sie können jedem Formular einen Schutz zuweisen.

Ein Formular hat eine eindeutige *Form_ID*, über die Sie es identifizieren können. Um nicht im Quellcode herumsuchen zu müssen, können Sie die nächste Checkbox, Füge CAPTCHA Verwaltungslinks zu Formularen hinzu, anklicken. Dann sehen Sie unter allen Formularen einen Captcha-Link. So können Sie bei eigenen Formularen – zum Beispiel über das Modul *Webform* – schnell ein Captcha hinzufügen. Die letzte Checkbox in diesem Abschnitt, Ermögliche CAPTCHAs und CAPTCHA Verwaltung Links auf administrative Seiten, schützt auf Wunsch Formulare im Admin-Bereich. Das wird in den üblichen Fällen nicht nötig sein.

Abbildung 17.6 Weitere Optionen für Ihre Captchas

Sie können Ihrem Captcha eine kurze Erklärung hinzufügen (siehe Abbildung 17.6). Das ist für jene Besucher sinnvoll, die nicht besonders weberfahren sind. Der Standardsatz ist allerdings etwas krude: »Diese Frage hat den Zweck zu testen, ob Sie ein menschlicher Benutzer sind und automatisiertem Spam vorzubeugen.« Ich bevorzuge meist etwas in dieser Art: »Bitte beantworten Sie diese Frage, und zeigen Sie uns damit, dass Sie ein menschlicher Besucher sind. Das hilft uns, automatischen Spam auf unserer Webseite zu verhindern.«

Nun können Sie angeben, ob Sie die Groß- und Kleinschreibung berücksichtigen möchten oder nicht. Wenn Sie nicht auf der exakten Schreibweise bestehen, können Sie im Beispiel mit dem Riddler oben darauf verzichten. Benutzer dürfen dann also sowohl »Montag« als auch »montag« eingeben.

Mit der Gültigkeitsdauer geben Sie Ihren Anforderungen entsprechend an, ob immer ein Captcha hinzugefügt werden soll oder nur unter bestimmten Bedingungen. Wenn es zum Beispiel nur darum geht, das Kommentar-Formular zu schützen, könnten Sie FÜGE IMMER EINEN TEST HINZU wählen. Und bei den Berechtigungen der Rollen (*/admin/people/permissions*) stellen Sie ein, dass authentifizierte Benutzer das Captcha überspringen.

Wählen Sie zum Schluss noch FALSCHE ANTWORTEN PROTOKOLLIEREN, um etwaigen Fehlern auf die Spur zu kommen. Im Statusbericht unter */admin/reports/status* sehen Sie dann, wie viele Spam-Versuche Captcha bereits blockiert hat.

Wenn Ihnen der Riddler nicht zusagt, finden Sie weitere Captcha-Arten im Modul *Captcha Pack*, aber auch dort sind nicht alle Arten barrierefrei.

17.3 Mollom als alternativer Schutz für Formulare

Das Modul *Mollom* bietet Ihnen eine zweite Möglichkeit, um Formulare zu schützen. Dahinter steckt ein Webservice, der Ihnen dabei hilft, Spam auf Ihrer Webseite zu erkennen und zu vermeiden. Schreibt ein Gast einen Kommentar, wird der Text an *mollom.com* geschickt. Ein Analyse-Tool wertet den Text aus und klassifiziert ihn als »Spam« (unerwünscht) oder »Ham« (erwünscht). Der Kommentar wird entsprechend blockiert oder durchgelassen. Nur dann, wenn sich das Tool nicht sicher ist, schickt es ein Image- oder Audio-Captcha an die Webseite zurück. Wenn der Gast das Captcha richtig beantwortet, wird der Kommentar durchgelassen. Der Vorteil ist, dass ein Gast den Spam-Schutz erst einmal nicht mitbekommt.

Nach eigenen Angaben schützt *Mollom* aktuell über 52.000 Webseiten. Seit dem Start des Services hat das System über 513 Millionen Spam-Nachrichten abgefangen. Circa 85 % der bewerteten Texte sind Spam. *Mollom Free* ist nur für private Blogs, kleine Community-Webseiten und Non-Profit-Seiten kostenlos. *Mollom Plus* ist für professionelle Blogs und Unternehmensseiten gedacht und kostet aktuell 30 Euro im Monat. MOLLOM PREMIUM richtet sich an große Sites und kostet derzeit 3600 Euro im Jahr.

Um das Modul nutzen zu können, müssen Sie sich zunächst auf *mollom.com* registrieren. Dort wählen Sie zwischen *Mollom Free*, *Plus* und *Premium* und legen dann Ihre Seite an. Daraufhin bekommen Sie einen öffentlichen und einen privaten Schlüssel, die Sie benötigen, um das Modul unter KONFIGURATION • INHALTSERSTELLUNG • MOLLOM (*/admin/config/content/mollom/settings*) so zu konfigurieren, wie Sie es in Abbildung 17.7 sehen.

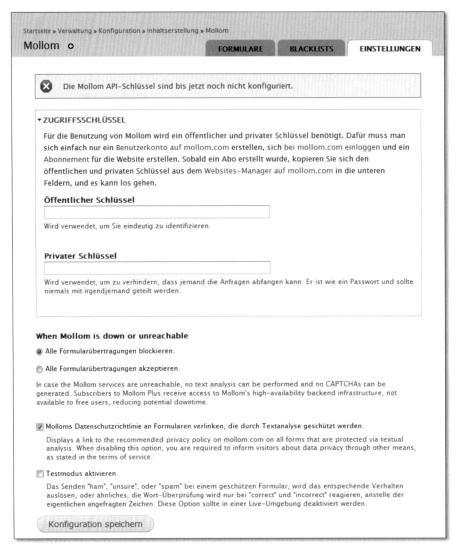

Abbildung 17.7 Mollom benötigt einen öffentlichen und einen privaten Schlüssel.

Nun legen Sie fest, wie sich Mollom verhalten soll, wenn *mollom.com* nicht erreichbar ist, um den Text zu analysieren. Sie können auf Nummer sicher gehen und alle Formulareinträge komplett blockieren. Das hilft Ihnen, falls Ihre Webseite häufig unter Spam-Attacken zu leiden hat. Menschliche Nutzer mag das jedoch irritieren. Sie können stattdessen in solchen Fällen die Kommentare erst einmal akzeptieren, aber alle Kommentare so anlegen, dass sie von Redakteuren freigeschaltet werden müssen.

Unter KONFIGURATION • INHALTSERSTELLUNG • MOLLOM (*/admin/config/content/mollom*) können Sie nun Ihre Formulare konfigurieren. Mit einem Klick auf FORMULAR HINZUFÜGEN legen wir einen Schutz für die Kommentare zu einem Artikel an. Diese Einstellungen können Sie nun pro Formular vornehmen (siehe Abbildung 17.8). Zunächst wählen Sie aus, ob Mollom eine Textanalyse versuchen soll oder ob immer das Captcha eingebaut wird. Wählen Sie hier CAPTCHA, fallen die weiteren Optionen weg. In dem Fall werden die Texte zwar nicht zur Analyse an *mollom.com* geschickt, aber das Captcha selbst wird noch von dort angefordert (siehe Abbildung 17.19).

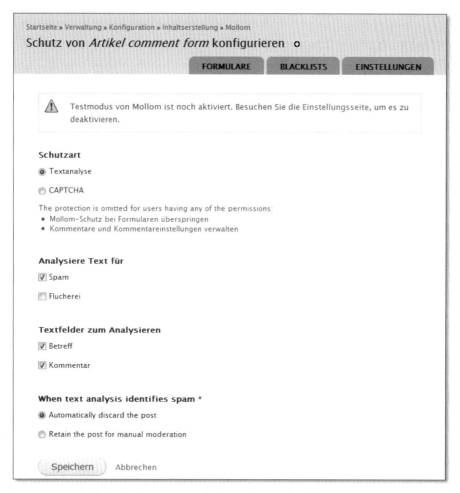

Abbildung 17.8 Schutz für Kommentare beim Inhaltstyp »Artikel«

Wählen Sie die Textanalyse, können Sie den Text auf Spam und auf Flucherei prüfen. Ein Kommentar hat hier zwei Felder: BETREFF und KOMMENTARTEXT. Sie sollten immer alles überprüfen lassen. Zum Schluss legen Sie fest, was passiert, wenn der Eintrag als Spam eingestuft wurde. Sie können ihn automatisch löschen oder als unveröffentlichten Kommentar speichern. In letzterem Fall kann ein Redakteur die Wahl des Moduls noch einmal prüfen und ggf. anders entscheiden.

Abbildung 17.9   Das Captcha, das Mollom verwendet

In den Berechtigungen für das Modul finden Sie drei Einträge: *Mollom-geschützte Formulare und Mollom-Einstellungen verwalten* legt fest, wer Einstellungen am Modul vornehmen darf – so wie wir es gerade gemacht haben. Einträge von Rollen mit dem Recht *Mollom-Schutz bei Formularen überspringen* werden gar nicht erst überprüft. Und mit dem Recht *View Mollom statistics* dürfen Sie die entsprechenden Statistiken zur Webseite ansehen (»Mollom hat bisher x Spam-Einträge geblockt«).

17.3.1   Captcha oder Mollom?

Welches der beiden Module sollten Sie nun nutzen? Daran scheiden sich die Geister. Sie finden in den Foren sowohl Nutzer, die auf Mollom schwören, als auch solche, die es nicht mögen. Insofern: Probieren Sie beide am besten selbst aus.

Ich selbst kann mich mit Mollom nicht anfreunden. Bei meinen Tests kam es zu häufig vor, dass der Service nicht erreichbar war. In solchen Fällen können Sie die Kommentare durchlassen oder in die Moderationsschleife verschieben, müssen sie aber in beiden Fällen nacharbeiten. Bei zu vielen Spam-Einträgen wird das schnell lästig. Außerdem ist das Captcha nicht barrierefrei. Blinde Nutzer können das Bild nicht sehen. Und die Audio-Alternative ist auch nicht viel besser: Die einzelnen Buchstaben werden nach dem phonetischen Alphabet (A = Alpha, B = Bravo, C = Charlie, …) von einer Computerstimme auf Englisch vorgelesen. Dazu muss ein Hörer also das System kennen und die Wörter verstehen.

Ich habe viel bessere Erfahrungen mit dem *Captcha-Riddler* und einem Set an passenden Fragen gemacht: einfach einzurichten, flexibel bei den Fragen und das, ohne auf einen fremden Service angewiesen zu sein.

»Das Leben ist die Suche des Nichts nach dem Etwas!«
– Christian Morgenstern

18 Module für die Suchmaschinenoptimierung

Die Suchmaschinenoptimierung (SEO) ist für einige Leute das wichtigste Thema überhaupt. Natürlich ist es nicht verkehrt, Besucher auf die eigene Webseite zu locken. Bevor es aber so weit ist, müssen die Funktionen und die Usability stimmen. Es nützt Ihnen ja nichts, wenn die Leute zwar zuhauf den Online-Shop besuchen, dort aber nichts kaufen. Wenn nun aber die Seite an sich zufriedenstellend läuft, können Sie sich mit ein paar zusätzlichen Modulen der SEO widmen.

18.1 Eine einfache Checkliste

Das Modul *SEO Checklist* ist besonders einfach zu handhaben. Nach der Installation finden Sie über KONFIGURATION • SUCHE UND METADATEN • SEO CHECKLIST (*/admin/config/search/seochecklist*) eine entsprechende Checkliste. Dort können Sie der Reihe nach die vertikalen Tabs durchklicken und sich die Empfehlungen des Moduls anschauen (siehe Abbildung 18.1). Dabei werden Ihnen entweder zusätzliche Module wie etwa der *SEO Compliance Checker* ans Herz gelegt, oder Sie werden daran erinnert, bestimmte Eigenschaften des Core zu nutzen, etwa das Caching. Sie können diese Punkte selbst durchgehen und erfüllte Punkte wie in einer To-Do-Liste abhaken und abspeichern.

Dabei sollten Sie beachten, dass dies lediglich eine allgemeine Liste ist. Die Bewertung der Tipps müssen Sie selbst vornehmen. Einige Module (etwa den *Scheduler* aus Abschnitt 7.5, »Inhalte zu festen Terminen veröffentlichen«) werden Sie zum Beispiel nicht unbedingt benötigen. Das empfohlene *Google Analytics* kollidiert hierzulande zu sehr mit Datenschutzbestimmungen. Und beim Spam-Schutz reicht es, entweder *Mollom* oder *Captcha* zu nutzen; beide Module gleichzeitig sind nicht nötig.

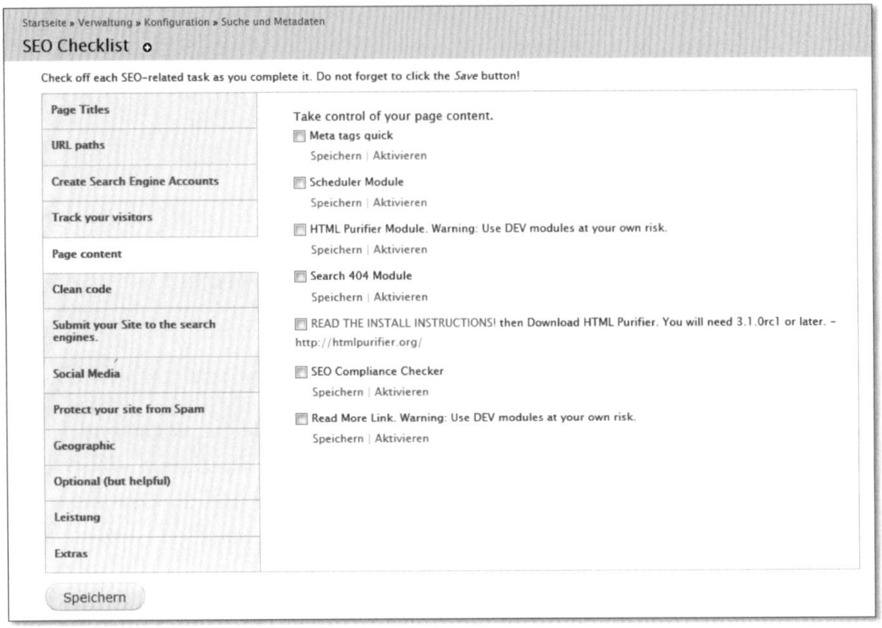

Abbildung 18.1 Tipps der SEO Checklist

18.2 Metatags hinzufügen

Mit dem Modul *Meta tags quick* können Sie alle Entitys (Inhaltstypen, User, Taxonomie) um Metatags erweitern. Installieren Sie das Modul, und besuchen dann STRUKTUR • META TAGS (QUICK) SETTINGS (*/admin/structure/metatags_quick*). Wenn Sie dort auf den Button CREATE BASIC META TAGS klicken, fügt das Modul allen Inhaltstypen zwei neue Felder hinzu: *Metatags* für die Keywords und die *Description*.

Sie können selbst beliebig viele weitere Metaangaben hinzufügen. Dazu nutzen Sie den neuen Feldtyp *Meta*. Beim Feldtyp geben Sie einen Namen an, der als `<meta name="[Name]" content="[Inhalt]" />` verwendet wird. So könnten Sie zum Beispiel Ihre Inhaltstypen um ein `revisit-after`-Metatag erweitern.

18.3 SEO Compliance Checker für einen Basis-Check

Das Modul *SEO Compliance Checker* überprüft Ihre Inhalte beim Anlegen oder bei Änderungen auf verschiedene Elemente, die der Suchmaschinenoptimierung dienen. Es besteht aus drei Teilmodulen: *Basic SEO Rules*, *Keyword Rules* und *SEO Com-*

pliance Checker. Aktivieren Sie ruhig alle drei bei der Installation, und schauen Sie sich dann KONFIGURATION • INHALTSERSTELLUNG • SEO CHECKER (*/admin/config/ content/seo_checker*) an. In den ALLGEMEINEN EINSTELLUNGEN legen Sie fest, wann der Check durchgeführt wird (siehe Abbildung 18.2). Am unteren Ende geben Sie an, für welche Inhaltstypen der Check infrage kommt.

Abbildung 18.2 Die Basiseinstellungen für den SEO Check

Nun geht es um die THRESHOLDS FOR THE SEO RULES. Darüber geben Sie an, in welchem Rahmen Ihre Inhalte verschiedene Regeln erfüllen sollen. Jedes Bild (`<img>`) sollte zum Beispiel einen Alternativ-Text bekommen, die Grenze liegt also im ersten Fall bei 100 %. Ebenso legen Sie fest, wie häufig Keywords im Text oder im Titel vorkommen sollen. Wenn Sie sich nicht sicher sind, welche Grenzen infrage kommen, belassen Sie es bei den Default-Werten.

Bei jedem einzelnen Inhaltstyp gibt es nun einen zusätzlichen vertikalen Reiter SEO COMPLIANCE CHECKER, über den Sie den Keyword-Check für den Body aktivieren können. Außerdem wählen Sie ein Feld, das die Keywords festlegt, die geprüft werden sollen. Hier können Sie den Checker ideal mit dem Modul *Meta tags quick* verknüpfen und die Zeile für die Meta-Keywords als Grundlage für die Prüfung nutzen. Nach dem Speichern oder in der Vorschau (je nach Einstellung) zeigt Ihnen der Checker nun die Ergebnisse an (siehe Abbildung 18.3).

REGEL	NACHRICHT	ACHIEVED	ERFORDERLICH	BESTANDEN
Alt attributes in <img> - tags	Test passed.	100%	≥ 100%	✓
Title attributes in <a href> - tags	Test passed.	100%	≥ 100%	✓
Keyword density in the body	Test failed, please make sure you use your keywords in the body but not too often.	0%	∈ [5%,20%]	✗
Usage of keywords in node titles	Test failed, place your keywords early in your node title.	0%	≥ 50%	✗
Usage of keywords in headings	Test passed.	100%	≥ 50%	✓

Abbildung 18.3 Beispiel für die Ergebnisse des SEO Checkers

In den Berechtigungen können Sie drei Rechte vergeben: *Administer SEO Checker Configuration*, *Skip SEO checks* und *Allow check failures*. Mit der letzten Option dürfen Rollen einen Inhalt speichern, auch wenn nicht alle Regeln erfüllt wurden. Ist der Haken nicht gesetzt, können Sie Ihre Redakteure also zwingen, die Regeln zu erfüllen. Andernfalls können Redakteure Texte nicht speichern oder ändern.

18.4 XML Sitemap

Über eine Sitemap können Sie Suchmaschinen schnell und einfach über die Inhalte Ihrer Webseite und Änderungen daran informieren (siehe dazu *sitemaps.org*). Im einfachsten Fall ist diese Sitemap ein XML-File, das URLs Ihrer Webseite auflistet und angibt, wie oft der jeweilige Inhalt geändert wird, wann er zuletzt geändert wurde und wie wichtig er ist. Die aktuelle Version des Moduls *XML Sitemap* sendet die Sitemap auf Wunsch an Bing und Google.

Aktivieren Sie die Teilmodule *XML Sitemap*, *XML sitemap engines*, *XML sitemap menu* und *XML sitemap node*. Wenn Sie den Cron einmal durchlaufen lassen, erzeugt das Modul eine Sitemap unter */sitemap.xml*. In den Default-Einstellungen nimmt es aber nur die Startseite in die Datei auf. Um die Daten zu erweitern, haben wir aber bereits die Module *XML sitemap menu* und *XML sitemap node* aktiviert.

Wir gehen als Beispiel wieder von der Examplast GmbH aus Kapitel 4 aus. Wenn Sie ein einzelnes Menü bearbeiten (etwa */admin/structure/menu/manage/main-*

menu/edit), sehen Sie dort einen neuen Abschnitt XML SITEMAP (siehe Abbildung 18.4). Unter EINSCHLUSS steht der Wert zunächst auf AUSGESCHLOSSEN. Stellen Sie den Wert für das Hauptmenü zu Testzwecken auf EINGESCHLOSSEN. Nun erscheint eine Selectbox, in der Sie die Standardpriorität der Inhalte einstellen können – von 0.0 (GERING) über 0.5 (NORMAL) bis 1.0 (HIGHEST). Wir belassen es hier bei 0.5.

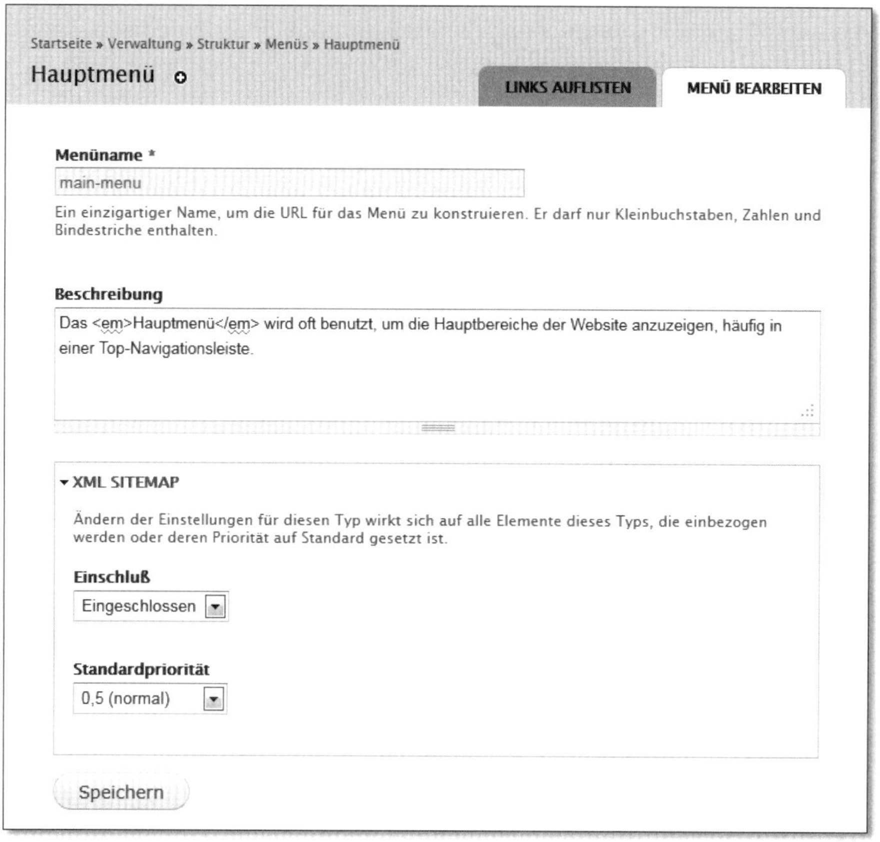

Abbildung 18.4 Fügen Sie das Hauptmenü der XML Sitemap hinzu.

Diese Optionen finden Sie nun auch als zusätzlichen Reiter bei jedem einzelnen Inhaltstyp. Wir fügen die einfachen Seiten mit einer Gewichtung von 0.5 hinzu. Unsere News sind aktueller, wir gewichten sie daher etwas höher mit 0.8. Wenn Sie nun den Cron noch einmal durchlaufen lassen, befinden sich bereits alle Inhalte in der */sitemap.xml*.

Die Konfiguration in Abbildung 18.5 finden Sie unter KONFIGURATION • SUCHE UND METADATEN • XML SITEMAP *(/admin/config/search/xmlsitemap)*. Wählen Sie dort zunächst den Reiter EINSTELLUNGEN. Stellen Sie die MINIMALE GÜLTIGKEITSDAUER DER SITEMAP auf 1 TAG. Auf der Examplast-Webseite wird sich maximal alle paar Tage etwas ändern, da reicht es, wenn die Sitemap maximal einmal am Tag neu generiert wird. Die XML-Datei wird nun nur ändern, wenn erstens auch ein entsprechender Cron-Job eingerichtet ist und zweitens Inhalte hinzugefügt, geändert oder gelöscht wurden. Die Checkbox ZUR BESSEREN LESBARKEIT EIN STYLESHEET IN DIE SITEMAP EINBINDEN können Sie aktiviert lassen. Die nächste Option, URL-ALIASE WÄHREND DER GENERIERUNG DER SITEMAP ABFRAGEN, sollte nur bei kleinen Webseiten aktiv bleiben.

In den ERWEITERTEN EINSTELLUNGEN möchte ich nur auf die Option hinweisen, die ANZAHL DER LINKS IN JEDER SITEMAP-SEITE zu beschränken, die in einem Cronlauf berücksichtigt werden. Wenn Sie mit dem Cronlauf Probleme haben, reduzieren Sie den Wert.

In den vertikalen Reitern am unteren Ende können Sie die Gewichtung der Startseite festlegen (wir bleiben bei 1.0) und die Frequenz angeben, mit der sich Inhalte ändern. Wenn sich bei einem Projekt nur alle paar Monate etwas ändert, wählen Sie hier vielleicht WEEKLY; wir bleiben für die Examplast GmbH bei DAILY. Die folgenden vertikalen Reiter stellen Ihnen die Daten der Menüs und Inhalte zusammen, inklusive entsprechender Links, um die Einstellungen zu ändern.

Abbildung 18.5 Einstellungen für die XML-Sitemap

Wenn Sie nun einen Blick auf die *sitemap.xml* werfen, stellen Sie fest, dass einige Links doppelt in der Datei stehen. Es sind all jene URLs, die sowohl als einzelne Nodes als auch über das Hauptmenü berücksichtigt werden. Durch das Hauptmenü erhalten wir lediglich zusätzlich einen Link für das Kontaktformular. Das enthält an sich aber keine großartigen Informationen. In unserem Fall würde es also reichen, nur die Nodes in der Sitemap darzustellen.

Wenn Sie die Module *XML sitemap taxomomy* und *XML sitemap user* aktiviert haben, erscheinen zwei weitere vertikale Reiter. Für Examplast sind die Benutzer nicht wichtig, aber wir könnten die Taxonomie der News in die Sitemap aufnehmen. Um Benutzerprofile in die Sitemap aufnehmen zu können, müssen übrigens anonyme Gäste das Recht haben, diese Profile einzusehen.

Im Reiter SUCHMASCHINEN geben Sie über die Konfiguration des Moduls nun an, dass die Sitemap an Bing und Google verschickt wird (siehe Abbildung 18.6). Unsere Datei muss nicht mehr als einmal am Tag verschickt werden, und auch nur dann, wenn sich die Inhalte geändert haben. Über das Textfeld BENUTZERDEFINIERTE ÜBERTRAGUNGS-URLs schicken Sie Ihre Sitemap bei Bedarf auch an weitere Adressen.

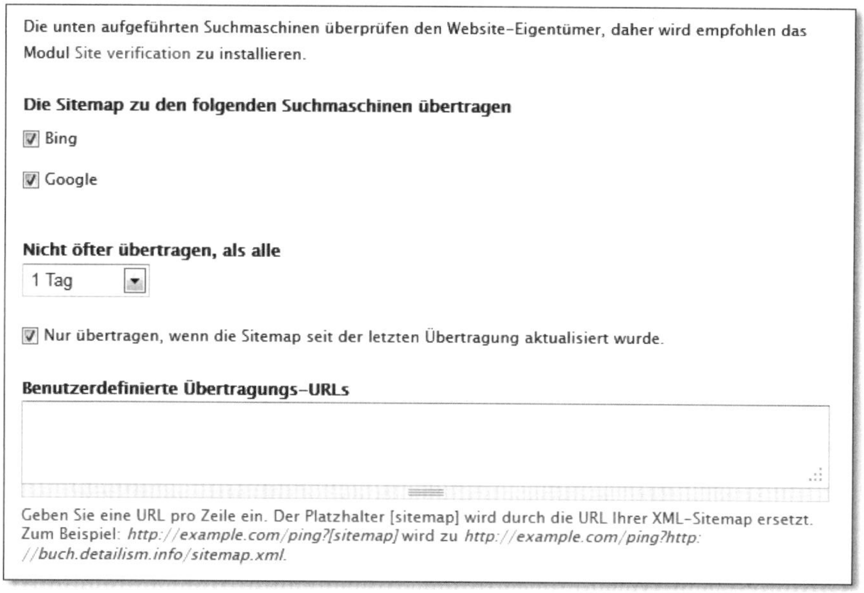

Abbildung 18.6 Senden Sie die Sitemap automatisch an Bing und Google.

In diesem Zusammenhang können Sie sich auch ein Google-Konto einrichten, um Googles Webmaster-Tools zu nutzen. Darüber erhalten Sie ausführliche Berichte über Ihre Webseite und können Ihre neue XML-Sitemap auch direkt anmelden.

Wenn Sie Probleme mit den Inhalten der Sitemap haben und ein Cronlauf allein keine Lösung bringt, lassen Sie die Sitemap über den Reiter LINKS NEU AUFBAUEN noch einmal neu generieren.

*»Wir sind die Diener der Redaktion und müssen uns um
die bestmöglichen Bedingungen für unsere Redakteurinnen
und Redakteure kümmern.«*
– Rainer Esser

19 Workflow für Redaktionen

Wenn mehrere Autoren und Redakteure für Ihre Webseite verantwortlich sind, möchten Sie meist einen Workflow für bestimmte Aufgaben einrichten. Zum Beispiel möchten Sie Redakteure per E-Mail benachrichtigen, wenn neue Kommentare auf ihre Veröffentlichung warten oder Autoren einen neuen Artikel geschrieben haben. Aus dem Core können Sie das Modul *Trigger* verwenden – oder Sie installieren gleich das umfangreichere *Rules*.

19.1 Einfache Workflows mit Trigger

Das Core-Modul *Trigger* bietet Ihnen einen einfachen Wenn-dann-Mechanismus. Zunächst legen Sie einen Trigger an, also einen Auslöser, der mit einem vorgegebenen Ereignis zusammenhängt. Etwa: *Neuer Benutzer hat sich angemeldet, neuer Kommentar wurde gespeichert oder ein Inhalt wurde aktualisiert.* Solch einen Trigger verknüpfen Sie wiederum mit einer Aktion, etwa: *Kommentar auf veröffentlicht setzen* oder *E-Mail verschicken*.

19.1.1 Die Aktionen

Schauen wir uns zunächst die Aktionen unter KONFIGURATION • SYSTEM • AKTIONEN (*/admin/config/system/actions*) an: Zwölf einfache Aktionen sind zu Beginn eingerichtet: drei für Kommentare, sieben für Nodes und zwei weitere beziehen sich auf Nutzer (siehe Abbildung 19.1). Diese benötigen keine weitere Konfiguration.

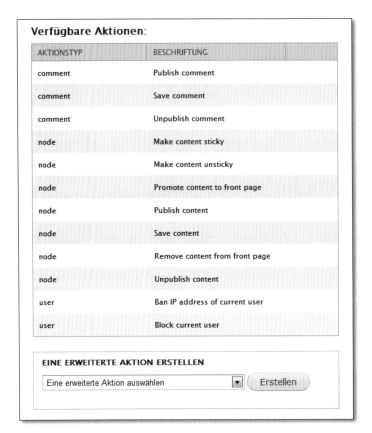

Abbildung 19.1 Verfügbare Aktionen

Nützlicher sind die erweiterten Aktionen, die Sie neu anlegen und konfigurieren müssen. Sie können jeder Aktion eine Beschriftung/Bezeichnung hinzufügen. Diese sollten Sie möglichst genau wählen, dreimal »E-Mail senden« nützt Ihnen nichts, wenn Sie die Aktionen hinterher Triggern zuordnen müssen. Im Folgenden betrachten wir vier Beispiele.

Veröffentlichung von Kommentaren mit bestimmten Schlüsselwörtern zurückziehen

Hier geben Sie eine Reihe von Wörtern an. Enthält ein Kommentar eines dieser Wörter, wird der Kommentar automatisch auf *nicht-öffentlich* gesetzt. Das ist sinnvoll, wenn Kommentare zunächst automatisch veröffentlicht werden sollen. Falls Sie Ihre Kommentare ohnehin moderieren, benötigen Sie diese Aktion auch nicht. Sie könnten hierüber versuchen, Spam-Mails abzufangen und Wörter wie »Sex, Porn, Casino, Pillen, Viagra,...« angeben. Dafür lohnen sich aber eher die Module *Mollom* oder *Captcha* aus Kapitel 17, »Spam verhindern«.

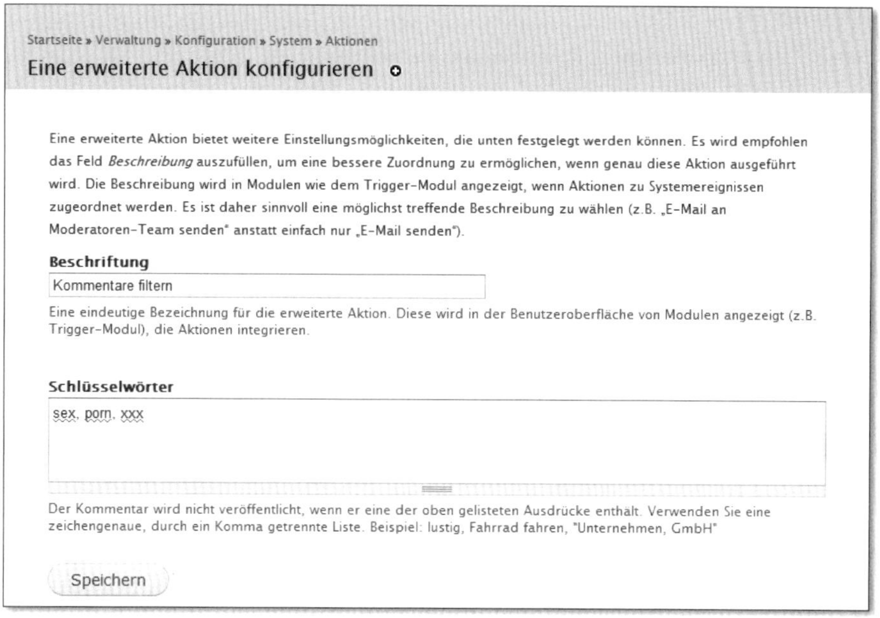

Abbildung 19.2 Eine erweiterte Aktion, um Kommentare zu filtern

Den Autor des Inhalts ändern

Hier geben Sie einen Benutzer vor, der als neuer Autor gewählt werden soll. Das mag sinnvoll sein, wenn Sie etwa Praktikanten haben, die News schreiben dürfen, die dann aber unter dem Namen des Geschäftsführers erscheinen sollen. Es gibt mehrere Möglichkeiten, das zu lösen. Zum Beispiel können Sie über Trigger und Aktionen den Inhalt beim Anlegen automatisch dem Benutzer *Geschäftsführer* zuordnen. Alternativ könnten Sie auch im Template für die News unabhängig vom wirklichen Autor immer den Namen des Geschäftsführers ausgeben (siehe das Theming in Kapitel 31).

E-Mail senden

Hierüber können Sie an einen oder mehrere Empfänger E-Mails versenden. Legen Sie eine solche Aktion an, um Redakteuren eine Nachricht zu schicken, dass eine neue News abgespeichert wurde. Leider können Sie mit den Möglichkeiten der Core-Module nicht einstellen, dass diese E-Mail nur verschickt werden soll, wenn neuer Inhalt vom Typ *News* angelegt wird. Die Aktion würde auch ausgeführt, wenn jemand eine einfache Seite anlegt. Da unsere Webseite aber »fertig« ist, kommen ohnehin nur noch News hinzu. Falls Sie aber wirklich nur E-Mails bei neuen News versenden wollten, würde Sie das Modul *Rules* verwenden.

Weiterleiten zu URL

Diese Aktion leitet einen Benutzer auf eine bestimmte Webseite. Sie könnten etwa eine Seite mit Anleitungen und Tipps zum Umgang mit dem System anlegen, auf die jeder Benutzer weitergeleitet wird, nachdem er sich angemeldet hat.

19.1.2 Aktionen zuordnen

Wenn Sie die gewünschte Aktion gefunden oder eingerichtet haben, müssen Sie sie noch einem Trigger, also einem Anlass, zuordnen. Sie finden die Trigger unter STRUKTUR • TRIGGER (*/admin/structure/trigger/node*). Sie sind in die Bereiche KOMMENTAR, NODE, SYSTEM, TAXONOMIE und BENUTZER aufgeteilt.

Abbildung 19.3 Mögliche Trigger für Nodes

Unter NODE finden Sie zum Beispiel Trigger für:

- BEIM SPEICHERN VON NEUEM INHALT ODER BEIM AKTUALISIEREN VON BESTEHENDEM INHALT
- NACH DEM SPEICHERN VON NEUEM INHALT
- NACH DEM SPEICHERN VON AKTUALISIERTEM INHALT
- NACH DEM LÖSCHEN VON INHALT
- WENN INHALT VON EINEM ANGEMELDETEN BENUTZER BETRACHTET WIRD

Nun suchen Sie sich den passenden Trigger und verknüpfen ihn mit einer vorbereiteten Aktion.

19.2 Komplexere Workflows mit Rules

Mit dem Modul *Rules* können Sie komplexere Bedingungen und die passenden Aktionen dazu definieren. Installieren Sie das Modul, und aktivieren Sie die Komponenten *Rules* und *Rules UI*. *Rules* benötigt außerdem das Modul *Entity API*. Die Einstellungen finden Sie unter KONFIGURATION • ARBEITSABLAUF • RULES (*/admin/config/workflow/rules*). Dort stellen wir gleich eine erste Regel auf (NEUE REGEL HINZUFÜGEN). Zum Beispiel danken wir einem Gast nach dem Speichern eines Kommentars für diesen Kommentar. Als Name nehmen wir schlicht »Kommentar Danke«, bei AUF EREIGNIS REAGIEREN wählen wir NACH DEM SPEICHERN EINES NEUEN KOMMENTARS und speichern.

Nun sehen Sie eine Aufteilung in Events, Bedingungen und Aktionen. Den Event haben wir bereits bestimmt. Wir wollen nur Gästen danken, also wählen wir unter BEDINGUNGEN: CONDITION HINZUFÜGEN. Unsere Bedingung heißt »Benutzer besitzt Rolle(n)«. Nun muss das System wissen, um welchen Benutzer es gehen soll (siehe Abbildung 19.4). In diesem Fall ist es die Person, die gerade den Kommentar verfasst hat, also: COMMENT:AUTHOR. Sie können an dieser Stelle die AUSWAHL VON DATEN ausklappen und darüber die passende Auswahl treffen. Bei der Zuordnung als Gast müssen wir etwas tricksen, damit die Regel vernünftig greift. Als Rolle wählen wir nämlich AUTHENTIFIZIERTER BENUTZER und unter PASSENDE ROLLEN den Wert ALLE. Nun setzen Sie bei NEGIEREN aber einen Haken. Die Bedingung lautet insgesamt also, dass der Autor des Kommentars *kein* authentifizierter Benutzer, also ein Gast, ist.

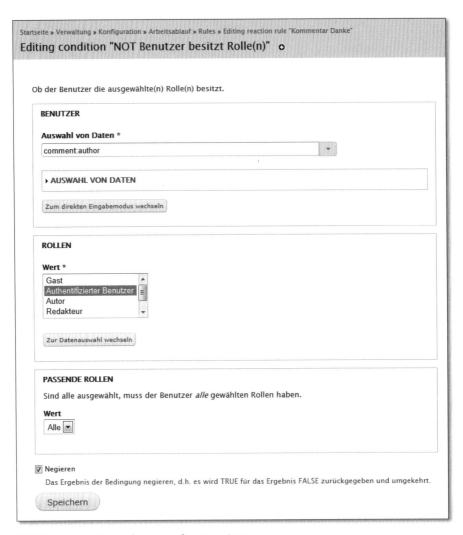

Abbildung 19.4 Die Bedingungen für einen Gast

Nun fügen Sie eine Aktion hinzu: SYSTEM: EINE NACHRICHT AUF DER WEBSEITE ANZEIGEN (siehe Abbildung 19.5). Die reine Text-Nachricht lautet beispielsweise: »Vielen Dank für Ihren Kommentar.« System-Nachrichten können vom Nachrichtentyp *Status*, *Warnung* oder *Fehler* sein. Hier geht es nur um den Status. Außerdem können Sie die Meldung über NACHRICHT WIEDERHOLEN mehrfach anzeigen lassen. Hier wollen wir dem Kommentator nur einmal danken; entfernen Sie also den Haken bei der Checkbox.

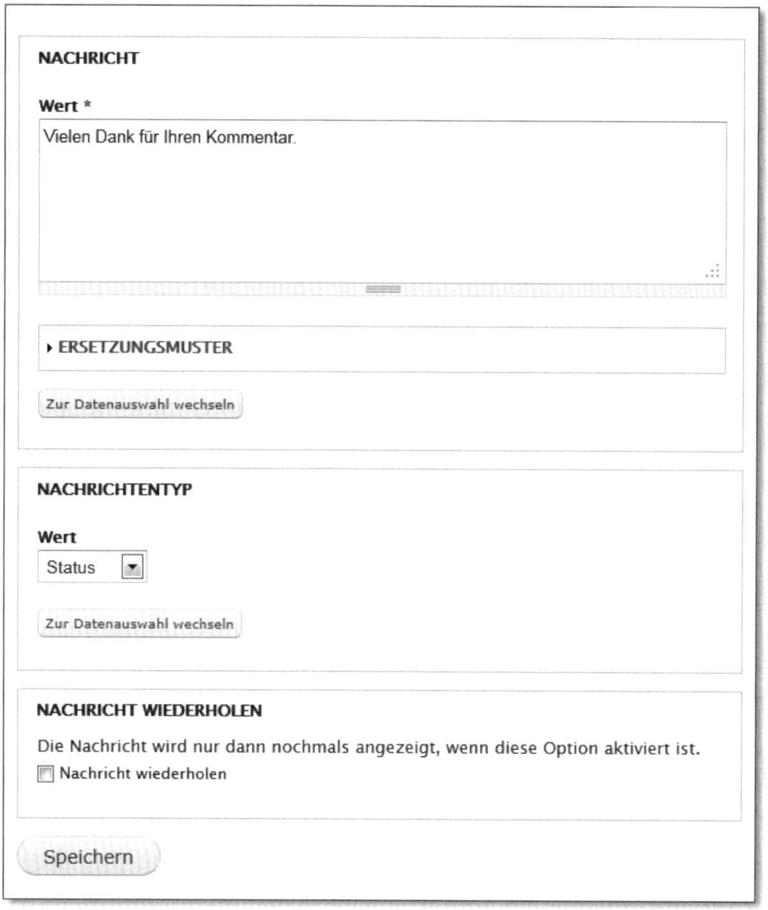

Abbildung 19.5 Wählen Sie eine passende Nachricht an Ihren Kommentator.

Wenn nun ein Gast einen Kommentar schreibt (und der Kommentar nicht in der Warteschlange landet), sieht er den Status aus Abbildung 19.6.

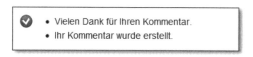

Abbildung 19.6 Die neue Status-Meldung

Der Text »Ihr Kommentar wurde erstellt« stammt direkt aus dem Drupal-Core. Die neue Meldung »Vielen Dank für Ihren Kommentar« kommt über *Rules* zustande. Dazu muss natürlich auch der Gast direkt Kommentare veröffentlichen dürfen, andernfalls lesen Sie nur die Meldung: »Ihr Kommentar wurde in die

Warteschlange eingestellt, um von Website-Administratoren geprüft und nach Bestätigung veröffentlicht zu werden.« Ob, wo und wie die Meldung angezeigt wird, hängt natürlich von Ihrem Theme ab.

19.2.1 Workflow mit Rules

Für einen kompletten Workflow mit *Rules* würden Sie mehrere Regeln aufstellen. Bei einem System mit Artikeln, Autoren und Redakteuren wären zum Beispiel folgende Einstellungen denkbar:

1. Autoren dürfen Artikel schreiben, aber nicht selbst veröffentlichen. Also sollten die Redakteure eine E-Mail erhalten, wenn ein neuer Artikel angelegt wurde (aufbauend auf dem Rules-Ereignis *Nach dem Speichern von neuem Inhalt*).
2. Autoren dürfen ihre Artikel ändern, um zum Beispiel Rechtschreibfehler zu korrigieren oder Aktualisierungen hinzuzufügen. Das System soll dazu bereits per Default eine neue Version des Artikels anlegen (siehe Abschnitt 5.1.2, »Veröffentlichungseinstellungen (Publishing options)«), damit Redakteure im Zweifel die alte Version wiederherstellen können. Auch hier sollen die Redakteure eine E-Mail erhalten (aufbauend auf dem Rules-Ereignis *Nach dem Aktualisieren bestehenden Inhalts*).
3. Nachdem ein Redakteur einen Artikel veröffentlich hat, soll der Autor eine Meldung erhalten, dass sein Text nun online ist (aufbauend auf dem Rules-Ereignis *Nach dem Aktualisieren bestehenden Inhalts*).
4. Wenn ein neuer Kommentar zu einem Artikel veröffentlicht wurde, sollen die Redakteure und der Autor eine E-Mail erhalten (aufbauend auf dem Rules-Ereignis *Nach dem Speichern eines neuen Kommentars*).

Im Moment gibt es *Rules* nur in einer Beta-Version, und die Umsetzung dieses Workflows ist leider nicht ganz trivial. Als Beispiel gehen wir die dritte Regel einmal durch. Schalten Sie zunächst über KONFIGURATION • ARBEITSABLAUF • RULES • EINSTELLUNGEN (*/admin/config/workflow/rules/settings*) die Überprüfung der Regelauswertung ein, um Fehler schneller zu finden. Dann meldet Ihnen das System ein »Protokoll der ausgeführten Regeln« (siehe unten).

Fügen Sie mit *Rules* eine neue Regel hinzu. Der Titel lautet »Artikel wird veröffentlicht«, damit reagieren wir auf das Ereignis *Nach dem Aktualisieren bestehenden Inhalts*. Nun kommt die Bedingung hinzu: Diese lautet »Node: Inhalt ist veröffentlicht«. Im nächsten Schritt wählen Sie bei AUSWAHL VON DATEN nur NODE aus (siehe Abbildung 19.7).

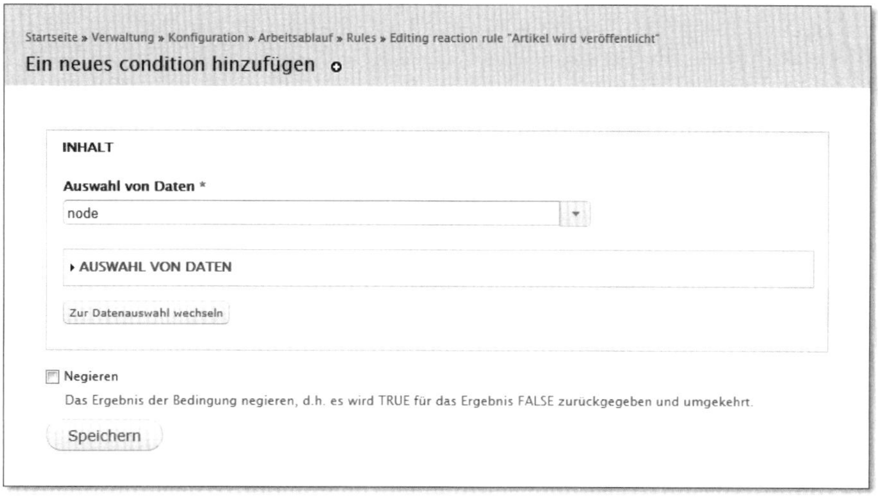

Abbildung 19.7 Die Bedingung für die neue Regel

Nun fehlt noch eine Aktion, und zwar »System: E-Mail Versand«. An der Stelle ist *Rules* in der aktuellen Fassung noch etwas unvollständig. An erster Stelle erwartet die Regel eine E-Mail-Adresse (siehe Abbildung 19.8). In den Ersetzungsmustern finden Sie jedoch derzeit nur den `[node:author]`. Das entspricht dem Benutzernamen; wir brauchen jedoch dessen E-Mail-Adresse. Dem Muster der anderen Angaben folgend, können Sie stattdessen `[node:author:mail]` notieren. Diese Angabe finden Sie zwar nicht in der Liste, sie liefert jedoch den Wert, den wir benötigen. Als Betreff schreiben Sie »Ihr Artikel wurde veröffentlicht«, die Nachricht lautet »Der Artikel »[node:title]« wurde veröffentlicht. Siehe: [node:url]«, die Absenderadresse ist zum Beispiel *redaktion@examplast.de*.

Jedes Mal, wenn nun ein Inhalt aktualisiert wird, prüft *Rules* die Bedingungen und zeigt Ihnen das Protokoll an (siehe Abbildung 19.9). Wenn die Bedingung erfüllt ist, dass der Inhalt auf *veröffentlicht* steht, wird die E-Mail an den Autor verschickt.

Allerdings wird die E-Mail nun jedes Mail verschickt, wenn ein Inhalt aktualisiert wird und weiterhin auf *veröffentlicht* steht. Sie könnten weitere Bedingungen hinzufügen, zum Beispiel, dass der Inhalt dem Typ *Artikel* entspricht und dass der handelnde Benutzer die Rolle *Redakteur* innehat. So bekäme der Autor eines Artikels nur noch dann eine E-Mail, wenn ein Redakteur den Artikel veröffentlicht oder einen veröffentlichten Artikel aktualisiert.

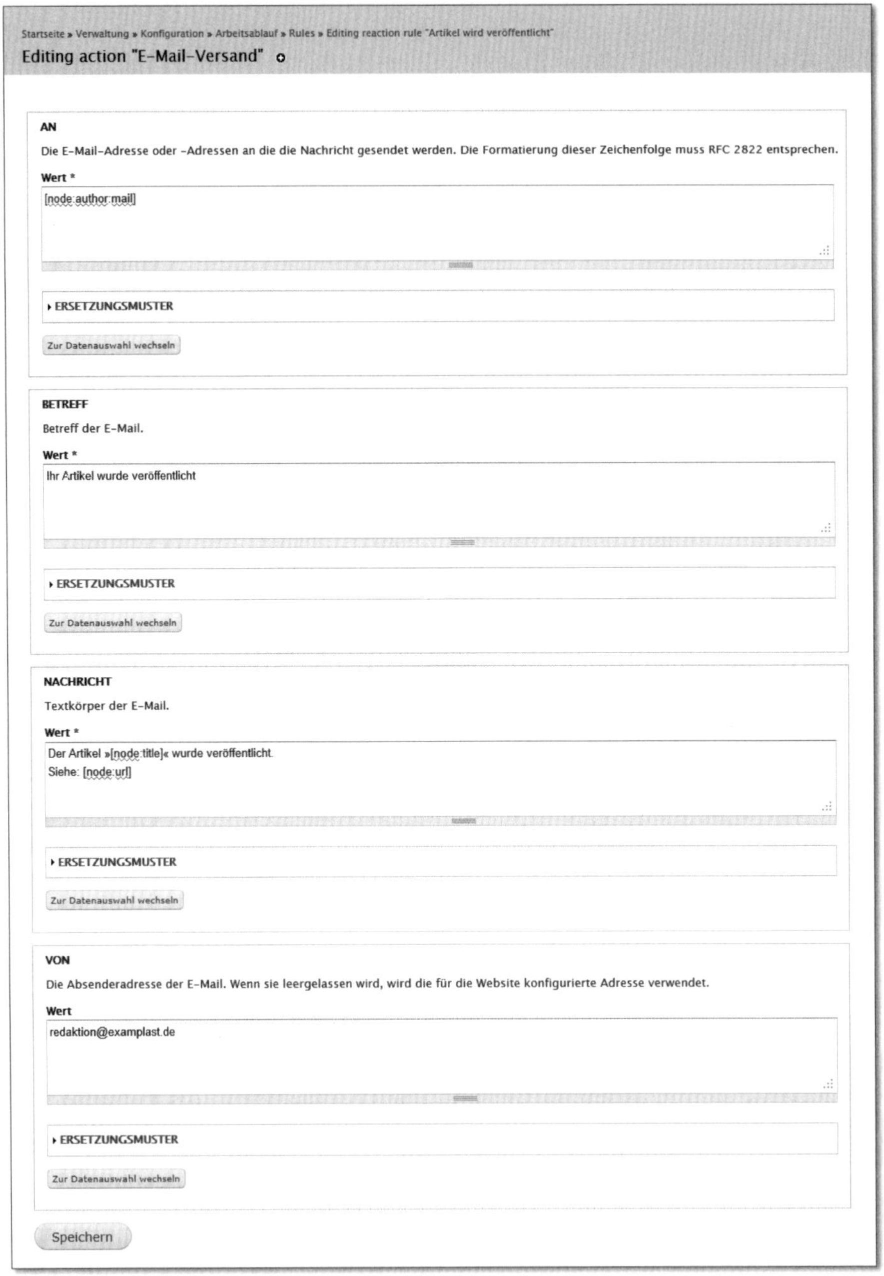

19 | Workflow für Redaktionen

Abbildung 19.8 Die Angaben für den E-Mail-Versand

> **Protokoll der ausgeführten Regeln**
> - 0 ms Reacting on event *Nach dem Aktualisieren bestehenden Inhalts.*
> - 8.45 ms Evaluating rule *Artikel wird veröffentlicht.*
> - 9.168 ms The condition *node_is_published* evaluated to *TRUE*
> - 9.181 ms AND evaluated to TRUE.
> - 47.699 ms Evaluating the action *mail.*
> - 529.183 ms Finished reacting on event *Nach dem Aktualisieren bestehenden Inhalts.*

Abbildung 19.9 Ein Protokoll der erstellten Regel

Versuchen Sie einmal, die Events, Bedingungen und Aktionen für den oben skizzierten Workflow selbst anzulegen. Mit einer regulären Veröffentlichung des Moduls *Rules* kommen vielleicht weitere, einfachere Möglichkeiten hinzu, einen Workflow aufzubauen. Ihren Workflow können Sie auch mit den Modulen *Comment Notify* (siehe Abschnitt 10.3, »E-Mail-Benachrichtigungen bei neuen Kommentaren«) und *Flag* erweitern.

*»Viele kleine Dinge wurden durch die
richtige Art von Werbung groß gemacht.«
– Mark Twain*

20 Inhalte bewerten und bewerben

Wenn Sie sich um Ihre Inhalte bemühen, möchten Sie es Lesern einfach machen, diese weiterzuverbreiten und zu empfehlen. Das beinhaltet Optionen, um Ihre Inhalte zu bewerten, sie per E-Mail zu verschicken, oder aber auf neue Inhalte über Twitter oder Facebook hinzuweisen.

20.1 Inhalte mit Fivestar bewerten

Das Modul *Fivestar* erweitert Ihre Webseite um ein Voting-Widget. So können Sie Produkte oder Texte mit einem üblichen Sternchen-System bewerten lassen. Zusätzlich zu *Fivestar* benötigen Sie als Grundlage das Modul *Voting API*. Nachdem Sie beide aktiviert haben, nehmen Sie zunächst globale Einstellungen unter KONFIGURATION • INHALTSERSTELLUNG • FIVESTAR (*/admin/config/content/fivestar*) vor.

Dort können Sie die Anzeigeform der Bewertung festlegen (siehe Abbildung 20.1). Üblich sind Sterne; Sie können aber auch Herzen, Flammen oder kleine Punkte wählen. Die Sterne gibt es hier in unterschiedlichen Formen. Außerdem können Sie bei einigen Sets auch die Farben über ein Farbschema einstellen. Wir wählen hier die Standard-Sterne. In der Readme-Datei des Moduls finden Sie eine Anleitung, wie Sie eigene Anzeige-Sets erstellen. Wenn Sie pro Node nur in einer Kategorie abstimmen lassen wollen, belassen Sie es bei den VOTING TAGS bei VOTE.

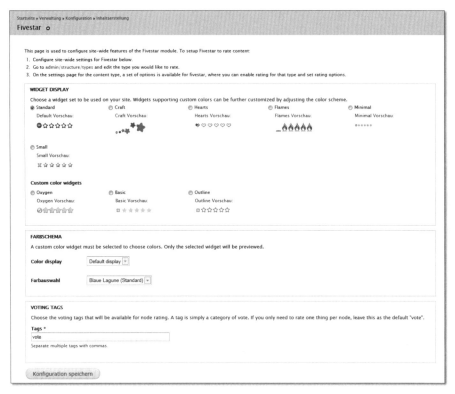

Abbildung 20.1 Fivestars globale Einstellungen

Nun bearbeiten Sie die Inhaltstypen, die bewertet werden sollen. Dort finden Sie einen neuen Reiter, FIVESTAR VOTING. Schalten Sie das Voting über die erste Checkbox ein (siehe Abbildung 20.2). Nun können Sie über STAR LABELS die Beschriftung der Sterne ändern und verschiedene andere Anzeige-Optionen einstellen. Zum Beispiel können Sie die durchschnittliche Bewertung anzeigen lassen oder die Bewertung schon dem Teaser des Inhaltstyps hinzufügen. Außerdem können Sie Benutzern erlauben, ihre eigenen Bewertungen zu löschen. Damit nun überhaupt jemand abstimmen kann, müssen Sie noch die entsprechende Berechtigung *rate content* für die Rollen aktivieren.

Wenn Sie nun Inhalte dieses Inhaltstyps ansehen, finden Sie – je nach Einstellungen – das *Fivestar*-Modul am Ende Ihrer Beiträge.

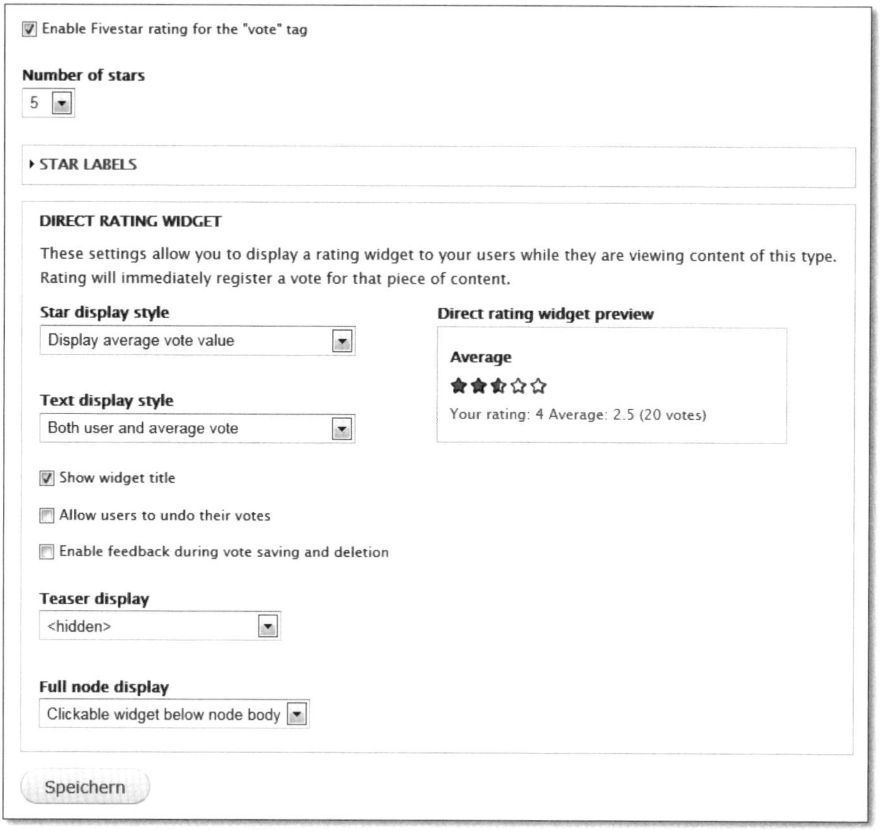

Abbildung 20.2   Fivestar-Optionen für einen Inhaltstyp

20.1.1   Mehrere Kategorien über Voting Tags

Kommen wir noch einmal auf die VOTING TAGS zurück. Bisher nutzen Sie die Vorgabe VOTE als Kategorie, aber Sie können dieses Feld auch nutzen, um mehrere Aspekte bewerten zu lassen. Nehmen wir an, es geht um eine Webseite, auf der Comicrezensionen erscheinen. Dann könnten Sie den Lesern gestatten, bei einem Comic die Story und die Grafik einzeln zu bewerten. Ändern Sie die VOTING TAGS also in STORY, GRAFIK. Nun zurück zu Ihrem Inhaltstyp und dem FIVESTAR VOTING-Reiter. Dort erscheinen nun drei Untermenüpunkte: VOTE, GRAFIK und STORY. Sie aktivieren für einen Inhaltstyp *Comicrezensionen* also nur das Fivestar-Voting in den Kategorien STORY und GRAFIK. Nun sind zwei Bewertungen möglich. Achten Sie darauf, möglichst wenige Kategorien einzubauen. Je mehr Bewertungen Sie von Gästen fordern, desto eher schrecken die vielen Widgets ab. Weniger ist hier mehr.

20.1.2 Fivestar als Feldtyp

Das Modul *Fivestar* fügt ebenfalls den neuen Feldtyp *Fivestar Bewertung* hinzu. Mit dieser Option können Sie zum Beispiel Kommentare um ein *Fivestar*-Feld erweitern. Dadurch wird es möglich, dass Nutzer eine qualitative Bewertung über ein Textfeld abgeben, zusätzlich aber eine Wertung 1–5, über die Sie einen quantitativen Durchschnittswert berechnen können – so wie Sie es vielleicht von Amazon kennen.

20.2 Inhalte per E-Mail empfehlen

Das Modul *Forward* ergänzt Ihre Nodes um einen DIESE SEITE WEITEREMPFEHLEN-Link. Installieren Sie es, und besuchen Sie dann KONFIGURATION • BENUTZEROBERFLÄCHE • FORWARD (*/admin/config/user-interface/forward*). Die Optionen sind ziemlich umfangreich; ich beschränke mich hier wieder auf die wesentlichen Aspekte.

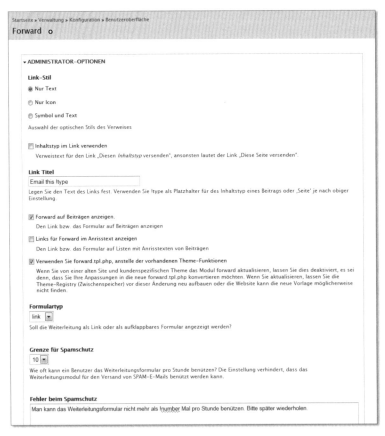

Abbildung 20.3 Optionen für das »Forward«-Modul

Wählen Sie zu Beginn als Link-Stil »Symbol und Text« (siehe Abbildung 20.3). Der Link-Titel wäre zum Beispiel »Diesen Inhalt weiterempfehlen«. Die restlichen Einstellungen können Sie beibehalten. Allein bei der Absenderadresse steht im Moment die Adresse Ihrer Webseite. Hier ist es meist besser, die Zeile leer zu lassen, damit die E-Mail-Adresse des Absenders auch tatsächlich als Absender erscheint. Die Mail eines Freundes wirkt seriöser als eine Mail von beispielsweise *info@examplast.de*, die eher als Werbung wahrgenommen wird. Unter den Inhaltstypen wählen Sie jene Typen, die empfohlen werden dürfen. Nun ändern Sie noch Texte ab, falls einige Komponenten noch übersetzt werden müssen oder Ihnen die vorgegebenen Formulierungen nicht gefallen. Texte, die Sie an dieser Stelle nicht übersetzen können, finden Sie über die üblichen Methoden, um Oberflächen zu übersetzen (siehe Abschnitt 26.1, »Sprachen und Übersetzungen«). Damit Gäste nun Seiten weiterempfehlen dürfen, müssen Sie noch das entsprechende Recht *Zugriff auf forward* bei den Berechtigungen vergeben.

Unter den gewählten Inhaltstypen erscheint nun ein Link mit einem Mail-Symbol und dem Text Diesen Inhalt weiterempfehlen. Der Link wird dabei dem Link-Bereich des Inhaltstyps zugeordnet. Falls Sie diesen im Template nicht anzeigen lassen, wird auch der Link nicht erscheinen (siehe Abschnitt 31.3, »Grundlagen für eigene Themes«). Wenn Sie an den weiteren Einstellungen nichts geändert haben, landet ein Nutzer nach einem Klick auf den Link bei einem entsprechenden Formular (siehe Abbildung 20.4).

Wenn Sie das Formular als angemeldeter Nutzer besuchen, übernimmt es automatisch Ihren Usernamen und Ihre E-Mail-Adresse. Das Modul verschickt dann eine HTML-Mail an die eingetragenen Empfänger. Darin werden zunächst die Informationen aus dem Teaser des Inhalts verwendet. Sie können diese Mail auch anpassen, um etwa den gesamten Inhalt des Nodes gleich mitzuschicken oder das Design zu ändern.

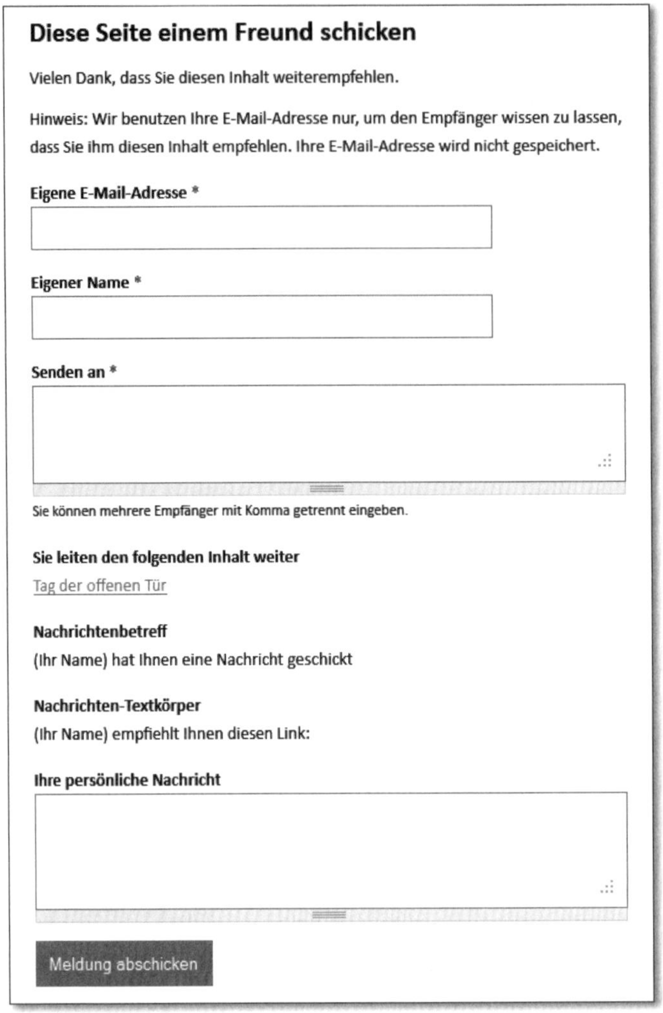

Abbildung 20.4 Das entsprechende Formular für Gäste, um Inhalte zu empfehlen

20.3   Inhalte auf Facebook und Twitter teilen

Eine andere beliebte Möglichkeit, auf Inhalte Ihrer Webseite hinzuweisen, ist es, die sozialen Netze einzubinden. Dazu können Sie das Modul *AddToAny* nutzen. Es fügt umfangreiche Möglichkeiten für Leser hinzu, um Ihre Artikel zu teilen, Bookmarks zu setzen oder per E-Mail zu verschicken. Das Modul bindet das *AddToAny*-Widget ein, das Sie sich auf *http://www.addtoany.com/* ansehen können. Nach der Installation finden Sie es unter unter KONFIGURATION • SYSTEM • ADDTO-ANY (*/admin/config/system/addtoany*).

In den ALLGEMEINEN EINSTELLUNGEN aktivieren wir das Modul für *Einfache Seiten* (siehe Abbildung 20.5). Es gibt drei Bereiche, in denen das Widget erscheinen kann: im Teaser, in den Links des Nodes und im Inhaltsbereich. Hier wollen wir es nur im Inhaltsbereich sehen. Die Gewichtung legt fest, an welcher Stelle das Widget im Vergleich zu anderen Elementen im Inhalt erscheint. Nun wählen wir einen vorgegebenen Button oder geben einen Link zu einem eigenen Button an. Zusätzlich können wir HTML-Attribute und einen Link-Text vergeben. Die letzten beiden Optionen können wir hier außer Acht lassen.

Abbildung 20.5   Die Einstellungen für das »AddToAny«-Widget

Das Widget erscheint nun am Ende unserer Nodes vom Typ *Einfache Seite* und bietet Verknüpfungen zu allen möglichen Services, unter anderem Facebook, Twitter, delicious oder Mister Wong (siehe Abbildung 20.6).

Abbildung 20.6 Das »AddToAny«-Widget im Einsatz

20.4 Weitere Module für Facebook und Twitter

Wenn Ihnen *AddToAny* nicht zusagt, können Sie eine Reihe weiterer Module ausprobieren, die etwas spezialisierter sind oder andere Funktionen zur Verfügung stellen.

- *ShareThis* stellt ein ähnliches Widget wie *AddToAny* zur Verfügung.
- Auch mit *Service Links* können Sie Verknüpfungen mit vielen anderen Diensten ermöglichen.
- Mit dem Modul *Facebook Share* können Sie Ihre Inhaltstypen mit einem ebensolchen Button ausstatten.
- Das Modul *TweetMeme* fügt einen entsprechenden Twitter-Button hinzu – siehe auch *http://tweetmeme.com/about/retweet_button*.

> »Die Statistik ist eine sehr gefällige Dame.
> Nähert man sich ihr mit entsprechender Höflichkeit, dann verweigert sie einem fast nie etwas.«
> – Edouard Herriot

21 Besucher-Statistiken einrichten

Um die Besucher Ihrer Webseite zu zählen, können Sie das Core-Modul *Statistics* verwenden. Sie könnten auch ein unabhängiges Statistik-Tool komplett neben Drupal laufen lassen. In solchen Fällen müssen Sie nur einen kleinen Code in Ihr Theme einbauen. Die entsprechenden Tools bieten dazu eine eigene Anleitung an. Die dritte Möglichkeit nutzt Tools wie *Google Analytics* oder *Piwik* und verknüpft diese mit Drupal. Da es bei *Google Analytics* einige Datenschutzprobleme gibt, beschränke ich mich hier auf die Module *Statistics* und *Piwik*.

21.1 Einfache Statistiken mit Statistics

Das Core-Modul *Statistics* bietet Ihnen ein paar einfache Statistiken an. Die Einstellungen nehmen Sie unter KONFIGURATION • SYSTEM • STATISTIKEN (*/admin/config/system/statistics*) vor. Für die Referrer müssen Sie unter ZUGRIFFSPROTOKOLL-EINSTELLUNGEN das Zugriffsprotokoll aktivieren (siehe Abbildung 21.1). Unter einem Referrer versteht man die Internetadresse, über die der Besucher auf Ihre Seite gekommen ist. Außerdem gibt es einen Zugriffszähler. Ist dieser aktiviert, erscheint unter dem Inhalt schlicht ein »x Aufrufe«; die Zahl wird bei jedem Aufruf der Seite um 1 erhöht.

Abbildung 21.1 Die Einstellungen für das »Statistics«-Modul

In den Berechtigungen können Sie festlegen, welche Rolle die Zugriffstatistiken und die Inhaltsaufrufe sehen darf.

Wenn Sie das Zugriffsprotokoll aktiviert haben, sehen Sie unter BERICHTE vier neue Untermenüpunkte: NEUSTE AUFRUFE, WICHTIGSTE REFERRER, WICHTIGSTE SEITEN und HÄUFIGSTE BESUCHER. Bei NEUSTE AUFRUFE zeigt Ihnen das Modul die letzten Aktivitäten (siehe Abbildung 21.2): Wann wurde welche Seite von wem aufgerufen?

Die WICHTIGSTEN REFERRER sagen Ihnen, woher die Besucher kamen, zum Beispiel von einer Partnerseite oder über eine Suchmaschine. Bei den WICHTIGSTEN SEITEN können Sie nachschlagen, auf welche Seite wie oft zugegriffen wurde und wie lange es gedauert hat, die Seiten zu erstellen. Unter HÄUFIGSTE BESUCHER zählt das Modul die Zugriffe einzelner angemeldeter Benutzer sowie Zugriffe pro IP-Adresse. An der Stelle haben Sie eventuell wieder ein rechtliches Problem, weil Drupal hier die komplette IP-Adresse speichert (siehe Abschnitt 33.5, »Piwik als Besucher-Statistik«.)

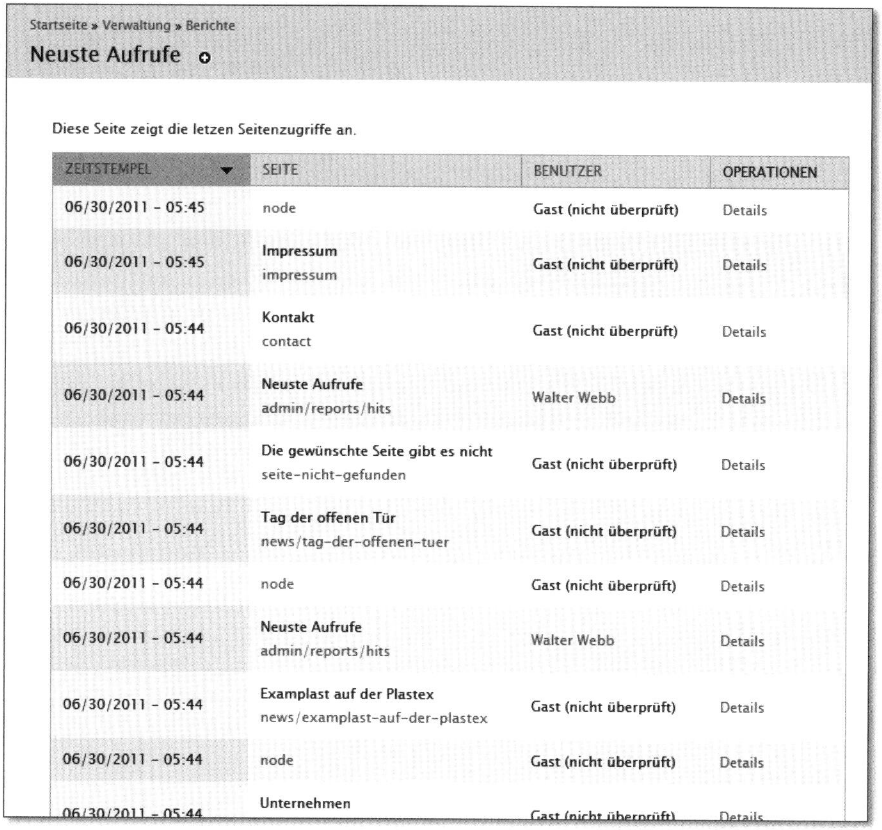

Startseite » Verwaltung » Berichte

Neuste Aufrufe

Diese Seite zeigt die letzen Seitenzugriffe an.

ZEITSTEMPEL	SEITE	BENUTZER	OPERATIONEN
06/30/2011 - 05:45	node	Gast (nicht überprüft)	Details
06/30/2011 - 05:45	Impressum impressum	Gast (nicht überprüft)	Details
06/30/2011 - 05:44	Kontakt contact	Gast (nicht überprüft)	Details
06/30/2011 - 05:44	Neuste Aufrufe admin/reports/hits	Walter Webb	Details
06/30/2011 - 05:44	Die gewünschte Seite gibt es nicht seite-nicht-gefunden	Gast (nicht überprüft)	Details
06/30/2011 - 05:44	Tag der offenen Tür news/tag-der-offenen-tuer	Gast (nicht überprüft)	Details
06/30/2011 - 05:44	node	Gast (nicht überprüft)	Details
06/30/2011 - 05:44	Neuste Aufrufe admin/reports/hits	Walter Webb	Details
06/30/2011 - 05:44	Examplast auf der Plastex news/examplast-auf-der-plastex	Gast (nicht überprüft)	Details
06/30/2011 - 05:44	node	Gast (nicht überprüft)	Details
06/30/2011 - 05:44	Unternehmen	Gast (nicht überprüft)	Details

Abbildung 21.2 Die neusten Aufrufe

Das Modul stellt Ihnen einen neuen Block, BELIEBTE INHALTE, zur Verfügung, mit dem Sie zum Beispiel die fünf beliebtesten Seiten des Tages oder die zehn beliebtesten Inhalte insgesamt anzeigen können.

Statistics mag hilfreich sein, wenn Sie den Zugriffszähler nutzen möchten. Für eine umfangreichere Statistik müssen Sie ein entsprechendes zusätzliches Tool einsetzen.

21.2 Piwik für ausführlichere Statistiken

Wenn Sie eine ausführlichere Besucher-Statistik nutzen möchten, empfehle ich Ihnen *Piwik*. Da Piwik ein eigenständiges Tool ist, finden Sie es im Anhang näher beschrieben. Sie können es neben Drupal benutzen, sodass Sie sich bei *Piwik* anmelden müssen, um die Statistiken zu lesen. Sie können beide Programme aber auch mit dem Drupal-Modul *Piwik Web analytics* verknüpfen. So legen Sie komfortabel über Drupal fest, welche Zugriffe gezählt werden sollen. Außerdem können Sie die Statistiken von Piwik auch direkt in Drupal anzeigen lassen, sodass Ihre Redakteure sich nicht in zwei Systeme einloggen müssen.

Sie benötigen zunächst eine laufende *Piwik*-Installation (siehe Anhang). Dann fügen Sie in Drupal das *Piwik*-Modul hinzu. Die Konfiguration in Abbildung 21.3 finden Sie unter KONFIGURATION • SYSTEM • PIWIK (*/admin/config/system/piwik*). Sie benötigen in jedem Fall eine Piwik-Website-ID, diese finden Sie in der Piwik-Installation in der Administration der Webseiten. Außerdem müssen Sie den Pfad zur Piwik-Installation angeben. Das Modul fügt mit diesen Daten den nötigen Tracking-Code zur Seite hinzu. Sie müssen also nicht mehr selbst den Tracking-Code im Template der Seite eintragen; das würde nur dazu führen, dass Seitenaufrufe doppelt gezählt werden.

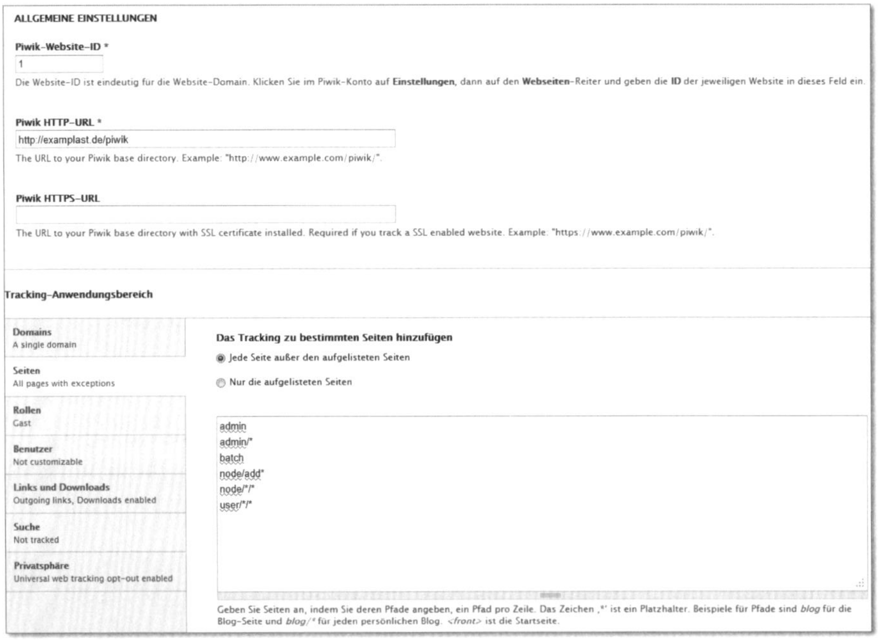

Abbildung 21.3   Die Konfiguration für Piwik

Im TRACKING-ANWENDUNGSBEREICH können Sie nun festlegen, welche Umstände bei der Statistik vielleicht nicht berücksichtigt werden sollen. Zum Beispiel müssen Sie nicht die Besuche des Backends zählen. Im Reiter SEITEN werden deshalb die Pfade */admin* und */admin/** ausgeschlossen. Außerdem könnten Sie bestimmte Rollen wie die Admins ganz ausschließen. Das ist ein Vorteil gegenüber einer Piwik-Zählung, die nicht mit Drupal verknüpft ist. Piwik allein kann nicht wissen, ob ein Admin oder ein Gast auf eine Seite zugreift (es sei denn, ein Admin arbeitet mit einer eindeutigen IP-Adresse). Stellen Sie hier das Tracking so ein, wie es für die Analyse Ihrer Besucher wichtig ist.

21.2.1 Die Statistiken in Drupal anzeigen

Nun installieren Sie zusätzlich das Modul *Piwik Reports*. Sie können damit unter KONFIGURATION • SYSTEM • PIWIK • BERICHTE (*/admin/config/system/piwik/reports*) dafür sorgen, dass sich Drupal die Berichte aus der Piwik-Installation holen darf (siehe Abbildung 21.4). Bei der PIWIK HTTP-URL tragen Sie nichts ein; dann wird die Adresse genommen, die Sie eben bereits als Pfad zur Piwik-Installation eingetragen haben. In Piwik benötigen Sie nun einen Benutzer, der für die betreffende Webseite das Recht zur Ansicht hat. Für den Besucher gibt es einen Authentifizierungsschlüssel, den Sie hier eintragen. Die Webseiten benutzen in Piwik eindeutige IDs, die Sie in Drupal unter ALLOWED SITES angeben.

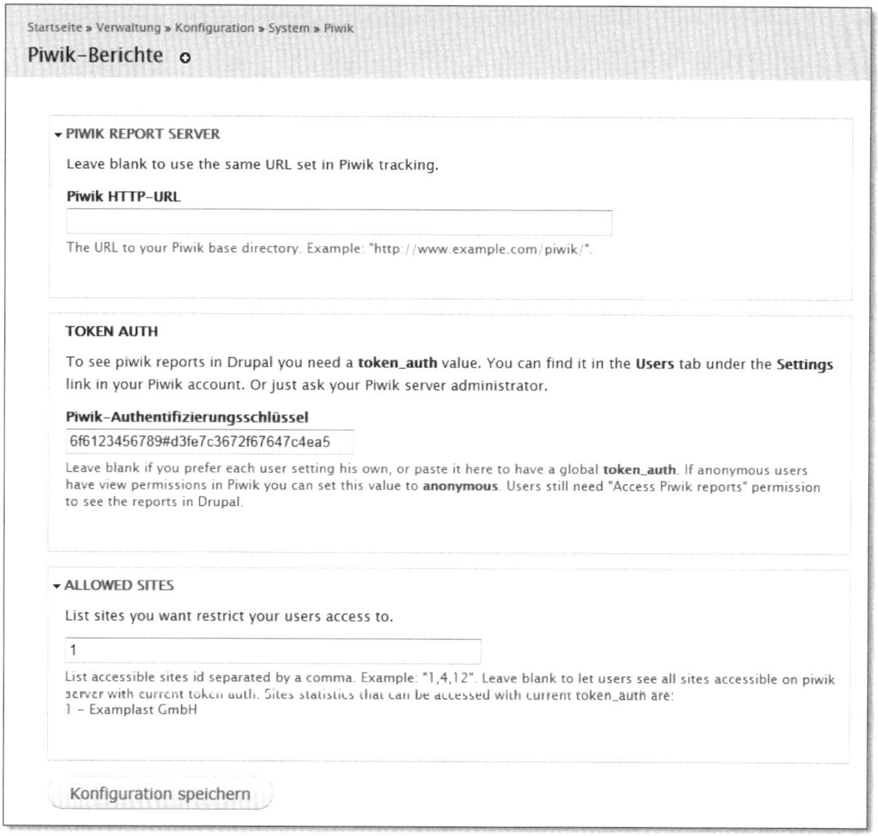

Abbildung 21.4 Konfiguration der »Piwik«-Berichte

Wenn Sie Drupal richtig mit Piwik verknüpft haben, können Sie über BERICHTE •
PIWIK WEB ANALYTICS (*/admin/reports/piwik_reports*) die entsprechenden Daten
für die Besucher, Aktionen oder Referrer abrufen (siehe Abbildung 21.5). In den
Berechtigungen geben Sie nun über PIWIK REPORTS ACCESS den gewünschten Rollen das Recht, diese Berichte anzusehen.

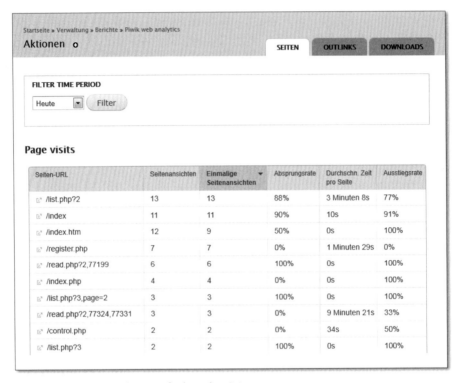

Abbildung 21.5 Beispielanzeige für besuchte Seiten

*»Nehmen Sie meinen Arm. Halten Sie sich gut fest.
Wir werden eine Reihe dunkler Orte besuchen.«*
– Stephen King

22 Geodaten und Karten

Bei vielen Gelegenheiten möchten Sie auf Ihrer Webseite Informationen über Orte einbinden. Zum Beispiel für die Standorte Ihres Unternehmens, um Termine mit einem Ort zu versehen oder um die Wohnorte der Nutzer Ihrer Community anzeigen zu lassen. Im einfachsten Fall legen Sie dafür ein paar *Text*-Feldtypen für Straße und Ort an. Sie können stattdessen aber auch das Modul *Location* nutzen, mit dem Sie Inhalte und User mit Geodaten verknüpfen. Das Modul *GMap* baut auf diesen Daten auf und zeigt den Ort auf einer Google Map an. Installieren Sie beide Module. Von den umfangreichen Modul-Elementen aktivieren Sie bitte zunächst *Location* und *Node Location*. Unsere Beispielfirma Examplast GmbH hat vier Standorte in Hannover, Magdeburg, Stuttgart und Potsdam. Dafür legen wir nun einen neuen Inhaltstyp *Standort* an und bilden diese Orte auf einer Karte ab.

22.1 Geodaten für Inhaltstypen

Durch *Node Location* können Sie einzelne Inhaltstypen mit Geodaten ausstatten. Im Typ *Standort* finden Sie über BEARBEITEN einen neuen vertikalen Reiter: LOCATIVE INFORMATION (siehe Abbildung 22.1).

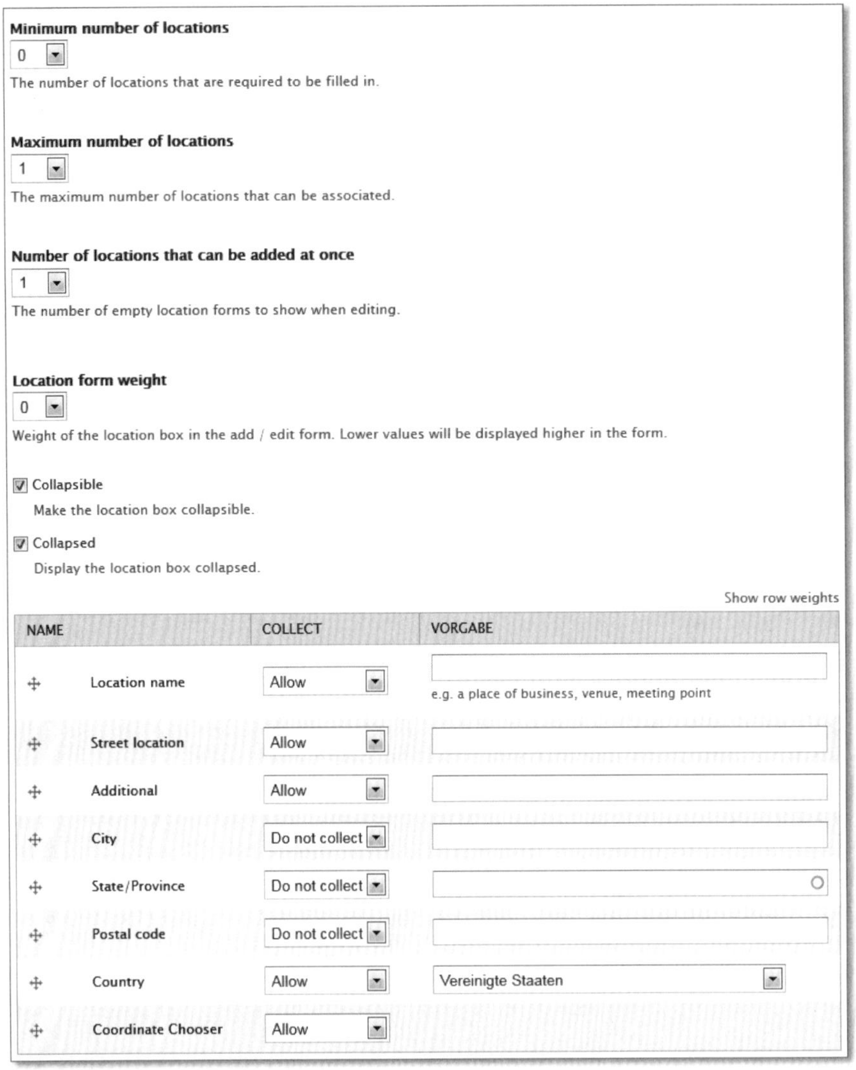

22 | Geodaten und Karten

Abbildung 22.1 Geodaten für Inhaltstypen

In unserem Fall gibt es für jeden Standort genau einen Ort, also legen wir für die minimale und maximale Anzahl an Orten 1 fest. Die nächsten vier Optionen lassen wir auf den Default-Werten stehen. Weiter geht es mit der Tabelle der Ortsinformationen. Hier können Sie angeben, welche Informationen gesammelt werden sollen. In den meisten Fällen wählen Sie zwischen »Do not collect« (nicht abfragen), »Allow« (erlauben), »Require« (zwingend notwendig) und »Force Default« (Standardwert erzwingen). Bei COUNTRY (Land) müssen Sie mindestens »Allow« wählen. Für unsere Zwecke wählen wir:

- LOCATION NAME: »Allow«
- STREET LOCATION: »Require«
- ADDITIONAL: »Allow«
- CITY: »Require«
- STATE/PROVINCE: »Do not collect«
- POSTAL CODE: »Do not collect«
- COUNTRY: »Force default« – »Deutschland«
- COORDINATE CHOOSER: »Allow«

Die restlichen Optionen lassen wir wieder auf den Default-Werten stehen. Speichern Sie den Inhaltstyp. Wenn Sie nun einen neuen Standort anlegen, können Sie über einen vertikalen Reiter STANDORT die gewünschten Daten eingeben.

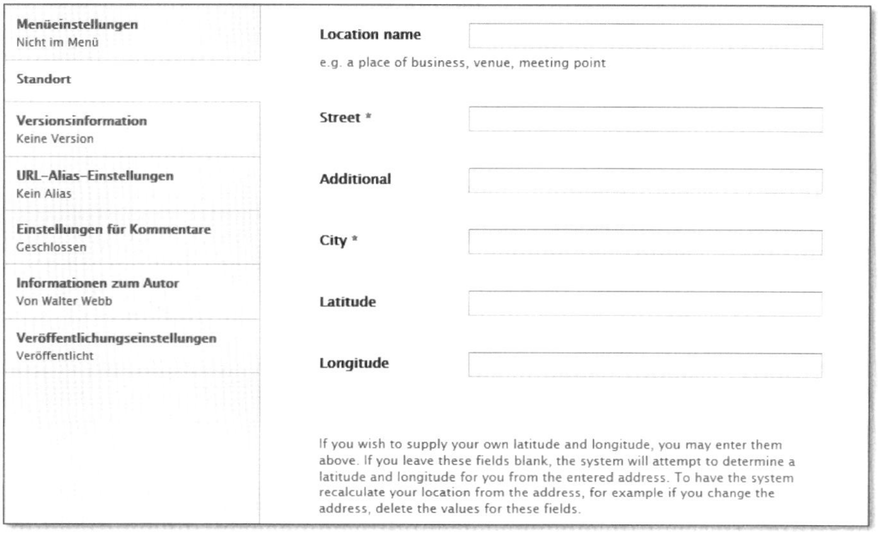

Abbildung 22.2 Bei einem neuen Node können Sie nun die Ortsinformationen angeben.

Die meisten der Daten könnten wir auch über übliche Textfelder eintragen. Wichtig sind für uns im Folgenden die eigentlichen Geodaten, die LATITUDE (Breitengrad) und LONGITUDE (Längengrad) des Ortes. So liegt zum Beispiel der Berliner Reichstag bei den Koordinaten 52° 31' 7.146'' Nord (52.51865, Breitengrad), 13° 22' 29.689'' Ost (13.37491, Längengrad). Natürlich ist es umständlich die genauen Koordinaten extra nachzuschlagen. Das wird uns daher gleich das Modul *GMap* abnehmen.

Wenn Sie hier ein paar Beispieldaten eintragen, zeigt Ihnen die Ansicht des Nodes einen Link SEE MAP: GOOGLE MAPS. Dadurch kommen Sie zur bekannten

Kartenansicht auf Google. Bisher wird *Google Maps* versuchen, den Ort anhand der Straße und des Ortsnamens zu bestimmen.

22.2 Geodaten mit Google Maps verknüpfen

Aktivieren Sie nun die Untermodule *GMap* und *GMap Location*. Unter KONFIGURATION • WEB-DIENSTE • GMAP (*/admin/config/services/gmap*) weist das Modul Sie darauf hin, dass Sie zunächst einen *Google Maps API Key* benötigen. Über den Link können Sie fix einen solchen Schlüssel für Ihre Webseite generieren – allerdings benötigen Sie dafür ein Google-Konto. Tragen Sie den Key an der entsprechenden Stelle ein, und speichern Sie einmal. Nun sehen Sie unter DEFAULT MAP SETTINGS eine Beispielkarte (siehe Abbildung 22.3).

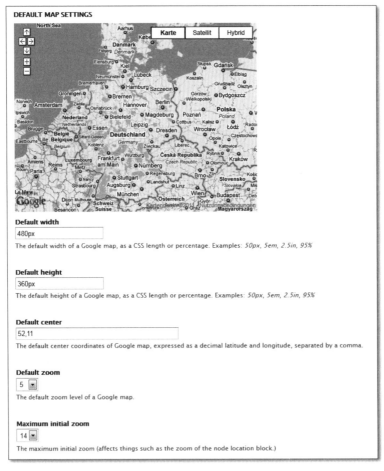

Abbildung 22.3 Die Standardeinstellungen Ihrer Google Maps

Die Optionen hier sind wiederum sehr umfangreich. Wir widmen uns zunächst den DEFAULT MAP SETTINGS. Hier können Sie die Breite und Höhe der Karte angeben, die sich nach Ihrem Design richten wird. Für das Examplast-Theme könnten wir zum Beispiel 480 Pixel × 360 Pixel wählen. Wenn Sie für das DEFAULT CENTER 52,11 und den DEFAULT ZOOM 5 wählen, sehen Sie bei den genannten Maßen ganz Deutschland auf der Karte.

Nun folgen weitere Einstellungen zum Design der Karte. Mit den ENABLED MAP TYPES (»BASE LAYERS«) legen Sie fest, welche Kartentypen wählbar sein sollen. So können Sie die Ansicht zum Beispiel auf die STANDARD STREET MAP beschränken. Unter MAP BEHAVIOR FLAGS stellen Sie das Verhalten der Karte, die erlaubten Funktionen für Nutzer fest. Wichtig ist die MARKER ACTION, mit der Sie einen Marker so einrichten können, dass er ein Info-Fenster oder den Node selbst öffnet. Der MARKER MANAGER am Ende hilft Ihnen dabei, sehr viele Marker auf einer Karte zu Clustern zusammenzufassen.

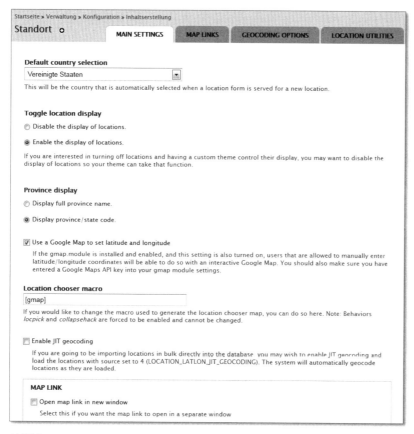

Abbildung 22.4 Unter »Location/Standort« können Sie Google Maps aktivieren, um Geodaten einzugeben.

22.2.1 Google Maps als Geodaten-Picker verwenden

Nun werfen Sie einen Blick auf KONFIGURATION • INHALTSERSTELLUNG • STANDORT • MAIN SETTING (/admin/config/content/location/main). Dies sind die Standardeinstellungen für das Modul *Location* (siehe Abbildung 22.4). Da nun das GMap-Modul aktiv ist, können Sie einen Haken bei USE A GOOGLE MAP TO SET LATITUDE AND LONGITUDE setzen. Wenn Sie nun einen Standort bei einem Node eingeben möchten – die entsprechenden Berechtigungen vorausgesetzt –, können Sie den Längen- und Breitengrad über eine Karte auswählen, anstatt die Zahlen direkt einzutippen (siehe Abbildung 22.5).

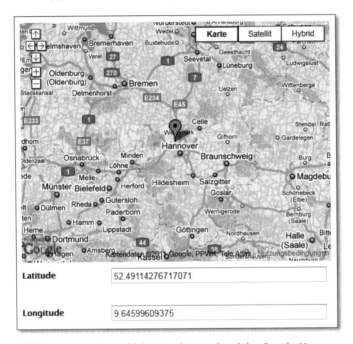

Abbildung 22.5 Auswahl der Geodaten anhand der Google Map

22.2.2 Die Geodaten auf einer Karte anzeigen

Nun können Sie zwar Geodaten eingeben, noch wird beim Node aber keine Karte angezeigt. Eine Möglichkeit ist ein neuer Block namens LOCATION MAP, der Ihnen zur Verfügung steht. Diesen könnten Sie bei allen *Standort*-Inhaltstypen anzeigen. In den Einstellungen des Blocks finden Sie zwei MAP MACROS: ein allgemeines und ein spezielles für diesen Inhaltstyp. Das Standard-Makro lautet:

```
[gmap | width=100% | height=200px | control=None |
behavior=+autozoom +notype]
```

Damit geben Sie vor, wie die Karte angezeigt werden soll. In der Dokumentation finden Sie weitere Beispiele, wie Sie Makros anlegen können. Alternativ können Sie die Ausgabe auch direkt über Ihr Theme beeinflussen (siehe Abschnitt 31.3, »Grundlagen für eigene Themes«).

22.2.3 Karten mit allen Nodes oder Usern

Nun schauen wir uns Konfiguration • Web-Dienste • GMap Location (*/admin/config/services/gmap_location*) näher an (siehe den Ausschnitt in Abbildung 22.6). Hier können Sie alle Geodaten entweder der User oder der Nodes auf einer Karte anzeigen lassen. Diese sind dann über */map/node* bzw. */map/user* erreichbar. Das Untermodul *User Locations* haben wir bisher nicht aktiviert, also beschränken wir uns auf die Nodes.

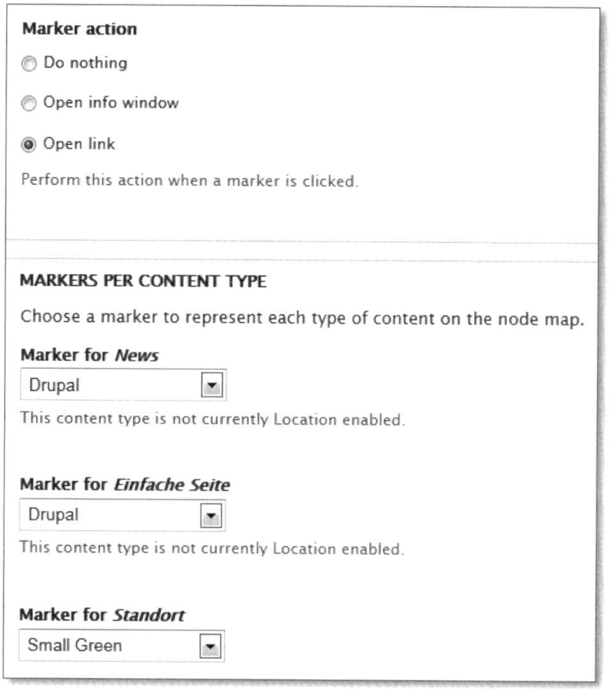

Abbildung 22.6 Sie können die Geodaten aller Nodes gemeinsam auf einer Karte abbilden.

Über die Makro-Anweisung geben Sie wieder vor, was auf der Karte zu sehen ist und welche Funktionen aktiviert sind. Mit Page header und Page footer können Sie über und unter der Karte entsprechenden Text ergänzen. Per Marker action zeigen Sie entweder wenige Infos in einem Fenster an oder verlinken gleich auf den Node. Für jeden einzelnen Inhaltstyp können Sie nun einen vorgegebenen Marker wählen. So könnten Sie zum Beispiel Termine und Standorte unterschiedlich darstellen.

22.3 Erweiterungen und Alternativen

Bei den einzelnen Untermodulen gibt es einige weitere, die wir bisher noch gar nicht genutzt haben. Etwas weiter oben bei den Modulen finden Sie außerdem noch *Location CCK*, das einen neuen Feldtyp für einen Standort hinzufügt, und *Location Generate*, um Ihre Nodes mit zufällig gewählten Geodaten auszustatten.

Wenn Ihnen *GMap* als Modul nicht zusagt, können Sie auch *OpenLayers* testen, das zum Beispiel Karten von *OpenStreetMap*, *Google Maps*, *Yahoo Maps* oder *Virtual Earth* unterstützt.

Kleiner Hinweis für die Praxis: Bei dem Inhaltstyp *Standort* ist es offensichtlich, dass jeweils ein eigener Ort pro Standort eingegeben werden muss. Wenn Sie aber zum Beispiel Termine mit Geodaten versehen möchten, passiert es häufiger, dass Orte mehrfach vorkommen. In diesem Fall ist es nicht sinnvoll, für jeden Termin einzeln einen Ort eingeben zu müssen. Stattdessen könnten Sie Orte als einzelne Inhaltstypen oder als Taxonomie anlegen. Ein einzelner Ort würde dann als neuer Node oder neuer Taxonomie-Begriff angelegt. Legt ein User dann einen neuen Termin an, muss er ihn nur noch mit einem Node (via *Node Reference*, siehe Abschnitt 7.5, »Inhalte zu festen Terminen veröffentlichen«) oder einer Taxonomie verknüpfen.

»Unmögliches erreicht man nur dann, wenn man es paradoxer Weise mit der gegebenen Realität weise zu verknüpfen weiß.«
– Christa Schyboll

23 Inhalte mit Views flexibel zusammenstellen

Mit *Views* lernen Sie nun eines der meistgenutzten und mächtigsten Module kennen. Über Entitys und Feldtypen ordnen Sie Ihre Inhalte und legen sie in der Datenbank ab – mit *Views* holen Sie die Informationen aus der Datenbank wieder heraus und fügen sie flexibel so zusammen, wie Sie sie gerade benötigen. Sie benutzen Filter, um etwa alle Inhalte eines bestimmten Inhaltstyps abzufragen – oder alle Nodes eines bestimmten Benutzers oder aus einem bestimmten Zeitraum. Diese Ergebnisse können Sie als komplette Nodes oder in der Teaser-Ansicht ausgeben. Alternativ wählen Sie lediglich einzelne Bestandteile aus, die Sie zum Beispiel in einer Tabelle anzeigen: etwa das Erstellungsdatum und den Titel Ihrer News oder alle Usernamen und ihre Rollen.

Auf einer Webseite geben Sie über *Views* zum Beispiel einen Block mit den letzten fünf News aus, bieten eine alphabetische Übersicht bestimmter Inhaltstypen oder erweitern ein Profil eines Benutzers um einen Reiter mit sämtlichen Beiträgen des Benutzers. Mit *Views* können Sie sich diese Datenbankabfragen recht komfortabel zusammenklicken. Das kann aber schnell komplexer werden, insbesondere dann, wenn Sie sich zum ersten Mal damit beschäftigen. Einige Entwickler bevorzugen es, Ihre Datenbankabfragen direkt als PHP-Code zu schreiben (mehr dazu finden Sie in Abschnitt 32.2.2, »Punktzahlen für Benutzer«).

Die Funktionen von *Views* sind so umfangreich, dass wir diesem Modul ein eigenes Buch widmen könnten. Es ist in jedem Fall eines der komplexesten Module für Drupal. Da es Ihnen aber viele nützliche Möglichkeiten bietet, sollten Sie sich nicht abschrecken lassen und mit den Optionen experimentieren. Ich beschränke mich im Folgenden auf einige Anwendungen, die für kleine und mittlere Webseiten relevant sein könnten. Auf der Grundlage dieser Beispiele können Sie Ihre eigenen Anwendungsfälle aufbauen.

Views benötigt als Voraussetzung das Modul *Ctools*. Aktivieren Sie bei den Modulen *Chaos Tools*, *Views* und *Views UI*. In der aktuellen Version zeigt *Views* Ihnen einen Mischmasch an deutsch- und englischsprachigen Texten an. In ein paar Monaten liegen für die im Folgenden genannten englischen Phrasen vielleicht schon wesentlich mehr deutsche Übersetzungen vor.

Das Modul bietet Ihnen zum Start einige vorbereitete Views, die Sie nur noch aktivieren müssen. Wir schauen uns einen dieser Views beispielhaft an: Klicken Sie dazu auf Struktur • Views / Ansichten (*/admin/structure/views*). Dort sehen Sie eine Übersicht der existierenden (aktuell deaktivierten) Views und oben einen Link, um eigene Views hinzuzufügen (+ Eine neue Ansicht hinzufügen, siehe Abbildung 23.1).

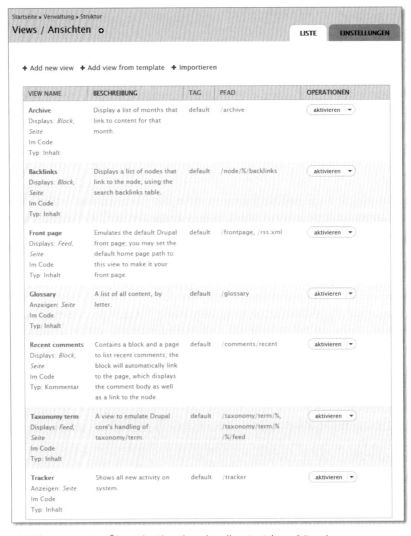

Abbildung 23.1 Die Übersicht über Ihre aktuellen Ansichten (Views)

In der Liste finden Sie einen View mit dem Namen GLOSSARY (Glossar, Wortliste). Die Beschreibung sagt Ihnen: »A list of all content, by letter«, also eine alphabetische Liste aller Inhalte. Aktivieren Sie diesen View, indem Sie einmal rechts auf den Link AKTIVIEREN klicken. Nun können Sie auf den aktiven Pfad */glossary* klicken. Sie sehen eine Übersicht aller existierenden Inhalte, sortiert nach dem Anfangsbuchstaben (siehe Abbildung 23.2). Am oberen Ende befindet sich eine Liste mit den Buchstaben, zu denen auch Inhalte existieren. Bei einem Klick auf einen der Buchstaben wird der Inhalt per Ajax nachgeladen. Das heißt, dass nur die benötigten Inhalte nachgeladen werden, dass nicht aber jedes Mal die komplette Seite neu geladen wird. Außerdem zeigt die URL weiterhin den Pfad */glossary*.

Abbildung 23.2 Das Glossar listet alle Beiträge pro Buchstabe auf.

23.1 Grundeinstellungen

Sie könnten nun den View für das *Glossary* bearbeiten und sich die Einstellungen dort ansehen. Wir bauen uns aber lieber einen eigenen View von null auf. Für diese Ansicht benötigen Sie einen Inhaltstyp *News*, so wie wir ihn in Abschnitt 6.3 bereits eingerichtet haben. Legen Sie nun mindestens vier Beispiel-News mit Blindtext an. Dabei sollten sich die Titel und die ersten Sätze jedoch unterscheiden, damit Sie einen Unterschied sehen – oder Sie nutzen die Daten der Webseite aus Kapitel 4, »Die Examplast GmbH«. Unser View soll Besuchern alle vorhandenen News in der Teaser-Ansicht anzeigen. Während auf der Startseite der Examplast GmbH zum Beispiel nur vier News zu sehen sind, können wir so einen neuen Menüpunkt NEWS erstellen, bei dem alle News zu lesen sind. Legen Sie mit + EINE NEUE ANSICHT HINZUFÜGEN einen neuen View an.

23 | Inhalte mit Views flexibel zusammenstellen

Abbildung 23.3 Die Grundeinstellungen für einen neuen View

Zunächst tragen Sie in Abbildung 23.3 einen passenden Namen ein, hier »Alle News«. Das System generiert wie bei den Inhaltstypen einen maschinenlesbaren Namen, den Sie manuell ändern könnten. Eine BESCHREIBUNG sollten Sie anlegen, um sich auch später zurechtzufinden. In unseren Fall: »Listet alle News auf«. Nun treffen Sie eine grundlegende Auswahl der Daten, die Sie anzeigen möchten. In der ersten Selectbox haben Sie zum Beispiel die Wahl zwischen *Taxonomie Begriffe*, *Benutzer*, *Inhalt*, *Content Revisions* (Versionierung der Inhalte), *Kommentare*, *Dateien*, *Module/Theme/Theme Engine* oder *Übersetzungsquelle*. Diese Auswahl hängt von den aktivierten Modulen ab. Auf den hier gewählten Grunddaten baut ihr View auf. Je nach Auswahl verändern sich die weiteren Optionen und die Daten, die Sie überhaupt abfragen können. In diesem Fall wählen Sie *Inhalt*. Wir wollen nur den Inhaltstyp *News* anzeigen, also fällt die Wahl bei OF TYPE ebenso auf die *News*. Bei SORTED BY wählen wir »Neuestes zuerst«.

Nun können wir eine Seite und/oder einen Block generieren. Hier wählen wir einen Block, den Haken bei CREATE A PAGE können Sie entfernen. Widmen wir uns dem Block: Der Blocktitel wird vom Namen des Views übernommen. Als ANZEIGEFORMAT wählen wir eine »Unformatted list«. Dabei zeigen wir »teasers« an. Durch die Wahl »teasers« werden neue Optionen nachgeladen. Wir möchten die Teaser »with links (allow users to add comments, etc.)« und »without comments« anzeigen. Bei EINTRÄGE PRO SEITE wählen wir zunächst 4. Klicken Sie auf den Button SAVE & EXIT.

Nun finden Sie bei den Blöcken einen neuen Block VIEW: ALLE NEWS. Legen Sie eine neue *Einfache Seite* an, die Sie »News« nennen und auch als NEWS ins Hauptmenü aufnehmen. Den neuen Block lassen Sie im Inhaltsbereich dieser Seite anzeigen. Das Ergebnis sieht so ähnlich aus wie die Startseite (siehe Abbildung 23.4).

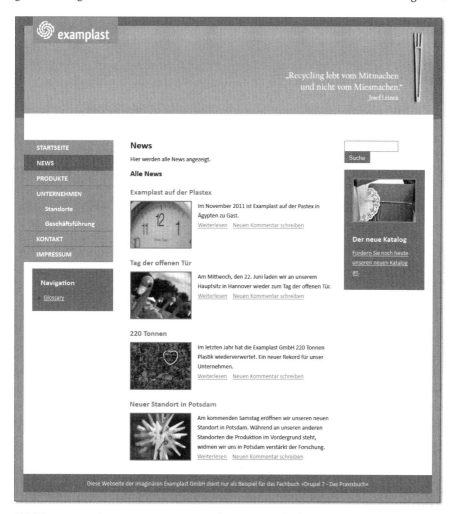

Abbildung 23.4 Die neue News-Seite mit dem »News«-Block

Sobald mehr als vier News angelegt wurden, erscheint unter den vier News ein kleiner Pager, mit dem Sie durch die News blättern können. Während für die Startseite aus Kapitel 4, »Die Examplast GmbH«, jede News einen Haken bei der Option AUF DER STARTSEITE benötigt hat, werden hier alle News angezeigt, die auf *öffentlich* stehen. Ob der Haken bei AUF DER STARTSEITE gesetzt ist oder nicht, ist bei den Default-Einstellungen des Views erst einmal egal.

23 | Inhalte mit Views flexibel zusammenstellen

Als wir den neuen View erstellt haben, konnten Sie zwischen BLOCK und SEITE wählen. Wir hätten die News-Seite auch gleich als eigene Seite über Views anlegen können. Es gibt aber einen kleinen Unterschied, der wichtig sein kann, wenn Redakteure die Webseite betreuen. Wenn Sie eine einzelne Seite mit Views bauen, können Sie vor den News eigenen Text hinzufügen – nur muss dafür der View bearbeitet werden, und das ist für Redakteure meist zu kompliziert. In unserem Fall ist die News-Seite nur eine *Einfache Seite*, die der Redakteur meist bearbeiten darf. Er kann also selbst den Text über dem Block editieren. Erst darunter folgt der VIEWS-Block, den er – meistens – nicht mehr bearbeiten darf.

23.2 Ein View im Detail

Bisher haben wir uns den einfachen Teil eines Views angesehen. Für einige Anforderungen mag das bereits reichen. Aber Views lassen sich noch viel umfangreicher einstellen. Klicken Sie wieder auf STRUKTUR • VIEWS / ANSICHTEN (*/admin/structure/views*), und bearbeiten dort den View ALLE NEWS, den Sie eben angelegt haben. Sie kommen zur Detail-Ansicht (siehe Abbildung 23.5).

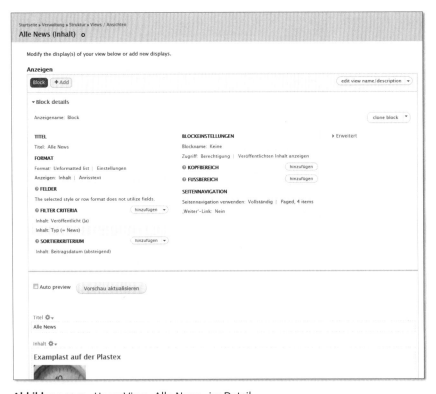

Abbildung 23.5 Unser View »Alle News« im Detail

Oben sehen Sie – direkt unter dem Wort ANZEIGEN – die verschiedenen Displays: Den BLOCK bearbeiten Sie gerade, und mit + ADD können Sie ein Display (eine Art der Anzeige) hinzufügen. Als Displays kommen erst einmal *Anhang*, *Block*, *Feed* und *Seite* infrage. Das hat den Hintergrund, dass Sie aufbauend auf den Grundeinstellungen verschiedene Displays generieren können, die sich leicht unterscheiden. Ein Beispiel wären verschiedene Blöcke mit News, bei denen sich nur das Datum unterscheidet, um etwa verschiedene Blöcke für die Jahre 2011, 2012 und 2013 zu realisieren.

In den BLOCK DETAILS legen Sie fest, welche Daten aus der Datenbank abgefragt werden und wie diese dargestellt werden. Einige Einstellungen hängen davon ab, welche Art von Display Sie gerade bearbeiten. Wenn Sie hier Werte ändern, werden diese zunächst nur zwischengespeichert. Damit der View Ihre Änderung tatsächlich übernimmt, müssen Sie oben rechts auf SPEICHERN klicken. Der Button erscheint erst, wenn Sie etwas am View verändert haben.

Am unteren Ende zeigt Ihnen das Modul eine Vorschau des Views. Diese wird aktualisiert, wenn Sie etwas an den Einstellungen ändern. So können Sie schnell überprüfen, ob der View die gewünschten Daten liefert.

Kommen wir zu den BLOCK DETAILS zurück: Der *Titel* ist hier der Titel des Blocks. Er wird derzeit auch über dem Block angezeigt. Sie können ihn hier ändern – oder über die Konfiguration (bei der Übersicht aller Blöcke – */admin/structure/block*) überschreiben.

Das FORMAT liefert Ihnen die Grundformate für die Ausgabe. Im Moment werden Ihnen die News als *unformatierte Liste* angezeigt. Andere Optionen wären ein *Raster* (Grid), eine *HTML-Liste*, ein *Sprungmenü* oder eine *Tabelle* (siehe Abbildung 23.6). Je nach Auswahl können Sie weitere Einstellungen vornehmen. Bei einer HTML-Liste wählen Sie etwa zwischen ungeordneter (`<ul>`) und geordneter Liste (`<ol>`).

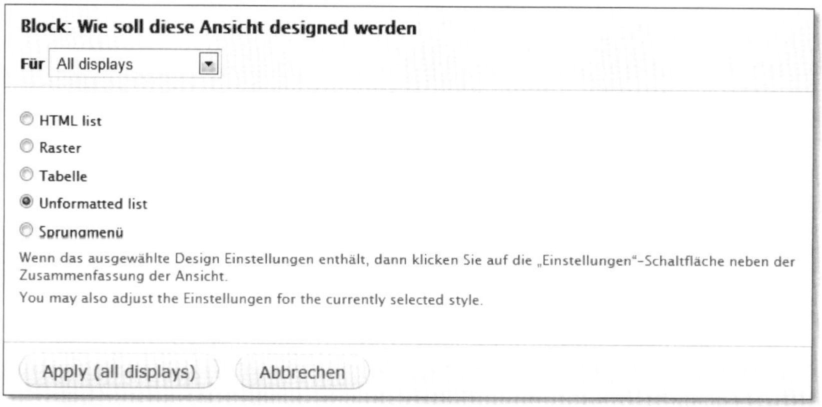

Abbildung 23.6 Grundstile für die Ausgabe der Daten

Unter FELDER können Sie einzelne Felder von Entitys anzeigen lassen. Statt der Teaseransicht würde dann zum Beispiel nur der Titel oder der Autor angezeigt (siehe dazu Abschnitt 23.3, »Mit Feldern arbeiten«).

Mit den FILTER CRITERIA legen Sie fest, welche Daten berücksichtigt werden sollen. Im Moment sind das alle Inhalte des Typs *News*, die auf *veröffentlicht* stehen. Den Typ haben Sie selbst in Abschnitt 23.1, »Grundeinstellungen«, festgelegt. Die Angabe INHALT: VERÖFFENTLICHT (JA) fügt *Views* selbst hinzu. Klicken Sie hier einmal auf HINZUFÜGEN. *Views* öffnet eine lange Liste von Kriterien, die Sie hinzufügen können (siehe Abbildung 23.7). Die Kriterien sind nach Rubriken geordnet. Oben können Sie nach einem Kriterium suchen oder nur jene Kriterien einer bestimmten Rubrik anzeigen lassen.

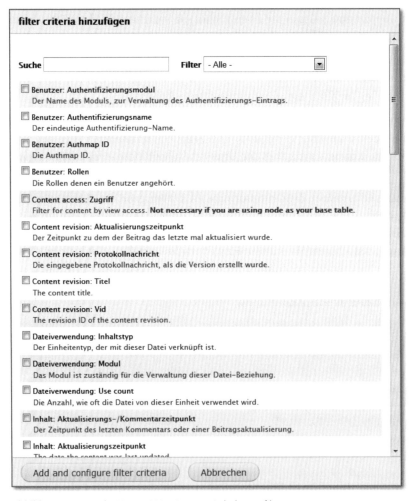

Abbildung 23.7 Jede Menge Kriterien, um Inhalte zu filtern

Setzen Sie als Beispiel einen Haken bei INHALT: BEITRAGSDATUM, und bestätigen Sie dann unten mit dem Button ADD AND CONFIGURE FILTER CRITERIA. Hierdurch fügen Sie einen Filter hinzu, der das Erstellungsdatum der News berücksichtigt (siehe Abbildung 23.8). Wir wählen als OPERATOR die Option IST GRÖSSER ALS, als WERTTYP die Option OFFSET AB DEM AKTUELLEN ZEITPUNKT WIE »+1 DAY« ODER »-2 HOURS -30 MINUTES« und als WERT »-1 day«. An dieser Stelle müssen Sie den Wert übrigens auf Englisch eintragen, damit Views die Angabe versteht. Nun sollte sich die Vorschau unten ändern. Sie sehen nun nur noch jene News, die Sie innerhalb der letzten 24 Stunden angelegt haben. Bei den Filtern wirken alle Filter gleichzeitig. Bei den aktuellen Einstellungen werden also nur solche Inhalte angezeigt, die innerhalb der letzten 24 Stunden erstellt wurden, die dem Typ *News* entsprechen und die auf *veröffentlicht* stehen.

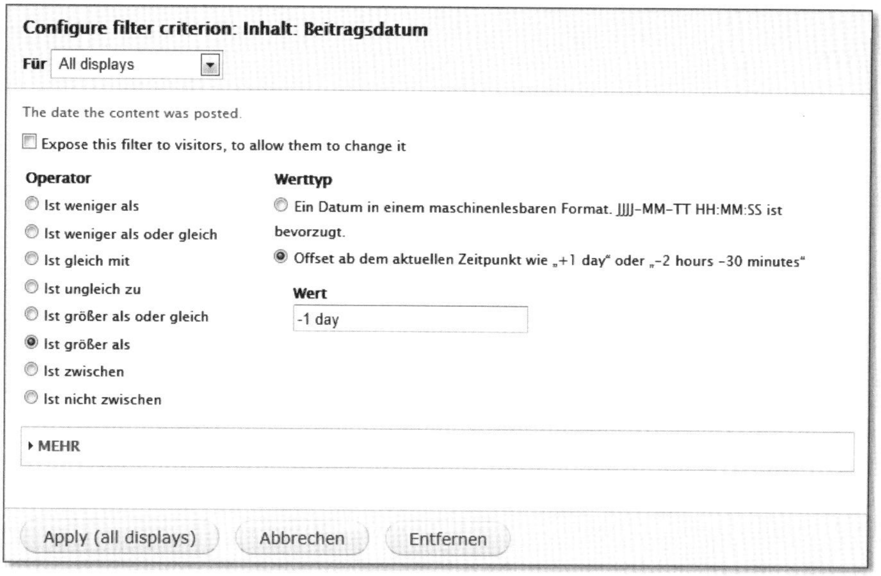

Abbildung 23.8 Ein neuer Filter, der das Datum berücksichtigt

Sie möchten Ihre Datensätze nun nicht irgendwie anzeigen, sondern in einer bestimmten Reihenfolge. Bei News wäre das das Beitragsdatum; eine Taxonomie ordnen Sie eher alphabetisch und meistdiskutierte Artikel nach der Anzahl der Kommentare. Diese Vorgaben erledigen Sie im Abschnitt SORTIERKRITERIUM. Bei den News haben wir bereits das Erstellungsdatum INHALT: BEITRAGSDATUM (ABSTEIGEND) gewählt: die News erscheinen mit dem neusten Beitrag zuerst, erkennbar an dem »(absteigend)«.

In den BLOCKEINSTELLUNGEN können Sie zunächst einen BLOCKNAME vergeben. Dieser erscheint dann in der Übersicht der Blöcke statt des bisherigen Blocktitels

View: Alle News. Interessanter sind die Zugriffsoptionen. Klicken Sie einmal auf den Link Zugriff. In einem neuen Fenster öffnen sich die drei Optionen: Berechtigung, Keine und Rolle. Im Moment ist Berechtigung festgelegt. Diesen Block sehen also nur die Nutzer, die ein bestimmtes Recht haben, in diesem Fall das Recht *Veröffentlichen Inhalt anzeigen*. Wählen Sie stattdessen einmal Rollen, und klicken Sie auf Apply. Nun werden alle Rollen Ihres Systems aufgelistet, und Sie entscheiden, wer Zugriff bekommen soll (siehe Abbildung 23.9). So können Sie zum Beispiel einen Block mit internen Daten auf Authentifizierter Benutzer beschränken. Haben Sie Keine bei Zugriff gewählt, gibt es keine Überprüfung, und jeder hat Zugriff auf diesen View.

Abbildung 23.9 Beschränken Sie den Zugriff auf bestimmte Rollen.

Nun folgen zwei Abschnitte für den *Kopf-* und *Fußbereich*. Hier können Sie einen Text oder einen anderen View einfügen. In vielen Fällen möchten Sie nicht einfach unvermittelt einen View einfügen. Ein paar einleitende Sätze sind sinnvoll. Wählen Sie hier Global: Textbereich, können Sie einen Text samt HTML hinzufügen. Mit der Checkbox Auch anzeigen, wenn die Ansicht keine Ergebnisse zurückliefert auf der folgenden Seite (siehe Abbildung 23.10) können Sie bestimmen, ob der Text auch erscheint, falls der View keine Ergebnisse liefert. Kleines Beispiel: Angenommen, Sie lassen die nächsten Termine für Seminare in Berlin anzeigen. Davor fügen Sie vielleicht einen Satz hinzu: »Unsere nächsten Termine in Berlin:«. Das sieht etwas verloren aus, wenn gerade keine kommenden Termine feststehen. In solchen Fällen sollte der Satz also nicht erscheinen. Das ist auch die Grundeinstellung eines Views. Bei Views ohne Ergebnis möchten Sie vielleicht einen anderen Text anzeigen. Die Möglichkeit dazu finden Sie in der rechten Spalte unter Erweitert. Dort können Sie unter No Results Behaviour einen solchen Text hinzufügen.

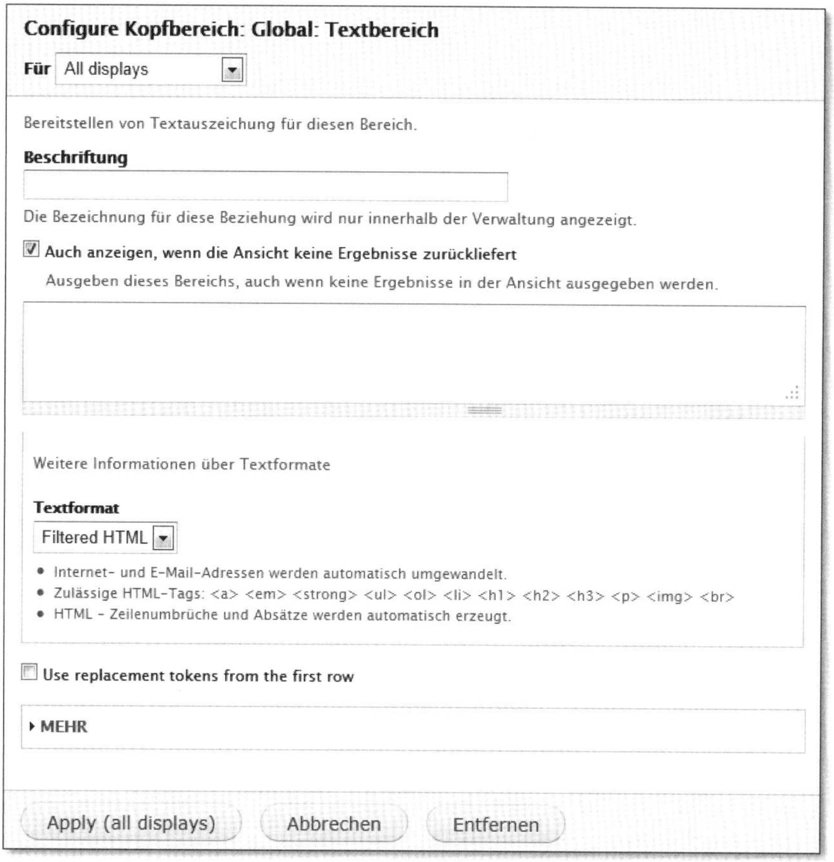

Abbildung 23.10 Sie können vor oder nach dem View (HTML-)Text hinzufügen.

Im letzten Abschnitt können Sie die SEITENNAVIGATION bestimmen. Unsere News werden bisher komplett angezeigt, auf Seiten zu je vier News. Klicken Sie einmal auf VOLLSTÄNDIG. Sie haben hier vier Optionen (siehe Abbildung 23.11):

- ALLE ELEMENTE ANZEIGEN: Zeigt alle Elemente untereinander an.

- DIE ANGEGEBENE ANZAHL VON ELEMENTEN ANZEIGEN: Zeigt eine bestimmte Anzahl an Elementen an. Sie können auch einen Offset angeben: eine Anzahl von Elementen, die übersprungen, also nicht berücksichtigt werden. Tragen Sie etwa bei ANZAHL ANZUZEIGENDER EINTRÄGE 4 und bei OFFSET 2 ein, werden die Elemente 3 bis 6 angezeigt; ausgehend von der Reihenfolge, die Sie über SORTIERKRITERIUM festgelegt haben.

- SEITENWEISE AUSGABE, MINI SEITENNAVIGATION: Zeigt alle Elemente, verteilt auf mehrere Seiten, an. Am Fuß wird ein Mini-Pager angezeigt, dieser ist recht kompakt und zeigt etwa »2 von 4«.

- SEITENWEISE AUSGABE, VOLLE SEITENNAVIGATION: Zeigt alle Elemente, verteilt auf mehrere Seiten, an. Am Fuß wird ein vollständiger Pager angezeigt. Ein vollständiger Pager enthält die Seitenzahl plus Links wie »nächste Seite« oder »letzte Seite«.

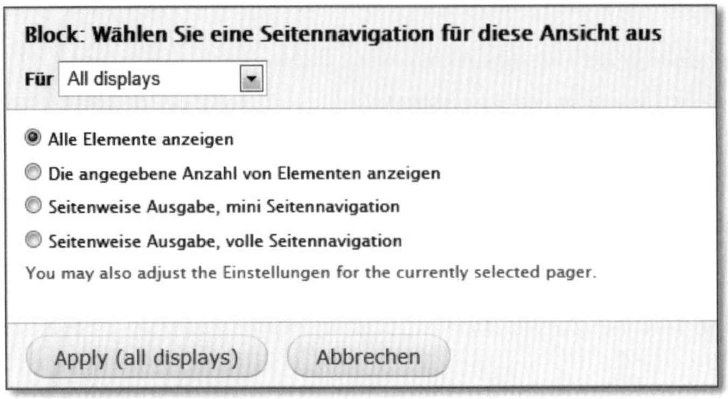

Abbildung 23.11   Optionen für die Navigation

Um die rechte ERWEITERT-Spalte kümmern wir uns später.

23.3   Mit Feldern arbeiten

Der Umgang mit dem Modul fällt Ihnen leichter, wenn Sie erst einmal einige Views angelegt haben. Deshalb erstellen wir nun für unsere Redakteure eine interne Tabelle aller Inhalte. Angezeigt werden sollen der Titel, der Typ, das Datum der letzten Änderung und ein Link zum Bearbeiten des Inhalts. Als Grundlage nutzen wir wieder unsere Daten von der Beispielwebseite aus Kapitel 4. Legen Sie einen neuen View an (siehe Abbildung 23.12). Als Namen wählen Sie: ÜBERSICHT ALLER INHALTE, den maschinenlesbaren Namen ändern Sie in »uebersicht«. Sie zeigen »Inhalt« an vom Typ »Alles« SORTED BY »Titel«.

Dieses Mal erstellen Sie eine Seite. Als Pfad wählen Sie »admin/uebersicht«. Durch das erste »admin« ist die Seite damit schon dem Admin-Bereich zugeordnet und wird mit dem Admin-Theme angezeigt. Als Anzeigeformat wählen Sie eine Tabelle. Setzen Sie einen Haken bei CREATE A MENU LINK. Der Menüpunkt kann weiterhin ÜBERSICHT ALLER INHALTE heißen und soll im Menü NAVIGATION erscheinen. Dort befinden sich bereits Links, um neue Inhalte zu erstellen; die Übersicht der bestehenden Inhalte passt also gut dorthin. Klicken Sie unten auf den Button CONTINUE & EDIT.

Abbildung 23.12 Die Basis unserer neuen Übersicht

In unserer Tabelle sollen bestimmte Felder zu sehen sein. Das Modul fügt in diesem Fall als erstes Feld den Titel hinzu. In der Vorschau sehen Sie bislang zehn Einträge mit Titel.

Nun fügen wir weitere Felder hinzu. Klicken Sie dazu im Abschnitt FELDER auf HINZUFÜGEN. Sie können auch hier mehrere Felder in einem Schritt hinzufügen. Setzen Sie einen Haken bei den Checkboxen für INHALT: AKTUALISIERUNGSZEITPUNKT, INHALT: BEARBEITEN-LINK, INHALT: TYP, und klicken Sie dann unten auf ADD AND CONFIGURE FELDER. Nun legen Sie für jedes einzelne Feld die Darstellung fest. Klicken Sie erst einmal nur überall auf APPLY (ALL DISPLAYS). Nun sieht die Tabelle schon umfangreicher aus: Es werden zehn Items mit den gewünschten Feldern angezeigt (siehe Abbildung 23.13).

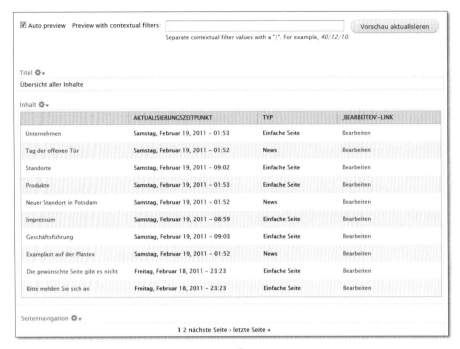

Abbildung 23.13 Ein Zwischenstand der neuen Übersicht

Nun ändern wir zunächst die Reihenfolge. Klicken Sie dazu im Abschnitt FELDER auf den kleinen Pfeil neben dem HINZUFÜGEN. Nun können Sie UMSORTIEREN auswählen. Es öffnet sich ein Fenster (siehe Abbildung 23.14), über das Sie zum einen per Drag & Drop die Reihenfolge ändern und zum anderen Felder gleich entfernen können. Wir wählen die Reihenfolge: *Titel, Typ, Aktualisierungszeitpunkt, Bearbeiten* – und speichern.

Im Abschnitt SEITENNAVIGATION ändern wir die Anzeige auf ALLE ELEMENTE ANZEIGEN mit einem Offset von 0. Klicken Sie nun im Abschnitt FORMAT neben »Tabelle« auf den Link EINSTELLUNGEN. Haken Sie im oberen Teil die drei Checkboxen bei SORTIERBAR ab, und wählen Sie die erste Reihe als STANDARDSORTIERUNG (siehe Abbildung 23.15). Nun können Sie die Tabelle anhand der ersten drei Spalten sortieren lassen, indem Sie die Überschrift in dieser Spalte anklicken. Bei einem erneuten Klick ändert sich die Reihenfolge der Sortierung, also von auf- zu absteigend und umgekehrt. Die Sortierung, die Sie an dieser Stelle für die Tabelle einstellen, wird auch genutzt. Die bisherige Sortierung im Abschnitt SORTIERKRITERIUM können Sie also löschen.

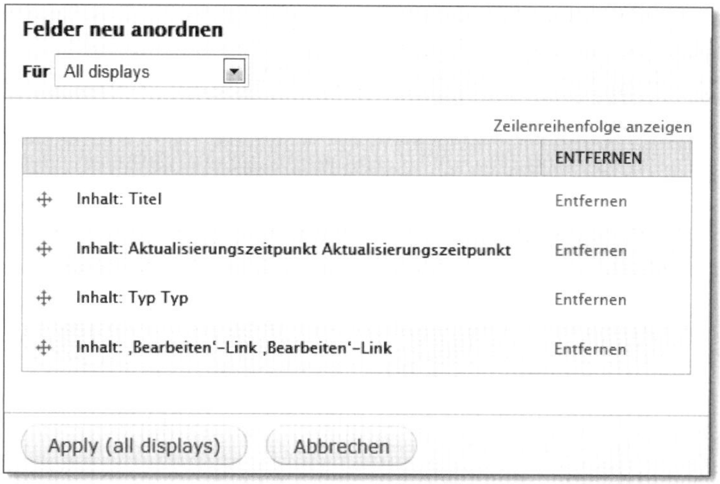

Abbildung 23.14 Umgruppieren der Felder

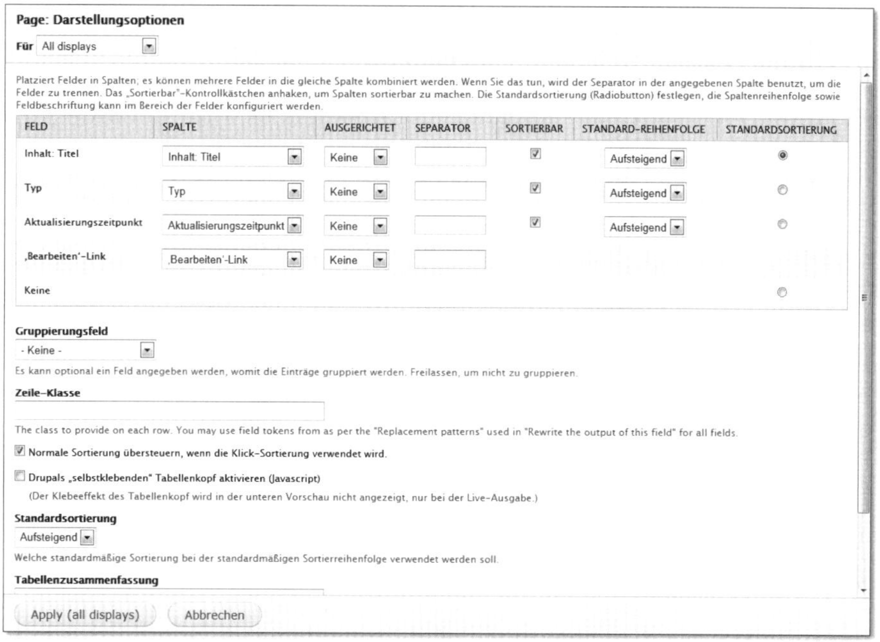

Abbildung 23.15 Wir aktivieren die Sortierfunktionen der Tabelle.

Die Sortierung können Sie für die erste Spalte noch nicht nutzen, dort fehlt ein Text zum Draufklicken. Wählen Sie im Abschnitt FELDER den Link INHALT: TITEL aus. Setzen Sie bei der ersten Option, CREATE A LABEL, einen Haken. Bei der Beschriftung wählen Sie »Titel«. Speichern Sie mit dem APPLY (ALL DISPLAYS)-

Button. Auf die gleiche Art und Weise ändern Sie die Beschriftung der Spalte BEARBEITEN-LINK einfach in »Bearbeiten«.

Speichern Sie Ihren View über den SPEICHERN-Button rechts oben, und schauen Sie sich das bisherige Ergebnis unter */admin/uebersicht* an (siehe Abbildung 23.16).

TITEL	TYP	UPDATED DATE	BEARBEITEN
220 Tonnen	News	Samstag, Februar 19, 2011 - 01:52	Bearbeiten
Bitte melden Sie sich an	Einfache Seite	Freitag, Februar 18, 2011 - 23:23	Bearbeiten
Die gewünschte Seite gibt es nicht	Einfache Seite	Freitag, Februar 18, 2011 - 23:23	Bearbeiten
Examplast auf der Plastex	News	Mittwoch, Juni 29, 2011 - 11:13	Bearbeiten
Geschäftsführung	Einfache Seite	Samstag, Februar 19, 2011 - 09:03	Bearbeiten
Impressum	Einfache Seite	Samstag, Februar 19, 2011 - 08:59	Bearbeiten
Neuer Standort in Potsdam	News	Samstag, Februar 19, 2011 - 01:52	Bearbeiten
News	Einfache Seite	Mittwoch, Juni 29, 2011 - 11:02	Bearbeiten
Produkte	Einfache Seite	Samstag, Februar 19, 2011 - 01:53	Bearbeiten
Standorte	Einfache Seite	Samstag, Februar 19, 2011 - 09:02	Bearbeiten
Tag der offenen Tür	News	Samstag, Februar 19, 2011 - 01:52	Bearbeiten
Unternehmen	Einfache Seite	Samstag, Februar 19, 2011 - 01:53	Bearbeiten

Abbildung 23.16 Die aktuelle Übersicht für unsere Redakteure

Nun können Sie den Zugriff auf diesen View noch auf die Rolle *Authentifizierter Benutzer* ändern. Die BEARBEITEN-Links erscheinen übrigens bei jedem User nur für die Inhalte, die er auch tatsächlich editieren darf.

23.4 Felder anders ausgeben

Nun möchten wir im selben View die Ausgabe des Datums ändern. Bearbeiten Sie den View, und klicken Sie im Abschnitt FELDER auf INHALT: AKTUALISIERUNGS-ZEITPUNKT (AKTUALISIERUNGSZEITPUNKT). Ändern Sie das Datumsformat auf BENUTZERDEFINIERT, und geben Sie als eigenes Format nun »d.m.Y – H:i« vor; das macht die Anzeige etwas kompakter (siehe Abbildung 23.17). Aus einem »Mittwoch, Juni 29, 2011 – 11:02« wird so »29.06.2011 – 11:02«. Für die Datumsfunktionen in PHP siehe wiederum Abschnitt 4.6, »Datum und Zeiteinstellungen«.

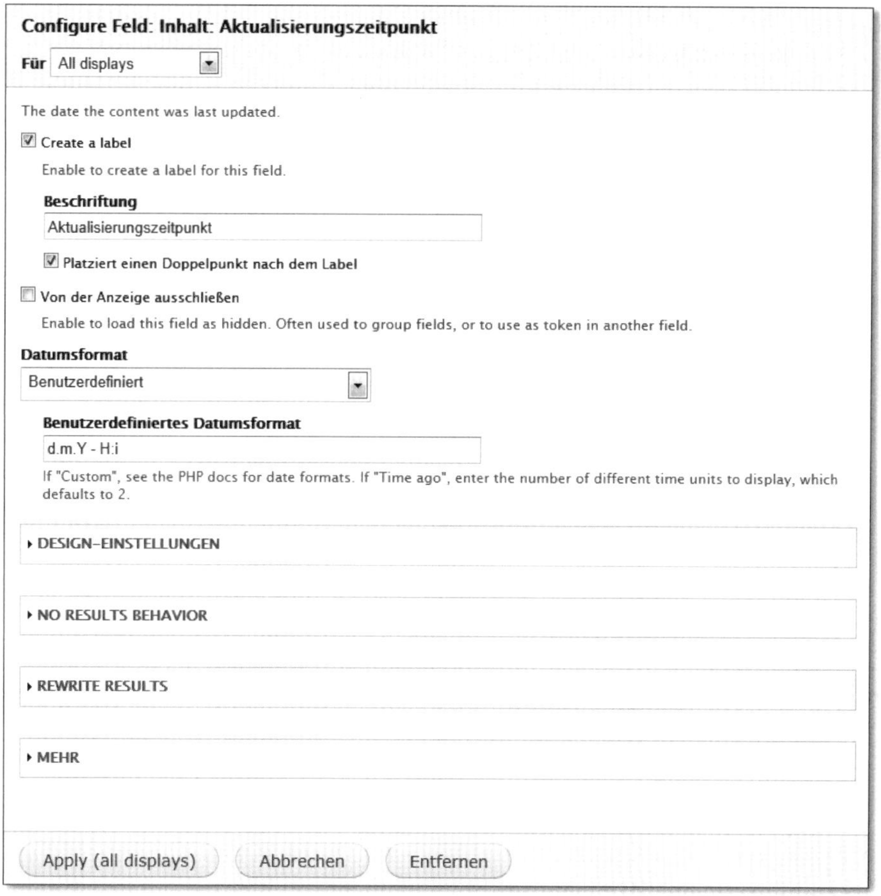

Abbildung 23.17 Anpassen der Ausgabe des Datums

Bei den Einstellungen sehen Sie vier weitere ausklappbare Optionen, die wir bisher nicht genutzt haben.

- Mit den DESIGN-EINSTELLUNGEN (STYLE SETTINGS) können Sie die Ausgabe des Datums beeinflussen. Sie können sowohl das Label (die Überschrift der Spalte) als auch die einzelnen Felder mit einem HTML-Element und CSS-Klassen ausstatten.

- Das NO RESULTS BEHAVIOUR kommt ins Spiel, wenn beim betreffenden Feld kein Inhalt vorhanden ist. Das ist bei unserer Übersicht aktuell nicht möglich, weil alle Felder immer belegt sind.

- Mit MEHR können Sie einen administrativen Titel vergeben. Das kann hilfreich sein, wenn Sie ein Feld zweimal ausgeben wollen und anhand der vorgegebenen administrativen Titel nicht unterscheiden können.

- Für die Gruppe REWRITE RESULTS nutzen wir ein Beispiel: Neben dem Datum der letzten Aktualisierung zeigen wir außerdem das Erstellungsdatum an. Dazu fügen wir zunächst im Bereich FELDER das neue Feld INHALT: BEITRAGSDATUM hinzu. Ändern Sie auch hier die Anzeige des Datums auf dasselbe Format wie eben: also auf BENUTZERDEFINIERT und »d.m.Y – H:i«. Das neue Datum soll in der Tabelle direkt nach dem Typ erscheinen, also ändern wir die Reihenfolge der Felder. Einen Zwischenstand sehen Sie in Abbildung 23.18.

Startseite
Übersicht aller Inhalte

TITEL	TYP	BEITRAGSDATUM	AKTUALISIERUNGSZEITPUNKT	BEARBEITEN
220 Tonnen	News	26.01.2011 - 14:42	19.02.2011 - 01:52	Bearbeiten
Bitte melden Sie sich an	Einfache Seite	18.02.2011 - 07:47	18.02.2011 - 23:23	Bearbeiten
Die gewünschte Seite gibt es nicht	Einfache Seite	18.02.2011 - 07:45	18.02.2011 - 23:23	Bearbeiten
Examplast auf der Plastex	News	22.03.2011 - 15:21	19.02.2011 - 01:52	Bearbeiten
Geschäftsführung	Einfache Seite	18.02.2011 - 05:30	19.02.2011 - 09:03	Bearbeiten
Impressum	Einfache Seite	18.02.2011 - 03:56	19.02.2011 - 08:59	Bearbeiten
Neuer Standort in Potsdam	News	17.01.2011 - 12:38	19.02.2011 - 01:52	Bearbeiten
Produkte	Einfache Seite	18.02.2011 - 03:56	19.02.2011 - 01:53	Bearbeiten
Standorte	Einfache Seite	18.02.2011 - 05:29	19.02.2011 - 09:02	Bearbeiten
Tag der offenen Tür	News	10.03.2011 - 11:45	19.02.2011 - 01:52	Bearbeiten
Unternehmen	Einfache Seite	18.02.2011 - 03:55	19.02.2011 - 01:53	Bearbeiten

Abbildung 23.18 Die aktuelle Ausgabe mit zwei Spalten für die Daten

Nun möchten wir ein wenig Platz sparen und beide Daten in einer Spalte anzeigen. Bearbeiten Sie das Feld mit dem Beitragsdatum, und wählen Sie oben die Option VON DER ANZEIGE AUSSCHLIESSEN. Damit wird das Datum zwar geladen, erst einmal aber nicht angezeigt. Nun bearbeiten Sie das Datum mit dem Aktualisierungszeitpunkt. Ändern Sie die Beschriftung in »Erstellt / Aktualisiert«. Nun öffnen Sie die Gruppe REWRITE RESULTS und setzen einen Haken bei der ersten Option DIE AUSGABE DES FELDES NEU-DEFINIEREN. So überschreiben Sie den eigentlichen Inhalt. Sie können nun einen Text eingeben und dort mit Ersetzungsmustern arbeiten. Dafür stehen Ihnen alle Felder zur Verfügung, die in der Reihenfolge vor dem Aktualisierungsdatum stehen. Wenn Sie die oben genannte Reihenfolge richtig eingestellt haben, sollten Ihnen die Muster [title], [type], [created] und [changed] zur Verfügung stehen. Schreiben Sie in das Textfeld:

```
Erstellt: [created]<br />
Aktualisiert: [changed]
```

Sie können hier also mit HTML-Elementen arbeiten und könnten auch so Texte mit `<h2>`, `<strong>` oder `<em>` ausstatten. Speichern Sie einmal das Feld und den gesamten View, und sehen Sie sich die Ausgabe an (siehe Abbildung 23.19). Beide Daten sind nun in einer Spalte zusammengefasst. Diese Spalte kann immer noch anhand des Aktualisierungsdatums sortiert werden – allerdings ist nun durch den Titel der Spalte nicht mehr ersichtlich, wie sortiert wird.

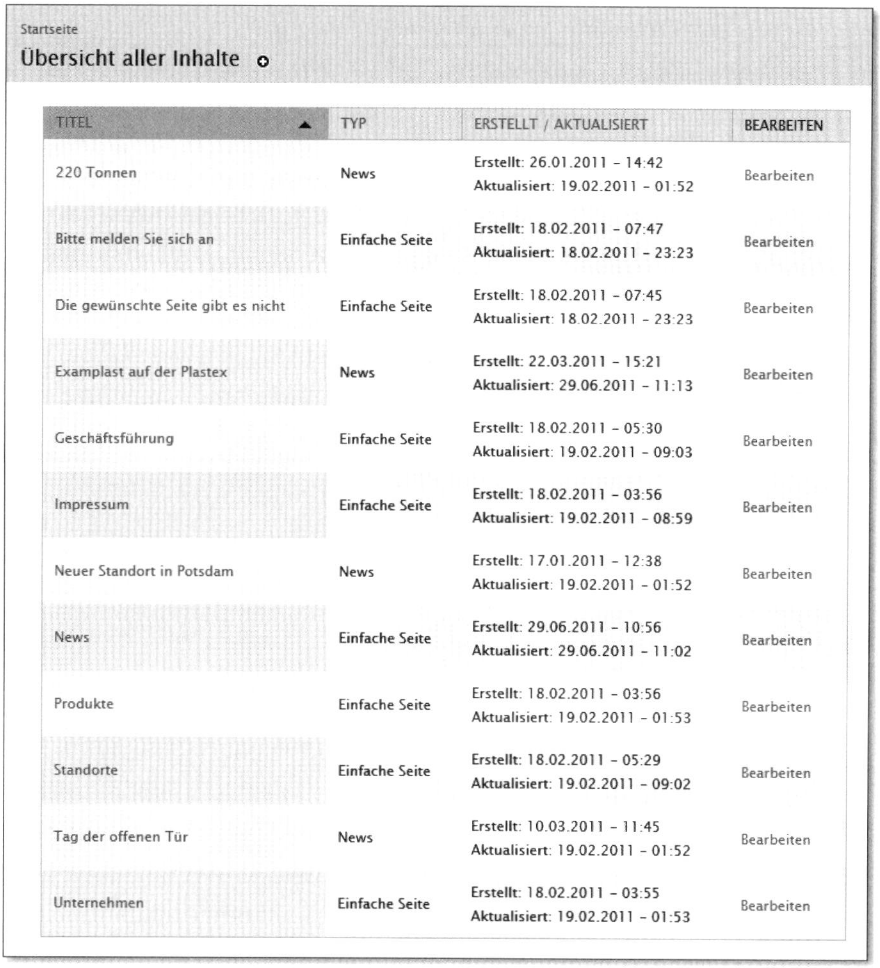

Abbildung 23.19 Die Tabelle mit den zusammengefassten Daten

Sie können mit REWRITE RESULTS auch den Text auf eine bestimmte Länge beschränken (»Trim this field to a maximum length«) oder HTML entfernen (»Strip HTML tags«).

23.5 Exponierte Filter

Wir bleiben beim Beispiel der bisherigen Übersicht. Wenn Sie nur ein paar Inhalte haben, kommen Sie mit der Tabelle gut zurecht. Je umfangreicher das Projekt wird, desto länger wird die Tabelle. Da wäre es gut, wenn der Nutzer außer der Sortierung noch ein paar Optionen bekäme, um Inhalte zu filtern. In unserem Fall soll er die Tabelle zum Beispiel auf einzelne Inhaltstypen einschränken können. Dafür benutzen Sie in Views *exponierte Filter*.

Bearbeiten Sie wieder den View der Übersicht, und fügen Sie ein neues Filterkriterium INHALT: TYP hinzu. Dabei setzen Sie einen Haken bei der ersten Option EXPOSE THIS FILTER TO VISITORS, TO ALLOW THEM TO CHANGE IT. Damit wird der Filter dem Nutzer zur Verfügung gestellt. Sie können nun weitere Vorgaben machen (siehe Abbildung 23.20). Als BESCHRIFTUNG ist vielleicht »Art des Inhalts« verständlicher als »Typ«. Beim OPERATOR wählen Sie IST EINES VON. Bei den INHALTSTYPEN setzen Sie alle Häkchen und wählen noch REMEMBER THE LAST SELECTION. Mit der letzten Einstellung merkt sich das System die zuletzt getroffene Auswahl beim Filter.

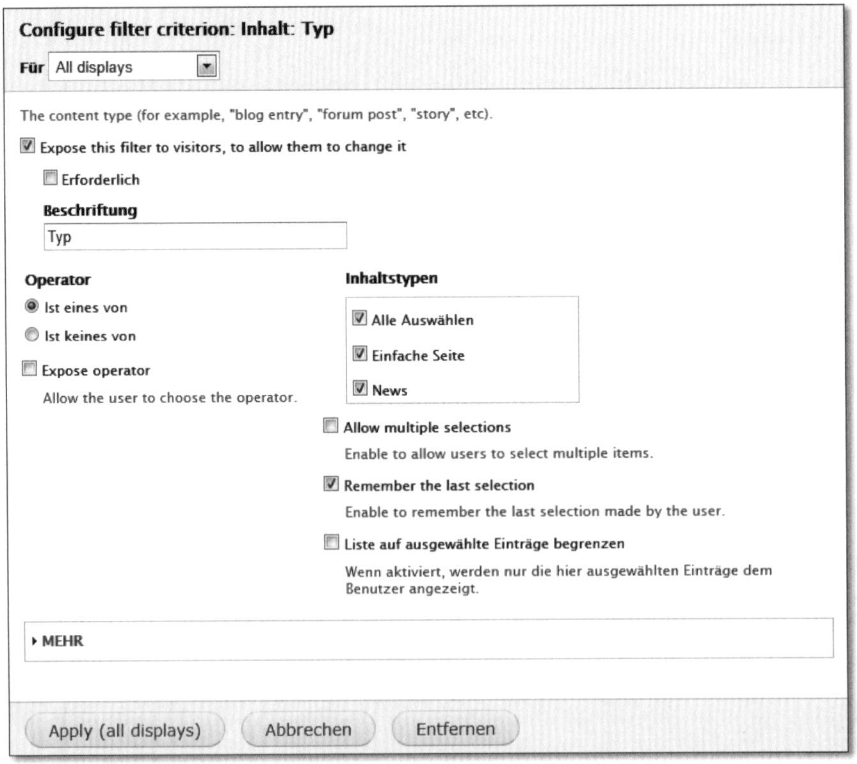

Abbildung 23.20 Vorgaben für den exponierten Filter

Den Filter sehen Sie nun in der Vorschau unten in Aktion. Mit einer Selectbox können Sie alle Inhaltstypen, nur die News oder nur die einfachen Seiten anzeigen lassen.

Sie hätten in Ihren Einstellungen übrigens auch bei den Inhaltstypen keinen Haken setzen und stattdessen ALLOW MUTIPLE SELECTIONS wählen können. In dem Fall hätte es in der Selectbox nur zwei Zeilen mit News und einfachen Seiten gegeben. Um beide anzuzeigen, müsste ein Redakteur dann aber beide markieren. Auf diese Idee kommen aber nicht alle Benutzer ohne weitere Hinweise, deshalb ist eine offenkundige Option für alle Inhalte meist die bessere Wahl.

23.6 Duplizieren, Export und Import

In der Liste der Views können Sie diese bearbeiten, exportieren, duplizieren und löschen. Views, die das Modul zur Verfügung stellt, können Sie nicht löschen, sondern nur deaktivieren.

Duplizieren Sie einen View, übernimmt das System alle Einstellungen des ersten View für den neuen View. Sie haben ebenso die Möglichkeit, einen View zu ex- und zu importieren. Wenn Sie zum Beispiel für eine Webseite einen View für eine allgemeine Übersicht der Inhalte gebaut haben, den Sie auf einer anderen Webseite ebenso verwenden möchten, können Sie einfach den Export nutzen. Ein Klick führt Sie zu einem Text, den Sie einfach kopieren. Auf der nächsten Webseite klicken Sie bei den Ansichten statt auf EINE NEUE ANSICHT HINZUFÜGEN auf IMPORTIEREN, vergeben einen Namen und kopieren den Text in das vorgegebene Feld.

23.7 Eine alphabetische, gruppierte Anzeige

Nun möchten wir eine alphabetische Übersicht über einen bestimmten Inhaltstyp erstellen. Das kann einfach eine Liste der Taxonomie-Begriffen sein oder eine Liste von Bandnamen. In unserem Fall soll es um eine Webseite gehen, die sich Comicfiguren widmet. Es gibt einen Inhaltstyp *Charakter*, der verschiedene Informationen zu den Figuren beinhaltet. Nun soll es eine alphabetische Liste der Figuren geben, die jeweils nach dem Anfangsbuchstaben gruppiert sind. Die alphabetische Liste ist mit den bisherigen Abschnitten über Views nicht schwer zu realisieren. Dafür benötigen wir nur den Titel mit den Charakternamen. Zusätzlich werden wir den Titel ein zweites Mal einlesen, uns dabei aber auf den Anfangsbuchstaben beschränken, um dann alle Inhalte anhand dieses Anfangsbuchstabens zu gruppieren und die gewünschte Übersicht zu erhalten.

23 | Inhalte mit Views flexibel zusammenstellen

Legen Sie eine neue Ansicht an (siehe Abbildung 23.21). Der ANSICHTSNAME ist »Liste der Charaktere«, und die BESCHREIBUNG lautet »alphabetische, gruppierte Liste aller Charaktere«. Wir zeigen den »Inhalt« vom Typ »Charakter« an, und zwar sortiert nach dem Titel. Dazu erstellen wir einen Block, in dem eine unformatierte Liste der Titel angezeigt wird. Nun klicken wir auf CONTINUE & EDIT.

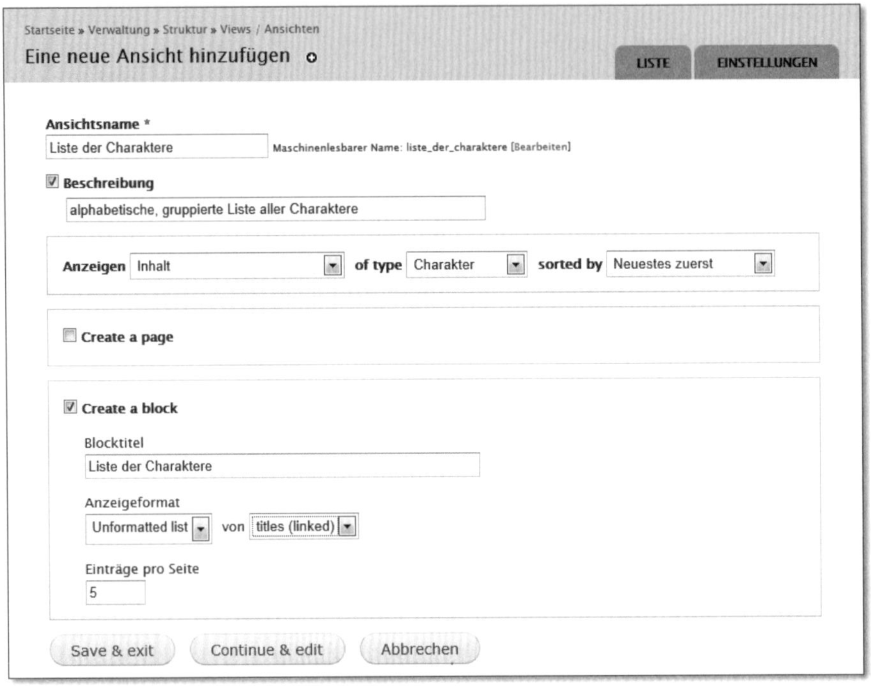

Abbildung 23.21 Ein neuer View für unsere Charaktere

Sorgen Sie dafür, dass die Titel alphabetisch von A–Z (also aufsteigend) sortiert werden. In der Seitennavigation zeigen wir alle Items an. Das liefert uns eine einfache, alphabetische Liste. Wir möchten aber zusätzlich eine Gruppierung nach den Anfangsbuchstaben erreichen. Fügen Sie dazu im Bereich FELDER ein weiteres Feld hinzu. Und zwar wieder INHALT: TITEL. Um beide zu unterscheiden, öffnen wir die Gruppe MEHR und geben als administrativen Titel »Anfangsbuchstabe des Titels« ein. Oben können Sie die Haken bei CREATE A LABEL und LINK THIS FIELD TO THE ORIGINAL PIECE OF CONTENT entfernen. In der Gruppe REWRITE RESULTS nutzen wir aber die Option DIESES FELD AB EINER MAXIMALEN ZEICHENLÄNGE ABSCHNEIDEN und stellen die MAXIMALLÄNGE auf 1. Die Haken bei NUR AM WORTENDE ABSCHNEIDEN und EIN AUSLASSUNGSZEICHEN HINZUFÜGEN können wegfallen.

Ihre Liste enthält nun den Titel (den Namen) eines Charakters und außerdem den ersten Buchstaben. Wir benötigen diesen Buchstaben zwar, aber in der Liste soll

er an dieser Stelle nicht auftauchen. Bearbeiten Sie also das Feld ANFANGSBUCH-
STABE DES TITELS erneut, und setzen Sie oben einen Haken bei VON DER ANZEIGE
AUSSCHLIESSEN. Das sorgt dafür, dass das Feld zwar im Hintergrund existiert und
wir damit arbeiten können – es erscheint aber nicht mehr in der Liste.

Um die Charaktere nun nach den Anfangsbuchstaben zu gruppieren, klicken Sie
im Abschnitt FORMAT neben der UNFORMATTED LIST auf die EINSTELLUNGEN (siehe
Abbildung 23.22). Hier wählen Sie als GRUPPIERUNGSFELD den eben generierten
ANFANGSBUCHSTABE DES TITELS aus.

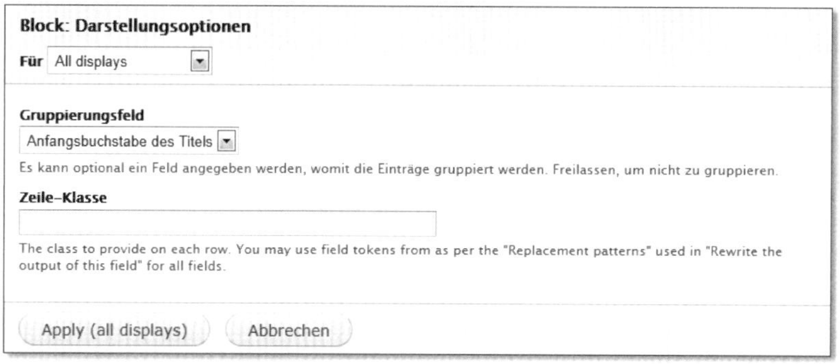

Abbildung 23.22 Der »Trick« besteht darin, die richtige Gruppierung zu finden.

Nun gruppiert Ihnen *Views* Ihre Charaktere. Ist der Anfangsbuchstabe gleich,
gehören Charaktere also zur selben Gruppe (siehe Abbildung 23.23).

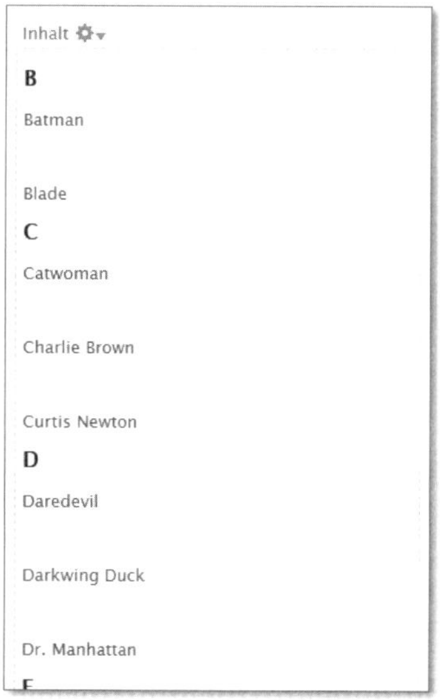

Abbildung 23.23 Die gruppierten Comicfiguren

23.8 Dynamische Views durch Argumente

Bisher haben wir nur Views angelegt, die sich eindeutig zusammenbauen lassen: Alle Nodes eines bestimmten Inhaltstyps etwa oder genau die letzten fünf News. Manchmal möchten wir aber dynamische Ansichten generieren. Zum Beispiel möchten wir unseren Benutzern eine Übersicht über ihre eigenen Beiträge liefern. Das könnten wir zwar auch über das Modul *Tracker* erledigen (siehe Abschnitt 27.3), aber einen eigenen View können wir flexibler gestalten. Bei wenigen Benutzern könnten wir manuell eine Handvoll Blöcke erstellen, die jeweils genau die Beiträge eines einzelnen Benutzers ausfiltern. Bei einer größeren Community wird das aber schnell zu viel Arbeit. Besser ist es, eine einzige Ansicht zu erstellen, die dynamisch nur die Inhalte für den betreffenden Benutzer berücksichtigt. Dazu sind die Argumente da. Sie übergeben Ihre Argumente über die URL. So könnten Sie über den Pfad */genre/western* das Argument »western« übergeben oder über */user/1* die User-ID »1«.

Für unser Beispiel mit den eigenen Texten erstellen Sie nun eine neue Ansicht. In den Basiseinstellungen können Sie als Titel »Eigene Texte« eintragen, es sollen Inhalte aller Inhaltstypen angezeigt werden. Auf die Sortierung verzichten wir zunächst (Unsorted). Wir erstellen eine Seite mit dem Pfad *user/%/texte*. Das % dient uns als Platzhalter für die numerischen User-IDs. Die Ausgabe soll als Tabelle erfolgen und Felder für den Titel, den Typ, das Datum der letzten Aktualisierung und einen BEARBEITEN-Link enthalten. Sie können dazu auch den View aus Abschnitt 23.3, »Mit Feldern arbeiten«, duplizieren und entsprechend ändern.

Im nächsten Schritt kommt die dritte Spalte, ERWEITERT, zum Zuge. Dort benötigen wir die CONTEXTUAL FILTERS, für die der Platzhalter % wichtig ist. Klicken Sie dort auf HINZUFÜGEN; als Filter wählen Sie »Inhalt: Benutzer ist Autor oder Kommentierender«. Danach können Sie in zwei Bereichen festlegen, was passiert, wenn der Wert, den Sie erwarten, in der URL nicht vorkommt oder eben vorkommt (siehe Abbildung 23.24). Im ersten Bereich, WHEN THE FILTER VALUE IS NOT IN THE URL, wählen wir einfach DISPLAY CONTENTS OF »NO RESULTS FOUND«. Im nächsten Bereich, WHEN THE FILTER VALUE IS IN THE URL OR A DEFAULT IS PROVIDED, aktivieren Sie SPECIFY VALIDATION CRITERIA. Damit überprüfen Sie, ob der übergebene Wert richtig sein kann. Als Validator wählen Sie »Benutzer« und legen dann SOWOHL DIE NUMERISCHEN BENUTZER-IDS ALS AUCH DIE BENUTZERNAMEN ALS ZEICHENKETTE ERLAUBEN fest. Eigentlich wollen wir Pfade der Form */user/1/texte*, */user/2/texte* etc. nutzen. Mit den *string usernames* würde auch */user/[userstring]/texte* funktionieren, solange Views den *[userstring]* als Anmeldenamen eines Users erkennt. Nun entscheiden Sie noch, was passiert, wenn der

Wert des Filters nicht validiert werden kann: ACTION TO TAKE IF FILTER VALUE DOES NOT VALIDATE. Wir zeigen dann die Inhalte für »No results found« an.

Abbildung 23.24 Einstellungen für den Contextual Filter

Nun geben Sie im Abschnitt NO RESULTS BEHAVIOR noch einen Text an, der erscheint, wenn der View kein Ergebnis liefert, zum Beispiel: »Sie haben noch keine eigenen Inhalte angelegt«. Testen Sie Ihren View in der Vorschau. Dazu nutzen Sie das Feld PREVIEW WITH CONTEXTUAL FILTERS und geben der Reihe nach die User-IDs 1, 2, 3 usw. ein. *Views* zeigt Ihnen jeweils die Inhalte des betreffenden Nutzers. Hat der User keine Inhalte angelegt oder existiert zu einer Zahl kein User, erscheint der Text für das NO RESULTS BEHAVIOR.

Wir möchten die Anzeige in jedem Benutzerprofil als eigenen Reiter anzeigen. Klicken Sie dazu im Abschnitt SEITENEINSTELLUNGEN auf die Einstellungen für das Menü. Wählen Sie MENÜ-REITER. Als TITEL benutzen Sie »Eigene Texte« und fügen den Reiter dem User-Menü hinzu.

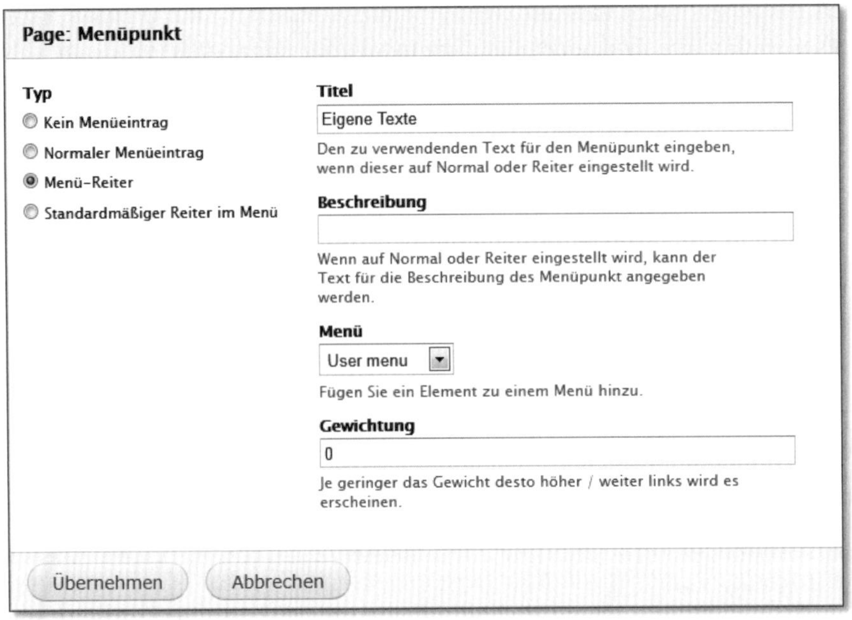

23 | Inhalte mit Views flexibel zusammenstellen

Abbildung 23.25 Wir legen den neuen View als Menü-Reiter an

Für den Menü-Reiter ist es wichtig, den Pfad richtig zu wählen. In diesem Fall geht es um das */user* am Anfang von */user/%/texte*. Dadurch fügt das System den neuen Reiter den bestehenden Reitern im User-Profil hinzu. Je nachdem, welche Module Sie aktiviert haben und über welche Rechte Sie verfügen, sehen Sie dort vielleicht schon – beispielhaft für den User 1 – die Reiter ANSICHT (*/user/1*), BEARBEITEN (*/user/1/edit*), SHORTCUTS (*/user/1/shortcuts*) und/oder KONTAKT (*/user/1/contact*). Der neue Pfad */user/1/texte* fügt sich passend ein und steht so über den neuen Reiter EIGENE TEXTE zur Verfügung (siehe Abbildung 23.26).

Abbildung 23.26 Die Beiträge von Ulrike Urgestein der Examplast GmbH

23.9   Ein Views-Slider

Auch für VIEWS gibt es einige Zusatzmodule. Zum Beispiel können Sie einen JavaScript-Slider mit dem Modul *Views Slideshow* ermöglichen. Wir nutzen es, um unsere News in einem Slider anzuzeigen. Installieren Sie das Modul und zusätzlich *Libraries*, und aktivieren Sie dann *Views Slideshow*, *Views Slideshow: Cycle* und *Libraries*.

Zunächst benötigen Sie einen View, der zum Beispiel vier News im Teaser-Modus anzeigt. Sie können sich dafür am View aus Abschnitt 23.1 orientieren. Im Abschnitt FORMAT wählen Sie nun den Punkt SLIDESHOW, der durch das Modul neu hinzugekommen ist. Das Modul weist Sie im nächsten Schritt darauf hin, dass Sie zwei Plugins benötigen. Laden Sie das jQuery-*cycle plugin* und *json2.js* herunter; die Links sind angegeben. Beide kommen in ihr entsprechendes Verzeichnis */sites/all/libraries/jquery.cycle* bzw. */sites/all/libraries/json2*.

Nun bearbeiten Sie noch einmal die Einstellungen der Slideshow. Die ersten Vorgaben können Sie übernehmen. Interssanter sind die Optionen. Unter TRANSITION können Sie einen passenden Effekt wählen, zum Beispiel »scrollHorz« für ein horizontales Scrollen. Mit VIEW TRANSITION ADVANCED OPTIONS können Sie genauer bestimmen, wie der Effekt abläuft. Unter AKTION können Sie mit »Pause on hover« bestimmen, dass der Effekt stoppt, wenn der Mauszeiger über dem Slider hovert. Mit »Pause on click« stoppt der Effekt, wenn der Nutzer in den Slider klickt. Auch hier finden Sie ADVANCED OPTIONS. Probieren Sie einfach ein paar Effekte aus. Im unteren Bereich können Sie mit den Steuerelementen im Kopf oder Fuß des Sliders eine Navigation, Kontrollen oder einen Zähler hinzufügen.

Abbildung 23.27   Ein horizontaler Slider mit Zähler im Fuß – mitten in der Bewegung

23.10 Darüber hinaus

Das war ein erster Überblick über die Möglichkeiten von *Views*. Sie können viel mehr damit anstellen, wenn Sie sich erst einmal eingearbeitet haben. So finden Sie unter ERWEITERT in der dritten Spalte hilfreiche Optionen. Durch BEZIEHUNGEN können Sie beispielsweise verschiedene Daten miteinander verknüpfen. Es entspricht in etwa einem JOIN bei Datenbankabfragen. Ein einfaches Beispiel dafür wäre eine Musikseite mit Inhaltstypen für Künstler und deren Alben. Die Alben werden über eine Nodereferenz (siehe Abschnitt 7.6) mit den Künstlern verknüpft. Wenn Sie per Views alle Alben auflisten wollen, ist das kein Problem. Vielleicht möchten Sie aber auch Informationen zum Künstler anzeigen. Diese stehen Ihnen bei einem View der Alben erst einmal nicht zur Verfügung; Sie können aber eine Beziehung zu den Künstler-Nodes herstellen und darüber die gewünschten Daten anzeigen.

Das Modul *Views Bulk Operations (VBO)* erweitert *Views* um verschiedene Operationen. Sie können zum Beispiel in einem View alle unveröffentlichten Nodes anzeigen und über Checkboxen einzelne oder alle Nodes veröffentlichen.

Wenn Sie in einem Block aktuelle Informationen anzeigen – zum Beispiel die letzten Kommentare in einer großen Community –, möchten Sie diese vielleicht möglichst up to date zeigen. Am besten so, dass der Block im Hintergrund immer wieder neu geladen wird, ohne dass die Seite selbst neu geladen werden muss (für die Kenner also über *Ajax*). Dazu könnten Sie einen Block-View mit den letzten Kommentaren anlegen und das Modul *Block Refresh* nutzen, um den Block alle x Sekunden im Hintergrund neu zu laden.

>»Einszweidrei im Sauseschritt
läuft die Zeit, wir laufen mit.«
– Wilhelm Busch

24 Datum und Kalender

In diesem Kapitel erweitern wir unsere Inhaltstypen um einen neuen Feldtyp für Zeitangaben. Diese nutzen wir, um Termine über Views in einem Kalender darzustellen.

24.1 Zeitangaben für Inhaltstypen

Das Modul *Date* fügt Ihren Feldtypen eine neue Option für Datum/Zeit hinzu und stellt einige Schnittstellen zur Verfügung, die auch andere Module nutzen können. Aktivieren Sie die Module *Date*, *Date API* und *Date Views*.

Um das Modul *Date* auch gleich zu benutzen, nehmen wir als Beispiel eine Webseite, die Seminare anbietet. Der Inhaltstyp *Seminar* verfügt über einen Titel, einen Ort (*Text*), eine Beschreibung (*Langer Text*) und einen Start- bzw. Endtermin. Wenn Sie einen neuen Inhaltstyp anlegen, hat dieser wie üblich automatisch einen Titel; den automatisch erstellten Textkörper (*Body*) können Sie löschen und stattdessen gemäß Kapitel 6, »Inhaltstypen mit eigenen Feldern aufrüsten«, die Felder für den Ort und die Beschreibung anlegen.

24.1.1 Date-Feldtypen

Sind die genannten Module aktiviert, haben Sie vielleicht bereits die drei neuen Feldtypen bemerkt: *Date*, *Datestamp* und *Datetime*. Die Unterschiede sind in der Dokumentation des Moduls beschrieben (siehe auch http://drupal.org/node/262066); alle haben ihre Vor- und Nachteil. Etwas verkurzt dargestellt, haben die Feldtypen folgende Eigenschaften:

Datestamp (Unix Timestamp)
- Speichert das Datum als Integer; gezählt werden dabei die Sekunden ab dem 1. Januar 1970 00:00 Uhr.

- Benötigt weniger Speicherplatz in der Datenbank, weil es kleiner ist.
- Es ist oft einfacher, mit diesem Datenformat zu rechnen, weil es auf Sekunden basiert und so einfach eine Stunde (3600 Sekunden) oder ein Tag (86.400 Sekunden) addiert oder subtrahiert werden kann.
- Dieses Format wird von PHP-*Date*-Funktionen genutzt.
- Da die Sekunden gezählt werden, ist das Datum immer vollständig bzw. bis auf die Sekunde genau: Jahr, Monat, Tag, Stunde, Minute, Sekunde

Date (ISO Date)
- Speichert das Datum im einem ISO-Format (YYYY-MM-DDTHH:MM:SS).
- Dadurch ist dieses Datum in der Datenbank für Menschen lesbar.
- Sie können die Genauigkeit einschränken, zum Beispiel auf das Jahr oder Jahr + Monat.
- Das Format ist international verbreitet, es wird auf vielen Webseiten weltweit genutzt.

Datetime
- Speichert das Datum im nativen Datenformat der Datenbank (YYYY-MM-DD HH:MM:SS).
- Das Datum ist wiederum für Menschen lesbar.
- Sie können auch hier die Genauigkeit einschränken, zum Beispiel auf das Jahr oder Jahr + Monat.
- Es hat Vorteile bei Datumsfunktionen der Datenbank.

So, und nun? Wenn Sie sekundengenaue Daten benötigen oder mit den Daten rechnen möchten, nutzen Sie eher *Datestamp*. Ansonsten können Sie mit den Formaten ein wenig experimentieren und sehen, welches Ihnen besser gefällt. In diesem Fall wählen wir *Datetime*.

Fügen Sie also Ihrem Seminar ein Feld DATUM hinzu, das vom Datentyp *Datetime* ist. Sie können zwischen Auswahllisten (Selectboxen) und Eingabefeldern wählen. Eingabefelder können Sie schneller ausfüllen; Selectboxen haben den Vorteil, Benutzern zu zeigen, was überhaupt eingetragen werden kann. Wir wählen hier die Selectboxen.

24.1.2 Feldeinstellungen

In den Feldeinstellungen können Sie nun ein Enddatum vorsehen (siehe Abbildung 24.1). Das zweite Datum kann niemals abgefragt werden, optional oder erforderlich sein. Beim Kinostart eines Films reicht zum Beispiel ein Datum. Bei unseren Seminaren gibt es einen festen Start und ein festes Ende, also setzen wir das Feld auf ERFORDERLICH. Sie können bei Start- und Endterminen auch auf die Idee kommen, zwei einzelne Felder anzulegen, die jeweils nur ein einzelnes Datum abfragen. Durch die Von-bis-Option sind Ihre beiden Daten hier aber bereits verknüpft. Sie gehören zusammen; das ist sinnvoll, wenn Sie sie später mit Views anzeigen oder in einem Kalender darstellen.

Abbildung 24.1 Die Feldeinstellungen für ein Datum

Nun legen Sie die GRANULARITÄT fest. Für einen Kinostart reicht der Tag, bei unseren Seminaren wollen wir es bis auf die Minute wissen.

Bei der ZEITZONENBEHANDLUNG haben Sie fünf Optionen, die in der Dokumentation des Moduls genauer beschrieben sind. Mit den Funktionen in PHP5 und der Tatsache, dass Drupal nun bereits im Core Sommer- und Winterzeit (*Daylight saving time*) unterstützt, sollte es eigentlich keine Probleme geben.

▶ ZEITZONE DER WEBSITE nimmt an, dass die eingegebenen Daten der Zeitzone der Webseite entsprechen. In der Datenbank werden sie als koordinierte Weltzeit (UTC, Universal Time Code) gespeichert. Wenn die Daten abgerufen werden, rechnet Drupal sie für Gäste in die Zeit der Webseite um, für Benutzer in deren eigene gewählte Zeitzone (falls Benutzer das Recht dafür haben, siehe Abschnitt 4.3, »Grundlegende Einstellungen«).

- Bei ZEITZONE DES DATUMS wird zusätzlich zum Datum explizit die Zeitzone angegeben. Das Datum wird samt Zeitzone abgespeichert und nicht umgewandelt.

- ZEITZONE DES BENUTZERS nimmt an, dass das Datum gemäß der Zeitzone des Benutzers eingegeben wird. Es wird beim Speichern in der Datenbank wieder in UTC konvertiert und bei der Ausgabe wie bei ZEITZONE DER WEBSITE umgewandelt.

- Bei dem Format UTC geht Drupal davon aus, dass das Datum bereits als UTC angegeben wird. Beim Speichern wird nichts konvertiert, die Ausgabe erfolgt wie bei der ZEITZONE DER WEBSEITE.

- KEINE KONVERTIERUNG DER ZEITZONE bedeutet, dass das Datum nicht konvertiert wird und in der Datenbank und bei der Ausgabe genau so angezeigt wird.

Solange Sie keine Daten aus anderen Quellen importieren oder Benutzer eigene Zeitzonen einstellen können, arbeiten Sie ruhig mit der ersten Option.

24.1.3 Einstellungen für den Inhaltstyp

In den nächsten Einstellungen sehen Sie viele Optionen, die Sie aus Abschnitt 6.1, »Feldtypen für jeden Zweck«, kennen. Für den Typ *Datum* kommen aber ein paar Möglichkeiten hinzu (siehe Abbildung 24.2).

Zu den Einstellungen für unser Seminar: Die erste *Date*-spezifische Option ist die STANDARD ANZEIGE. Zunächst stehen Ihnen hier LANG, MITTEL und KURZ zur Verfügung. Dies sind Default-Anzeigen für das Datum. Wenn Sie wie in Abschnitt 4.6, »Datum und Zeiteinstellungen«, bereits eigene Formate für das Datum angelegt haben, stehen Ihnen diese hier auch zur Verfügung. Im Moment belassen Sie es ruhig bei MITTEL.

Beim STANDARDWERT können Sie das Start-Datum mit einem Wert füllen, zum Beispiel JETZT. Mit dem STANDARDWERT FÜR »BIS«-DATUM geben Sie das End-Datum vor. Sie können aber auch relative Werte wie »+10 days« wählen.

Das EINGABEFORMAT legt fest, in welcher Reihenfolge und Art Benutzer das Datum eingeben. Hierzulande ist die Reihenfolge Tag-Monat-Jahr-Stunde-Minute-Sekunde üblich. Außerdem empfehle ich, lieber das 24-Stunden-Format zu benutzen. Alternativ können Sie das Datum auch im 12-Stunden-Rhythmus eingeben lassen. Dann müssen sich Nutzer aber zwischen »am« und »pm« entscheiden. Und bevor diese sich fragen, welche von beiden Optionen nun »vormittags« meinte, ist das 24-Stunden-Format einfacher zu handhaben. Sie können hier auch ein eigenes Format gemäß PHP-Formatierungen wählen, zum Beispiel »d.m.Y H:i« (siehe wiederum Abschnitt 4.6, »Datum und Zeiteinstellungen«).

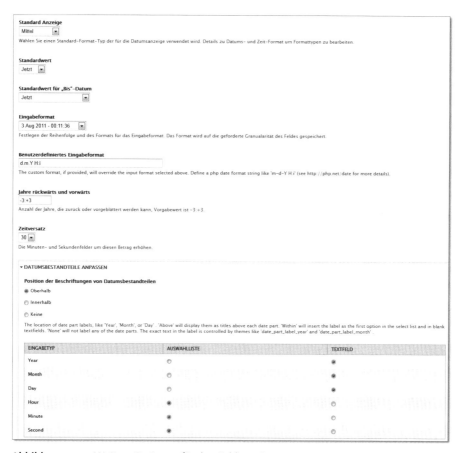

Abbildung 24.2 Weitere Optionen für den Feldtyp »Date«

Mit JAHRE RÜCKWÄRTS UND VORWÄRTS schränken Sie die Jahresangabe ein, denn in den meisten Fällen tragen Sie keine Termine ein, die mehrere Jahre in der Zukunft oder Vergangenheit liegen. Der Default-Wert liegt bei »-3:+3«. Mit dem ZEITVERSATZ können Sie die Optionen bei den Minuten und Sekunden etwas einschränken. Unsere Seminare beginnen zum Beispiel immer zur vollen Stunde oder um halb; wir wählen also »30«, sodass bei den Minuten nur zwischen »0« und »30« gewählt werden kann.

Im Bereich DATUMSBESTANDTEILE ANPASSEN können Sie die Eingabe des Datums noch umfangreich anpassen, zum Beispiel einige Elemente per Auswahlliste eintragen lassen, andere per Textfeld. Mit den entsprechenden Vorgaben sieht das Datum-Feld beim Seminar dann so aus wie in Abbildung 24.3.

317

24 | Datum und Kalender

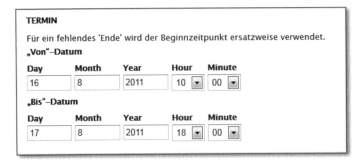

Abbildung 24.3   So sieht die Eingabe der Termine aktuell aus.

Wenn Sie in den Modulen zusätzlich *Date Popup* aktivieren, können Sie bei Ihren Feldern auf einen neuen Steuertyp zugreifen. Aus dem bisherigen Textfeld wird ein Textfeld mit benutzerdefiniertem Eingabeformat. Die neue Option heißt Textfeld mit Kalender und unterteilt Ihr Datum bei der Eingabe deutlich in Tag und Uhrzeit. Bei einem Klick in den Tag öffnet sich ein kleiner Kalender, und Benutzer können ihr Datum auf eine etwas modernere Art auswählen (siehe Abbildung 24.4).

Abbildung 24.4   Auswahl des Datums mit einem JavaScript-Popup

24.1.4   Date und Views

Mit dem Modul *Date Views* können Sie über Views auf die Werte des Datums zugreifen. Tragen Sie zum Beispiel ein paar Seminare ein, um diese in einer Tabelle mit Views anzuzeigen. Legen Sie für den View einfach eine Seite für »Kommende Seminare« an, bei der Sie in einer Tabelle die Felder für Titel, Ort und Datum ausgeben, beschränkt auf den Inhaltstyp *Seminar*. Beim Feld für das Datum haben Sie wieder ein paar neue Optionen (siehe Abbildung 24.5). Wählen Sie bei der Anzeige »Both From and To dates«, um den Start- und den Endtermin anzuzeigen. Nun können Sie analog zu Abschnitt 4.6, »Datum und Zeiteinstellungen«, ein geeignetes Datumsformat anlegen und hier auswählen.

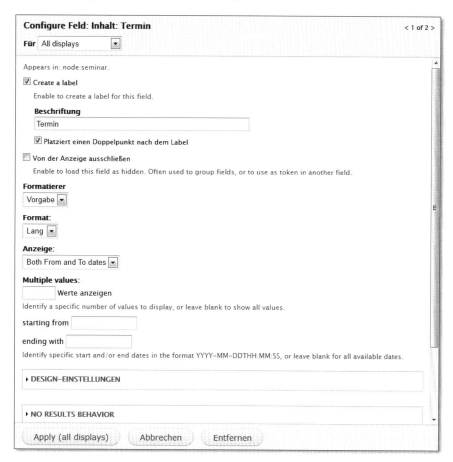

Abbildung 24.5 Ausgabe des »Date«-Feldes in Views

Mit der richtigen Sortierung und einem entsprechenden Format für das Datum sieht die Tabelle zum Beispiel so aus wie in Abbildung 24.6.

Kommende Seminare

Inhalt des Seminars	Ort	Termin
Yoga	Hamburg	16.08.2011 10:00 - 17.08.2011 18:00
Körbe flechten	Kiel	22.08.2011 09:30 - 23.08.2011 18:30
Massage	Bremen	30.08.2011 10:00 - 31.08.2011 18:00

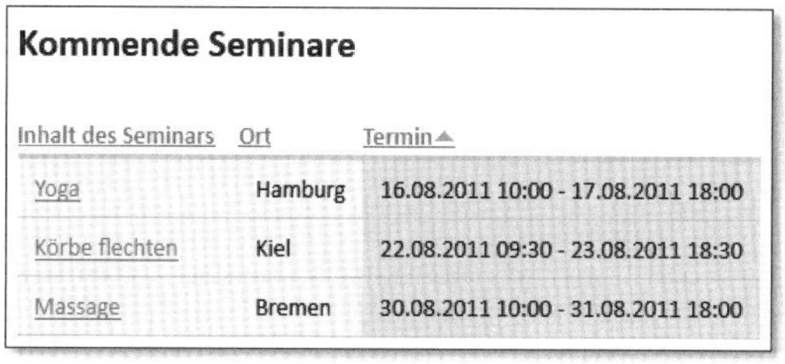

Abbildung 24.6 Ausgabe der Daten in einer Views-Tabelle

24.2 Termine in einem Kalender ausgeben

Die bisherige Ausgabe der Daten funktioniert schon ganz gut, manchmal möchten Sie die Termine aber lieber in einem Kalender anzeigen. Installieren Sie dazu das Modul *Calendar*, und aktivieren Sie das gleichnamige Untermodul. Der Kalender ist etwas schwieriger zu konfigurieren, weil Sie auch hier wieder einen *Contextual Filter* richtig einstellen müssen. Über die Projektseite des Moduls (*http://drupal.org/project/calendar*) finden Sie Links zu (englischsprachigen) Dokumentationen und Screencasts. Sie können sich auch die Beispielviews näher ansehen, die das Modul mitbringt.

Bearbeiten Sie nun den View für die Seminare. Beim FORMAT wählen Sie statt TABELLE die neue Option CALENDAR / KALENDER. Nun folgen die Darstellungsoptionen (siehe Abbildung 24.7).

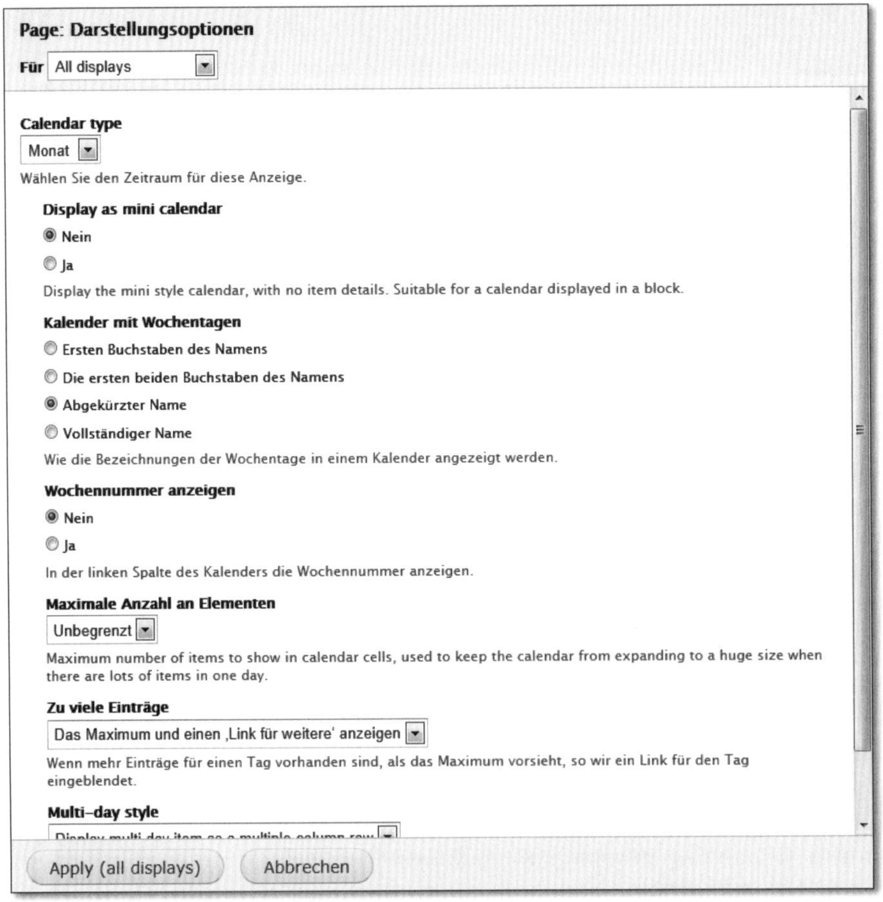

Abbildung 24.7 Darstellungsoptionen für den Views-Kalender

Wir wählen die Darstellung als Monat. Das DISPLAY AS MINI CALENDER eignet sich für die Darstellung in der Seitenspalte; hier wählen wir NEIN. Mit MAXIMALE ANZAHL AN ELEMENTEN können Sie die Elemente in den einzelnen Kalenderzellen beschränken. Gibt es mehrere Termine an einem Tag, kann es sonst unübersichtlich werden. Bei den weiteren Einstellungen können Sie ein wenig experimentieren.

Nun müssen Sie noch im Bereich FORMAT unter ANZEIGEN statt FELDER die Option CALENDAR ITEMS auswählen, die Darstellungsoptionen können Sie einfach bestätigen (siehe Abbildung 24.8).

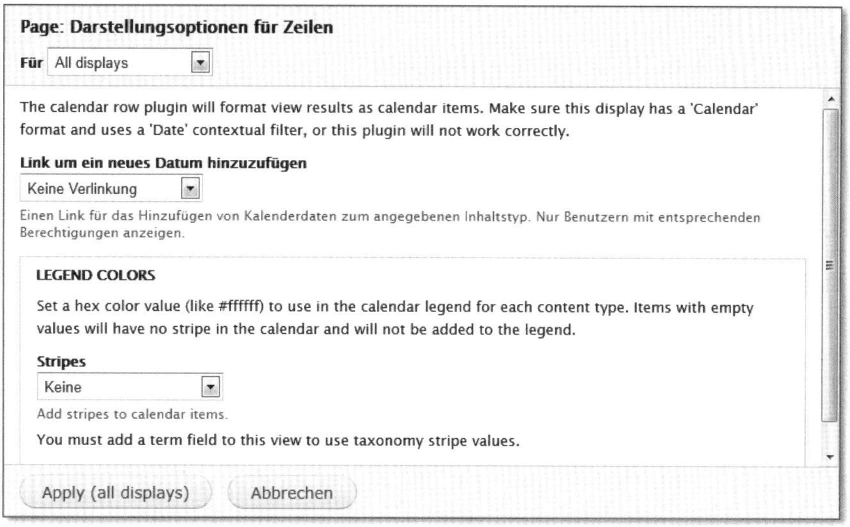

Abbildung 24.8 Optionen für die »Calendar Items«

Das reicht leider noch nicht, denn das Modul muss noch wissen, welches Feld als relevantes Feld für den Kalender gelten soll. Dazu müssen Sie wie in Abschnitt 23.8, »Dynamische Views durch Argumente«, einen Contextual Filter (über die ERWEITERT-Spalte rechts) angeben. Fügen Sie einen neuen Filter hinzu. Schränken Sie dazu zunächst über die Filter-Funktion die Anzeige auf DATUM ein. Sie sehen nun nur eine Anzeige »Datum: Datum (node)«; wählen Sie diese aus.

Im nächsten Schritt geben Sie unter WHEN THE FILTER VALUE IS NOT IN THE URL die Option PROVIDE DEFAULT VALUE vor. Hier wählen Sie als TYP »Aktuelles Datum«. Da wir zu Beginn eine Monatsansicht ausgesucht haben, muss hier weiter unten bei GRANULARITÄT auch »Month« gewählt werden. Beide Zeiträume müssen auch bei anderen Views korrespondieren. Bei DATES TO COMPARE bleibt es bei der Vorgabe START/END DATE RANGE. Unter DATUMSFELD(ER) wählen Sie INHALT: TERMIN (FIELD_TERMIN) – oder den entsprechenden Namen, den Sie für das Feld gewählt haben (siehe Abbildung 24.9). Die restlichen Einstellungen können so bleiben.

Abbildung 24.9 Der Contextual Filter muss richtig konfiguriert werden.

Eine Monatsansicht würde dann im Examplast-Theme so aussehen wie in Abbildung 24.10.

Abbildung 24.10 Beispiel für eine Monatsansicht

*»Gute Briefe sind wie gute Freunde.
Sie dürfen es heute eilig haben,
aber sie müssen sich morgen Zeit nehmen.«
– Oscar Wilde*

25 Newsletter verschicken

Mit dem Modul *Simplenews* können Sie Newsletter verwalten und verschicken. Nach dem Aktivieren verteilen sich die *Simplenews*-Einstellungen auf verschiedene Menüpunkte.

25.1 Die grundlegende Konfiguration

Sehen wir uns zunächst die Möglichkeiten unter KONFIGURATION • SIMPLENEWS (*/admin/config/simplenews*) an. Über ALLGEMEIN (*/admin/config/simplenews/general*) legen Sie das Newsletter-Vokabular fest. *Simplenews* legt dazu automatisch eine neue Taxonomie *Newsletter* an. Die Begriffe dort entsprechen Ihren einzelnen Newslettern. Hier müssen Sie nichts weiter einstellen.

Beim NEWSLETTER (*/admin/config/simplenews/newsletter*) geht es um die grundlegenden Einstellungen für den E-Mail-Versand (siehe Abbildung 25.1). Im Moment können Sie E-Mails nur als Text verschicken. Für HTML-Mails müssen Sie eines der Module *Mime Mail* oder *HTML Mail* hinzufügen. Allerdings sind HTML-Newsletter nicht unbedingt empfehlenswert. Zum Beispiel werden die Mails größer, sind weniger barrierefrei, und Sie müssen viel mehr Zeit investieren, damit das Design in verschiedenen E-Mail-Programmen ähnlich gut aussieht. Wir bleiben hier also bei Text-Mails.

Als DEFAULT SEND ACTION wählen Sie SEND ONE TEST NEWSLETTER TO THE TEST ADDRESS. Dann müssen Sie hinterher beim konkreten Versand einmal bewusst auf SEND NEWSLETTER umstellen. Der Default-Wert hilft Ihnen, den Newsletter nicht aus Versehen zu früh zu verschicken. Nun geben Sie eine Test-Adresse an. Wenn verschiedene Redakteure einen Newsletter verschicken können, sollten Sie die Option ALLOW TEST ADDRESS OVERRIDE aktivieren. Dann kann jeder Redakteur seine eigene Adresse als Empfänger der Test-Mail angeben. Auch die SENDER

INFORMATIONEN (Name und E-Mail des Absenders) dienen hier nur als Default; Sie können für jeden Newsletter einen eigenen Absender eintragen.

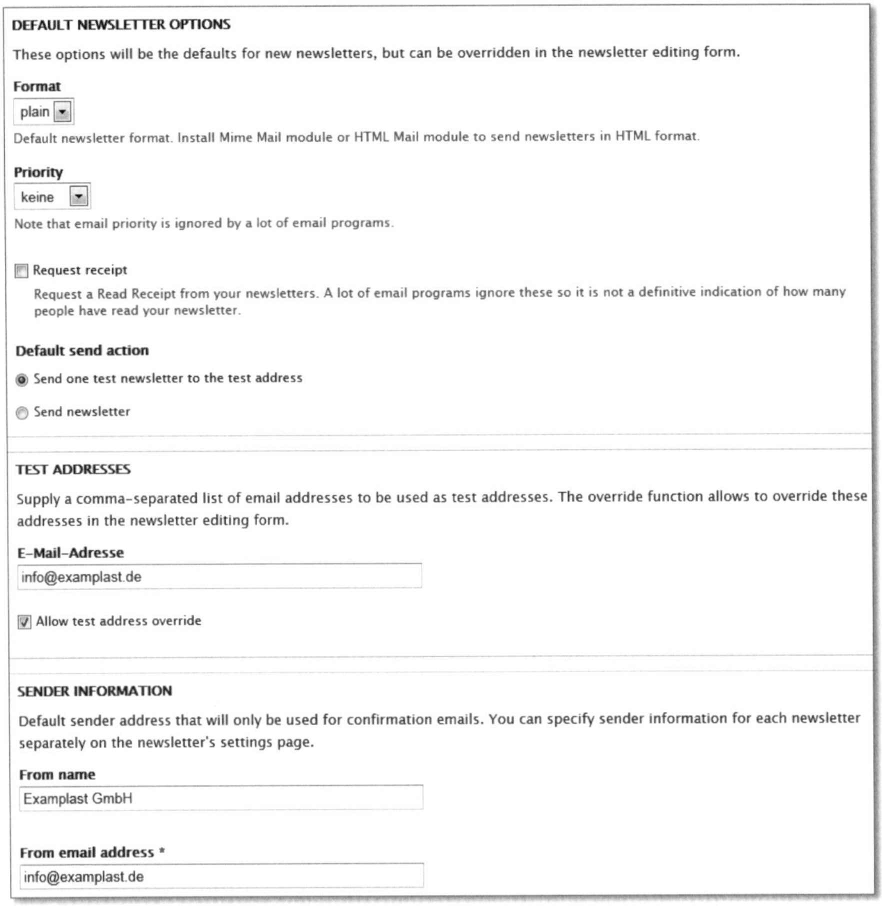

Abbildung 25.1 Default-Einstellungen für den E-Mail-Versand

Die eigentliche An- und Abmeldung zum Newsletter stellen Sie unter SUBSCRIPTION ein (*/admin/config/simplenews/subscription*). Zu Beginn können Sie über die Checkbox SYNCHRONIZE WITH ACCOUNT die Newsletter mit den Benutzern synchronisieren. Wenn Sie einen Benutzer blockieren bzw. deaktivieren, würde dann auch sein Newsletter-Abo deaktiviert. Und wenn ein Benutzer gelöscht wird, würde seine E-Mail-Adresse aus dem Verteiler gelöscht. Im Folgenden können Sie vier Mail-Texte bearbeiten. Das betrifft die vier Fälle für An- und Abmeldungen:

- Ein neuer Abonnent meldet sich an.
- Es meldet sich jemand an, der den Newsletter bereits bekommt.

- Ein bisheriger Abonnent meldet sich ab.
- Es möchte sich jemand abmelden, der den Newsletter gar nicht bekommen hat.

Zum Schluss können und sollten Sie einzelne Seiten angeben, auf denen ein Benutzer landet, der sich gerade an- oder abgemeldet hat. Dort sollten Sie ihm noch einmal sagen, dass er nun angemeldet oder abgemeldet ist. Andernfalls landet er nämlich ohne weiteren Hinweis auf der Startseite.

Der letzte Untermenüpunkt der Konfiguration ist E-MAIL-VERSAND (*/admin/config/simplenews/mail*). Hier legen Sie fest, wie Ihre Newsletter verschickt werden. Sie müssen sich zunächst entscheiden, ob Ihre Newsletter über einen Cronjob verschickt werden sollen oder nicht. Das hängt von der Anzahl der Empfänger und Ihrem Mailserver ab. Wenn der Newsletter nur an ein paar Dutzend Empfänger gesendet wird, können Sie möglicherweise auf den Cronjob verzichten. Der Newsletter wird dann sofort an alle Empfänger verschickt. Wenn es jedoch mehr Empfänger werden oder der Mailserver eingeschränkt ist, wird der sofortige Versand irgendwann nicht mehr funktionieren. Daher ist der Cronjob besser geeignet. In der nächsten Zeile stellen Sie den CRON THROTTLE ein, also die Anzahl der Newsletter, die Drupal in einem Rutsch verschicken soll. Auch diese Zahl hängt vom Server ab. Nehmen wir an, Sie schicken einen Newsletter an 1000 Menschen und pro Cronjob sollen 50 verschickt werden. Nun kommt es darauf an, wie oft der Cronjob aufgerufen wird. Lassen Sie ihn einmal pro Stunde laufen, würde es 20 Stunden dauern, bis alle E-Mails verschickt wurden. Das ist vermutlich ein zu langer Zeitraum, also sollten Sie entweder den Wert bei CRON THROTTLE erhöhen (falls der Server mitspielt) oder den Cronjob häufiger aufrufen.

Die MAIL SPOOL EXPIRATION können Sie im Moment ignorieren. Damit sollen später Mail-Statistiken möglich sein; die Funktionen sind jedoch noch nicht implementiert. Die E-Mails sollten Sie mitloggen. Das hilft Ihnen, Fehler zu finden, falls jemand meint, er habe den Newsletter nicht bekommen.

25.2 Newsletter hinzufügen

Eine erste Newsletter-Kategorie legt das Modul zum Start selbst an. Sie können diese entweder bearbeiten – oder gleich eine neue anlegen: Gehen Sie dazu auf STRUKTUR • NEWSLETTERS • ADD NEWSLETTER CATEGORY (*/admin/structure/simplenews/add* – siehe Abbildung 25.2). In diesem Fall nehmen wir einmal an, dass die Examplast GmbH einen monatlichen Newsletter verschicken möchte. Also wählen wir als NAME »Examplast News« und als BESCHREIBUNG »monatlicher Newsletter«.

In den SUBSCRIPTION SETTINGS legen Sie zuerst fest, ob neue Benutzer der Webseite bei ihrer Registrierung auch gleich diesen Newsletter abonnieren dürfen. Als Möglichkeiten gibt es:

- KEINE: Der Newsletter erscheint bei der Registrierung nicht.
- DEFAULT ON: Der Newsletter erscheint bei der Registrierung und steht per Default auf »abonniert«.
- DEFAULT OFF: Der Newsletter erscheint bei der Registrierung und steht per Default auf »nicht abonniert«.
- SILENT: Bei der Registrierung erscheint keine Checkbox; der Newsletter wird zwangsläufig abonniert.

Da sich auf unserer Webseite ohnehin niemand selbst registrieren kann, wählen wir KEINE.

Die nächste Selectbox, OPT-IN/OUT METHOD, regelt, wie sich Gäste und Benutzer sonst an- und abmelden können:

- AUSGEBLENDET: In dem Fall verstecken Sie die Möglichkeiten der An- und Abmeldung. Der Newsletter erscheint nicht in Abonnement-Formularen und am Ende der verschickten Newsletter erscheint auch kein Link zur Abmeldung.
- SINGLE: Gäste und Benutzer können den Newsletter in einem Zug an- oder abmelden. Es wird keine Bestätigungsmail verschickt. Mit diesem Verfahren werden Sie in Deutschland vermutlich rechtliche Probleme bekommen – fragen Sie Ihren Rechtsanwalt.
- DOPPELT: Wenn sich ein Gast an- oder abmeldet, erhält er eine Bestätigungsmail. Ein authentifizierter Benutzer wird sofort an- oder abgemeldet.

Die Option AUSGEBLENDET ist allenfalls sinnvoll, wenn Sie einen Newsletter haben, der zwangsweise an alle Mitglieder einer Community verschickt wird. Für einen solchen Zweck könnten Sie aber auch andere Module wählen. Das übliche Verfahren ist DOPPELT, das wir hier auch wählen.

Wenn Sie die Checkbox SUBSCRIPTION BLOCK aktivieren, erhalten Sie einen neuen Block, den Sie auch in einer bestimmten Seite oder in einer Nebenspalte unterbringen können. Darüber können sich Gäste an- und abmelden.

In den EMAIL SETTINGS belassen Sie es in der Regel bei den Standard-Einstellungen: E-Mails werden ohne Priorität verschickt, und Sie erwarten auch keine Empfangsbestätigungen. Bei SENDER INFORMATION geben Sie an, wer den Newsletter verschickt. In unserem Fall ist das »Examplast« mit der Adresse *newsletter@examplast.de*. Achten Sie darauf, dass diese Adresse auch existiert. Es kann passieren, dass Empfänger Fragen haben und einfach auf REPLY klicken. In dem Fall sollte die Reply-Mail auch irgendwo ankommen.

Sie können Ihrem Newsletter über NEWSLETTER SUBJECT ein bestimmtes Format bzw. Muster mitgeben. Der Standard nutzt das Muster: `[[simplenews-category:name]] [node:title]`. Würden Sie einen einzelnen Newsletter mit dem Titel »Die neuen Produkte« verschicken, ergibt das als Betreff-Zeile: »[Examplast News] Die neuen Produkte«. Der Begriff in den eckigen Klammern entspricht dem Namen, den Sie oben auf der Seite für die Newsletter-Kategorie angegeben haben. Wir ändern den Betreff auf »Examplast GmbH: [node:title]«.

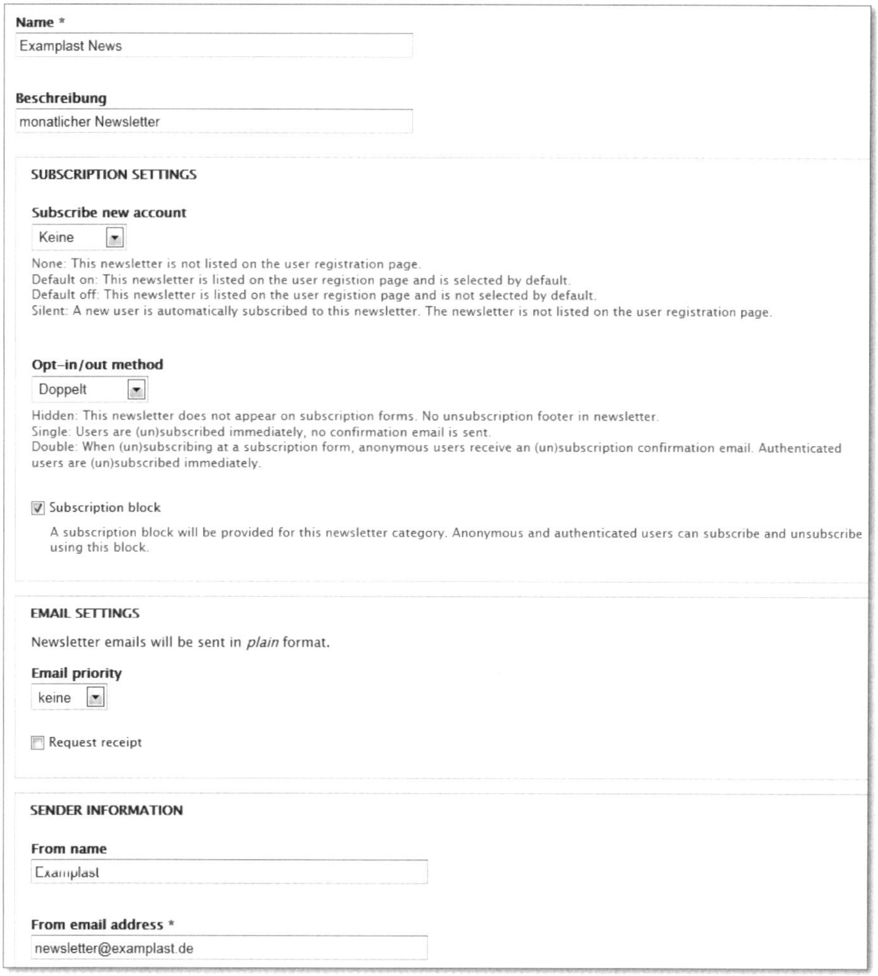

Abbildung 25.2 Fügen Sie eine neue Newsletter-Kategorie hinzu.

Üblicherweise haben später Redakteure das Recht, Newsletter zu verschicken, sie dürfen aber keine Newsletter-Kategorien hinzufügen oder bearbeiten. Das heißt, dass sie in diesem Fall beim Betreff nur Einfluss auf den [node:titel] haben. Das Muster zu Beginn (hier: »Examplast GmbH: «) können sie nicht ändern. Wenn Sie solche Muster anlegen, achten Sie darauf, dass Sie die Titel der Newsletter entsprechend texten. Ein Titel wie »Examplast GmbH zu Gast in Japan« würde zu dieser Betreffzeile führen: »Examplast GmbH: Examplast GmbH zu Gast in Japan«. Diese Dopplung können Sie vermeiden.

Zum Schluss legen Sie noch fest, was mit Links passieren soll. Diese können Sie entweder im Text selbst an der betreffenden Stelle ausgeben. Oder Sie versehen die Links im Text mit Fußnoten und geben alle Links gesammelt am Ende der Mail aus.

25.3 Newsletter-Abonnements

Bevor Sie einen ersten Newsletter verschicken, werfen wir erst noch einen Blick auf BENUTZER • NEWSLETTER SUBSCRIPTIONS (*/admin/people/simplenews*). Die Seite zeigt Ihnen eine Liste der Abonnenten. Sie können die Liste nach E-Mail-Adressen und Newslettern filtern lassen. Außerdem können Sie den Status der Abonnenten ändern:

- ACTIVE: Diese E-Mail-Adresse erhält den Newsletter.
- INACTIVE: Diese E-Mail-Adresse erhält keinen Newsletter.
- LÖSCHEN: Diese E-Mail-Adresse wird ganz aus der Liste gelöscht.

Mit MASS SUBSCRIBE können Sie eine ganze Reihe an E-Mail-Adressen einem oder mehreren Newslettern hinzufügen. Mehrere Benutzer melden Sie dann über MASS UNSUBSCRIBE ab. Und unter EXPORTIEREN können Sie aktive und/oder inaktive Abonnenten einzelner oder mehrerer Newsletter exportieren.

Fügen Sie ein, zwei E-Mail-Adressen, auf die Sie Zugriff haben, dem neu angelegten Newsletter hinzu. Damit können Sie nun testen.

25.4 Newsletter schreiben und verschicken

Das Modul hat einen neuen Inhaltstyp angelegt: *Simplenews Newsletter*. Legen Sie einen neuen Node diesen Typs mit Blindtext an, wählen Sie die Newsletter-Kategorie für die Sie Empfänger eingetragen haben, und speichern Sie den Inhalt. In der nun folgenden Ansicht des Nodes sehen Sie einen neuen Reiter, NEWSLETTER.

Darüber können Sie den Newsletter verschicken – entweder als Test-Newsletter an eine Test-Adresse oder gleich richtig an alle Empfänger. Wenn Sie den Newsletter per Cronjob abwickeln, müssen Sie diesen einmal aufrufen, damit der Newsletter verschickt wird. Einen Newsletter, der schon einmal verschickt wurde, können Sie übrigens nicht noch einmal senden.

Abbildung 25.3 Die Versandoptionen für eine Testmail

Sie können im Inhalt Ihrer E-Mail ruhig HTML verwenden. Zum einen wird der Inhalt ohnehin auf der Webseite angezeigt (solange Sie das nicht über Rechte oder das Theme verhindern), dann kann er auch gleich richtig formatiert werden. Zum anderen verschickt *Simplenews* den Newsletter im Moment zwar noch im Textformat, aber die HTML-Elemente werden umformatiert, um die Text-Mail besser lesbar zu machen. Zum Beispiel werden bei einer Überschrift zweiter Ordnung <h2> drei Punkte … vor die Überschrift gesetzt; unnummerierte Listenpunkte <ul> werden eingerückt und mit einem Stern * gekennzeichnet, und nummerierten Listenpunkten <ol> wird ein 1), 2), 3) etc. vorangestellt.

25.5 Übersicht der Newsletter

Auch unter auf INHALT • NEWSLETTERS (*/admin/content/simplenews*) finden Sie noch einmal Informationen (siehe Abbildung 25.3). Hier listet Ihnen *Simplenews* die Newsletter auf – mit Titel, Kategorie, einer Angabe, ob der Newsletter schon verschickt wurde, und der Anzahl der Empfänger.

25 | Newsletter verschicken

Abbildung 25.4 Die Übersicht der bisherigen Newsletter

Das Modul enthält übrigens ein interessantes *README.txt* mit Tipps zur Konfiguration, Mehrsprachigkeit und zum Theming der Newsletter.

*»Spanisch spreche ich mit Gott, Italienisch mit Frauen,
Französisch mit Männern und Deutsch mit meinem Pferd.«
– Karl V.*

26 Mehrsprachige Webseiten

Drupal basiert auf der englischen Sprache. Auch wenn Sie Ihre Webseite nur auf Deutsch anbieten, haben Sie im Hintergrund doch mindestens mit Deutsch und Englisch zu tun. Das bemerken Sie spätestens dann, wenn Sie Module nutzen, für die es noch keine deutschen Übersetzungen gibt. In diesem Kapitel beschäftigen wir uns mit den Einstellungen und wichtigen Modulen für Mehrsprachigkeit und erweitern unsere Beispielwebseite der Examplast GmbH um eine englische Version.

Im Zusammenhang mit Mehrsprachigkeit ist von *Internationalisierung* und *Lokalisierung* die Rede. Die beiden Begriffe werden häufig mit *i18n* und *L10n* abgekürzt, weil zwischen den Anfangs- und Endbuchstaben der englischen Wörter *Internationalization* und *Localization* 18 bzw. 10 Buchstaben stehen. Die Internationalisierung meint, das Produkt – hier also Drupal – so anzulegen, dass es grundsätzlich mit verschiedenen Sprachen genutzt werden kann. Die Lokalisierung kümmert sich darum, einzelne Sprachen konkret hinzuzufügen. Als Nutzer bauen wir darauf auf, dass Drupal bereits internationalisiert angelegt ist – oder aber durch zusätzliche Module internationalisiert wird. Wenn wir die Webseite dann für Deutsch, Spanisch und Französisch vorbereiten, nehmen wir die entsprechenden Lokalisierungen vor.

26.1 Sprachen und Übersetzungen

Die einzelnen Funktionen für die LOKALISIERUNG UND SPRACHE finden Sie im entsprechenden Menüpunkt unter KONFIGURATION. Die REGION-EINSTELLUNGEN haben Sie bereits in Abschnitt 4.3, »Grundlegende Einstellungen«, gesehen. Hier geben Sie grundsätzliche Einstellungen für Ihre Webseite vor (siehe Abbildung 26.1).

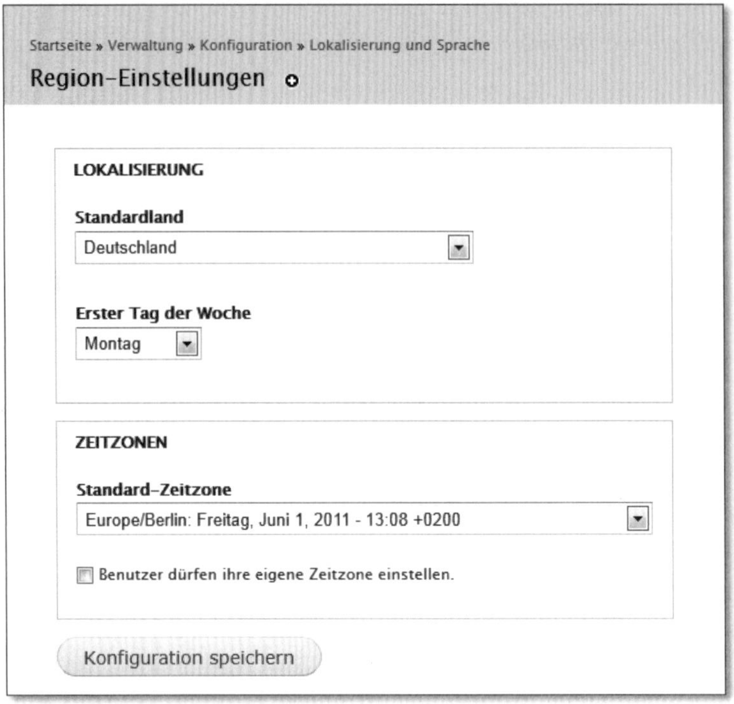

26 | Mehrsprachige Webseiten

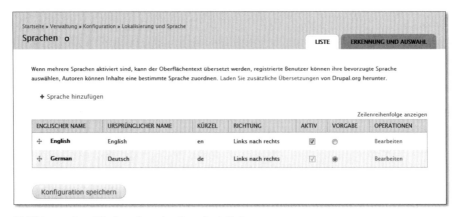

Abbildung 26.1 Die Region-Einstellungen Ihrer Webseite

Unter KONFIGURATION • LOKALISIERUNG UND SPRACHE • SPRACHEN (*/admin/config/regional/language*) geben Sie die Sprachen an, die in Ihrem System aktiviert sind (siehe Abbildung 26.2). Hier fügen Sie auch weitere Sprachen hinzu. Für unser Beispiel sollen Englisch und Deutsch aktiviert sein, als Vorgabe wählen Sie DEUTSCH.

Abbildung 26.2 Die Sprachen der Grundinstallation

26.1.1 Die Sprache über die URL kennzeichnen

Nun müssen die Module irgendwie entscheiden, welche Sprache gerade benötigt wird, um entsprechende Inhalte, Formulare oder Hilfstexte wie gewünscht anzuzeigen. Dazu finden Sie im Reiter ERKENNUNG UND AUSWAHL verschiedene Kriterien (siehe Abbildung 26.3).

- URL: Hier wird die die Sprache aus der URL ermittelt. Diese lautet je nach Einstellungen zum Beispiel *examplast.de/de/impressum* (Pfadpräfix) oder *de.examplast.de/impressum* (Domain).
- SITZUNG: In dem Fall wird zusammen mit der Session eine Angabe über die genutzte Sprache gespeichert.
- BENUTZER: Dadurch wird die Sprache gewählt, die ein registrierter Benutzer in seinem Profil eingestellt hat.
- INTERNET-BROWSER: Hierdurch wird versucht, die Sprache anhand der Einstellungen Ihres Browers zu ermitteln.
- VORGABE: Dies entspricht der Vorgabe, die Sie bei den Sprachen anlegen. Diese können Sie als letzte Option der aktivierten Erkennungsmethoden wählen.

Sie können die verschiedenen Möglichkeiten aktivieren und die Reihenfolge bestimmen. Die erste Methode, die zu einem Ergebnis führt, legt die Sprache fest. Für die Examplast GmbH wählen wir drei Möglichkeiten:

1. Zunächst versuchen wir, anhand der URL die Sprache zu erkennen. Die Option konfigurieren Sie so, dass das Pfadpräfix genutzt wird.
2. Falls das nicht klappt, wählen wir die Sprache des Browsers.
3. Wenn gar nichts greift, zeigen wir einem Besucher die Webseite gemäß der Vorgabe: Deutsch.

Wenn Sie sich nun die Webseite ansehen, fügt Drupal zwischen der Domain und dem bisherigen Pfad das Präfix »de« ein, sodass zum Beispiel die URL *examplast.de/de/produkte* entsteht. Bearbeiten Sie in Abbildung 26.2 eine einzelne Sprache, können Sie diese Pfadpräfixe festlegen und statt »de« zum Beispiel »deutsch« wählen. Wir bleiben bei den Voreinstellungen »de« und »en«, weil es kurz und gängig ist.

Abbildung 26.3 Möglichkeiten der Spracherkennung

26.1.2 Übersetzungen der Module

Wenn Sie die deutschsprachige Version installiert haben, finden Sie im Ordner */profiles/drupalcenter* das zugehörige Installationsprofil. Dort liegt im Verzeichnis */translations* die Datei *drupal-7.0.de.po*. Diese *.po*-Datei (*Portable Object*) enthält die Übersetzungen für die Core-Module. Sie können sie mit einem üblichen Texteditor lesen. Zum Beispiel finden Sie gleich zu Beginn die Übersetzung für das englische Wort »Home«.

```
msgid "Home"
msgstr "Startseite"
```

Für zusätzliche Module gibt es meist eigene Übersetzungsdateien, die alle unter *http://localize.drupal.org/* verwaltet werden. Um diese Übersetzungen kümmert sich ein deutsches Team unter der Leitung von Thomas Zahreddin.

Sie können nun dort die einzelnen Übersetzungsdateien aufrufen und in Ihre Installation importieren. Das ist natürlich mühsam, und deshalb gibt es das Modul *Localization Update*, das Ihnen diese Aufgaben abnimmt. Nach der Installation nehmen Sie über KONFIGURATION • LOKALISIERUNG UND SPRACHE • SPRACHEN • AKTUALISIERUNGEN VON ÜBERSETZUNGEN (*/admin/config/regional/language/update*) einige Einstellungen vor (siehe Abbildung 26.4).

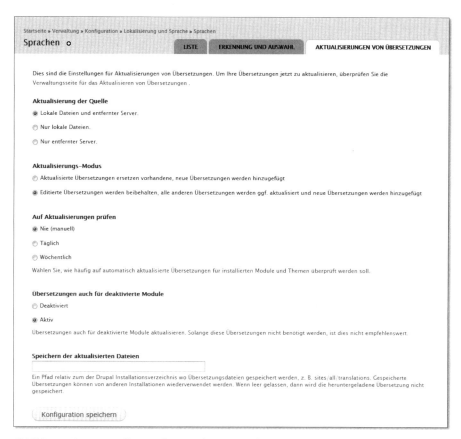

Abbildung 26.4 Einstellungen für »Localization Update«

Sie können hier insbesondere beim AKTUALISIERUNGS-MODUS bestimmen, dass Übersetzungen, die Sie selbst vorgenommen haben (siehe unten), nicht überschrieben werden. Stattdessen werden alle anderen Übersetzungen ergänzt und ggf. aktualisiert. Außerdem können Sie gleichzeitig jene Module aktualisieren lassen, die im Moment deaktiviert sind. Wenn Sie KONFIGURATION • LOKALISIERUNG UND SPRACHE • OBERFLÄCHE ÜBERSETZEN • AKTUALISIEREN (*/admin/config/regional/language/update*) besuchen, sehen Sie eine Liste der Module samt dem Stand der Übersetzungen (siehe Abbildung 26.5). Mit einem Klick können Sie die Übersetzungen aktualisieren.

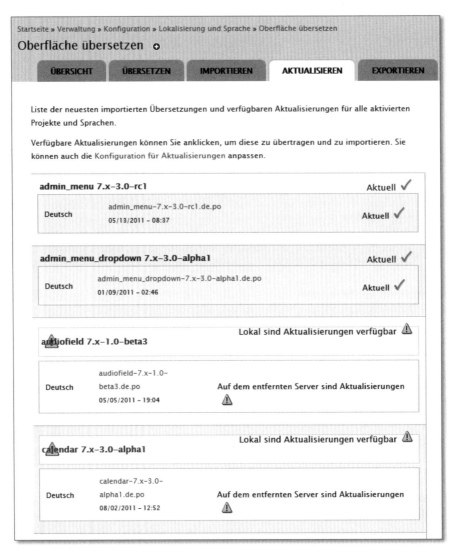

Abbildung 26.5 Die Liste der Übersetzungen

Nun sind nicht immer alle Module, die Sie vielleicht benötigen, schon übersetzt. Oder aber eine der vorhandenen Übersetzungen gefällt Ihnen nicht. Deshalb können Sie über KONFIGURATION • LOKALISIERUNG UND SPRACHE • OBERFLÄCHE ÜBERSETZEN • ÜBERSETZEN (/admin/config/regional/translate/translate) Übersetzungen suchen und bearbeiten. In der Liste sehen Sie die Original-Zeichenketten, ggf. den Kontext und die Sprachen (siehe Abbildung 26.6). Ist das »de« bei den Sprachen durchgestrichen, liegt noch keine deutsche Übersetzung vor. Über einen Klick auf BEARBEITEN ändern Sie Übersetzungen oder fügen eigene hinzu.

Mit der entsprechenden Einstellung beim Modul *Localization Update* werden Ihre eigenen Übersetzungen auch nicht überschrieben, wenn Sie diese automatisch aktualisieren.

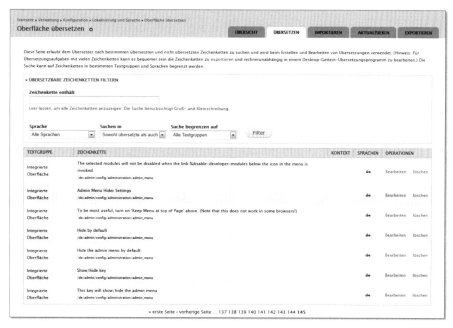

Abbildung 26.6 Ein paar nicht übersetzte Zeichenketten aus dem Admin Menu

26.1.3 Das Datum in unterschiedlichen Sprachen

Wenn Sie sich KONFIGURATION • LOKALISIERUNG UND SPRACHE • DATUM UND UHRZEIT • LOKALISIEREN (*/admin/config/regional/date-time/locale*) ansehen, können Sie die aktiven Sprachen bearbeiten und dort für die vorhandenen Datumstypen entsprechende Formate wählen. Das funktioniert analog zu Abschnitt 4.6, »Datum und Zeiteinstellungen«, nur dass Sie in diesem Fall unterschiedliche Formate für Deutsch und Englisch einstellen. Im Deutschen wird das Format Tag.Monat.Jahr (6.12.20011) genutzt. Die britische kurze Schreibweise wäre 6/12/2011, im amerikanischen Raum wäre es 12/6/2011. Um Missverständnisse zu vermeiden, könnten Sie im englischsprachigen Raum den Monat ausschreiben: 6 Dec 2011.

26.1.4 Mehrsprachige Inhaltstypen

Aktivieren Sie nun das Core-Modul *Content translation*, um Inhalte in unterschiedliche Sprachen zu übersetzen. Bearbeiten Sie dann Ihre Inhaltstypen. Im Reiter VERÖFFENTLICHUNGSEINSTELLUNGEN können Sie die Mehrsprachigkeit festlegen.

Bisher war sie deaktiviert. Wählen Sie hier AKTIV, können Sie bei einzelnen Inhalten nun die Sprache angeben. Bei unseren Einstellungen kommen »Deutsch«, »Englisch« und »Sprachneutral« infrage. Darauf komme ich in Abschnitt 26.2.4, »Multilingual Content«, noch einmal zurück. Wir wählen hier gleich AKTIVIERT, MIT ÜBERSETZUNG für beide Inhaltstypen *Einfache Seite* und *News*.

Wenn Sie sich nun Ihre Inhalte ansehen, finden Sie neben den bekannten Reitern ANSICHT und BEARBEITEN die neue Option ÜBERSETZEN. Darüber können Sie bei allen Nodes eine englische Übersetzung hinzufügen, die automatisch mit der deutschen Fassung verknüpft ist. Legen Sie ein paar Beispielübersetzungen an. Dabei wird zunächst der Text des Originals vorgegeben, den Sie überschreiben.

Bei Ihren Nodes fügt Drupal nun eine Sprachinformation hinzu, also Deutsch oder Englisch. Das ist ein einfaches Feld, das Sie über den Reiter ANZEIGE VERWALTEN bei den Inhaltstypen ausblenden können. Sobald Übersetzungen vorliegen, fügt Drupal im Link-Bereich der Nodes einen Link zu anderen Sprachen hinzu. Unabhängig davon stellt Ihnen Drupal auch einen neuen Block SPRACHUMSCHALTER zur Verfügung, der meist im Kopf einer Webseite verwendet wird.

Wenn Sie einmal die Sprache umschalten, erkennen Sie, dass einige Bereiche bereits automatisch auf Englisch umstellen: Die Menüs NAVIGATION und USER MENU enthalten englische Texte. In der SUCHE-Box wird »Suche« durch »Search« ersetzt. Und wenn Sie über dem Examplast-Logo hovern, steht dort als Tooltip in der deutschen Fassung STARTSEITE und auf englisch HOME. Auch das Kontaktformular wird bereits richtig übersetzt. Offen sind noch das Hauptmenü, die Katalog-Box rechts und die Fußleiste. Außerdem erscheinen übersetzte News aktuell zusammen mit den deutschen News auf der Startseite (weil AUF DER STARTSEITE überall aktiviert ist). Dann sollte das Bild im Header in der englischen Fassung ein anderes Zitat bekommen; die Taxonomie und ein paar weitere Kleinigkeiten sind ebenfalls noch offen. Mit den Möglichkeiten des Core kommen wir hier nicht weiter. Dazu ist das Modul *Internationalization* nötig.

26.2 Mehrsprachigkeit mit dem Modul Internationalization

Zusätzlich zum Modul *Internationalization* benötigen Sie auch das Modul *Variable*. *Internationalization* bringt zurzeit 14 Untermodule mit und ist recht komplex. Wir aktivieren zunächst: *Block languages*, *Contact translation*, *Internationalization*, *Menu translation*, *Multilingual content*, *String translation*, *Taxonomy translation*, *Translation sets* und *Variable translation* sowie *Variable*, *Variable store* und *Variable realm*.

Unter KONFIGURATION • LOKALISIERUNG UND SPRACHE • MEHRSPRACHIGE EINSTELLUNGEN • SYSTEM DER MEHRSPRACHIGKEIT (*/admin/config/regional/i18n*) geben Sie an, welche Sprachen für die Übersetzungen infrage kommen: entweder alle Sprachen, die im System definiert wurden – oder nur jene, die auch aktiviert sind. In Abschnitt 26.1, »Sprachen und Übersetzungen«, haben wir Deutsch und Englisch aktiviert, wir bleiben also bei der Grundeinstellung ENABLED LANGUAGES ONLY. Über KONFIGURATION • LOKALISIERUNG UND SPRACHE • MEHRSPRACHIGE EINSTELLUNGEN • ZEICHENKETTEN (*/admin/config/regional/i18n/strings*) legen Sie fest, welche Textformate über eine Übersetzung erlaubt werden (siehe Abbildung 26.7). Das hat Sicherheitsgründe, wenn Sie zum Beispiel mit einem Filter arbeiten, in dem PHP erlaubt ist. Falls Sie etwa einen Block übersetzen möchten, der mit dem Textformat *Filtered HTML* arbeitet, dieses Format aber nicht für eine Übersetzung freigeschaltet ist, erhalten Sie eine entsprechende Fehlermeldung. Bei uns kümmern sich später die Redakteure um die Übersetzungen, die ohnehin Zugriff auf alle Textformate haben, also erlauben wir in diesem Fall alle Formate.

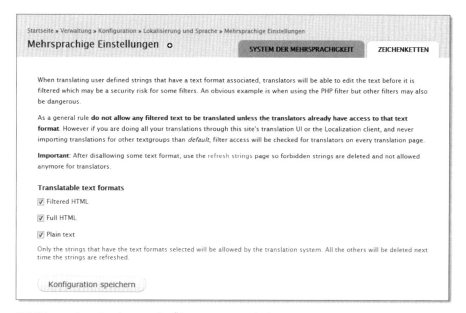

Abbildung 26.7   Textformate für Übersetzungen erlauben

26.2.1   Internationale Variablen

Falls Sie im englischsprachigen Bereich eine URL aufrufen, die nicht existiert – sagen wir */en/test* –, landen Sie trotzdem auf der deutschsprachigen Fehlerseite, auch wenn Sie diese übersetzt haben. Ebenso möchten Sie für andere Sprachen vielleicht einen anderen Namen für die Webseite oder den Slogan vergeben.

Dazu bestimmen Sie unter KONFIGURATION • LOKALISIERUNG UND SPRACHE • MEHRSPRACHIGE EINSTELLUNGEN • VARIABLEN (/admin/config/regional/i18n/variable) die Variablen, die Sie übersetzen möchten (siehe Abbildung 26.8).

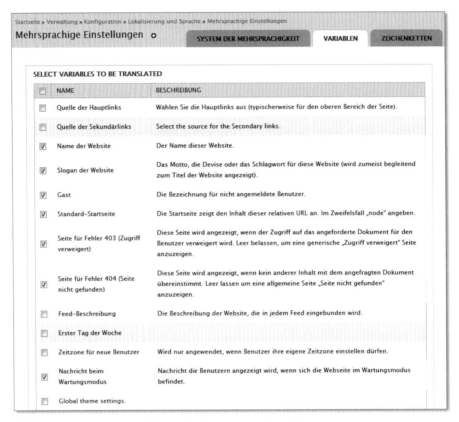

Abbildung 26.8 System-Variablen, die übersetzt werden sollen

Damit können Sie nun zum Beispiel bei den Website-Informationen unter KONFIGURATION • SYSTEM • WEBSITE-INFORMATIONEN (/admin/config/system/site-information) zwischen Ihren Sprachen umschalten und unterschiedliche Texte und Pfade für die Fehlerseiten hinterlegen.

26.2.2 Sprachabhängige Blöcke

Kümmern wir uns nun um die Blöcke der Examplast-Seite. Konfigurieren Sie den Block für den neuen Katalog. Unten ist bei den vertikalen Reitern eine neue Option hinzugekommen: SPRACHEN (siehe Abbildung 26.9). Sie haben zwei Möglichkeiten, die Sie nutzen können. Zum einen können Sie nun über die erste Checkbox, MAKE THIS BLOCK TRANSLATABLE, einen Block übersetzen. Dann existiert für den Block analog zu übersetzten Nodes eine Fassung für jede Sprache. Wenn Sie die Sprache umschalten, wechselt auch die Sprache des Blocks.

Zum anderen können Sie mit der zweiten Option, SHOW THIS BLOCK FOR THESE LANGUAGES, Blöcke auf eine Sprache beschränken. Dann könnten Sie den bestehenden Block nur im deutschsprachigen Teil der Webseite anzeigen und würden einen zweiten Block hinzufügen, der nur im englischsprachigen Bereich gezeigt wird. Das kann sinnvoll sein, wenn es den Katalog zum Beispiel nur auf Deutsch gibt und der Block daher im englischsprachigen Teil nicht auftauchen soll.

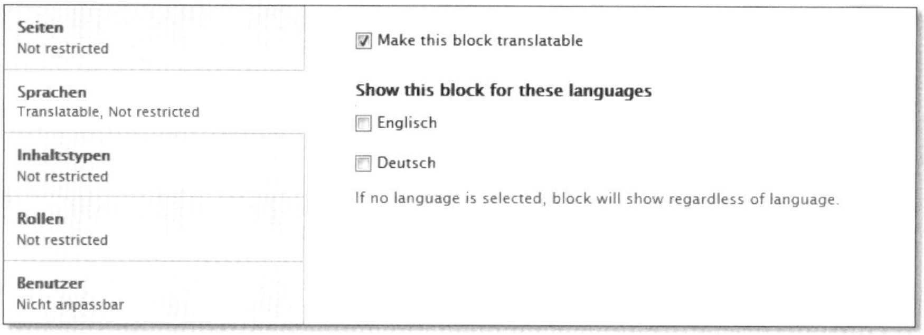

Abbildung 26.9 Spracheinstellungen für Blöcke

Mit diesen Optionen können Sie nun die Blöcke oben auf der Startseite, in der rechten Spalte und in der Fußzeile entsprechend übersetzen. Für die Examplast GmbH wählen wir jeweils MAKE THIS BLOCK TRANSLATABLE.

26.2.3 Menüs

Wenn Sie ohne das Modul *Internationalization* einen Node übersetzt und dafür einen Menüpunkt erstellt haben, ist dieser Menüpunkt zusätzlich im Menü erschienen. Wir möchten natürlich nur jene Menüpunkte anzeigen, die zur gerade aktuellen Sprache passen. Auch hier haben Sie mehrere Möglichkeiten: Sie können zum Beispiel mit einem neuen, eigenständigen englischsprachigen Hauptmenü arbeiten. Sie fügen dann die deutschen Nodes dem deutschsprachigen Hauptmenü hinzu und die englischen Nodes entsprechend dem englischsprachigen Menü. Über die Blockeinstellungen zeigen Sie wiederum jedes Menü nur bei der jeweiligen Sprache an.

Bei den einzelnen Menüs können Sie entsprechende Einstellungen vornehmen (siehe Abbildung 26.10). Sie können entweder

1. nur den Namen und die Beschreibung des Menüs übersetzen,
2. das Menü und die einzelnen Menüpunkte übersetzen oder
3. das Menü komplett auf eine einzelne Sprache beschränken.

Wenn Sie mit einem Menü pro Sprache arbeiten möchten, wählen Sie also Option 3. Bei Option 2 weisen Sie die einzelnen Menüpunkte einer Sprache zu und übersetzen diese dann. Mit den *Translation Sets* bei den Menüs können Sie einzelne Menüpunkte (deutsch/englisch) einander zuweisen.

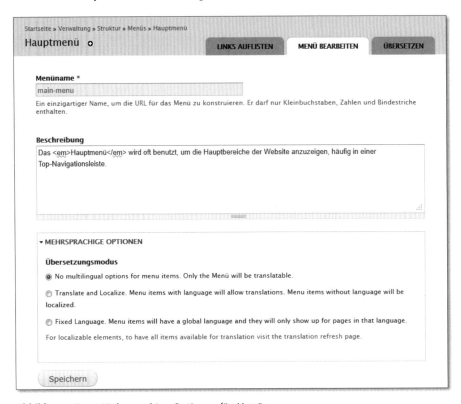

Abbildung 26.10 Mehrsprachige Optionen für Menüs

Ob Sie Option 2 oder 3 wählen, ist Geschmacksache. Ich halte 2 für zu umständlich; einzelne Menüs pro Sprache mit Option 3 sind meist einfacher zu handhaben. Für die Examplast GmbH beschränken wir also das bestehende Hauptmenü auf die FIXED LANGUAGE Deutsch. Dann erstellen wir ein neues »Hauptmenü (englisch)« und beschränken es auf Englisch. Die beiden Blöcke der Menüs lassen wir entsprechend nur im deutsch- bzw. englischsprachigen Bereich ausgeben. Außerdem ergänzen wir beim Inhaltstyp *Einfache Seite* die Menüeinstellungen, sodass die Inhalte auch dem neuen »Hauptmenü (englisch)« hinzugefügt werden können. Nun können wir unsere englischen Hauptinhalte entsprechend dem neuen englischen Menü hinzufügen.

26.2.4 Multilingual Content

Durch das Modul *Multilingual Content* sind neue Optionen für die Übersetzungen von Inhaltstypen hinzugekommen. Sie finden diese in einem neuen vertikalen Reiter MEHRSPRACHIGE EINSTELLUNGEN bei den einzelnen Inhaltstypen oder gesammelt unter KONFIGURATION • LOKALISIERUNG UND SPRACHE • MEHRSPRACHIGE EINSTELLUNGEN • BEITRAGSOPTIONEN (*/admin/config/regional/i18n/node* – Abbildung 26.11).

Sie können bei einem Inhaltstyp nun zum Beispiel die AKTUELLE SPRACHE ALS STANDARD FÜR NEUEN INHALT SETZEN oder eine Sprache erzwingen (also SPRACHNEUTRAL NICHT ZULASSEN wählen). Unter der ERWEITERTEN SPRACHUNTERSTÜTZUNG haben Sie drei Optionen. Sie können wieder

1. nur die aktivierten Sprachen zulassen,
2. alle definierten Sprachen erlauben oder
3. alle definierten Sprachen für Übersetzungen erlauben, wobei nicht-aktivierte Sprachen aber nicht verlinkt werden.

Die letztgenannte Option kann sinnvoll sein, wenn Sie nur langsam eine neue Sprache hinzufügen, Sie also schon mit den Übersetzungen der Inhalte beginnen, aber die Sprachen noch nicht aktiv anzeigen möchten.

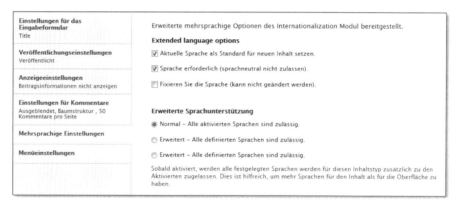

Abbildung 26.11 Erweitere Spracheinstellungen für einen Inhaltstyp

26.2.5 Das Kontaktformular

Kommen wir noch einmal kurz zum Kontaktformular zurück. Drupal übersetzt zwar die Label im Formular ins Englische. Sie benötigen aber das Modul *Contact translation*, um die Kategorien und die optionale automatische Antwort zu übersetzen.

26.2.6 Die Taxonomie

Bei den News der Examplast GmbH setzen wir auf eine Taxonomie. Auch hier müssen wir uns noch um die Möglichkeiten der Übersetzungen kümmern. Sie können hier ähnliche Optionen vornehmen wie bei den Menüs (siehe Abbildung 26.12); also

1. nur das Vokabular übersetzen, aber nicht die Begriffe,
2. dieselben Begriffe für verschiedene Sprachen benutzen, die jedoch übersetzt werden können,
3. verschiedene Begriffe in jeder Sprache erlauben, wobei auch hier Übersetzungen möglich sind, und
4. das komplette Vokabular auf eine Sprache beschränken.

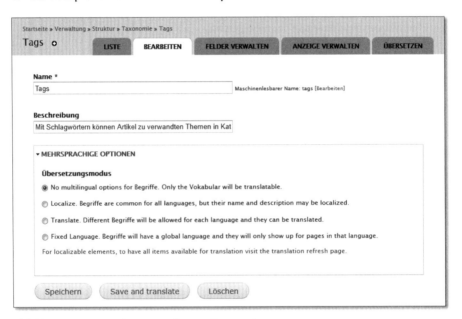

Abbildung 26.12 Sprachoptionen für eine Taxonomie

Da wir hier eine freie Verschlagwortung benutzen und es passieren kann, dass einem Autor in einer Sprache mehr Begriffe einfallen als in einer anderen, wählen wir Option 3: TRANSLATE. DIFFERENT BEGRIFFE WILL BE ALLOWED FOR EACH LANGUAGE AND THEY CAN BE TRANSLATED. Falls die krude Mischung aus Deutsch und Englisch Sie an dieser Stelle irritiert: Eigentlich sind die Textbausteine in der aktuellen Fassung noch nicht auf Deutsch übersetzt. Der Originaltext lautet: »Translate. Different @item_name_multiple will be allowed for each language and they can be translated.« Das System kennt aber bereits »@item_name_multiple« und übersetzt das mit »Begriffe«.

Bei der Taxonomie weisen wir zunächst unseren bisherigen Begriffen die deutsche Sprache zu (siehe Abbildung 26.12). Über den Punkt TRANSLATIONS SETS bei der Auflistung der Begriffe können wir den deutschen Begriffen neue englische zuordnen. Oder aber – falls Sie bereits englische Tags vergeben haben – den deutschen auch bestehende englische Tags zuordnen (dazu müssen Sie diese vorher der englischen Sprache zugeordnet haben). Wenn Sie alle Begriffe einer Sprache zugeordnet haben und Sie einen Inhalt in einer bestimmten Sprache bearbeiten, werden Ihnen bei der Auto-Vervollständigung nur noch die Begriffe dieser Sprache vorgeschlagen.

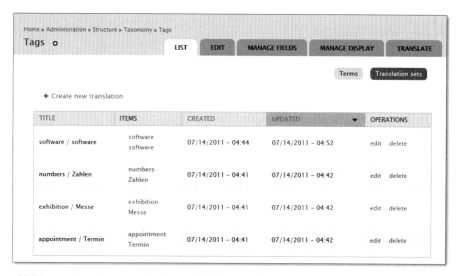

Abbildung 26.13 Zugeordnete Beispiel-Wörter der Taxonomie

26.2.7 Das Bild im Header

Nun fehlt nur noch das Bild im Header, das zurzeit immer das deutschsprachige Zitat zeigt. Hier haben Sie mehrere Möglichkeiten. Zum Beispiel könnten Sie ein sprachunabhängiges Bild einbauen. Oder Sie fügen das Bild über einen Block im Header ein und nutzen die Spracheinstellungen für Blöcke.

Die Arbeit müssen Sie sich aber nicht machen. Im Examplast-Theme wird dieses Headerbild über eine CSS-Anweisung als Hintergrund des `div`-Containers `#header` genutzt. Das Modul *Internationalization* fügt dem HTML-Element `body` neue Klassen hinzu, und zwar je nach Sprache in unserem Fall entweder `i18n-de` oder i18n-en. Dadurch können Sie nun im Theme je nach Sprache andere Bilder einfügen. Als CSS zum Beispiel durch:

```
body.i18n-de #header { background-image:
  url("/sites/all/themes/examplast/examplast_header_de.jpg"); }
body.i18n-en #header { background-image:
  url("/sites/all/themes/examplast/examplast_header_en.jpg"); }
```

Durch die Klassen können Sie viele Bereiche Ihrer Webseite abhängig von der Sprache anpassen. Zum Beispiel kann es vorkommen, dass eine Sprache für einen Block längere Wörter benutzt, die vielleicht nicht ganz passen. Per CSS könnten Sie die Schrift für diese Sprachen an dieser Stelle einfach etwas kleiner ausgeben.

26.2.8 Die Startseite

Wenn Sie die News übersetzt haben, stehen auf der Startseite im Moment noch deutsche und englische News unabhängig von der gewählten Sprache durcheinander. Hier können Sie einfach die News mit Views (aus Kapitel 23) in zwei Blöcken für die beiden Sprachen generieren und entsprechend anzeigen.

26.2.9 Umfangreichere Websites

Die Website der Examplast GmbH ist recht übersichtlich. Bei größeren Websites und weiteren Modulen müssen Sie viele weitere Stellen anpassen. Dazu können Sie die anderen Untermodule von *Localization* ausprobieren oder weitere Zusatzmodule installieren, zum Beispiel *Title*, *Entity Translation*, *Internationalization Views*, *Localization Client* oder *Translation Overview*.

*»Wenn jeder dem anderen helfen wollte,
so wäre allen geholfen.«*
– Marie von Ebner-Eschenbach

27 Tipps für ein benutzerfreundliches System

Wenn Sie ein Webprojekt für mehrere Benutzer und verschiedene Rollen konfigurieren, können Sie mehrere Module und Hilfsmittel nutzen, um es diesen einfacher zu machen.

27.1 Shortcuts

Direkt unter den Hauptnavigationspunkten der Toolbar können Sie die Leiste mit den Shortcuts ein- und ausklappen – wenn die Core-Module *Toolbar* und *Shortcuts* aktiviert sind. Ob und wie Ihre Shortcuts angezeigt werden, hängt vom Theme und ggf. zusätzlichen Modulen wie dem *Admin Menu* ab. Die Administration finden Sie unter KONFIGURATION • BENUTZEROBERFLÄCHE • SHORTCUTS (*/admin/config/user-interface/shortcut*).

In Drupal 7 können Sie sich verschiedene Sets an Shortcuts basteln. Im Backend sehen Sie neben dem Titel der Seiten ein kleines Plus-Zeichen. Durch einen Klick nehmen Sie die Seite in Ihre Shortcuts auf. Aus dem Plus- wird ein Minuszeichen, und darüber können Sie den Shortcut leicht wieder entfernen. Unter dem Link zur Konfigurationsseite können Sie Ihr Default-Set auch umfangreicher bearbeiten und eigene Links hinzufügen. Dazu müssen Sie lediglich einen Namen wählen und den Pfad kennen. Als Pfad wird die URL Ihrer eigenen Webseite angegeben; Sie können nur den internen Pfad hinzufügen. Es sind also nur Shortcuts für das eigene Angebot gedacht und nicht zu externen Seiten.

Vorgesehen sind übrigens nicht Shortcuts-Sets für jeden einzelnen Benutzer. Vielmehr sollten Sie als Admin verschiedene Sets anlegen, die zu den Rollen Ihrer Nutzer passen. Ein Autor bekommt vielleicht die Shortcuts NEWS ANLEGEN und ÜBERSICHT ÜBER EIGENE NEWS; während ein Redakteur diese Shortcuts sieht: NEWS ANLEGEN, NEWS FREISCHALTEN, ARTIKEL ANLEGEN, ÜBERSICHT ALLER NEWS, ÜBERSICHT ALLER ARTIKEL.

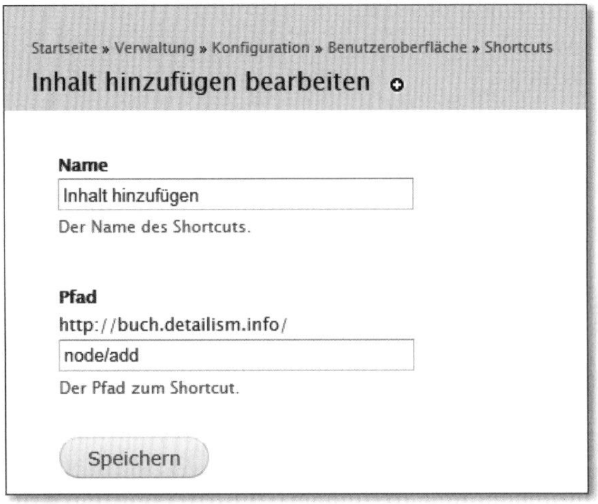

Abbildung 27.1 Ein neuer Shortcut

Sie bekommen nach den ersten Projekten schnell ein Gefühl dafür, welche Shortcuts für welche Rollen am sinnvollsten sind.

27.2 Contextual Links

Mit dem Core-Modul *Contextual Links* schalten Sie einige nützliche kontextbezogene Links hinzu, die Ihnen andere Module zur Verfügung stellen. Ist das Modul nicht aktiviert, müssen Sie Blöcke zum Beispiel über das Menü oder Shortcuts konfigurieren. Bei aktivierten *Contextual Links* können Sie mit der Maus über einem Block hovern und sehen in der rechten oberen Ecke ein Zahnrad. Das Dropdown-Menü liefert Ihnen einen direkten Link, um diesen Block zu konfigurieren.

Abbildung 27.2 Ein »Contextual Link« bei einem Block

Der Optionen stehen nur jenen Rollen zur Verfügung, die die Berechtigung *Kontextabhängige Links verwenden* haben und nur dann, wenn sie die jeweiligen Inhalte oder Blöcke auch bearbeiten dürfen.

27.3 Tracker

Das Core-Modul *Tracker* zeigt Ihnen neue und geänderte Inhalte an. Außerdem ist es möglich, neue Inhalte von jedem einzelnen Benutzer zu verfolgen. Bei dem Modul können Sie nichts weiter konfigurieren. Ist das Modul aktiviert, erscheint ein neuer Menüpunkt Neuester Inhalt im Menü Navigation. Unter dem korrespondieren Pfad */tracker* finden Sie nun zwei Reiter: Aller neuester Inhalt listet neue Inhalte aller Nutzer auf, während Mein neuester Inhalt nur Ihre eigenen Beiträge berücksichtigt. Dies bietet Benutzern eine einfache Möglichkeit, die Beiträge zu finden, an denen sie zuletzt gearbeitet haben. Außerdem wird das Profil aller Nutzer um den Reiter Beiträge erweitert, sodass Sie gezielt die Aktivitäten eines Nutzers verfolgen können.

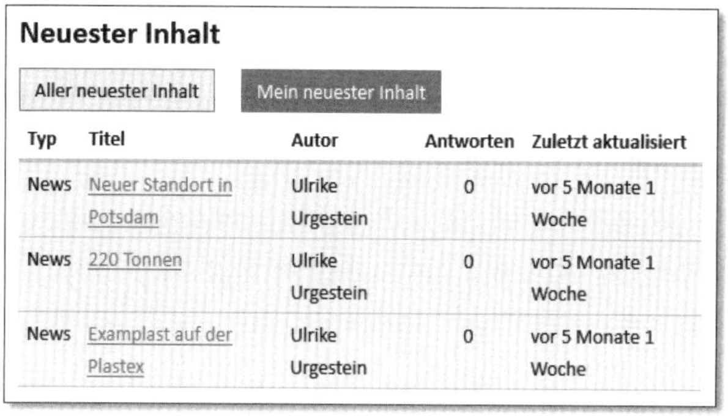

Typ	Titel	Autor	Antworten	Zuletzt aktualisiert
News	Neuer Standort in Potsdam	Ulrike Urgestein	0	vor 5 Monate 1 Woche
News	220 Tonnen	Ulrike Urgestein	0	vor 5 Monate 1 Woche
News	Examplast auf der Plastex	Ulrike Urgestein	0	vor 5 Monate 1 Woche

Abbildung 27.3 Beispiel für Inhalte, die der Tracker auflistet

Falls Sie die Informationen, die der Tracker Ihnen bietet, lieber anders aufbereiten möchten, nutzen Sie stattdessen das Modul *Views* (siehe Abschnitt 23.8, »Dynamische Views durch Argumente«).

27.4 Andere Hilfsmittel

Im Live-Betrieb einer Webseite sollen Redakteure und Kollegen möglichst selbstständig mit den Funktionen klarkommen, ohne dass Sie ihnen ständig über die Schulter sehen müssen. Sie können ein paar Hilfen einrichten, um es den Benutzern des Systems oder auch Ihren Besuchern einfacher zu machen.

27.4.1 Hilfstexte

Drupal erlaubt es Ihnen, für Inhaltstypen und einzelne Felder Hilfstexte anzulegen. Nutzen Sie diese. Die Texte erscheinen direkt an der Stelle, an der die Inhalte eingegeben werden. Erfahrungsgemäß lesen Redakteure diese Texte tatsächlich, wenn Sie nicht mehr wissen, wofür dieses oder jenes Feld gedacht ist.

27.4.2 Online-Handbuch

Früher habe ich Kunden Anleitungen als PDF geschickt – was dazu führte, dass sie sich ein paar Monate später nicht mehr daran erinnern konnten oder das PDF nicht wiederfanden. Mittlerweile lege ich ein Online-Handbuch an. Mit einem eigenen Menü (HANDBUCH) und einem eigenen Inhaltstyp. Beide sind so eingerichtet, dass nur authentifizierte Benutzer (oder nur Redakteure) darauf zugreifen können (siehe Abschnitt 31.4.3). Außerdem müssen Sie dafür sorgen, dass die Inhalte nicht in der internen Suche auftauchen.

Solch ein Handbuch zerfällt in zwei Teile. Der erste Teil enthält allgemeine Beschreibungen, die in jeder Installation gleich sind, etwa die Handhabung eines WYSIWYG-Editors. Der zweite Teil ist projektspezifisch und erklärt zum Beispiel die konkreten Inhaltstypen einer Drupal-Installation.

27.4.3 Projektmanagement

Im Zusammenhang mit Kunden möchte ich Ihnen auch eine Projektverwaltung ans Herz legen. Es sollte ein System sein, das zumindest die folgenden Anforderungen erfüllt:

- Die Mitglieder eines Projekts können Aufgaben anlegen und zuweisen.
- Das Ticket bekommt einen Status, etwa »offen«, »in Bearbeitung« oder »geschlossen«.
- Die Tickets können kommentiert werden.
- Über neue Tickets und Kommentare können die Mitglieder des Projekts per E-Mail informiert werden.

Es gibt mehrere solcher Tools (zum Beispiel *Redmine*, *ProjectPier*, *Basecamp*). Im Anhang empfehle ich Ihnen *Open Atrium*, ein Tool auf Drupal-Basis.

»Der wichtigste Erfolgsfaktor eines Unternehmens ist nicht das Kapital oder die Arbeit, sondern die Führung.«
– Reinhard Mohn

28 Nützliches für Admins

Einige Module sind eher für Administratoren hilfreich. Die folgenden wären nicht unbedingt nötig, um die Webseite zu nutzen. Sie sind aber äußerst nützlich, wenn es darum geht, Fehler zu finden oder Sicherheitskopien der Datenbank zu erstellen.

28.1 Die normale Hilfe

Das Core-Modul *Help* bietet Ihnen eine Online-Hilfe, die insbesondere für Anfänger geeignet ist. Bei aktiviertem Modul sehen Sie in Ihrer *Toolbar* (oder im *Admin Menu*) den Menüpunkt HILFE, der Ihnen Informationen über die verschiedenen Module bietet. Auch neue Module können eine Hilfe zur Verfügung stellen. In der Liste der Module finden Sie ebenfalls direkte Links zu den Hilfe-Seiten. Die Hilfe ist nur für aktivierte Module verfügbar.

Wenn Sie mit einem Modul Probleme haben, lesen Sie zunächst die Hilfe-Seite. Vielleicht bietet Ihnen das Modul gar nicht die Funktionen, die Sie erwartet haben – oder funktioniert leicht anders?

28.2 Erweiterte Hilfestellung

Mit dem Modul *Advanced Help* können Modul-Entwickler Ihre Hilfsinformationen als reine *.html*-Dateien speichern. Insbesondere das Modul *Views* legt Ihnen nahe, *Advanced Help* zu nutzen. In der normalen Hilfe finden Sie aktuell zum Beispiel keine Hilfe zu Views. Durch *Advanced Help* bekommen Sie aber rund 75 HTML-Seiten mit (englischsprachigen) Tipps geliefert. Andere Module stellen hier zum Beispiel ihr Readme-File zur Verfügung, sodass Sie es nicht im Modul selbst suchen müssen.

28.3 RDF für weitere Metadaten

Drupal ist das erste große CMS, das *RDF* bereits im Core unterstützt. RDF steht für *Resource Description Framework*, sinngemäß ein »System zur Beschreibung von Ressourcen«. Es ist eine Kernkomponente des *semantischen Webs* und dient dazu, Objekte formal zu beschreiben. So weit, so kryptisch.

Konkret sorgt das Modul dafür, dass Ihre Inhalte automatisch um Metainformationen erweitert werden, die andere Webseiten oder Suchmaschinenroboter auslesen können. Nehmen wir die Startseite unserer Examplast GmbH aus Kapitel 4. Ist das RDF-Modul nicht aktiviert, lautet die HTML-Zeile für die Überschrift der ersten News:

```
<h2><a href="/news/examplast-auf-der-plastex">
Examplast auf der Plastex </a></h2>
```

Ist das RDF-Modul aktiviert, wird daraus:

```
<h2 property="dc:title" datatype=""><a href="/news/examplast-auf-der-plastex">Examplast auf der Plastex </a></h2>
```

Das Modul fügt also die maschinenlesbare Information hinzu, dass es sich hier um einen Titel handelt. Falls Sie die Autoreninformation bei den News anzeigen, werden auch dort die Daten erweitert. Aus

```
Gespeichert von <a href="/user/8" title="Benutzerprofil anzeigen."
class="username">Ulrike Urgestein</a> am/um Di, 03/22/2011 - 15:21
```

wird

```
<span property="dc:date dc:created" content="2011-03-22T15:21:33
+01:00" datatype="xsd:dateTime" rel="sioc:has_creator">Gespeichert
von <a href="/user/8" title="Benutzerprofil anzeigen."
class="username" xml:lang="" about="/user/8" typeof=
"sioc:UserAccount" property="foaf:name">Ulrike Urgestein</a> am/um
Di, 03/22/2011 - 15:21</span>
```

Hier werden die Autorin und das Erstellungsdatum maschinenlesbar ausgezeichnet. Was bringt uns das? Zum einen können dadurch Mashups (Webseiten, die Inhalte anderer Webseiten nutzen) einfacher werden, zum anderen sorgen diese zusätzlichen Informationen dafür, dass Suchmaschinen sie – langfristig gesehen – besser indizieren können.

RDF ist in Drupal 7 frisch dazugekommen. Es bleibt abzuwarten, wie andere Module darauf aufbauen. Im Moment können Sie das Modul einfach aktivieren;

die HTML-Datei wird dadurch leicht größer, dafür aber eben automatisch um Metadaten erweitert.

28.4 Protokolle für Systemereignisse

Das Modul *Database Logging* protokolliert und zeichnet Systemereignisse in der Datenbank auf. Das beinhaltet zunächst einmal Ereignisse des Cores, aber auch andere Module können ihre Meldungen in das Log schreiben. Das *Syslog* funktioniert analog, schreibt die Ereignisse aber nicht in die Datenbank von Drupal, sondern schickt seine Meldungen an das Betriebssystem Ihres Webservers. Im Rahmen dieses Buches beschäftigen wir uns mit kleinen bis mittleren Webseiten. Für diese können Sie das Database Logging aktivieren und das Syslog ignorieren.

Beide Module konfigurieren Sie unter KONFIGURATION • ENTWICKLUNG • PROTOKOLLIERUNG UND FEHLER (*/admin/config/development/logging*). Welche Optionen Ihnen hier angezeigt werden, hängt davon ab, welche der beiden Module Sie aktiviert haben (siehe Abbildung 28.1).

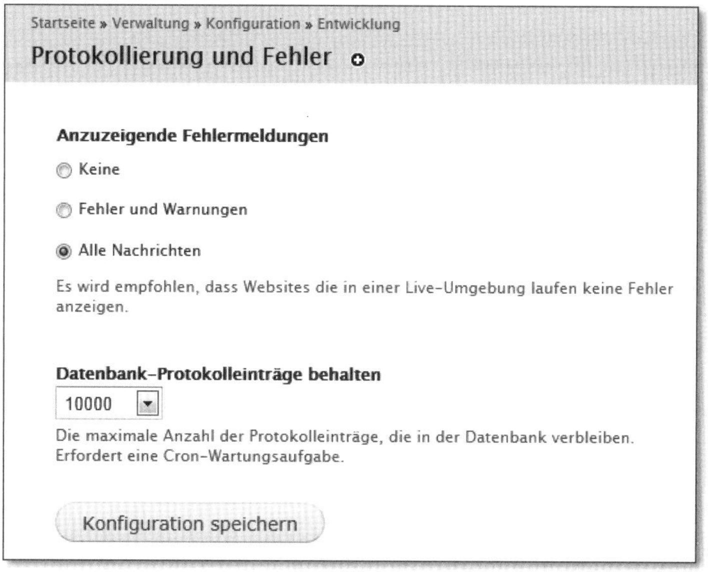

Abbildung 28.1   Protokollieren Sie Fehler in der Datenbank.

ANZUZEIGENDE FEHLERMELDUNGEN meint die Fehler, die direkt auf der Webseite als Text erscheinen. Wenn Sie sich in der Entwicklungsphase einer Webseite befinden, sollten Sie alle Nachrichten anzeigen lassen. Das System empfiehlt Ihnen, in einer Live-Umgebung keine Fehler anzuzeigen.

Für das Database Logging geben Sie außerdem an, wie viele Meldungen das System speichern soll. Für kleine Webseiten reichen 1000 Meldungen; wenn Sie mehrere Benutzer haben oder Newsletter verschickt werden, sind schnell 10.000 Meldungen sinnvoller. Achten Sie darauf, dass ein Cronjob eingerichtet ist, damit das System ältere Meldungen auch wirklich löscht. Ansonsten wird diese Tabelle in der Datenbank größer und größer (und legt im schlimmsten Fall irgendwann die Website lahm).

Die Protokollnachrichten werden Ihnen dann unter BERICHTE • AKTUELLE PROTOKOLLNACHRICHTEN (*/admin/reports/dblog*) aufgelistet (siehe Abbildung 28.2).

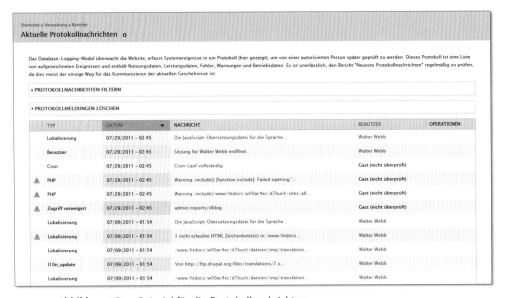

Abbildung 28.2 Beispiel für die Protokollnachrichten

28.5 Automatische Sicherungen der Datenbank

Mit dem Modul *Backup and Migrate* können Sie die Datenbank Ihrer Webseite in regelmäßigen Abständen automatisch sichern und ggf. wieder einspielen. Wählen Sie nach der Installation KONFIGURATION • SYSTEM • BACKUP AND MIGRATE (*/admin/config/system/backup_migrate*). Sie sehen die Reiter SICHERN, WIEDERHERSTELLEN, SICHERUNGSZIELE, PROFILE und ZEITPLÄNE.

Zunächst sehen wir uns die Möglichkeiten unter SICHERUNGSZIELE an. Wenn Sie Ihr Dateisystem vorher richtig konfiguriert, d. h., auch ein privates Verzeichnis vorgesehen haben (siehe Abschnitt 4.4), legt das Modul Ihnen automatisch mehrere Optionen an. Sie sollten drei konfigurierte Ziele sehen:

- **Verzeichnis für manuelle Sicherungen:** In dieses private Verzeichnis *private://backup_migrate/manual* werden die Backups gespeichert, die Sie manuell anlegen.
- **Verzeichnis für zeitgesteuerte Sicherungen:** In diesem privaten Verzeichnis *private://backup_migrate/scheduled* landen jene Backups, die nach einem automatisierten Zeitplan angelegt werden.
- **Standard-Datenbank:** Das ist die bestehende Datenbank, in der bereits die Daten für Ihre aktuelle Datenbank liegen.

Sie können auch weitere Ziele angeben. Dabei können Sie aus fünf Zielarten auswählen:

- **Serververzeichnis:** Das ist die meistgenutzte Form. Sie speichern die Datenbank direkt auf Ihrem Webspace.
- **MySQL-Datenbank:** Hierbei wird der Inhalt der Datenbank in eine andere Datenbank geschrieben.
- **FTP-Verzeichnis:** In diesem Fall speichern Sie die Daten in einem FTP-Verzeichnis, das sich irgendwo im Web befinden kann; Sie müssen nur Zugriff darauf haben.
- Der **Amazon-S3-Bucket** ist ein Service von Amazon, für den Sie dort ein Benutzerkonto haben müssen.
- Außerdem können Sie die Datenbank auch als Anhang an eine E-Mail-Adresse schicken.

Unter dem Reiter SICHERN können Sie eine Schnellsicherung oder eine erweiterte Sicherung vornehmen. In der Regel werden Sie den Dump der Datenbank (eine Datei mit allen relevanten Dateien) in das Verzeichnis für manuelle Sicherungen speichern oder gleich herunterladen.

Über WIEDERHERSTELLEN können Sie entsprechend die Sicherungen der Datenbank wieder einspielen. Dabei können Sie entweder eine Datei hochladen oder eine der Dateien aus den Verzeichnissen der manuellen und zeitgesteuerten Sicherungen wählen (siehe Abbildung 28.3).

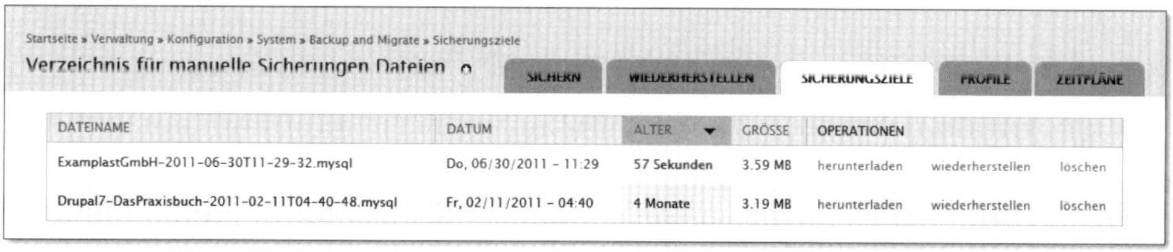

Abbildung 28.3 Beispiel für das Verzeichnis der manuellen Sicherungen

Im nächsten Reiter können Sie einzelne Profile anlegen. Darin bestimmen Sie zum Beispiel, welche Tabellen der Datenbank jeweils gespeichert werden sollen. Mit dem Reiter ZEITPLÄNE stellen Sie automatische Sicherungen ein. Zum Beispiel könnten Sie die Datenbank automatisch einmal am Tag sichern und – je nach Größe der Datenbank und Platz auf dem Server – 14 Sicherungsdateien aufbewahren (siehe Abbildung 28.4). Das Modul löscht dann automatisch ältere Sicherungsdateien. Die Zeitpläne funktionieren wiederum nur, wenn Sie einen regelmäßigen Cron-Job eingerichtet haben.

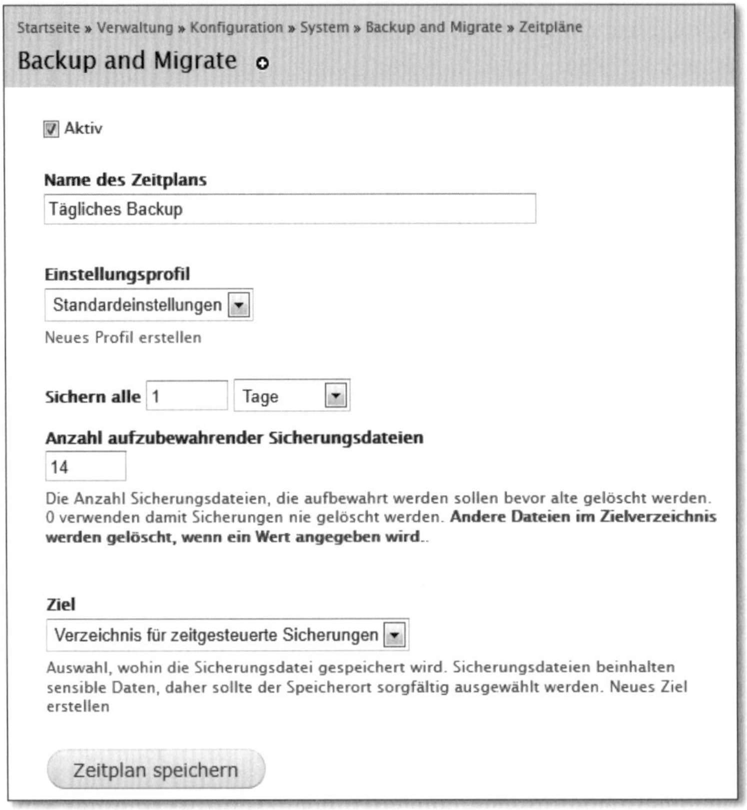

Abbildung 28.4 Beispiel für ein tägliches Backup

In den Berechtigungen können Sie einzeln festlegen,

- wer das Modul administrieren darf,
- wer auf das Modul zugreifen darf,
- wer ein Backup manuell ausführen darf,
- wer die Liste der Backups einsehen darf,

- wer Backups löschen darf und
- wer ein Backup wieder einspielen darf.

Sie können Redakteuren ruhig das Recht geben, die Liste der Backups zu sehen und eigene Backups anzulegen. Nur sollten diese weder Backups löschen noch selbst wiederherstellen können.

Bei großen Backup-Files kann es passieren, dass der Prozess beim Wiederherstellen abbricht. In diesem Fall können Sie besser mit dem *MySQLDumper* arbeiten (siehe Anhang).

28.6 Security Review

Das Modul *Security Review* bietet Ihnen eine Übersicht über mögliche Sicherheitslücken in Ihrem System. Sorgen Sie nach der Installation dafür, dass nur vertrauenswürdige Rollen Zugriff auf das Modul haben. Über BERICHTE • SECURITY REVIEW • RUN & REVIEW (*/admin/reports/security-review*) starten Sie die Prüfung. In den Ergebnissen zeigt Ihnen das Modul nun die Schwachstellen samt dem Link DETAILS für weitere Informationen.

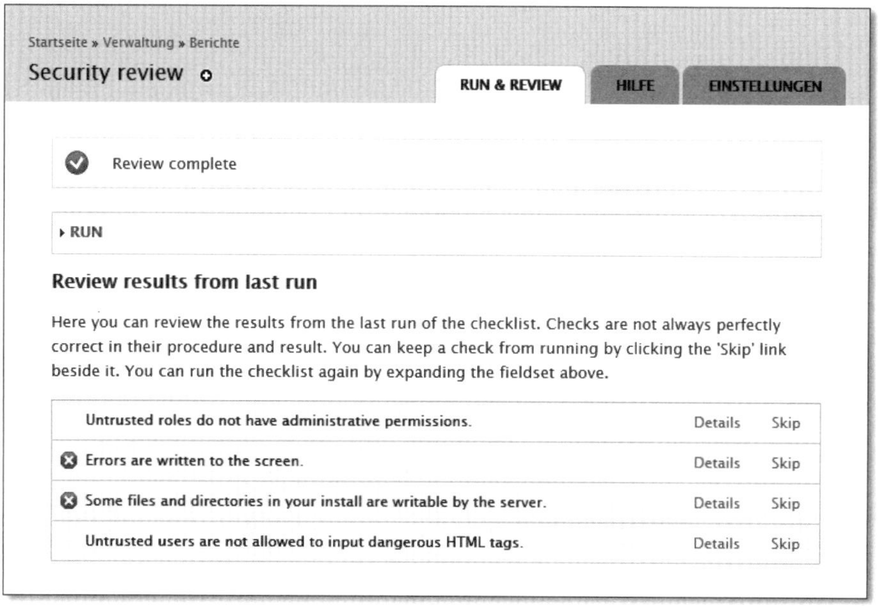

Abbildung 28.5 Mögliche Sicherheitslücken in der Installation

*»Wenn mal etwas nicht auf Anhieb funktioniert, bedenken Sie immer:
Ein Computer ist von Natur aus eine dumme Maschine.«*
– unbekannt

29   Technisches rund um die Webseite

In diesem Kapitel wird es technischer. Sie bekommen ein paar Tipps, wie Sie bestimmte Serverkonfigurationen überschreiben können und wie Sie bei Fehlern (siehe Abbildung 29.1) verfahren können.

Wenn der Server bei der Installation nicht mitspielt, weil bestimmte Werte falsch gesetzt sind oder verschiedene Zusatzmodule zu Problemen führen, können Sie versuchen, an drei verschiedenen Stellen zu schrauben. Infrage kommen die Dateien *.htaccess*, *settings.php* und *php.ini*. Welche Stelle die richtige ist, erfahren Sie in den FAQ Ihres Webhosters – oder durch schlichtes Probieren. Wir werden jeweils versuchen, das *Memory Limit* auf 256 MB, die *maximale Ausführungszeit* auf 60 Sekunden und die maximale Größe von Dateien beim Upload auf 10 MB zu setzen. Das Memory Limit definiert, wie viel RAM Speicher ein PHP-Prozess benutzen darf, bevor dieser abgebrochen wird. Insbesondere beim gleichzeitigen Aktivieren mehrerer Module kann das Limit schnell erreicht sein. Die maximale Ausführungszeit (*Execution Time*) wiederum bezeichnet die maximale Länge, die ein Skript laufen darf. Je nach Grundeinstellungen des Servers kann in beiden Fällen mitunter ein höherer Wert schnell ein paar Probleme lösen. Falls einer der vorgeschlagenen Lösungswege nicht funktioniert oder gar die Webseite gar nicht mehr ansprechbar ist, machen Sie Ihre Änderungen wieder rückgängig.

Fatal error: Maximum execution time of 30 seconds exceeded in **/www/htdocs/w00ac4ec/openatrium/includes/file.inc** on line **958**

Abbildung 29.1   Ein typischer Fehler, bei dem die »Maximum Excution Time« überschritten wurde

29.1   .htaccess

Die Datei *.htaccess* finden Sie auf der obersten Ebene Ihrer Drupal-Installation. Sie dient dazu, den Webserver zu konfigurieren. So sorgt sie zum Beispiel dafür, dass Sie saubere URLs benutzen können. Sie könnten darüber auch Verzeichnisse schützen (mit einer zusätzlichen *.htpasswd*) oder Fehlerseiten zuweisen. In manchen FTP-Programmen ist diese Datei eventuell unsichtbar. Schlagen Sie in dem Fall in der Dokumentation des Programms nach, um die Datei sichtbar zu machen.

Um die entsprechenden Werte zu ändern, suchen Sie diese Stelle:

```
# PHP 5, Apache 1 and 2.
<IfModule mod_php5.c>
…
</IfModule>
```

Geben Sie dazwischen `php_value memory_limit 256M` in einer eigenen Zeile ein, um das Memory Limit zu erhöhen. Mit `php_value max_execution_time 60` ändern Sie die Ausführungszeit. Und

```
php_value post_max_size            10M
php_value upload_max_filesize      10M
```

setzt die Dateigröße der Uploads herauf.

Mit der *.htaccess* können Sie auch entscheiden, ob Ihre Webseite mit oder ohne *www.* erreichbar sein soll. Bei der Examplast GmbH wollen wir zum Beispiel nicht gleichzeitig unter *www.examplast.de* und *examplast.de* gefunden werden. Die Seiten mit dem *www.* sollen auf jene ohne *www.* verweisen. Suchen Sie dazu diese Stelle:

```
# To redirect all users to access the site WITHOUT the 'www.' prefix,
# (http://www.example.com/... will be redirected to http://example.com/
...)
# uncomment the following:
# RewriteCond %{HTTP_HOST} ^www\.(.+)$ [NC]
# RewriteRule ^ http://%1%{REQUEST_URI} [L,R=301]
```

Wenn Sie hier die Kommentarzeichen vor den letzten beiden Zeilen (das Zeichen #) entfernen, werden die Seiten entsprechend umgeleitet. Den umgekehrten Fall finden Sie ebenso in der Datei.

29.2 settings.php

Im Ordner */sites/default* finden Sie die *settings.php*. Das ist Drupals spezifische Konfigurationsdatei. Achten Sie darauf, dass diese Datei nicht beschreibbar ist (siehe die Dateirechte in Anhang A.2, »Filezilla als FTP-Client«). In der Datei wird zum Beispiel der Zugang zur Datenbank gespeichert. Suchen Sie eine Stelle, an der bereits mit `ini_set` Werte gesetzt werden. Darunter können Sie dann für die entsprechenden Werte die Zeilen

```
ini_set('memory_limit', '256M');
ini_set('max_execution_time', 60);
ini_set('post_max_size', '10M');
ini_set('upload_max_filesize', '10M');
```

eintragen.

29.3 php.ini

Die dritte Möglichkeit besteht darin, die Server-Einstellungen durch eine *php.ini* zu überschreiben. Diese Datei ist eine wichtige Konfigurationsdatei für Ihren PHP-Server. Bei manchen Anbietern können Sie eine eigene *php.ini* schreiben und in der Regel in das oberste Verzeichnis Ihres Webspace schieben. Die Datei ist eine einfache Textdatei. Sie können in jeder Zeile eine Anweisung geben. Für unsere Beispiele sähe das so aus:

```
memory_limit = 2568M
max_execution_time = 60
post_max_size = 10M
upload_max_filesize = 10M
```

29.4 Module durch Patches flicken

Grundsätzlich gilt die Regel, niemals die Dateien des Core oder der Module zu überschreiben. Wenn Sie Funktionen ändern möchten, können Sie das teilweise mit der *template.php*-Datei im Theme erledigen oder ein eigenes Modul schreiben (siehe Kapitel 31, »Theming« und 32, »Ausblick für Fortgeschrittene«). In manchen Fällen kann es aber passieren, dass Module einen kleinen Fehler haben und nicht richtig funktionieren. Dann können Sie mitunter einen geeigneten Patch in Drupal-Foren bei den Diskussionen rund um ein Modul finden. Ein Patch ist eine reine Textdatei. Sie können sie in einem normalen Textprogramm öffnen und lesen etwas in dieser Art:

```
diff --git a/webform.module b/webform.module
index 7028d54..21dd9bc 100644
--- a/webform.module
+++ b/webform.module
@@ -87,7 +87,7 @@ function webform_menu() {
```

```
    'access arguments' => array('access all webform results'),
    'description' => 'View and edit all the available webforms on your
site.',
    'file' => 'includes/webform.admin.inc',
-    'type' => MENU_NORMAL_ITEM,
+    'type' => MENU_LOCAL_TASK,
  );

  // Admin Settings.
```

Der Patch beschreibt, um welche Datei es geht (hier: webform.module) und was wo geändert werden soll. Die Angabe hinter den @@ sagt Ihnen, um welche Zeile(n) es geht. In der Regel zeigt Ihnen der Patch ein paar Zeilen vor und nach der Stelle, die Sie ändern müssen. Das Minuszeichen vor einer Zeile bezieht sich auf aktuellen Code in der Datei, der gelöscht werden soll. Das Pluszeichen steht für Code, den Sie neu einfügen. Dabei dienen Plus- und Minuszeichen nur als Hinweise. Wenn Sie die Zeilen ausgetauscht haben, sollen dort keine Plus/Minus-Zeichen mehr stehen. In diesem Fall tauschen Sie also einfach eine einzelne Zeile aus. In vielen Fällen beschränken sich Patches auf ein paar Zeilen.

Aber aufgepasst: Diese Patches werden erst einmal nur vorgeschlagen. Sie wissen nicht genau, ob Ihnen der Patch bei Ihrem Problem auch wirklich hilft – oder korrekt programmiert wurde. Um Patches zu verwenden, sollte Ihr Englisch gut genug sein, um die Diskussionen bei den *Issues* und *Bugs* zu verfolgen. Und Sie sollten den PHP-Code, den Sie ändern, zumindest ungefähr verstehen können.

Notieren Sie sich solche Änderungen in einem *Changelog*, um auch Monate später nachvollziehen zu können, was Sie warum geändert haben. Beim nächsten Update des Moduls wird Ihre Änderung natürlich wieder überschrieben. Dann hoffen Sie darauf, dass der Entwickler des Moduls das Problem nun generell gelöst hat.

29.5 Die Verzeichnisstruktur des Cores

In einer üblichen Installation von Drupal finden Sie die folgenden Verzeichnisse:

- ▶ */includes*: Beinhaltet die Funktionsbibliothek (API) von Drupal, auf der andere Module aufbauen, und viele Standardfunktionen.
- ▶ */misc*: Beinhaltet Bilder, Icons und JavaScript-Dateien, die die API benötigt.
- ▶ */modules*: Hier liegen die Module des Drupal-Cores.
- ▶ */profiles*: Beinhaltet die Installationsprofile, zum Beispiel auch das deutschsprachige Profil von *drupalcenter.de*.

- */scripts*: Enthält einige Shell-Skripte.
- */sites*: siehe unten
- */themes*: Hier finden Sie die Themes, die der Core mitbringt.

Bis auf das Verzeichnis */sites* sind das die Verzeichnisse, an denen Sie nichts ändern sollten. Bei einem Update würden Sie genau diese Verzeichnisse austauschen. Das Verzeichnis */sites* nimmt hier eine Sonderstellung ein. Dort fügen Sie Ihre zusätzlichen Module und Themes ein. Dort würden Sie auch weitere Sites in einer Multi-Site-Installation verwalten (siehe Abschnitt 29.8).

Dazu kommen die Dateien im Hauptverzeichnis:

- */.htaccess*: Beinhaltet Anweisungen für den Apache Webserver. Siehe Abschnitt 29.1, ».htaccess«.
- */cron.php*: Diese Datei wird von Drupal während einer Cron-Laufs ausgeführt. Siehe Abschnitt 4.7, »Cronjobs anlegen«.
- */index.php*: Empfängt alle Anfragen eines Browsers
- */install.php*: Wird von Drupal während der Installation ausgeführt
- */update.php*: Diese Datei müssen Sie aufrufen, wenn Sie ein Update des Core oder anderer Module vorgenommen haben. Drupal oder ein Modul muss ggf. Änderungen in der Datenbank vornehmen. Solch ein Hinweis wird Ihnen ebenso im Statusbericht angezeigt.
- */xmlrpc.php*: Muss bei Anwendungen oder Webdiensten angegeben werden, die die Schnittstelle für *XML-RPC* verwenden.
- */robots.txt*: Enthält Anweisung für Webcrawler, insbesondere welche Pfade und Verzeichnisse von Suchmaschinen nicht indiziert werden sollen.
- */*.txt*: Die restlichen Textdateien dienen nur zu Informationszwecken für die entsprechende Version und sollten nicht mit auf dem Webserver liegen.

Neben den Verzeichnissen des Systems können Sie natürlich auch neue und eigene Verzeichnisse anlegen, wenn es sinnvoll ist. So haben wir zum Beispiel in Abschnitt 4.4, »Das Dateisystem«, den Ordner */dateien* angelegt, der dementsprechend bei einem Update auch nicht verändert werden würde.

29.6 Updates

Drupal ist ständig in Bewegung. Alle paar Monate oder auch Wochen kommen neue Versionen des Core-Systems, der Module oder Themes heraus. Das ist bei Drupal nicht anders als bei anderen CMS. Sie müssen nicht alle Updates sofort einspielen. Sie sollten aber regelmäßig prüfen, ob es für einige Module Updates gibt, die Sicherheitslücken schließen – zumindest diese sollten Sie sofort einpflegen. Ob Module aktualisiert werden müssen, sehen Sie unter MODULE • AKTUALISIEREN (*/admin/modules/update*).

Ein Update des Systems besteht aus mehreren Schritten:

1. Sichern Sie den aktuellen Stand, damit Sie ihn im Zweifelsfall wiederherstellen können, falls beim Update etwas schiefläuft. Der aktuelle Stand beinhaltet zwei Elemente: zum einen die Dateien auf dem Server (die können Sie zum Beispiel lokal auf Ihren Rechner herunterladen), zum anderen die Datenbank. Diese können Sie entweder mit dem Drupal-Modul *Backup and Migrate* sichern (siehe Abschnitt Automatische Sicherungen der Datenbank«) oder mit dem *MySQLDumper* (siehe Anhang). Das Sichern der Datenbank ist zwingend notwendig! Die Dateien alleine nutzen Ihnen nichts.

2. Dann schalten Sie die Webseite über KONFIGURATION • ENTWICKLUNG • WARTUNGSMODUS (*/admin/config/development/maintenance*) in den Wartungsmodus. Besucher sehen nun eine kurze Botschaft (siehe Abschnitt 4.11, »Änderungen im Wartungsmodus durchführen«).

3. Nun löschen Sie die alten Daten, und ersetzen sie durch die neuen Module. Ich mache es meist so, dass ich die Daten in einen anderen Ordner auf den Server verschiebe, wo sie nicht stören – also in einen Ordner, der nicht mit der Drupal-Installation zusammenhängt. Dann kann ich diese alten Module schnell wieder an die richtige Stelle verschieben, falls die neuen Versionen Probleme machen. Beachten Sie, dass Sie den Ordner */sites* nicht austauschen müssen, wenn Sie den Core auswechseln. Andere Ordner, die nicht zum Drupal-Core gehören – etwa */dateien*, falls Sie damit arbeiten –, lassen Sie ebenfalls dort, wo sie sind. Wenn Sie Themes oder zusätzliche Module updaten, tauschen Sie diese in Ihren entsprechenden Verzeichnissen unter */sites/all/modules* bzw. */sites/all/themes* aus.

4. Als Nächstes führen Sie das */update.php* aus. Wenn Sie das ADMIN MENU installiert haben, finden Sie es als Untermenüpunkt unter dem HOME-Symbol. Diese Prozedur sorgt dafür, dass eventuell notwendige Änderungen an der Datenbank durchgeführt werden. In der Regel läuft das Update ohne Probleme durch. Falls Ihnen das System Fehler nennt, schlagen Sie im Forum nach. Manche Fehler lassen sich schnell beseitigen. Andere weisen auf ein fehlerhaftes Modul hin. In dem Fall sollten Sie das Update dieses Moduls verschieben.

5. Wenn alles korrekt verlaufen ist, testen Sie ein paar Seiten nach dem Zufallsprinzip – insbesondere natürlich jene Seiten, auf denen die aktualisierten Module zum Zuge kommen. Wenn alles richtig dargestellt wird, können Sie den Wartungsmodus wieder deaktivieren.

In besonderen Fällen kann es passieren, dass Sie zu Beginn eine Fehlermeldung erhalten, wenn Sie */update.php* durchführen möchten. Das kann daran liegen, dass das Core-System eine neue Tabelle erwartet, die erst durch das Update erstellt wird. In Drupal 6 war das zum Beispiel der Fall, als die Tabelle *semaphore* eingeführt wurde. Viele Benutzer waren durch eine Fehlermeldung wie »Updating from 6.1 user warning: Table 'semaphore' doesn't exist« irritiert, die aber verschwand, sobald das Update durchgeführt wurde. Wenn Sie nicht sicher sind, finden Sie dazu meist Hilfe im Forum bzw. in der Bug-Liste des jeweiligen Moduls, weil andere Nutzer genau dasselbe Problem haben.

Wenn ein neues Modul nicht funktioniert und lediglich für Fehlermeldungen sorgt, reicht es nicht immer aus, wieder die alten Dateien einzuspielen, denn Drupal hat durch das */update.php* eventuell etwas an der Datenbank verändert. In solch einem Fall müssen Sie also auch die alte Datenbank wieder einspielen. Sie führen das Update dann erneut mit den Modulen durch, die keine Probleme machen.

Es ist nicht nötig, bei Updates jede kleine Versionsnummer einzeln durchzuführen. Wenn Sie zum Beispiel Drupal 7.2 installiert haben und auf 7.5 aktualisieren möchten, müssen Sie nicht erst 7.3 und 7.4 installieren. Sie können gleich den Schritt von 7.2 auf 7.5 durchführen. Das gilt allerdings nicht für Updates von 6.20 auf 7.2. Die Hauptversionen können Sie nicht einfach so aktualisieren.

Bei Webseiten mit vielen Modulen führe ich größere Updates in mehreren Schritten aus. Zuerst aktualisiere ich nur den Core, im nächsten Schritt die großen Module wie Views und Module, die damit zusammenhängen. Im letzten Schritt sind dann die kleinen Module an der Reihe. Ich finde es so einfacher, mögliche Fehler zu finden.

29.7 Mit Websites umziehen

Wenn Sie mit Websites umziehen, also den Server wechseln, auf dem die Website läuft, benötigen Sie wiederum zwei Arten von Daten. Zum einen brauchen Sie die gesamten Dateien in den Verzeichnissen der Drupal-Installation. Das beinhaltet alle Verzeichnisse aus Abschnitt 29.5 (inklusive */sites*) sowie die Verzeichnisse Ihrer öffentlichen und privaten Dateien. Zum anderen müssen Sie den Stand Ihrer Datenbank sichern (einen Dump erstellen) – entweder mit dem Drupal-Modul *Backup and Migrate* oder mit dem *MySQLDumper*.

Auf dem neuen Server spielen Sie nun die gesicherten Verzeichnisse ein. Dazu benötigen Sie eine Datenbank, die Sie mit dem Dump der alten Datenbank füllen. Zum Schluss passen Sie die Datei */sites/default/settings.php* an. Dort müssen Sie dafür sorgen, dass Ihre neue Datenbank richtig verbunden wird. Die entsprechende Stelle lautet:

```
$databases = array (
  'default' =>
  array (
    'default' =>
    array (
      'database' => 'd086beispiel875',
      'username' => 'ud086beispiel875',
      'password' => 'PkLbnmb6aBmhuWatG9',
      'host' => 'localhost',
      'port' => '',
      'driver' => 'mysql',
      'prefix' => 'examplast_',
    ),
  ),
);
```

Nun sollte die Website laufen. Prüfen Sie zunächst die Berechtigungen der Dateiverzeichnisse unter KONFIGURATION • MEDIEN • DATEISYSTEM (*/admin/config/media/file-system*), und sehen Sie sich einmal den Statusbericht an: BERICHTE • STATUSBERICHT (*/admin/reports/status*).

29.8 Multi-Site-Installationen

Bei Ihrer ersten Installation haben Sie sich vielleicht gefragt, was der Ordner */all* unter */sites* macht. Würde es nicht reichen, die Module und Themes schon unter */sites* anzusiedeln? Hier kommen nun Multi-Site-Installationen ins Spiel.

Multi-Site bedeutet, dass sich mehrere Webprojekte mit verschiedenen Domains eine Grundinstallation von Drupal teilen. Das heißt, der Core ist für alle Projekte derselbe. Module und Themes wiederum können Sie für alle Webseiten oder nur für einzelne zur Verfügung stellen. Der Vorteil ist, dass Sie neue Updates nur einmal einspielen müssen. Lediglich das Update der Datenbank (*/update.php*) müssen Sie bei jedem Projekt einzeln durchführen.

An dieser Stelle gehe ich davon aus, dass sich die Projekte nur den Core, Module und Themes teilen, nicht aber Inhalte der Datenbank. Sie können die Multi-Site auch so konzipieren, dass sich die Projekte bestimmte Tabellen in der Datenbank teilen, zum Beispiel die Benutzer oder Inhaltstypen. Das führt hier zu weit. Lesen Sie in dem Fall die Tutorials unter *http://drupal.org/node/43816*.

Nehmen wir wieder unsere Examplast GmbH. In diesem Fall wollen wir nicht nur ein Projekt für *examplast.de* pflegen, es soll eine englischsprachige Website *examplast-products.com* aufgesetzt werden, die besondere Produkte für den amerikanischen Markt in den Vordergrund stellt.

Richten Sie dazu unter dem Verzeichnis */sites* parallel zum Ordner */sites/all* zwei weitere Ordner ein: *examplast.de* und *examplast-products.com*. Dasselbe Schema funktioniert auch für Subdomains wie *intranet.examplast.de*. Sie nennen den Ordner also so, wie auch der Name der Domain selbst lautet.

In den Ordner *examplast-products.com* kopieren Sie eine frische *default.settings.php* aus dem */default*-Ordner als *settings.php*. Zusätzlich können Sie darin Ordner für */modules* und */themes* anlegen. Module und Themes in diesen Unterordner würden damit nur für die betreffende Domain zur Verfügung stehen. Wenn Sie nun *examplast-products.com* aufrufen, startet der Installationsprozess. Drupal bemerkt den Ordner */examplast-products.com* unter */sites* und passt dort die *settings.php* während der Installation an. Sie benötigen für die Installation entweder eine neue Datenbank, oder Sie schreiben die Daten in dieselbe Datenbank, die auch schon andere Projekte benutzen. In dem Fall würden Sie ein eigenes Präfix für das neue Projekt benutzen (siehe Kapitel 2, »Die Installation«).

29.9 Fehlerquellen

Bei allen Content-Management-Systemen kann es immer wieder passieren, dass irgendetwas nicht funktioniert. In Drupal 6 kam es etwa gelegentlich vor, dass eine Seite plötzlich komplett leer/weiß erschien. In der Community kennt man das Phänomen als *White Screen of Death* (weißer Bildschirm des Todes) oder WSOD.

Im Folgenden finden Sie häufige Fehlerquellen und ein paar allgemeine Tipps zum Umgang mit Fehlern in einer Drupal-Installation.

29.9.1 Aktualisierungen (Updates)

Wenn Sie den Drupal-Core oder Module aktualisieren, denken Sie daran, *update.php* durchzuführen (siehe Abschnitt 29.6). Manchmal sind Änderungen in der Datenbank nötig, damit neue Module richtig funktionieren.

Falls Module voneinander abhängig sind, achten Sie darauf, gleich alle neuen Versionen der Module zu installieren. Eine aktuelle Version von Views könnte zum Beispiel nur mit einer aktuellen Version des Moduls *CTools* funktionieren.

29.9.2 Reports

Werfen Sie bei Problemen einen Blick in die Logfiles. Unter */admin/reports/dblog* finden Sie die letzten Einträge, die vom System oder Modulen gespeichert werden. Warnungen oder kritische Fehler werden gekennzeichnet. Mit einem Klick auf die Nachricht erhalten Sie weitere Informationen zum Fehler und können mit der Information im Netz nach Lösungen suchen.

29.9.3 Funktionen in Standard-Themes wie »Bartik«

Manchmal finden Sie die nötigen Funktionen nicht, weil Ihr eigenes Theme die nötigen Reiter nicht einblendet. Wenn Sie im Forum Hinweise auf Funktionen finden, die Sie nicht sehen können, schalten Sie doch einmal Ihr Design auf eines der Standard-Themes um, zum Beispiel *Bartik*. Wenn nun die Reiter oder Funktionen sichtbar sind, schauen Sie sich die Templates in Ihrem Theme genauer an. Dort fehlen dann bestimmte Anweisungen (siehe auch das Kapitel 31 über Themes).

29.9.4 PHP Memory Limit und Execution Time

Einige Fehler können Sie umschiffen, imdem Sie das *Memory Limit* oder die *Execution Time* erhöhen (siehe Abschnitt 29.1 bis 29.3).

29.9.5 Readme

Viele Module enthalten ein *Readme*, eine kleine Textdatei, die weitere Informationen zum Modul enthält. Der Text ist in der Regel auf Englisch gehalten, kann Ihnen aber wertvolle Zeit bei der Fehlersuche sparen.

29.9.6 Fehlerhafte Module

Tritt der Fehler auf, weil Sie ein neues Modul installiert haben, sollten Sie das Modul zunächst noch einmal neu auf den Server laden; vielleicht wurden beim ersten Versuch nicht alle Dateien richtig übertragen. Andernfalls deaktivieren Sie das Modul wieder. Falls Sie nur eine Fehlermeldung erhalten und das Modul nicht einfach deaktivieren können, löschen Sie das Modul via FTP direkt auf dem Server. In dem Fall hat das Modul bei der Installation ggf. neue Tabellen angelegt, die Sie nun nur löschen können, indem Sie direkt auf die Datenbank zugreifen. Aber immerhin sollte Ihre Webseite wieder erreichbar sein.

Bei fehlerhaften Modulen empfiehlt es sich, auf *drupal.org* nach einer neuen Version oder einem Patch zu suchen. Rufen Sie dazu die Seite des Moduls auf *drupal.org* auf. In der rechten Spalte sehen Sie Angaben zu den Bugs und Anfragen.

Suchen Sie dort nach Ihrem Fehler; manchmal finden Sie dort sofort eine Lösung. In anderen Fällen müssen Sie auch schon einmal auf den nächsten Release des Moduls warten. In Abschnitt 29.4 lesen Sie, wie Sie Patches einbauen.

29.9.7 Firefox und Firebug

Wenn es um Fehler in der Darstellung geht, kann es sein, dass es lediglich an Ihrem Theme liegt. So könnten wichtige Elemente per CSS ausgeblendet sein, oder `div`-Blöcke sind nicht richtig ineinander verschachtelt. Hier helfen Ihnen Firefox und Firebug weiter (siehe Anhang).

29.9.8 Die offiziellen Foren

Wenn Sie immer noch Probleme haben, wenden Sie sich an die offiziellen Foren – im deutschsprachigen Raum also an *drupalcenter.de*, im englischsprachigen Raum an *drupal.org*. Nutzen Sie aber zunächst die Suchfunktion, um keine Fragen zu stellen, die bereits mehrfach beantwortet wurden.

29.9.9 Suchmaschinen

Manchmal finden Sie die Lösung nicht in den offiziellen Foren, sondern im Blog eines Drupal-Nutzers. Wenn Sie nach einem Fehler googeln, suchen Sie nicht nach Begriffen wie »`error: Allowed memory size of 16777216 bytes exhausted (tried to allocate 24 bytes) in /var/www/walker/drupal/includes/database.mysql-common.inc on line 41`«. Dazu finden Sie im Zweifel keine oder zu wenige Treffer. Suchen Sie stattdessen nach den relevanten Begriffen aus der Fehlermeldung, etwa »`error: Allowed memory size exhausted mysql-common.inc on line`«. Bei anderen Leuten sieht der Pfad anders aus und die Anzahl der Bytes ist nicht dieselbe. So haben Sie größere Chancen, Leute mit ähnlichen Problemen – und passende Lösungen – zu finden.

*»Das Leben ist ein weißes Blatt, die Farben sind in dir.
Mal es schön bunt und leuchtend.«*
– Jochen Mariss

30 Layouts zum Zusammenklicken

Bevor wir uns daran machen, komplett eigene Themes zu bauen, haben Sie noch ein paar andere Möglichkeiten, das Design Ihrer Website zu verändern, ohne selbst Code schreiben zu müssen.

30.1 Konfigurierbare Themes

Einige Themes sind recht flexibel und liefern vielleicht genau das, was Sie suchen. Das Theme *Marinelli* zum Beispiel bietet Ihnen ein flexibles dreispaltiges Layout mit einem rotierenden Banner im Kopf. Auf *http://marinelli.netsons.org* können Sie sich eine Demo des Themes ansehen (siehe Abbildung 30.1).

In der Konfiguration dieses Themes können Sie

- festlegen, ob Breadcrumbs angezeigt werden,
- zwischen zwei festen Breiten wählen und den Inhalt entweder links, rechts oder in der Mitte anzeigen,
- ein Menü als Hauptmenü und eins als »Megamenü« wählen (siehe Abbildung 30.1),
- ein paar Einstellungen bezüglich Barrierefreiheit und Semantik vornehmen,
- CSS3-Effekte aktivieren und *CSS3 Font Face* einsetzen
- und vor allem: die Bilder im Header ändern.

Insbesondere das rotierende Banner erspart es Ihnen hier, andere Lösungen dafür suchen zu müssen (siehe Abbildung 30.2). Sie könnten rotierende Banner aber auch mit einem *Views Slider* realisieren (siehe Abschnitt 23.9).

Abbildung 30.1   Die Marinelli-Demo mit rotierendem Banner und »Megadropdown«

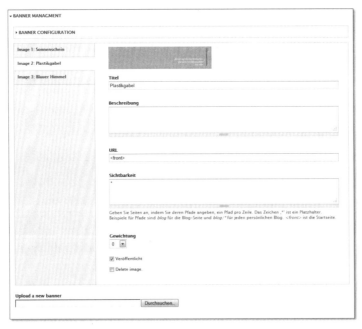

Abbildung 30.2   In der Konfiguration können Sie eigene Bilder hochladen.

30.2 Panels für flexible Layouts

Das Modul *Panels* bietet Ihnen eine Möglichkeit, das Layout der Webseite zu beeinflussen. Sie wählen eine Design-Vorlage, zum Beispiel zwei nebeneinanderliegende Boxen, und füllen diese mit Inhalten. Anstatt sich mit Blöcken, Themes und CSS-Floats zu beschäftigen, können Sie so auch komplexere Layouts einfach zusammenklicken.

Installieren Sie die Module *Chaos Tools* und *Panels*. Von den vier Panels-Modulen aktivieren Sie bitte *Panels* und *Panel nodes*. Nun haben Sie einen neuen Inhaltstyp namens *Panels* und Konfigurationsmöglichkeiten unter STRUKTUR • PANELS (*/admin/structure/panels*). Stellen Sie zunächst beim Inhaltstyp ein, dass – je nach Geschmack – die Autor- und Datumsinformationen nicht angezeigt werden und auch keine Kommentare zugelassen sind.

30.2.1 Eine neue Startseite

Wir werden nun die Startseite der Examplast GmbH umbauen. Unser Ziel ist, dass oben weiterhin die allgemeine Information über das Unternehmen zu finden ist. Die News darunter sollen aber anders angeordnet werden: Zunächst soll eine News über die gesamte Breite gehen, darunter sollen zwei News nebeneinander erscheinen. Auf die bisherige vierte News verzichten wir.

Erstellen Sie einen neuen Inhalt vom Typ *Panels*. Dieser Inhaltstyp unterscheidet sich deutlich von den bisherigen. Zunächst bietet Ihnen das Modul hier verschiedene vorgefertigte Layouts an (siehe Abbildung 30.3). Es gibt zwar zweispaltige Layouts, diese entsprechen aber nicht ganz unseren Wünschen. Wir wählen trotzdem die zweite Option der zweispaltigen Layouts, ZWEI SPALTEN GESTAPELT. In den sieben vorgegebenen Feldern lassen wir gleich einfach einige leer.

Als TITEL geben Sie nun »Startseite« ein. Einen Menüpunkt und eine URL (*/startseite*) können Sie auch vergeben und speichern. Auf der Seite selbst sehen Sie nun nicht viel, weil Sie ihr noch keine Inhalte zugeordnet haben, aber neben den üblichen Reitern ANSICHT und BEARBEITEN erscheinen zwei neue Reiter, PANELLAYOUT PANELINHALT. Klicken Sie auf den letzten Link. Nun sehen Sie die derzeit leeren Bereiche *Oben*, *Links oben*, *Rechts oben*, *Mitte*, *Links unten*, *Rechts unten* und *Unten* (siehe Abbildung 30.4).

Kleiner Hinweis: In diesem Beispiel verteilen wir nun drei spezifische News-Nodes der Examplast-Beispielseite auf feste Bereiche in diesem Layout. Das ist an dieser Stelle unabhängig von der Aktualität der News. Legte ein Redakteur eine neue News an, würde Panels hier weiterhin die bereits positionierten News anzeigen. Um Ihre News auch wie gewünscht »durchlaufen« zu lassen, würden Sie in Views einzelne Blöcke mit der letzten, der vorletzten und der vorvorletzten News anlegen und diese Blöcke in Panels positionieren.

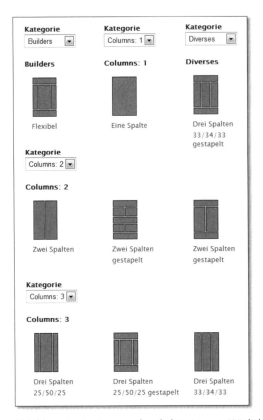

Abbildung 30.3 Die grundsätzlichen Layout-Möglichkeiten in »Panels«

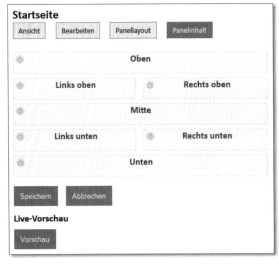

Abbildung 30.4 Die leere Panels-Vorlage

Klicken Sie auf das Icon rechts im Feld *Oben* und dann auf INHALT HINZUFÜGEN. Sie können verschiedene Arten von Inhalten hinzufügen:

- *Aktivitäten*: etwa Informationen wie »Neue Mitglieder« oder »Neuste Kommentare«
- *Benutzerdefinierte Blöcke*: das beinhaltet jene Blöcke, die wir selbst hinzugefügt haben.
- *Diverses* wie die Shortcuts
- *Elemente der Webseite*: etwa den Namen der Webseite, die Hilfe oder den Seitentitel
- *Menüs*: zunächst also HAUPTMENÜ, MANAGEMENT, NAVIGATION oder USER MENU
- *Node*: hier sind einzelne Elemente eines Nodes gemeint, der Name des Autors, Beitragslinks, Kommentarformular oder die Taxonomie.
- *Node (tokens):* das beinhaltet so etwas wie die Node-ID, den Inhaltstyp oder die URL.
- *Steuerelement:* meint zum Beispiel das Suchformular, das Kontaktformular oder den Newsfeed.
- *Vorhandener Beitrag:* bezieht sich nun auf komplette Nodes oder deren Teaser-Ansicht.
- *Neuer benutzerdefinierter Inhalt:* für eigens erstellte Inhalte

Hier fügen wir den Block mit unserem Text für die Startseite hinzu, also einen benutzerdefinierten Block. Im nächsten Schritt könnten Sie den Titel des Blocks überschreiben, das ist hier nicht nötig. Klicken Sie einfach auf ABSCHLIESSEN.

In der *Mitte* fügen Sie nun über VORHANDENER BEITRAG die News »Examplast auf der Plastex« hinzu (siehe Abbildung 30.5). Sie können für die Anzeige den Titel ändern, beibehalten oder auf den einzelnen Node verlinken. Das sparen wir uns hier. Lassen Sie die Checkbox bei LINKS FÜR BEITRÄGE EINSCHLIESSEN: »KOMMENTAR HINZUFÜGEN«, »WEITERLESEN ETC.« abgehakt – so halten wir es auch bei der aktuellen Startseite. Über den BEZEICHNER können Sie ein Wort, einen *identifier*, wählen, um das Panel im Theme mit *node-panel-identifier.tpl.php* beeinflussen zu können (siehe dazu Kapitel 31 über das Theming). Wichtig ist am unteren Ende der AUFBAU-MODUS. Sie könnten darüber den kompletten Node in der Einzelansicht anzeigen. Hier benötigen wir nur den Anrisstext.

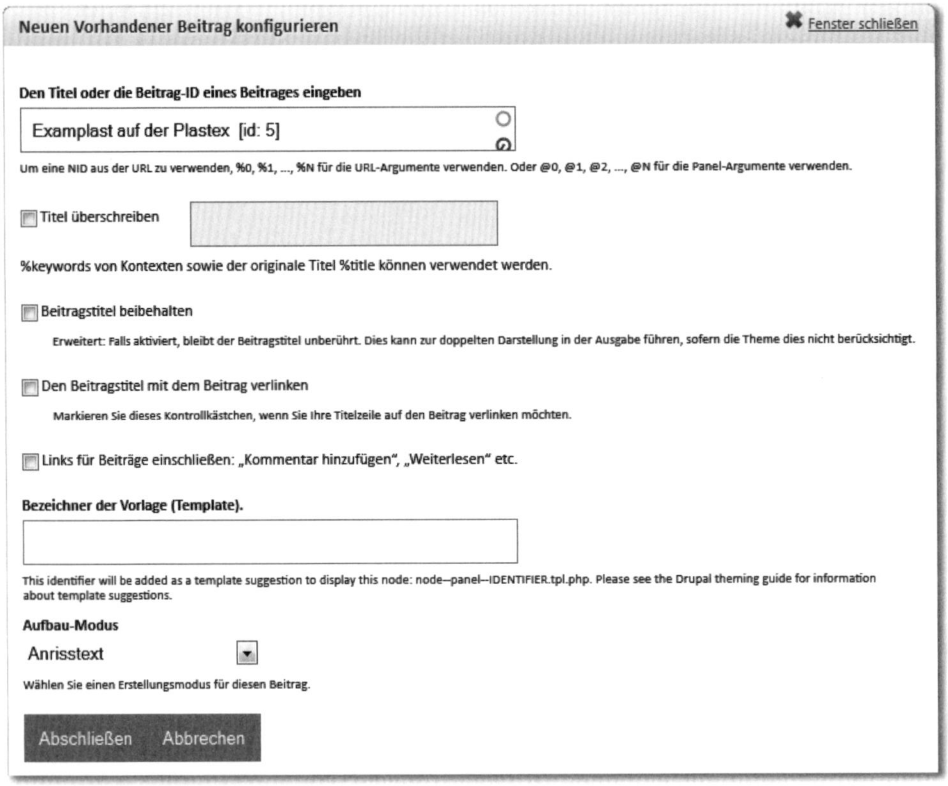

Abbildung 30.5 Die Optionen, wenn Sie einen Node in »Panels« hinzufügen

In den Bereichen *Links unten* und *Rechts unten*«fügen Sie nun die entsprechenden News nach demselben Muster hinzu und speichern Ihre Einstellungen. In der Panel-Ansicht sehen die Inhalte nun so aus wie in Abbildung 30.6.

Mit ein paar zusätzlichen Zeilen in der CSS-Datei können Sie das Design etwas anpassen (siehe Abbildung 30.7). Dazu machen Sie zunächst am besten mit Firefox und Firebug (siehe Abschnitt 33.4) die betreffenden HTML-Elemente ausfindig, die Sie anpassen möchten. In unserem Fall sind das verschiedene div-Container mit Panel-Klassen. Wir werden hier dem Panel *Mitte* etwas mehr Abstand zu den beiden Boxen darunter gönnen. Und in diesen Boxen sorgen wir dafür, dass der Teaser-Text erst unter den Bildern beginnt und Neuer Kommentar schreiben in einer eigenen Zeile erscheint. Als zusätzliches CSS sieht das etwa so aus:

```
.panel-col-middle { margin-bottom: 30px; }
.center-wrapper .node-news.node-teaser .field-name-field-image { float:
none; margin-bottom: 15px; }
.center-wrapper .node-news ul.inline li { display: block; }
```

Panels für flexible Layouts | **30.2**

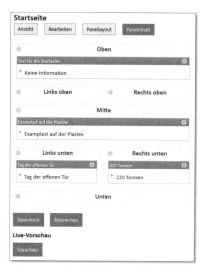

Abbildung 30.6 Die belegten Bereiche in »Panels«

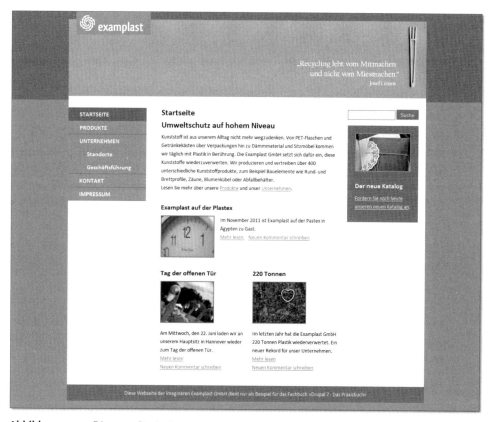

Abbildung 30.7 Die neue Startseite

Als echte neue Startseite könnten Sie diese unter KONFIGURATION • SYSTEM • WEBSITE-INFORMATION (*/admin/config/system/site-information*) festlegen. Wie bereits erwähnt: In diesem Fall haben wir die News manuell verteilt, bei neuen News müssten Sie die Verteilung selbst ändern. Sie können in die Panels auch Blöcke mit einem View der jeweils letzten, vorletzten und vorvorletzten News setzen; dann würden auch hier die News »durchlaufen«.

Sie können solch ein Design auch ohne Panels umsetzen. Für die drei News lässt sich das auch mit einem View und ein wenig CSS bewerkstelligen. Der Vorteil ist hier, dass Ihnen *Panels* ein tabellenloses Layout für mehrspaltige Designs liefert, ohne dass Sie sich selbst darum kümmern müssen, die Elemente richtig »floaten« zu lassen.

In diesem Beispiel bleiben nun einige Bereiche im gewählten Layout leer. Das sorgt auf der Startseite für unnötigen Ballast im HTML-Code. Anstatt zu Beginn das zweispaltige Layout zu wählen, würden Sie eher in der Kategorie BUILDERS das flexible Layout nutzen und sich dort über den Layout-Designer eine eigene Struktur zusammenklicken.

30.2.2 Panels und Alternativen

Wie bei einigen anderen Modulen, kommt es bei *Panels* darauf an, wie Sie arbeiten und um welche Projekte es geht. *Panels* macht es Ihnen auf der einen Seite recht einfach, Bausteine zu positionieren, ohne dass Sie sich konkret darum kümmern müssten, Blöcke per CSS-Floats zu positionieren. Dafür erhalten Sie auf der anderen Seite in Ihrem Quellcode eine Menge weiterer `div`-Container, die Sie nicht benötigen. In unserem Beispiel haben wir etwa die Bereiche *Links oben*, *Rechts oben* und *Unten* nicht gefüllt, trotzdem erzeugen sie unnötige HTML-Elemente. Ich kenne ein paar Kollegen, die *Panels* gerne einsetzen. Ich selbst bevorzuge es, alles über Blöcke, Templates und CSS abzuwickeln. Aber das ist wie so oft Geschmacksache.

Auch dieses Modul ist sehr umfangreich. Ich empfehle, es nur den Administratoren zugänglich zu machen. Autoren und Redakteure sind mit den vielen Optionen schnell überfordert.

Falls *Panels* zwar interessant, aber zu komplex ist, werfen Sie einen Blick auf das Modul *Display Suite*. Damit können Sie auf ähnliche Art und Weise Inhalte anordnen, allerdings sind Sie jeweils auf *Kopfzeile*, *Links*, *Mitte*, *Rechts* und *Fußzeile* beschränkt.

Wenn es speziell um die Startseite geht, können Sie auch das Modul *Front Page* testen. Damit is es möglich, eine Startseite zu erstellen, die ein anderes Layout nutzt als der Rest der Seite, oder Sie erstellen verschiedene Startseiten für Gäste und authentifizierte Benutzer.

»Design ist eine Kunst, die vor allem aus
dem Wettbewerb entsteht. Ähnlichen Produkten
verpasst sie den Nimbus der Unverwechselbarkeit.«
– Roger Willemsen

31 Theming

Beim Theming kommen Sie nicht mehr darum herum, sich mit HTML und CSS auszukennen. Auch ein paar Grundkenntnisse in PHP sind erforderlich. Sie sollten zumindest wissen, wie Sie mit Variablen und Arrays umgehen und wie Sie einfache if-Abfragen und Schleifen programmieren.

31.1 Offizielle Themes

Wie in Abschnitt 3.9, »Themes installieren«, beschrieben, können Sie sich zum Start einmal auf *http://drupal.org/project/themes* umschauen. Vielleicht finden Sie dort bereits ein Theme, das Ihnen zusagt. Viele Themes können Sie umfangreich konfigurieren, ohne sich selbst um das CSS kümmern zu müssen.

31.1.1 Themes abändern

Anstatt auf ein konfigurierbares Theme zu setzen, können Sie auch eines der vielen freien Themes installieren und dort Bilder, Icons und Farben austauschen. Achten Sie dabei nur darauf, keine Rechte anderer zu verletzen. Klären Sie also vorher, was Sie benutzen dürfen und was nicht, und nennen Sie den Urheber im Impressum nach dem Motto: »Das Design basiert auf dem Theme [Name X] von [Designer Y]«.

31.1.2 Basis-Themes

Für Drupal können Sie ebenso auf eine ganze Reihe von Starter-Themes zurückgreifen. Diese bieten Ihnen ein solides Grundgerüst mit einem rudimentären Design, sodass Sie oft »nur noch« Ihr eigenes CSS hinzufügen müssen. Zu diesen Themes gehören zum Beispiel *Zen*, *Genesis*, *AdaptiveTheme*, *Clean*, *Framework*, *Blueprint*, *Fusion* oder *NineSixty*. Eine ausführlichere Liste finden Sie auf *http://*

drupal.org/node/323993. Das Theme *NineSixty* basiert zum Beispiel auf dem *960 Grid System (http://960.gs)*. Dahinter steckt ein Raster für das Web. Es geht von einer Breite von 960 Pixeln aus, die sich gut in 12 oder 16 Spalten aufteilen lassen. Mit solch einem Raster im Hintergrund können Sie Ihre Elemente der Webseite leichter positionieren (siehe Abbildung 31.1). Da Drupal 7 bereits mit dem Starter-Theme *Stark* ausgestattet ist, beginnen wir damit.

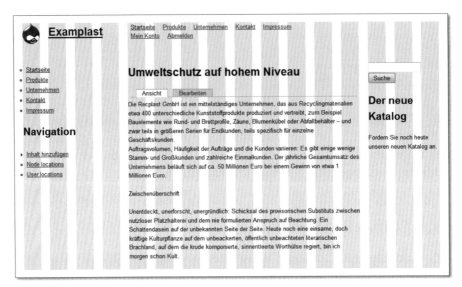

Abbildung 31.1   Das Theme »NineSixty« basiert auf dem »960 Grid System«.

31.2   Stark als Basis-Theme

Stark ist ein Theme, das Ihnen die grundsätzlichen HTML- und CSS-Konstrukte demonstrieren soll, die die Core-Version ausliefert. Dementsprechend besteht das Theme nur aus dem Allernötigsten: Die CSS-Datei enthält lediglich ein paar Anweisungen, die nur dazu dienen, einen üblichen Dreispalter aufzubauen.

Stark besteht aus sieben Regionen, in die Sie Ihre Blöcke unterbringen können: *Linke Seitenleiste, Rechte Seitenleiste, Inhalt, Kopfbereich, Fußbereich, Hervorgehoben, Hilfe*. In Abbildung 31.2 sehen Sie, wie diese ineinander verschachtelt sind.

Die Bereiche *Navigation, Breadcrumbs* und *Messages* stellen besondere Fälle dar. Sie sind nicht als eigene Regionen angelegt, sondern fest im Template der Seite verdrahtet (mehr dazu folgt in Abschnitt 31.3).

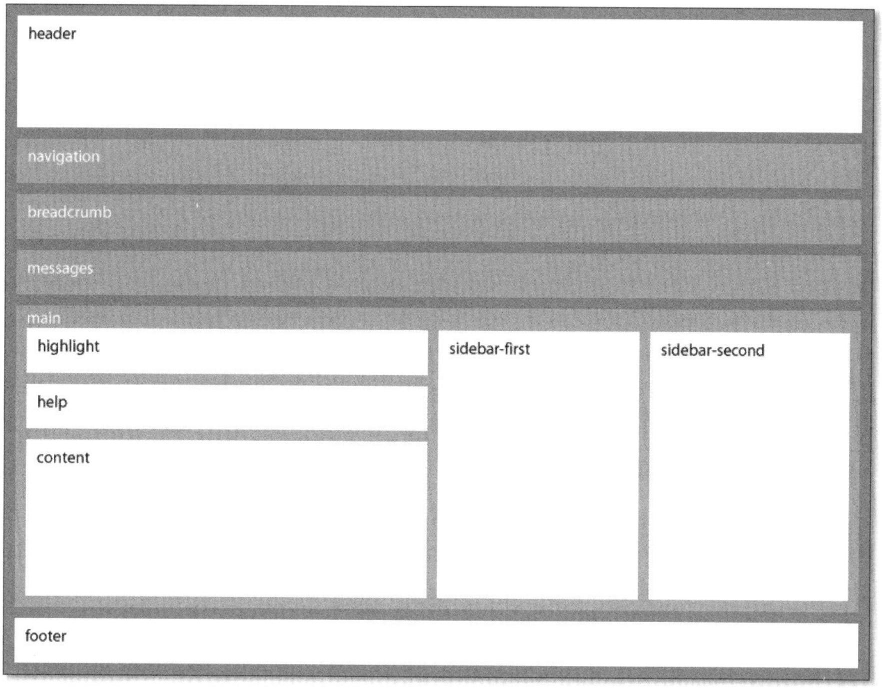

Abbildung 31.2 Die Regionen (weiß) im Theme »Stark«

Diese Vorgaben liefern eine gute Grundlage für einen klassischen Dreispalter. Die Position der Regionen *Inhalt*, *Linke Seitenleiste* und *Rechte Seitenleiste* können Sie per CSS bestimmen. An der Stelle ist das Theme leicht inkonsistent, denn dort heißen die IDs »sidebar-first« und »sidebar-second« statt »sidebar-right« oder »sidebar-left«. Mit *first* und *second* sind die Seitenleisten aber besser benannt, denn hierbei geht es um die inhaltliche Wichtigkeit der Spalten. Eine Spalte mit dem Menü oder Neuigkeiten ist wichtiger als eine Spalte mit Werbung. In dieser Reihenfolge erscheinen die Spalten auch im Quelltext der Webseite (solange Sie das entsprechende Template nicht ändern). Ob die Spalten hinterher optisch links oder rechts erscheinen, ist zweitrangig. Das Design der Beispiel-Webseite aus Kapitel 4, »Die Examplast GmbH«, baut ebenfalls auf *Stark* auf und nutzt lediglich ein anderes CSS-File.

Beachten Sie, dass Sie bereits über CSS viel erreichen können. Drupal unterstützt Sie mit nützlichen Klassen für das `body`-Element. Die Startseite der Examplast GmbH sorgt etwa für `<body class="html front logged-in two-sidebars page-node" >`. Daran können Sie zum Beispiel ablesen, dass es um die Startseite geht (`front`), dass der Betrachter angemeldet ist (`logged-in`) und dass zwei Seitenleisten dargestellt werden (`two-sidebars`).

Ein einfaches Beispiel: Um es Ihren Besuchern leichter zu machen, zu erkennen, dass sie angemeldet sind, könnten Sie einfach die Farbe des Hintergrundes ändern. Während Besucher einen blauen Hintergrund sehen, erscheint bei angemeldeten Benutzern ein grüner Hintergrund:

```
body { background-color: # 8AB9D2;}
body.logged-in { background-color: #8BC53C;}
```

Wenn Sie auch mit einem *Stark*-basierten Theme starten möchten, ändern Sie nicht die Original-Dateien im Ordner */themes*. Denn die Verzeichnisse im Ordner */themes* werden beim nächsten Update überschrieben. Kopieren Sie stattdessen den Ordner */themes/stark* als neuen Ordner */sites/all/themes/stark*. Im Moment wäre *Stark* zweimal im System vorhanden (das Theme wird aber nur einmal angezeigt). Wir müssen das Theme erst umbenennen.

Dazu ändern Sie den Namen des Ordners von */sites/all/themes/stark* in */sites/all/themes/examplast*. Sie können statt »examplast« auch gleich den Namen Ihres Themes verwenden, solange Sie sich auf Kleinbuchstaben (a–z) und Underscores (_) beschränken. Die Datei *stark.info* benennen Sie in *examplast.info* um (es muss derselbe Name sein, den auch der Ordner trägt). Ab diesem Moment erkennt Drupal es als eigenes Theme an; in der Liste der Themes wird Stark aber zweimal genannt. Das liegt daran, dass unsere *examplast.info* noch falsche Texte liefert. Öffnen Sie diese Datei, und ändern Sie die Texte für `name` und `description` in den obersten Zeilen. Falls Sie in Ihrem Text deutsche Umlaute verwendet haben, wird Ihnen Drupal an dieser Stelle nur ein ◆ anzeigen. Das liegt daran, dass die *.info* in einem ANSI-Format vorliegt. Wenn Sie sie – mit einem geeigneten Textverarbeitungsprogramm – im Format UTF-8 WITHOUT BOM speichern, werden auch die Umlaute richtig codiert. Moderne Textverarbeitungsprogramme bieten diese Funktion. Unter Mac OS X ist UTF-8 OHNE BOM die Standardeinstellung; dort sollte die Datei also automatisch richtig gespeichert werden.

Nun passen Sie die Datei *layout.css* Ihrem Design an, und Ihr Dreispalter ist fertig. Zum Ende können Sie noch das Logo und den Screenshot in dem Verzeichnis austauschen – oder Sie löschen die beiden. Das Logo und das Favicon Ihrer Seite können Sie über die Konfiguration Ihres Themes hochladen.

31.3 Grundlagen für eigene Themes

Nach dem schnellen Start mit einem *Stark*-Ableger sehen wir uns nun das Theme genauer an. Zur Unterscheidung: Das *Theme* ist das gesamte Verzeichnis mit allen darin vorhandenen Dateien. Innerhalb des Themes arbeiten wir mit verschiedenen Dateien, die für einzelne Bereiche zuständig sind, zum Beispiel für die Darstellung eines bestimmten Inhaltstyps. Das sind einzelne *Templates*, die jeweils auf *.tpl.php* enden.

In Drupal sind diese Templates für verschiedene Bereiche zuständig. Das geht vom Großen zum Kleinen. In Abbildung 31.3 sehen Sie die verschachtelten Templates beispielhaft. Eine *html.tpl.php* kümmert sich um das grobe HTML-Gerüst (`<head>` und `<body>`), die *page.tpl.php* kümmert sich um den Inhalt der Seiten. Darin befinden sich verschiedene Regionen (*region.tpl.php*), die wiederum Blöcke (*block.tpl.php*) und Nodes (*node.tpl.php*) enthalten können. Innerhalb von Entitys können Sie die einzelnen Felder mit *field.tpl.php* beeinflussen. Dazu kommen weitere Templates von Modulen, die Sie ebenfalls überschreiben können.

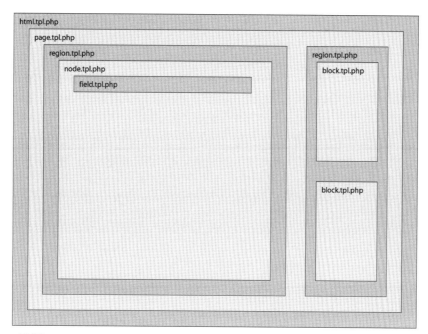

Abbildung 31.3 Verschachtelte Templates für verschiedene Bereiche

Für die einzelnen Templates in den folgenden Abschnitten finden Sie auch im Netz zahlreiche Beispiele und Code-Snippets. Schauen Sie sich etwa die offizielle Dokumentation über das Theming unter *http://drupal.org/theme_guide/6_7* und die Referenz unter *http://api.drupal.org/api/drupal* an, oder suchen Sie im Netz nach »drupal 7 theme snippets«.

Wenn Sie ein eigenes Theme (oder Modul) für Drupal schreiben, müssen Sie es mit niemandem teilen. Sie können es einfach in Ihren eigenen Projekten verwenden. Falls Sie aber ein Theme (oder Modul) veröffentlichen, müssen sie es unter der General Public Licence (GPL) Version 2 veröffentlichen (siehe dazu das *Licensing FAQ* unter *http://drupal.org/licensing/faq*).

31.3.1 Basisinformationen im .info-File

Wie Sie anhand des letzten Abschnitts ableiten können, besteht Ihr eigenes Theme im einfachsten Fall aus dem Theme-Ordner */sites/all/themes/examplast* und zwei Dateien: *examplast.info* und einer *layout.css*. Statt *examplast* setzen Sie im Folgenden einfach den Namen Ihres Themes ein. Wie gesagt: Dieser Name sollte nur aus Kleinbuchstaben (a–z) und Underscores (_) bestehen. Der Name des Ordners muss identisch sein mit dem Dateinamen des *.info*-Files.

Unsere *examplast.info* besteht zunächst nur aus diesen Informationen:

```
; $Id$
name = Examplast
description = Beispiel-Theme für examplast.de
core = 7.x
engine = phptemplate
stylesheets[all][] = layout.css
```

Die erste Zeile mit dem `; $Id$` ist nur nötig, wenn Sie Ihr Theme irgendwann einmal auf *drupal.org* veröffentlichen möchten. Danach folgen ein paar Basis-Informationen: der Name (`name`) und die Beschreibung (`description`) werden auf der Theme-Seite in Drupal angezeigt. Dann sagen Sie Drupal, dass das Theme in Drupal 7 funktionieren wird (`core`), dass es *PHPTemplate* nutzt (`engine`), und legen das Stylesheet fest, das genutzt werden soll. Wenn Sie innerhalb Ihres Themes deutsche Umlaute verwenden, speichern Sie sie betreffenden Dateien nicht im ANSI-Format ab, sondern als UTF-8 WITHOUT BOM.

Die folgende Liste nennt Ihnen alle möglichen Einstellungen für das *.info*-File:

- `name` (Pflichtfeld): Der Name Ihres Themes.
- `description` (empfohlen): Eine kurze Beschreibung, die in Drupal bei der Übersicht der Themes angezeigt wird.
- `core` (Pflichtfeld): Zeigt an, für welche Drupal-Version das Theme erstellt wurde. Wenn die Theme-Version nicht zur Version von Drupal passt, können Sie das Theme nicht nutzen.
- `engine` (notwendig): Legt fest, welche Theme-Engine benutzt wird. Das wird meistens *PHPTemplate* sein.
- `regions`: Definiert die Regionen, die im Theme zur Verfügung stehen. In diese Regionen können Sie Blöcke platzieren.
- `stylesheets`: Nennt die Stylesheets, die zum Theme gehören.

- `scripts`: Analog zu den Stylesheets können Sie über die *.info* JavaScripts laden.
- `php`: Hier können Sie eine minimale PHP-Version angeben, die mindestens nötig ist, damit das Theme funktioniert.
- `features`: Siehe unten.
- `base theme`: Sie können Sub-Themes von bestehenden Themes anlegen. In dem Fall sagen Sie dem Sub-Theme über diese Einstellung, auf welches Haupttheme (oder auch anderes Sub-Theme) es sich bezieht (siehe Abschnitt 31.3.10).
- `version`: Wenn Sie das Theme auf *drupal.org* veröffentlichen, wird die Versionsnummer automatisch vergeben. Nutzen Sie das Theme nur für sich selbst, können Sie darauf verzichten – oder Ihre eigene Nummerierung verwenden.
- `screenshot`: Der Screenshot vom Theme ist optional. Drupal erwartet eigentlich eine Datei namens *screenshot.png* im Verzeichnis des Themes. Hier könnten Sie einen anderen Namen angeben.

Regionen

Sie können hier so viele Regionen deklarieren, wie Sie für Ihr Theme benötigen. Dazu geben Sie einen maschinenlesbaren Namen und eine kurze Beschreibung an, zum Beispiel `regions[maschinenname] = Beschreibung`. Der maschinenlesbare Name besteht wieder nur aus den Buchstaben a–z und dem Underscore (_). In Drupal 7 gibt es per Default diese Regionen:

```
regions[header] = Header
regions[highlighted] = Highlighted
regions[help] = Help
regions[content] = Content
regions[sidebar_first] = Left sidebar
regions[sidebar_second] = Right sidebar
regions[footer] = Footer
```

Wenn Sie die Regionen überschreiben möchten, müssen Sie außerdem einmal die Zeile `regions[content] = Content` deklarieren. Die hier festgelegten Regionen (oder die Default-Regionen) stehen Ihnen im Theme zur Verfügung, um Blöcke darin unterzubringen. Dazu müssen die Regionen aber auch im entsprechenden Template berücksichtigt werden. Sie würden sie in die *page.tpl.php* über einen Befehl wie `<?php print render($page['footer']); ?>` einbauen und statt `footer` den `maschinennamen` Ihrer Region nutzen (siehe Abschnitt 31.3.2).

Stylesheets einbinden

In Drupal 6 wurde standardmäßig immer ein CSS-File namens *style.css* benutzt, wenn keine anderen Stylesheets deklariert wurden. Nun müssen Sie Ihre Stylesheets in der *.info* angeben. Innerhalb der ersten eckigen Klammer legen Sie fest, auf welches Medium sich das Stylesheet beziehen soll (`all`, `print`, `screen`, `projector`). Die Stylesheets müssen nicht unbedingt auf derselben Ebene wie die *.info* liegen, Sie können auch einen Pfad angeben (*css/print.css*). Die CSS-Dateien erscheinen auf Ihrer Webseite in der Reihenfolge, in der Sie sie hier deklarieren:

```
stylesheets[all][] = layout.css
```

JavaScripts einbinden

Die Syntax funktioniert analog zu den Stylesheets. Sie binden JavaScripts durch solche Anweisungen ein:

```
scripts[] = header_carousel.js
```

Features festlegen

Auf der Konfigurationsseite eines Themes können Sie verschiedene Elemente ein- und ausschalten, etwa den Slogan oder das Hauptmenü. Das sind die *Features*, die Sie hier im *.info*-File vordefinieren können. Zum Beispiel kann es sein, dass das Haupt- und das sekundäre Menü gar nicht in Ihrem Theme eingebaut sind, dass Sie also nicht mit den Variablen `$main_menu` und `$secondary_menu` in der *page.tpl.php* arbeiten (siehe Abschnitt 31.3.4). In dem Fall sollten Sie Benutzern nicht die Möglichkeit geben, diese Menüs ein- oder auszuschalten, weil das ohnehin keinen Effekt hätte. Sie können die betreffenden Checkboxen in der Theme-Konfiguration unterdrücken.

```
features[] = logo
features[] = name
features[] = slogan
features[] = node_user_picture
features[] = comment_user_picture
features[] = favicon
; Die folgenden Features sind deaktiviert
; features[] = main_menu
; features[] = secondary_menu
```

Mit diesen Einstellungen kann ein Administrator die ersten sechs Features selbst ein- und ausschalten. Die letzten beiden werden aber nicht angezeigt.

Wenn Sie die Features nicht in Ihrer *.info*-Datei deklarieren, werden automatisch alle Optionen angezeigt. Sie haben aber nur dann einen Effekt, wenn die zugehörigen Variablen auch in Ihrem Theme vorkommen.

31.3.2 Das Template-System

Drupal nutzt eine Theme-Engine namens *PHPTemplate*. Dabei geben das System oder auch verschiedene Module für bestimmte Aufgaben Templates vor. So ist etwa *html.tpl.php* für das grundsätzliche HTML-Gerüst zuständig, *comment.tpl.php* hingegen für die Ausgabe eines Kommentars. Innerhalb der Templates stehen Ihnen verschiedene Variablen zur Verfügung, die vom Core oder durch Module bereitgestellt werden. Sie können jede Datei in Ihr Theme kopieren und dort verändern. Sobald eine Datei in Ihrem Theme existiert, nutzt Drupal diese und ignoriert die Standard-Datei. Allerdings muss Drupal dazu erst wissen, dass die Datei in Ihrem Theme existiert. Dazu müssen Sie einmal den Cache der *Theme Registry* löschen. Das geht schnell über das Admin-Menü: Unter dem HOME-Button finden Sie FLUSH ALL CACHES • THEME REGISTRY. Ihr Theme muss nicht unbedingt eigene Templates verwenden. Das Examplast-Theme kommt zum Beispiel auch ohne aus. In dem Fall nutzt Drupal die Standard-Templates, die Sie bei den entsprechenden Modulen finden.

Im Folgenden lesen Sie ein paar Beispiele und Anmerkungen zu häufig genutzten Templates. Ändern Sie in allen Fällen nicht die Original-Dateien, sondern kopieren Sie sich die betreffende Datei erst in Ihren Theme-Ordner. Im Kopf der jeweiligen Default-Dateien finden Sie einen Kommentar-Bereich, in dem die Variablen erklärt werden, die Ihnen in diesem Template zur Verfügung stehen. Bei allen Templates ist es wichtig zu wissen, wofür die Variablen stehen und auf welche Sie verzichten können. Wenn Sie die falschen Elemente löschen, werden verschiedene Funktionen nicht mehr richtig arbeiten oder Inhalte nicht dargestellt. In den Kommentaren der *page.tpl.php* finden Sie zum Beispiel diese Zeilen:

```
* Regions:
*  - $page['help']: Dynamic help text, mostly for admin pages.
*  - $page['highlighted']: Items for the highlighted content region.
*  - $page['content']: The main content of the current page.
*  - $page['sidebar_first']: Items for the first sidebar.
*  - $page['sidebar_second']: Items for the second sidebar.
*  - $page['header']: Items for the header region.
*  - $page['footer']: Items for the footer region.
```

Falls Sie nun etwa die Variable `$page['footer']` nicht mehr im Theme benutzten, würde auch die Region *Fußzeile* nicht angezeigt werden. In der Dokumentation unter *http://api.drupal.org* finden Sie auch hier für die verschiedenen Templates Hilfen. Das entspricht zunächst den Informationen, die Sie auch im Kopf der Templates als Kommentare sehen. Manchmal sind unter diesen Infos aber hilfreiche Kommentare zu finden, siehe zum Beispiel die Seite für die *page.tpl.php*: *http://api.drupal.org/api/drupal/modules--system--page.tpl.php/7*.

Achten Sie auch auf die verwendeten HTML-Elemente. Einige Templates erhalten viele div-Container. Sorgen Sie dafür, dass Sie alle div-Container an der richtigen Stelle schließen.

In den Standard-Templates werden zunächst sehr viele div-Container und Klassen erzeugt. Das ist hilfreich für jene Leute, die sich nicht so sehr mit eigenen Themes beschäftigen möchten. Durch die vielen Elemente können Sie per CSS an allen wichtigen Stellen Änderungen am Design vornehmen. Für Puristen sind aber viele Elemente nicht nötig; der Code wird durch die nicht genutzten Container aufgebläht. Wenn es Ihnen auch so geht, können Sie mit eigenen Templates die unnötigen Elemente schnell entfernen.

31.3.3 Template für html.tpl.php

Die Datei *html.tpl.php* finden Sie im Ordner */modules/system*. Hier legen Sie den grundsätzlichen Aufbau für Ihre Webseiten über doctype, head und body fest. Hier werden zum Beispiel auch die CSS- und JavaScript-Dateien eingefügt. In der Regel müssen Sie hier nichts ändern.

31.3.4 Template für page.tpl.php

Die *page.tpl.php* liegt im selben Ordner */modules/system*. Diese Datei sorgt für die Ausgabe der Inhalte Ihrer Webseite – vom Kopfbereich über die Breadcrumbs, Haupt- und Nebenspalten bis hin zum Fußbereich ist hier alles enthalten. Hier lohnt sich ein genauerer Blick auf die Variablen.

Bei der Ausgabe gibt es zwei verschiedene Arten. Entweder Sie schreiben eine einzelne Variable, zum Beispiel durch print $site_slogan – oder Sie geben ein Array über die render()-Funktion aus, etwa print render($page['content']). Ein Array enthält mehrere Daten, quasi eine Liste von Variablen; die render()-Funktion erzeugt daraus verwertbaren HTML-Code.

In Abschnitt 31.3.1 haben Sie verschiedene Regionen für Ihr Template vorgegeben. Damit diese auch ausgegeben werden, finden Sie in dieser Datei an den entsprechenden Stellen render($page['sidebar_first']) und analoge Angaben für die anderen Regionen. Innerhalb der eckigen Klammern steht dabei der maschinenlesbare Name der Region. Wenn Sie eine Region nicht rendern, werden Sie auch keine Blöcke sehen, die Sie in diese Regionen verschoben haben.

Innerhalb des header-div werden die Variablen $logo (der Pfad zum Bild des Logos), $site_name (Name der Webseite) und $site_slogan (der Slogan) ausgegeben.

Die Variablen $main_menu und $secondary_menu stehen für das Haupt- und das sekundäre Menü, die Sie in Drupal angeben können. Diese erscheinen hier an einer festen Stelle. Sie könnten diese Passage löschen und stattdessen mit den vorgegebenen Menü-Blöcken arbeiten, die Sie frei in verschiedene Regionen ziehen können.

Nun folgen feste Bereiche für `$breadcrumb` (Breadcrumbs, die Brotkrumen-Navigation) und `$messages` für Meldungen des Systems. Während Sie auf die Brotkrumen – je nach Design – verzichten können, sollten Sie die Meldungen in jedem Fall ausgeben, da Sie sonst wichtige Nachrichten wie »Mail verschickt« und Ähnliches verpassen. Zu diesen Meldungen zählen auch Fehlermeldungen (siehe dazu Abschnitt 28.4, »Protokolle für Systemereignisse«).

In diesem Template wird bereits der Titel `$title` der Seite angezeigt. Hinter den `$tabs` verbirgt sich die Leiste mit den Reitern zur Ansicht und zum Bearbeiten eines Inhalts. Auf die `$feed_icons` können Sie wiederum eventuell verzichten; dahinter steckt ein Symbol für RSS-Feeds.

Beachten Sie, dass die Spalten im Hauptbereich in der Reihenfolge `$page['content']`, `$page[sidebar_first]` und `$page[sidebar_second]` angegeben werden. Das spiegelt die Wichtigkeit dieser Inhalte wider. Per CSS können Sie die Darstellung immer noch flexibel bestimmen. Der Bereich `$page[sidebar_first]` kann also immer noch links oder rechts vom Hauptinhalt erscheinen. Sie können die Reihenfolge hier natürlich auch ändern. Den Abschluss bildet die Fußzeile (Footer).

Mit der *page.tpl.php* legen Sie ein allgemeines Template für Ihre Seiten fest. Für besondere Fälle können Sie dieses Template überschreiben. Ein Template *page--front.tpl.php* gilt zum Beispiel nur für die Startseite. Für andere Seiten richtet sich Drupal nach dem internen Pfad für eine Seite – also nicht nach einem Pfad, den Sie als Alias vergeben haben. Wenn Sie also ein Template für die Seite *http://www.examplast.de/node/1* hinzufügen möchten, wird Drupal Templates in dieser Reihenfolge berücksichtigen:

1. *page--node--1.tpl.php*
2. *page--node.tpl.php*
3. *page.tpl.php*

31.3.5 Template für node.tpl.php

Im Ordner */modules/node* finden Sie das Template *node.tpl.php*, das für die Darstellung eines einzelnen Nodes zuständig ist. Es berücksichtigt zum Beispiel `$user_picture` (das Benutzerfoto), `$submitted` (Autor und Datum), `$content` (den eigentlichen Inhalt), `$content['links']` und `$content['comments']`. Die Variable `$content['links']` beinhaltet den Link-Bereich eines Nodes, in dem

Links zum WEITERLESEN und für NEUEN KOMMENTAR SCHREIBEN erscheinen können – oder andere Links, die Module hinzufügen.

Hier haben Sie nun mehrere Möglichkeiten, die Variablen zu entfernen, die Sie nicht benötigen. Eine sehr reduzierte Version könnte so aussehen:

```
<div id="node-<?php print $node->nid; ?>">
    <?php
      hide($content['comments']);
      hide($content['links']);
      print render($content);
      print render($content['links']);
      print render($content['comments']);
    ?>
</div>
```

Hier geben wir nur den Inhalt des Nodes, den Link-Bereich und Kommentare aus. Das erspart uns einigen unnötigen HTML-Code. Das heißt auf der anderen Seite aber auch, dass es in Drupal egal ist, was Sie in Bezug auf die Anzeige des Autors und des Datums oder des Benutzerfotos angeben. Denn diese Variablen werden in diesem Beispiel nicht mehr im Template ausgegeben!

Diese Ausgabe ist erklärungsbedürftig: Die Variable $content enthält alle Inhalte des aktuellen Nodes: den Titel, die einzelnen Felder, aber auch die weiteren Links (WEITERLESEN oder KOMMENTIEREN) und die Kommentare. Wenn wir lediglich print render($content) ausgeben, erhalten wir zwar alle Inhalte, aber in einer falschen Reihenfolge, denn dann erscheinen die Links und Kommentare über dem eigentlichen Inhalt. Deshalb gibt es die hide()-Funktion. Wir »verstecken« damit in den ersten beiden PHP-Zeilen die Kommentare und die Links. Wenn wir in der dritten Zeile den $content rendern, werden die versteckten Elemente nicht ausgegeben. Danach rendern wir die Links und Kommentare einzeln. So erhalten wir die gewünschte Reihenfolge.

Sie könnten auch ein einzelnes Feld des Inhalts rendern, indem Sie render($content['field_example']) nutzen. Dazu benötigen Sie den genauen Namen des betreffenden Feldes, den Sie im Reiter FELDER BEARBEITEN bei Ihren Inhaltstypen nachlesen können. Nun ist es wichtig, Folgendes zu wissen: Falls Sie den Inhalt eines Feldes zunächst einzeln rendern, wird dieser Inhalt ignoriert, wenn Sie später $content ausgeben. Ein Beispiel finden Sie in Abschnitt 31.4.1. Dadurch können Sie Dopplungen vermeiden. Um einen Inhalt doch noch einmal auszugeben, nutzen Sie die Funktion show($content['field_example']).

Nützlich ist außerdem die Variable $page, mit der Sie prüfen können, ob der Node in der Einzelansicht angezeigt wird – dann liefert die Variable true. Im Default-Template gibt es folgende Stelle:

```
<?php if (!$page): ?>
  <h2<?php print $title_attributes; ?>><a href="<?php print $node_url; ?>">
<?php print $title; ?></a></h2>
  <?php endif; ?>
```

Dadurch wird in der Teaser-Ansicht ($page ist also false) der Titel des Nodes in einer h2 ausgegeben und mit der URL der Einzelansicht ($node_url) verlinkt. Mit der Variable $page können Sie per Template umfassend die Ausgabe in der Teaser- und der Einzelansicht formatieren.

Analog zur *page.tpl.php* gilt auch die *node.tpl.php* erst einmal für alle Nodes. Sie können aber für spezielle Fälle wieder zusätzliche Templates anlegen, um das Basis-Template zu überschreiben. Möglich ist *node--nodeid.tpl.php*, wobei als *nodeid* die Zahl des Nodes eingesetzt wird. Mit *node--type.tpl.php* können Sie die Darstellung der Nodes auf die Inhaltstypen abstimmen. Statt *type* tragen Sie den maschinenlesbaren Namen des Inhaltstyps ein. Diese spezifischen Node-Type-Ansichten dürften Sie in eigenen Themes am häufigsten benötigen.

31.3.6 Template für field.tpl.php

Noch eine Stufe tiefer können Sie mit der *field.tpl.php* die Ausgabe von Feldern beeinflussen. Die Default-Datei finden Sie im Verzeichnis */modules/field/theme*. Das Template erhält eine Menge an div-Containern und Klassen, die in manchen Fällen nützlich sein können. Eine sehr reduzierte Variante des Templates wäre:

```
<?php
foreach ($items as $item) {
    print render($item);
}
?>
```

In diesem Fall würden lediglich alle Elemente des Feldes ausgegeben, ohne irgendwelche zusätzlichen HTML-Container oder Klassen. Auch das Label ist in dieser reduzierten Fassung weggefallen. Hier wäre es also wieder egal, ob Sie im Backend angeben, dass das Label *Oberhalb* oder *Inline* angezeigt werden soll, es würde nicht erscheinen.

Wenn Sie bei den Items zumindest zwischen geraden und ungeraden Elementen unterscheiden möchten, weil es für das Design wichtig sein mag, können Sie diese Version nutzen:

```
<?php foreach ($items as $delta => $item) : ?>
<span class="field-item <?php print $delta % 2 ? 'odd' : 'even'; ?>">
<?php print render($item); ?></span>
<?php endforeach; ?>
```

Wie Sie hier vorgehen, ist Geschmackssache. Ich gebe die Felder meist sehr reduziert aus und vergebe nötige Klassen und HTML-Elemente lieber durch eine spezifische Ausgabe der Felder in der *node.tpl.php*.

Auch bei Feldern können Sie das Default-Template überschreiben. Drupal richtet sich nach dieser Reihenfolge:

1. *field--field-name--content-type.tpl.php*
2. *field--content-type.tpl.php*
3. *field--field-name.tpl.php*
4. *field--field-type.tpl.php*

Dabei ist *field-name* der Name des Feldes, also zum Beispiel *field_vorname*; das führt zu *field--field-vorname.tpl.php*. Beachten Sie, dass aus dem Underscore (_) an dieser Stelle ein einfacher Bindestrich (-) wird. Bei *content-type* würden Sie wieder den Inhaltstyp einsetzen, und *field-type* ist die Art des Feldes, zum Beispiel *text*.

31.3.7 Template für block.tpl.php

Im Verzeichnis */modules/block* liegt das Template *block.tpl.php*, das – offensichtlich – für die Ausgabe der Blöcke zuständig ist. Jeder Block wird mit einer ID und entsprechenden Klassen ausgestattet. An diesem Template liegt es auch, dass die Titel der Blöcke als h2 dargestellt werden. Auch dieses HTML-Gerüst könnten Sie eindampfen, zum Beispiel auf:

```
<div id="<?php print $block_html_id; ?>" class="<?php print $classes; ?>"
<?php print $attributes; ?>>
  <h2><?php print $block->subject ?></h2>
  <?php print $content ?>
</div>
```

Sie können wiederum das allgemeine Template überschreiben. Drupal beachtet diese Templates in dieser Reihenfolge:

1. *block--module--delta.tpl.php*
2. *block--module.tpl.php*
3. *block--region.tpl.php*

Dabei steht *module* für das Modul, das den Block erzeugt. Hinter dem *delta* steckt eine interne ID, die das Modul für den Block erzeugt. Das Delta können Sie im Quelltext ablesen. Auf der Seite der Examplast GmbH steht der Block DER NEUE KATALOG beispielsweise in einem div-Container mit der id="block-block-3".

Das können Sie hier so lesen: »Es ist ein Block, generiert vom Modul *Block*, mit dem Delta 3.« In der Fußzeile gibt es einen ähnlichen Block, den Sie in Kapitel 4 manuell angelegt haben, der das Delta 2 trägt. Den Block DER NEUE KATALOG können Sie also mit einem eigenen Template *block--block--3.tpl.php* beeinflussen. Das *region* wiederum bezieht sich auf Blöcke in einer bestimmten Region.

31.3.8 Template für comment.tpl.php

Das Template *comment.tpl.php* sorgt für die Ausgabe einzelner Kommentare. Sie finden es im Verzeichnis */modules/comment*. Berücksichtigt werden hier zum Beispiel `$picture` (das Bild eines registrierten Nutzers), `$new` (ein Hinweis, dass der Kommentar neu ist), `$permalink` (ein permanenter Link für den Kommentar), `$submitted` (wiederum Daten zum Autor und dem Erstellungsdatum) und `$signature` (falls Nutzer Signaturen benutzen dürfen). Dazu wird mit `print render($content)` der Inhalt des Kommentars ausgegeben und mit `print render($content['links'])` der Link-Bereich des Kommentars – also Links zum Bearbeiten und Löschen.

Auch hier können Sie das Basis-Template überschreiben. Mit *comment--[nodetype].tpl.php* können Sie Kommentare auf einzelne Inhaltstypen abstimmen.

31.3.9 Weitere Templates

Die genannten Templates sind lediglich diejenigen, die Sie vermutlich am häufigsten benötigen. Sie finden eine Liste aller Templates, die der Core benutzt, unter *http://drupal.org/node/190815*. Daneben nutzen viele Module eigene Templates, die Sie ebenso überschreiben können. Kopieren Sie auch dazu das Original-Template in Ihr Theme, überarbeiten Sie es dort, und löschen Sie einmal den Theme-Cache, damit Drupal das neue Template erkennt.

Das *Location*-Modul verfügt zum Beispiel über eine *location.tpl.php*, *Webform* bietet verschiedene Templates wie etwa *webform-form.tpl.php* und *webform-mail.tpl.php*, und auch *Views* liefert eine Menge Templates, mit denen Sie Ihre Views umfangreich anpassen können.

31.3.10 Sub-Themes

Das Theme-System unterstützt Sub-Themes. Diese haben die besondere Eigenschaft, dass sie Eigenschaften des Eltern-Themes erben. Stellen Sie sich eine Multi-Site-Installation vor, bei der die beteiligten Seiten ein einheitliches Design bekommen sollen. Sie können die wesentlichen Eigenschaften in einem Haupt-

Theme festlegen und in verschiedenen Subthemes vielleicht nur die Farben und Headerbilder ändern.

Sub-Themes legen Sie in einem eigenen Verzeichnis ab, das auch außerhalb des Verzeichnisses für das Eltern-Theme liegen darf. Sie geben in der *.info*-Datei über die Angabe `base theme = themename` das Eltern-Theme vor. Wie die Sub-Themes welche Eigenschaften vom Eltern-Theme erben, können Sie zum Beispiel unter *http://drupal.org/node/225125* nachlesen.

31.4 Beispiele für das Theming

Innerhalb der Templates können Sie mit den vorhandenen Variablen und ein paar PHP-Kenntnissen die Ausgabe nach Ihren Wünschen anpassen. Im Folgenden sehen Sie ein paar Beispiele. Denken Sie daran, dass Sie Drupal erst darauf hinweisen müssen, falls es neue Templates gibt. Nutzen Sie das *Admin Menu*, um über HOME-SYMBOL • FLUSH ALL CACHES • THEME REGISTRY den Cache für das Theme zu löschen.

31.4.1 Inhalte mit Dachzeile

Auf Blogs oder Nachrichtenseiten sehen Sie manchmal eine Dachzeile über dem Titel, etwa auf *spiegel.de* oder *taz.de*. Der Titel ist dann meist locker gewählt, etwa »Auffällig unauffällig«. Die Dachzeile hingegen nennt sachlich das Thema, etwa »Verkleidungskurs für Stasi-Agenten«. So etwas basteln wir uns nun auch in Drupal. Es geht darum, Felder über dem Titel eines Nodes anzuzeigen.

> 22.03.2011 | Piwik 1.2 auf Datenschutz trimmen
>
> **Schotten dicht**
>
> Das Statistik-Tool Piwik ist eine tolle Alternative zu Google Analytics – vor allem weil die Daten auf dem eigenen Server liegen und nicht mit anderen geteilt werden. Doch mit der Installation allein ist es nicht getan. Um mögliche Lecks beim Datenschutz zu schließen, sind ein paar zusätzliche Handgriffe nötig.
>
> Weiterlesen   2 Kommentare

Abbildung 31.4 Beispiel aus einem Blog: Eine Dachzeile über dem Titel

In dem Beispiel soll es um einen Inhaltstyp *Artikel* gehen. Dafür sehen wir als Felder eine *Dachzeile, Titel, Teaser* und *Artikeltext* vor. Diese Felder sollen in der genannten Reihenfolge erscheinen; die Dachzeile steht also über dem Titel. Wenn Sie die Felder eines Inhaltstyps im Reiter ANZEIGE VERWALTEN betrachten, können Sie die Reihenfolge für verschiedene Anlässe ändern. Das betrifft alle Felder bis auf den Titel. Auf seine Position haben Sie bisher keine Einflussmöglichkeiten.

Legen Sie dafür ein neues Template, *node--artikel.tpl.php*, an. Das Template greift natürlich nur, wenn der maschinenlesbare Name dieses Inhaltstyps auch »artikel« lautet. Außerdem muss das Feld für die Dachzeile den Namen »field_dachzeile« tragen. Dann kann eine reduzierte Fassung des Templates so aussehen:

```
<div id="node-<?php print $node->nid; ?>" class="artikel">
    <?php
      hide($content['comments']);
      hide($content['links']);

      print render($content['field_dachzeile']);

      if ($page) print '<h1>'.$title.'</h1>';
      if (!$page) print '<h2><a href="'.$node_url.'">'.$title.'</a></h2>';

      print render($content);
      print render($content['links']);
      print render($content['comments']);
    ?>
</div>
```

Beachten Sie, dass dieses Template wiederum keine Variablen für den Autor, das Datum oder ein Benutzerbild enthält. Wenn Sie nun einen Artikel anlegen, wird die Dachzeile über dem Artikel erscheinen.

Allerdings erscheint der Titel nun zweimal. Der erste Titel wird durch die *page.tpl.php* erzeugt. Sie haben nun mehrere Möglichkeiten, den ersten Titel zu unterdrücken. Sie können rein auf CSS setzen. Die Seiten, die einen Node vom Typ *Artikel* anzeigen, erhalten eine entsprechende Klasse `node-type-artikel` im `body`-Element. Der Titel der Seite trägt außerdem die ID `page-title`. Damit können Sie den ersten Titel eindeutig ansprechen und ausblenden:

```
body.node-type-artikel #page-title { display: none; }
```

Noch besser wäre es natürlich, wenn der Titel in der *page.tpl.php* gar nicht erst erzeugt würde. Dazu könnten Sie den Titel dort zum Beispiel überhaupt nicht ausgeben und stattdessen nur in den Templates für Nodes, Views etc. extra berücksichtigen. Eine andere Möglichkeit finden Sie in Abschnitt 31.5.2.

31.4.2 Hervorgehobene News

Schauen wir uns wieder die Examplast-Webseite an. Der Marketingchef möchte, dass die News auf der Startseite farbig unterlegt sind. Nach Intervention der Designerin einigt man sich darauf, dass zumindest drei Farben zur Verfügung stehen, die sparsam genutzt werden sollen. Dieses Feature passt nicht ideal zum Design, entspricht aber durchaus üblichen Kundenwünschen.

Wenn es um einen einzelnen Textblock ginge, könnten wir festlegen, dass der Text einfach von einem `<div class="farbe">[Inhalt]</div>` umschlossen wird. Nun soll aber

1. die gesamte News (Titel, Bild, Teaser) farbig hinterlegt sein,
2. gilt das nur für die Startseite und
3. wollen wir unseren Autoren nicht zumuten, ein `div`-Element mit eigener Klasse in den Quellcode zu schreiben. Stattdessen fügen wir unserem Inhaltstyp *News* einen neuen Feldtypen hinzu.

Als Beschriftung wählen wir »News farbig hinterlegen«, der Feldname lautet »field_farbe«, und der Datentyp entspricht *Liste (Text)* als Auswahlliste. In nächsten Schritt geben Sie als »Zulässige Werteliste« Folgendes vor:

```
farbe1|Grün
farbe2|Blau
farbe3|Rot
```

Wir wählen `farbe1` bis `farbe3` als Schlüssel, um flexibler zu sein. Wenn später jemand gerne die Farbe Gelb statt Rot benutzen möchte, müssen wir nicht den Schlüssel, sondern nur den Wert ändern (siehe dazu auch Abschnitt 6.1.8, »Auswahllisten«).

Diese Angabe ist kein Pflichtfeld, es ist kein Standardwert hinterlegt, und der Wert kann sinnvollerweise nur einmal vergeben werden. Allerdings geben wir einen Hilfetext an: »Sie können News farbig hinterlegen, um besondere Nachrichten hervorzuheben. Auf der Startseite soll maximal eine News derart hervorgehoben werden.« Nun legen wir im Reiter ANZEIGE VERWALTEN fest, wie dieses Feld ausgegeben wird (siehe Abbildung 31.5). Wir benötigen es zumindest für den Anrisstext. Wenn Sie als FORMAT »Hidden« wählen, steht Ihnen diese Variable auch im Template nicht zur Verfügung; Sie dürfen das Feld also nicht komplett ausblenden. Wählen Sie also für die BESCHRIFTUNG »Hidden« und als Feld »Schlüssel«. Legen Sie nun eine News an, in der Sie eine Farbe ausgewählt haben. Wenn Sie das Template für die Nodes noch nicht bearbeitet haben, sollten Sie also irgendwo den Text »farbe1« (oder einen der anderen Schlüssel) sehen.

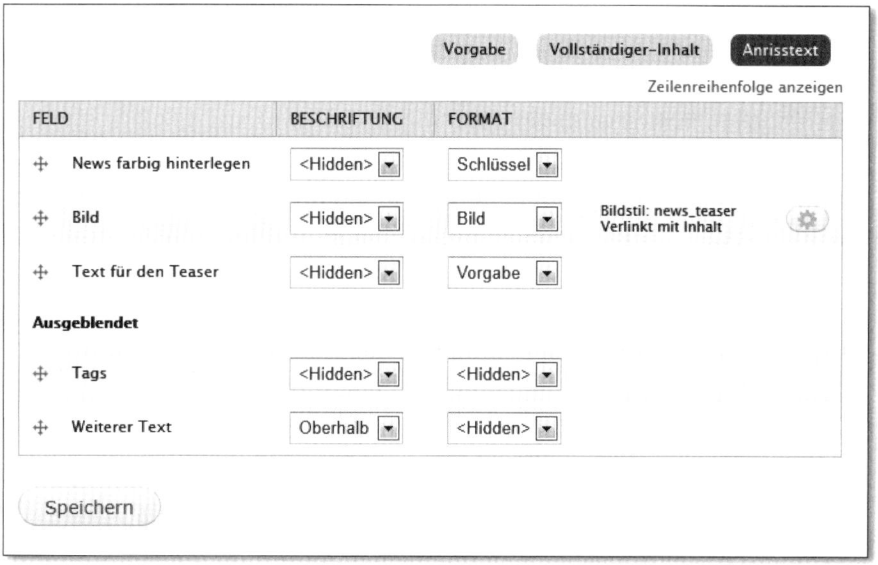

Abbildung 31.5 Anzeige der Felder für die News im Teasermodus

Nun können Autoren zwar eine Farbe wählen, bisher ändert das aber noch nichts am Design. Kopieren Sie das Standardtemplate für Nodes in Ihr Theme, und benennen Sie es in *node--news.tpl.php* um, damit es nur für News gilt. Dazu muss der maschinenlesbare Name des Inhaltstyps ebenso »news« lauten. Hier machen wir es uns einfach. Der Inhalt wird ohnehin schon mit einem div-Element umschlossen. Suchen Sie die Zeile

```
<div id="node-<?php print $node->nid; ?>" class="<?php print $classes; ?>
clearfix"<?php print $attributes; ?>>
```

und ändern Sie sie in:

```
<div id="node-<?php print $node->nid; ?>" class="<?php print $classes; ?>
<?php print strip_tags(render($content['field_farbe'])); ?>
clearfix"<?php print $attributes; ?>>
```

Dadurch erzeugen Sie eine neue Klasse im umschließenden div-Container. Beachten Sie, dass Drupal den Aufruf render($content['field_farbe'])) zunächst mit unnötigem »Ballast« ausliefert. Komplett würde Drupal das Feld als `<div class="field field-name-field-farbe field-type-list-text field-label-hidden"><div class="field-items"><div class="field-item even">farbe1</div></div></div>` rendern – es sei denn, Sie haben bereits die *field.tpl.php* bearbeitet. Wir benötigen aber nur den Schlüssel farbe1. Deshalb nutzen wir die PHP-Funktion strip_tags(), um alle HTML-Elemente auszufiltern. So bleibt nur farbe1 als Klasse erhalten. Dadurch, dass wir hier bereits das Feld 'field_farbe' rendern, wird es nicht noch einmal gerendert, wenn der $content ausgegeben wird (siehe Abschnitt 31.3.5).

In der normalen Teeransicht würde das umschließende div so aussehen:

```
<div id="node-5" class="node node-news node-promoted node-teaser
clearfix">
```

Durch unsere Änderungen im Template wird daraus:

```
<div id="node-5" class="node node-news node-promoted node-teaser farbe1
clearfix">
```

Je nach aktivierten Modulen können auch weitere Klassen angegeben sein. Durch die farbe1-Klasse können Sie die News auf der Startseite eindeutig ansprechen und per CSS mit einem farbigen Kasten umgeben (siehe Abbildung 31.6).

Abbildung 31.6 Beispiel für hervorgehobene News

31.4.3 Inhalte auf angemeldete Benutzer beschränken

In Abschnitt 27.4.2 habe ich bereits Online-Handbücher erwähnt, die ich für Kunden innerhalb des Systems anlege. Dazu gibt es ein eigenes Menü HANDBUCH und einen Inhaltstyp mit demselben Namen. Darin sind alle wesentlichen Infos zum System erhalten, sodass angemeldete Redakteure schnell nachschlagen können. In dem Handbuch stehen keine Passwörter oder für Besucher wichtige Daten. Trotzdem möchten wir nicht, dass jemand zufällig eine Seite aus dem Handbuch findet und liest. Also sorgen wir dafür, dass das Handbuch nur für angemeldete Benutzer nutzbar ist. Dafür können Sie auch geeignete Module benutzen, die die Ansicht von Inhaltstypen auf bestimmte Rollen begrenzen. Wir regeln das nun schlicht über das Template für eine *node--handbuch.tpl.php*. Dazu nutzen Sie die Variable `$logged_in` im Template und geben anhand des Wertes zwei Ergebnisse aus, zum Beispiel:

```
<div id="node-<?php print $node->nid; ?>" class="handbuch">

<?php
  hide($content['comments']);
  hide($content['links']);

  if ( $logged_in ) {
    print '<h1>'.$title.'</h1>';
    print render($content);
    print '<p><em>Zuletzt geändert am: '.format_date($node->changed,
$type = 'tag', $format = '', $timezone = NULL, $langcode = NULL).'</em></
p>';
  };
  if ( !$logged_in ) {
    print '<h1>Kein Zugriff</h1>';
    print '<p>Sie müssen sich anmelden, um diesen Inhalt zu lesen.</p>';
  };

?>

</div>
```

Wenn der Benutzer angemeldet ist, sieht er den Titel, den Text und einen Hinweis, wann der Text zuletzt aktualisiert wurde. Dazu wird das Datum der letzten Aktualisierung `$node->changed` im Format »tag« ausgegeben. Das Format für den Typ *Tag* müssen Sie dazu erst anlegen (siehe Abschnitt 4.6, »Datum und Zeiteinstellungen«). Ist der Nutzer nicht angemeldet, liest er lediglich den Hinweis, dass er sich anmelden muss.

31.4.4 Teile des Nodes in der Seitenspalte anzeigen

Nehmen wir für ein weiteres Beispiel an, dass Sie auf der Webseite Seminare anbieten. Zu jedem Seminar gibt es Seminarleiter, die extra in einem Feld vom Typ *Langer Text* eingetragen werden. Diese möchten Sie auf Ihrer Webseite nun nicht direkt mit dem Hauptinhalt anzeigen, sondern als zusätzliche Information in einem Block in der Seitenspalte.

Hier haben Sie mehrere Möglichkeiten, zum Ziel zu kommen: Sie könnten über Views einen entsprechenden Block erstellen und Argumente aus der URL nutzen, Sie könnten sich eine entsprechende Ansicht mit Panels erstellen, oder Sie nutzen das Modul *Nodes In Block* und passen es entsprechend an. In diesem Fall legen wir einen eigenen Block mit ein wenig PHP an, um ein paar Drupal-Befehle kennenzulernen.

Als Voraussetzung benötigen Sie einen Inhaltstyp *Seminar* mit entsprechenden Feldern und mindestens einem Beispiel-Seminar. Aktivieren Sie das Core-Modul *PHP filter*, um in dem neuen Block mit PHP arbeiten zu können. Erstellen Sie einen neuen Block SEMINARINFOS. Als Blocktitel wählen Sie *Seminarleiter*, der Block soll in der rechten Seitenleiste erscheinen und nur beim Inhaltstyp *Seminar*. Für den Blockinhalt wählen Sie nun *PHP Code* als Textformat und schreiben:

```
<?php
$nid = arg(1);
$node = node_load($nid);
//print_r($node);
print $node->field_seminarleiter['de']['0']['safe_value'];
?>
```

Der Block weiß nichts von unserem Node im Hauptinhalt. Also müssen wir im Block zunächst die Inhalte der Hauptspalte laden. Intern arbeitet Drupal mit eigenen Pfaden. Der Alias mag */seminar/rhetorik* lauten, aber intern ist es vielleicht */node/13*, wobei 13 die ID des Nodes ist. Der Befehl `arg()` liefert einen Teil des internen Pfades – getrennt nach den Slashes (/). Mit `arg(0)` erhalten Sie also »node«, mit `arg(1)` das zweite Argment, zum Beispiel »13«. Anhand der Node-ID können Sie nun mit dem Befehl `node_load()` den kompletten Node laden. Das Ergebnis ist ein `stdClass Object` (eine generische Klasse in PHP, ohne näher darauf einzugehen), das wir der Variablen `$node` zuweisen. Der nächste Befehl ist hier auskommentiert, aber wir benutzen `print_r($node)` zunächst, um uns die Elemente des Objekts auflisten lassen. Daran können wir ablesen, welche Elemente wir benötigen. So können Sie hier nicht einfach `$node->field_seminarleiter` ausgeben, denn dies ist kein einfacher Text, sondern ein Array. Erst ein paar Ebenen tiefer steht der Text, den wir suchen. In diesem Fall geben wir im nächsten Schritt daher `print $node->field_seminarleiter['de']['0']['safe_value']` aus, also einen bestimmten Wert innerhalb des Objects `$node`.

So können Sie dafür sorgen, dass im Hauptinhalt das Feld für den Seminarleiter nicht erscheint (durch den Reiter ANZEIGE VERWALTEN beim Inhaltstyp). Stattdessen erscheint dieser Block beim Inhaltstyp *Seminar*, der nur den Seminarleiter anzeigt. Dafür muss das Feld *Seminarleiter* auch einen Inhalt haben und als `field_seminarleiter` angelegt sein.

31.5 Variablen in der template.php überschreiben

Zusätzlich zu den Templates, CSS-Dateien und ggf. Bildern können Sie in Ihrem Theme auch mit einer *template.php* arbeiten. Bevor Sie die Variablen in Abschnitt 31.3 überhaupt in Ihren Templates verwenden können, werden diese über verschiedene Preprocess-Funktionen definiert und mit Inhalten gefüllt. Über die *template.php* können Sie in diese Präprozessoren eingreifen und Variablen vor der Ausgabe anders besetzen oder neue Variablen hinzufügen. Als Beispiele sehen Sie sich die *template.php*-Dateien an, die die Core-Templates *Bartik* oder *Garland* nutzen. Sie finden im Netz auch viele nützliche Code-Snippets, die Sie für Ihre Zwecke anpassen können.

31.5.1 Veränderte Autor- und Datumsinformationen

Ein einfaches Beispiel: Wenn Sie bei den News der Examplast GmbH die Autor- und Datumsinformationen anzeigen lassen, lesen Sie zum Beispiel »Gespeichert von Ulrike Urgestein am/um Do, 03/10/2011 – 11:45«. Das möchten wir ändern. Kopieren Sie sich die *template.php* aus dem Theme *Garland* in Ihr Theme, löschen Sie die Inhalte, und schreiben Sie:

```php
<?php

/**
 * Veraenderte Ausgabe der Autoreninfos
 */
function examplast_preprocess_node(&$vars) {
  $vars['submitted'] = $vars['name'] . ' schrieb am ' . $vars['date'];
}
```

Dadurch überschreiben Sie die Anzeige der Variablen `$submitted`, und Sie erhalten: »Ulrike Urgestein schrieb am Do, 03/10/2011 – 11:45«. Denken Sie daran, den Cache der Theme-Registry zu löschen, um die Änderungen zu sehen. An der Funktion können Sie ablesen, dass Sie den Preprocess für Nodes überschreiben.

Damit diese Funktion genutzt wird, muss sie mit dem Namen des eigenen Themes beginnen, hier also mit »examplast«. Beachten Sie, dass die Datei zwar mit einem <?php beginnt, das abschließende ?> für PHP-Abschnitte wird aber nicht benötigt. Genauer gesagt: Die Empfehlung lautet, auf das ?> in der Template-Datei ganz zu verzichten. Zu Beginn Ihrer Funktionen sollten Sie einen kurzen Kommentar einfügen: Was wollen Sie mit der folgenden Funktion überhaupt erreichen? Wenn Sie das Theme offiziell veröffentlichen möchten, sollten Sie die Kommentare auf Englisch notieren; für unsere Beispiele reichen deutsche Kommentare.

31.5.2 Den Titel in der page.tpl.php unterdrücken

In Abschnitt 31.4.1 hatten wir das Problem, dass der Titel zweimal ausgegeben wurde – einmal in einem Template für den Inhaltstyp und zusätzlich in der *page.tpl.php*. Idealerweise soll die letzte Datei in diesem Fall keinen Titel ausgeben. Fügen Sie diese Funktion in der *template.php* hinzu:

```
/**
 * Titel in der page.tpl.php unterdruecken beim Inhaltstyp News
 */
function examplast_preprocess_page(&$vars) {
    if ( isset($vars['node']) ) {
        if ( $vars['node']->type == "artikel") {
            $vars['title'] = '';
        }
    }
}
```

Damit prüfen Sie zunächst, ob die Variable `$vars['node']` existiert. Wenn dann noch der Inhaltstyp `$vars['node']->type` dem Wert "artikel" entspricht, löschen Sie an dieser Stelle den Titel. Eine ähnliche Abfrage können Sie natürlich auch direkt in die *page.tpl.php* einbauen.

31.5.3 Angepasste Brotkrumen-Navigation

Nehmen wir an, Sie zeigen in Ihrem Theme die Breadcrumbs (Brotkrumen-Navigation) an. Per Default sind dann auf der Startseite keine Breadcrumbs zu sehen. Erst bei einem Untermenüpunkt, kommt die Navigation hinzu, zeigt aber nur die übergeordneten Punkte an. Wir möchten zwei Dinge ändern: Zum einen soll vor den Links ein kurzer Hinweis »Sie befinden sich hier:« erscheinen. Zum anderen soll auch der Titel der aktuellen Seite erscheinen. Dafür eignet sich diese Funktion:

```
/**
 * Gibt angepasste Brotkrumen zurueck
 */
function examplast_breadcrumb($variables) {
  $breadcrumb = $variables['breadcrumb'];
  $title = drupal_get_title();

  if (!empty($breadcrumb)) {
    $output = t('You are here') . ': ';
    $output .= '<span class="breadcrumb">' . implode(' > ', $breadcrumb)
. ' > ' . $title . '</span>';
    return $output;
  }

  if (empty($breadcrumb)) {
    $output = t('You are here') . ': ';
    $output .= '<span class="breadcrumb">Startseite</span>';
    return $output;
  }

}
```

Zunächst laden wir die bisherigen Brotkrumen und den Titel der aktuellen Seite. Nun unterscheiden wir zwei Fälle: Entweder es existieren Brotkrumen – oder es existieren keine. Im letzteren Fall befinden wir uns auf der Startseite. Dann bearbeiten wir die Brotkrumen entsprechend. In dieser Funktion nutzen wir Drupals Übersetzungsmechanismus. Die Funktion `t('You are here')` übersetzt den String »You are here« in die entsprechende Sprache. In der deutschen Übersetzung ist das zunächst »Sie sind hier«. Sie können den String selbst durch »Sie befinden sich hier« übersetzen (siehe Abschnitt 26.1.2, »Übersetzungen der Module«).

31.6 Feinheiten des Themings

Beim Theming gibt es ein paar Aspekte, die unabhängig vom verwendeten Content-Management-System sinnvoll sind. In einigen Fällen gibt es in Drupal entsprechende Funktionen, die Sie beim Finetuning unterstützen.

31.6.1 Optimierung der Performance

Nach Studien von Google und Yahoo! hängen 10 bis 20 % der Ladezeiten vom Server ab, die restlichen 80 bis 90 % liegen am Frontend, das heißt an Ihren HTML-, CSS-, JavaScript-Dateien und den eingebauten Bildern. Dort können Sie einiges an Ladezeiten einsparen, wenn Sie sich in das Thema *Web Performance*

Optimierung (WPO) einarbeiten. Über Performance im Web gibt es eigene Bücher, deshalb nenne ich Ihnen nur ein paar Stichpunkte.

- Sorgen Sie dafür, dass weniger Dateien übertragen werden, indem Sie JavaScript- und CSS-Dateien zusammenführen (siehe Abschnitt 4.10, »Die Performance auf Live-Seiten verbessern«). Icons und andere Grafiken können Sie zu CSS-Sprites zusammenfassen. Dabei fügen Sie verschiedene kleine Grafiken in einem großen Bild zusammen und zeigen an den jeweiligen Stellen nur einen kleinen Ausschnitt des großen Bildes an. Dadurch sparen Sie eine Menge HTTP-Requests (siehe auch *http://www.webkrauts.de/2007/10/20/hover-effekte-mit-css-sprites*).
- Binden Sie JavaScript und CSS als externe Dateien ein, damit sie gecacht werden können.
- Skalieren Sie Bilder nicht erst per HTML, sondern nutzen Sie die Möglichkeiten von Bildstilen.

Es gibt weitere Empfehlungen, die hier zu technisch werden. Ein gutes Tool für die Optimierung ist *YSlow* (siehe Abschnitt 33.4.1).

31.6.2 Barrierefreiheit

Im Gegensatz zu anderen Eigenschaften können Sie Barrierefreiheit nicht einfach mit ein paar Modulen aktivieren. Sie müssen wissen, was Sie tun, und Accessibility schon in der Konzeption berücksichtigen. Auch hierzu ein paar Hinweise:

- Drupal nutzt in seinem Standard-Themes bereits Sprungmarken. Dazu gibt es in der *html.tpl.php* diesen Abschnitt, den Sie nach eigenen Bedürfnissen erweitern können:

```
<div id="skip-link">
<a href="#main-content" class="element-invisible element-focusable"><?php print t('Skip to main content'); ?></a>
</div>
```

- Sorgen Sie dafür, dass Ihre Redakteure Alt-Texte für Bilder vergeben. Das ist nicht nur für die Barrierefreiheit relevant, sondern auch für die Suchmaschinenoptimierung (siehe Abschnitt 18.3, »SEO Compliance Checker für einen Basis-Check«).
- Denken Sie an sehbehinderte Nutzer, und achten Sie auf genügend Farbkontraste in Ihrem Design. Elemente wie Links und Formulare sollten nicht nur gekennzeichnet werden, wenn Sie mit der Maus über dem Element hovern, sondern auch, wenn der Focus auf diesen Elementen liegt.

- Barrierefreiheit beschränkt sich nicht nur auf blinde und sehbehinderte Nutzer. Für motorisch behinderte Menschen ist es sinnvoll, Buttons genügend groß zu gestalten. Insbesondere die Seitenzahlen der Pager-Navigationen sind oft recht klein, sodass Nutzer sehr genau zielen müssen.
- Systemmeldungen erscheinen für sehende Nutzer meist deutlich genug über der Hauptspalte. Blinde Nutzer bekommen davon nur etwas mit, wenn sie mit dem Screenreader an der Stelle ankommen. Sie könnten also überlegen, ob Sie die ersten *x* Stellen solcher Meldungen im Seitentitel ausgeben. Dort bekommen es Screenreader-Nutzer schnell mit.

Auch das Thema Barrierefreiheit ist ungeheur komplex. Wenn Sie mehr darüber lesen möchten, empfehle ich Ihnen das Buch »Barrierefreiheit verstehen und umsetzen« von Jan Eric Hellbusch und Kerstin Probiesch.

31.6.3 YAML für Drupal

YAML steht für *Yet Another Multicolumn Layout* und ist ein (X)HTML/CSS-Framework von Dirk Jesse. Es bietet Ihnen eine Grundlage für moderne, flexible Layouts auf der Basis von *float*-Umgebungen. Es besteht aus einem Kern und einigen Erweiterungsmöglichkeiten. Viele Entwickler setzen auf YAML, weil es auf eine umfassende Browserunterstützung setzt und sie sich – zumindest im Rahmen von YAML – nicht weiter damit beschäftigen müssen, dass Spalten und Elemente in verschiedenen Browsern auch an der richtigen Stelle erscheinen. YAML unterstützt zum Beispiel den Internet Explorer ab 5.x, Firefox 1.0+, Safari 1.0.3+ und Opera 6+. Außerdem legt es besonderen Wert auf Barrierefreiheit und Webstandards.

Das Framework ist unter einer Creative-Commons-Lizenz veröffentlicht, die die Nutzung sowohl in privaten als auch in kommerziellen Anwendungen erlaubt. Dafür müssen Sie lediglich in der Fußzeile oder im Impressum einen Link auf die YAML-Homepage angeben und Dirk Jesse als Autor nennen.

Darüber hinaus gibt es zwei kommerzielle Lizenzen, bei denen die Autorennennung und der Link entfallen: Eine Projektlizenz bezieht sich auf ein einzelnes Projekt und kostet 59,90 Euro. Eine generelle Lizenz gilt für den Lizenznehmer projektunabhängig und zeitlich unbegrenzt; diese kostet 119 Euro.

YAML ist ein Framework für das Theme. Sie können es also problemlos für Ihr eigenes Design einsetzen, wenn Sie sich mit dem Theming in Drupal vertraut gemacht haben. Wenn Sie sich in YAML einarbeiten möchten: Dirk Jesse hat gleich das passende Buch dazu verfasst: »CSS-Layouts – Praxislösungen mit YAML 3.0«, das bei Galileo Press erschienen ist.

»Den Fortschritt verdanken wir Menschen, die entweder gefragt haben: warum, oder: warum nicht?«
– Robert Lembke

32   Ausblick für Fortgeschrittene

Dieses Buch richtet sich eher an Einsteiger und Umsteiger. Insofern sind die technischen Aspekte hier etwas kürzer gehalten. Trotzdem möchte ich Ihnen zum Ende noch ein paar nützliche Tipps für komplexere Arbeiten mit Drupal auf den Weg geben. Hierfür benötigen Sie allerdings tatsächlich fortgeschrittene PHP- und/oder Admin-Kenntnisse und sollten ebenfalls mit Drupal vertraut sein.

32.1   Tipps für Fortgeschrittene

32.1.1   Installationsprofile für jeden Zweck

Ich habe bei der Installation in Kapitel 2 schon darauf hingewiesen, dass Sie in Drupal eigene Installationsprofile anlegen können. Diese finden Sie im Ordner */profiles*. Mit solch einem Profil können Sie dafür sorgen, dass während der Installation zum Beispiel:

- Deutsch als Sprache installiert und aktiviert wird
- ein anderes Standard-Theme gewählt wird
- verschiedene Rollen angelegt werden
- eigene Inhaltstypen konfiguriert werden
- Blöcke aktiviert und in Regionen geschoben werden

So können Sie zum Beispiel ein Installationsprofil erstellen, das speziell auf ein deutschsprachiges Blog oder eine Community-Seite oder eine Nachrichtenredaktion zugeschnitten ist.

Auf *http://drupal.org/node/67921* finden Sie eine englischsprachige Anleitung, wie solch ein Installationsprofil angelegt wird. Sie können stattdessen aber auch einfach unter *http://drupal.org/project/installation%2Bprofiles* schauen, ob Sie dort ein Profil finden, das Ihren Zwecken genügt.

32.1.2 Features

Mit dem Modul *Features* können Sie bestimmte Funktionen, die Sie auf einer Webseite zusammengestellt haben, exportieren und in andere Projekte übernehmen. Vielleicht haben Sie sich eine Bildergalerie gebaut, die auf einem Inhaltstyp, Bildstilen und dem Modul *Colorbox* aufbauen. Mit Features müssen Sie die Bildergalerie bei der nächsten Webseite nicht von Grund auf zusammensetzen. Auch dieses Modul richtet sich nur an Entwickler und Administratoren.

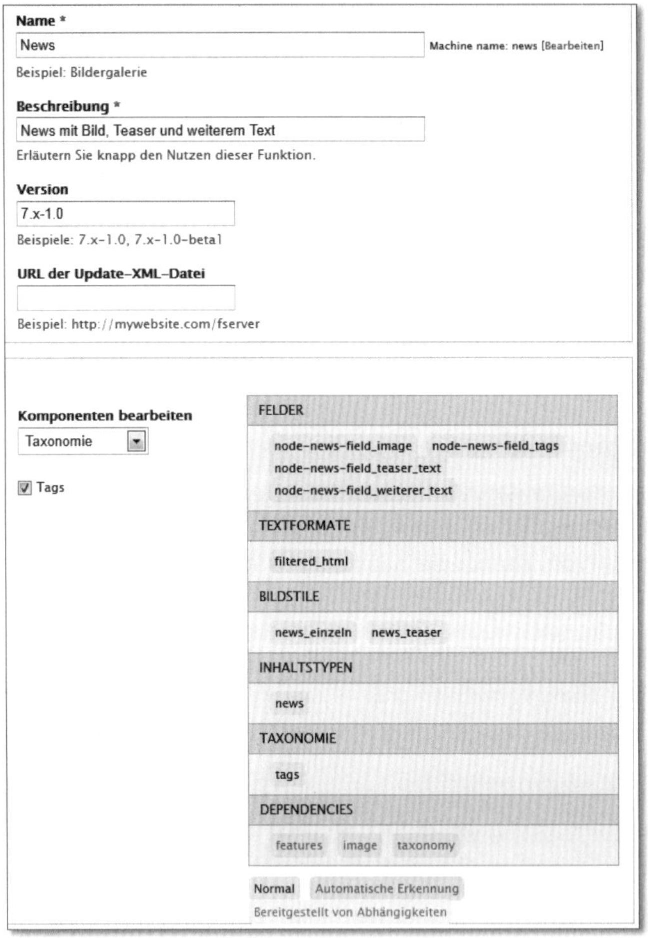

Abbildung 32.1 Beispiel für ein neues Feature

Wenn Sie zum Beispiel die News der Examplast GmbH mit den Einstellungen für eine andere Seite übernehmen möchten, können Sie unter Struktur • Features • Feature erzeugen (*/admin/structure/features/create*) ein neues Feature anlegen (siehe Abbildung 32.1). Zunächst geben Sie einen Namen und eine Beschrei-

bung an. Die VERSION ist die Versionsnummer Ihres Features und mit der URL
DER UPDATE-XML-DATEI können Sie das Feature auf Ihrem eigenen Webserver
anbieten und darüber Updates automatisieren. Im unteren Bereich würden Sie
nun alle Komponenten hinzufügen, die für die News wichtig sind. Darunter fallen
in diesem Fall Elemente aus den Bereichen FELDER, TEXTFORMATE, BILDSTILE,
INHALTSTYPEN und der TAXONOMIE.

Das erstellte Feature können Sie nun herunterladen. Es verhält sich wie ein
Modul, das Sie in andere Webseiten einbauen können.

32.1.3 Devel: die Hilfe für Entwickler

Mit dem Modul *Devel* erhalten Sie viele kleine Helfer für Theme-Designer und
Modul-Entwickler. So können Sie zum Beispiel zufällig Benutzer, Menüs, Vokabulare
und Begriffe oder Inhalte generieren lassen, um verschiedene Szenarien
zu testen (siehe Abbildung 32.2).

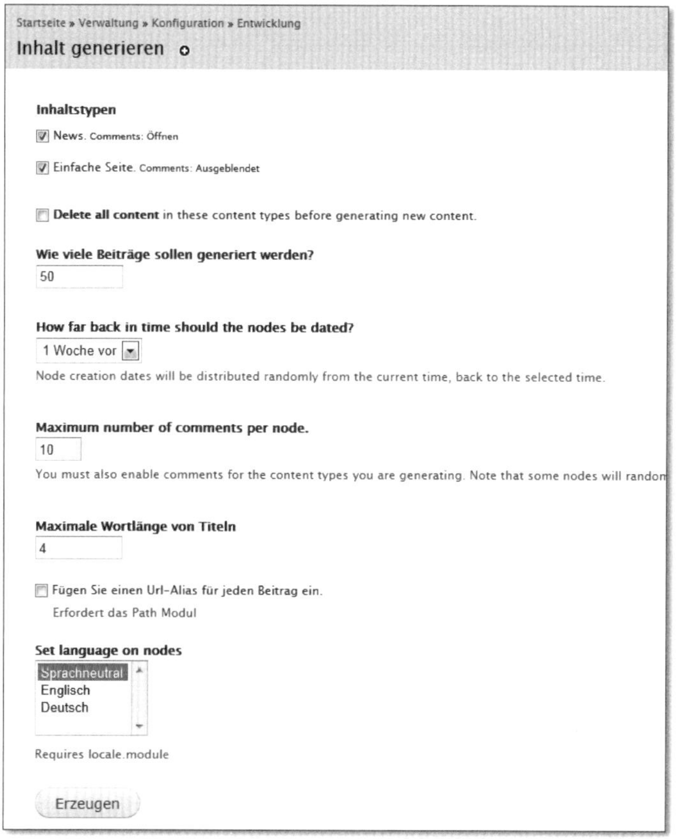

Abbildung 32.2   Zufällige Inhalte generieren mit Devel

Für Entwickler gibt es unter KONFIGURATION • ENTWICKLUNG • DEVEL SETTING (*/admin/config/development/devel*) zahlreiche Hilfen. So können Sie unter der eigentlichen Webseite ein Abfrageprotokoll anzeigen lassen, das die Datenbankabfragen auflistet, die nötig waren, um die betreffende Seite zu generieren (siehe Abbildung 32.3). Oder Sie zeigen die benötige Zeit oder den Speicherplatz an, der benötigt wurde. Devel bietet Ihnen auch die Möglichkeit, die Zugriffsrechte auf einzelnen Seiten zu überprüfen, wenn Sie zum Beispiel eigene Access-Module entwickeln.

Abbildung 32.3   Auflistung der benötigten Datenbankabfragen

32.1.4   Drush: das Kommandozeilen-Tool

Sie finden *Drush* zwar in der Modul-Abteilung, aber es ist kein Modul im eigentlichen Sinne. Hinter *Drush* steckt ein umfangreiches Werkzeug, um Drupal mit Shell-Kommandos zu administrieren. Daher auch der Name: *Drush* steht für *Drupal Shell*. Sie arbeiten hier nicht mit einer grafischen Benutzeroberfläche, sondern führen über ein Terminal Befehle auf dem Server aus. Dafür müssen die technischen Voraussetzungen gegeben sein. Wenn Sie ein Webhosting-Paket ohne Shellzugriff haben, können Sie *Drush* auch nicht einsetzen. Außerdem benötigen Sie PHP CLI auf Ihrem Server und sollten über ein Basiswissen in Linux verfügen, damit Sie mit der Shell zurechtkommen. Mit SSH (*Secure Shell*) können Sie über eine verschlüsselte Verbindung Kommandos auf nicht lokalen, entfernten Servern durchführen. Unter Mac OS können Sie dafür zum Beispiel das Tool *Terminal* nutzen, unter Windows *Putty*.

Sie installieren, aktivieren oder updaten über Drush mit entsprechenden Befehlen zum Beispiel Module; löschen Caches; führen SQL-Kommandos aus, um direkt auf die Datenbank zuzugreifen oder führen den Cron aus. Wenn Sie sich erst einmal eingearbeitet haben, geht das viel schneller, als die entsprechenden Funktionen über das Drupal-Backend zu nutzen.

Um zum Beispiel die Protokolleinträge im *Watchdog* anzeigen zu lassen, benutzen Sie `drush watchdog-show`; um das Modul *Views* upzudaten, genügt `drush pm-update views`.

Eine entsprechende Dokumentation finden Sie im Web unter *http://drush.ws*.

32.2 Aufbau eigener Module

Zum Abschluss noch ein kleiner Einstieg in die Programmierung eigener Module. Dazu finden Sie auf *http://drupal.org/node/1074360* auch ein ausführliches (englischsprachiges) Tutorial. Wenn Sie sich näher mit dem Thema beschäftigen möchten, empfehle ich das Buch »Pro Drupal 7 Development« von Todd Tomlinson und John VanDyk, das bei Apress erschienen ist. Das gibt es allerdings nur auf Englisch.

Für die Entwicklung sollten Sie zumindest die Grundlagen in PHP beherrschen, sich mit Datenbanken, Tabellen und SQL-Befehlen auskennen und auch über bestehende Drupal-Funktionen Bescheid wissen. Dazu schauen Sie sich am besten die Dokumentation der Schnittstellen auf *http://api.drupal.org/* an. Außerdem sei auf die *Coding Standards* hingewiesen, die Sie auf *http://drupal.org/node/318* finden. Darin steht zum Beispiel, wie Schleifen, Funktionen, Arrays etc. für Drupal geschrieben werden sollten. Zum Beispiel sollten Sie `$string = 'Foo' . $bar` notieren – mit Leezeichen vor und hinter dem Punkt – statt `$string = 'Foo'.$bar`.

32.2.1 Ein erstes Mini-Modul

Ein guter Einstieg in das Thema bieten Ihnen Mini-Module oder auch Site-Module. Damit sind (oft recht kleine) Module gemeint, die sich auf ein ganz bestimmtes Webprojekt beziehen und dort zum Beispiel nur die Formulare leicht abändern. Vom Aufbau unterscheiden sie sich nicht von größeren Modulen. Deshalb eignen sie sich gut, um die Grundlagen zu erklären.

Für unser Beispiel geht es nun wieder um die Examplast GmbH. Auf der Webseite sollen nun die Produkte dargestellt werden. Diese stehen Ihnen bereits in einer anderen Software zur Verfügung, mit der Sie im Unternehmen arbeiten. Ein Programmierer hat Ihnen bereits den Export aus der Unternehmenssoftware in ein XML-File und den entsprechenden Import nach Drupal programmiert. Allerdings stehen Ihnen nur wenige Daten zur Verfügung. Auf der Webseite möchte der Marketingchef die Daten gerne um eine optionale Beschreibung und ein optionales PDF ergänzen. Beide Informationen werden nur auf der Webseite zur Verfügung gestellt. Nun sollen Redakteure jedoch die importierten Daten nicht ändern können, denn diese werden einmal die Stunde ohnehin aktualisiert und ggf. wieder überschrieben. Wir möchten also am liebsten bei der Bearbeitung eines Nodes alle Felder des Imports sichtbar anzeigen aber so, dass sie nicht geändert werden können. Oder in HTML ausgedrückt: Die entsprechenden `input`- und `textarea`-Felder des Formulars sollen um das Attribut `disabled="disabled"` ergänzt werden.

Für unser Beispiel soll es also einen Inhaltstyp *Produkt* geben. Dort gibt es Felder für den Titel, die Maße (`field_masse`) und den Preis (`field_preis`), die automatisch durch den Import gefüllt werden. Außerdem sind da die Felder für die Beschreibung (`field_beschreibung`) und eine PDF-Datei (`field_pdf`).

Zunächst benötigen Sie einen kurzen Namen (`short name`) für Ihr Modul. Dieser Name wird in allen Dateien und bei den Funktionen des Moduls benutzt; er beginnt mit einem Buchstaben und enthält nur Kleinbuchstaben und Underscores (_). Der Name darf außerdem nicht bereits für ein Theme auf derselben Webseite verwendet werden. Für unser Beispiel wählen wir »epmini«.

Nun erstellen Sie im Ordner */sites/all/modules* einen neuen Ordner mit dem Namen des Moduls, sodass */sites/all/modules/epmini* ensteht. Innerhalb des Ordners benötigen Sie für ein Modul mindestens zwei Dateien: eine *name.info*-Datei, die Drupal über das Modul informiert, und eine *name.module*-Datei, das ist die eigentliche PHP-Datei mit den Funktionen. Die PHP-Datei endet dabei nicht auf *.php*, wie es sonst für PHP-Skripte üblich ist, sondern auf *.module*. Drupal weiß, dass diese Datei in PHP geschrieben ist. Statt »name« benutzen Sie den kurzen Namen für das Modul, hier also *epmini.info* und *epmini.module*.

Die .info-Datei

Die *.info*-Datei funktioniert analog zu den Info-Dateien der Themes. Sie informiert Drupal darüber, dass es das Modul gibt, und liefert die nötigen Meta-Angaben. Diese beinhalten:

- `name` (Plichtangabe): Das ist der Name Ihres Moduls. Üblich ist ein englischer Name, bei dem lediglich der erste Buchstabe des ersten Wortes groß geschrieben wird. Bei einem Mini-Modul ist das freilich nicht wichtig. Wir wählen hier zum Beispiel »Examplast mini module«.
- `description` (Pflichtangabe): Eine kurze Beschreibung, am besten in einer Zeile, die dem Admin auf der Übersichtsseite der Module erklärt, was das Modul leistet. Hier zum Beispiel: »Ein Mini-Modul, das importierte Felder beim Bearbeiten der Produkt-Nodes schützt«.
- `core` (Pflichtangabe): Legt fest, für welche Drupal-Version das Modul erstellt wurde. Hier geht es nur um die Hauptversionen, also 7.x oder 8.x. Eine genauere Angabe wie Drupal 7.14 ist nicht möglich.
- `files` (optional): Hier müssen Sie weitere Dateien des Moduls nennen, die Klassen oder Interface-Deklarationen enthalten.
- `dependencies` (optional): Hier können Sie angeben, ob das Modul auf andere Module angewiesen ist. Zum Beispiel benötigt *Views* das Modul *Chaos tools*. Sie geben solche Abhängigkeiten pro Modul in einer Zeile an, zum Beispiel `dependencies[] = ctools`.
- `package` (optional): Sie können ein neues Modul in der Übersicht der Module zusammen mit anderen Modulen anzeigen, wenn es einen thematischen Zusammenhang gibt. Wenn Ihr Modul zum Beispiel *Views* um einige Funktionen erweitert, ist es für Admins sinnvoll, Ihr Modul auch in der *Views*-Kategorie zu finden. In dem Fall würden Sie `package = "Views"` notieren. Wenn Sie hier nichts eintragen, erscheint das Modul in der Kategorie *Other/Sonstige*.

In unserem Fall reicht also für die *epmini.info*:

```
name = Examplast mini module
description = Ein Mini-Modul, das importierte Felder beim Bearbeiten der
Produkt-Nodes schützt
core = 7.x
```

Wenn Sie die *epmini.info* zusammen mit einer – ruhig noch leeren – *epmini.module*-Datei in den entsprechenden Ordner unter */sites/all/modules/epmini* hochladen, erscheint das Modul in der Übersicht.

32 | Ausblick für Fortgeschrittene

AKTIVIERT	NAME	VERSION	BESCHREIBUNG	OPERATIONEN
☑	Entity API	7.x-1.0-beta8	Enables modules to work with any entity type and to provide entities. Benötigt von: Entity tokens (aktiviert), Rules (deaktiviert), Rules UI (deaktiviert), Rules Scheduler (deaktiviert)	
☑	Entity tokens	7.x-1.0-beta8	Provides token replacements for all properties that have no tokens and are known to the entity API. Abhängig von: Entity API (aktiviert) Benötigt von: Rules (deaktiviert), Rules UI (deaktiviert), Rules Scheduler (deaktiviert)	
☐	Examplast mini module		Ein Mini-Modul, das importierte Felder beim Bearbeiten der Produkt-Nodes schützt	
☐	Libraries	7.x-1.0	Allows version dependent and shared usage of external libraries.	

Abbildung 32.4 Das neue Modul in der Übersicht

Das Modul selbst

Es passiert recht häufig, dass Sie bei Formularen in bestimmten Fällen – vielleicht für bestimmte Rollen oder zu bestimmten Zeiten – Felder entweder gar nicht anzeigen, die Belegung vorgeben oder wie in unserem Fall die Bearbeitung sperren möchten. Das Mini-Modul greift nun »an der richtigen Stelle« ein und verändert die gewünschten Formulare. Die richtige Stelle zu finden, heißt, den richtigen *Hook* zu kennen. Wir starten mit einer kurzen Funktion zum Testen. Notieren Sie in Ihrer *epmini.module* diese Funktion:

```php
<?php

/**
 * Test des hook_form_alter()
 */
function epmini_form_alter(&$form, $form_state, $form_id) {
  drupal_set_message("Die Form ID lautet: " . $form_id);
}
```

Gewöhnen Sie sich gleich an, Ihre Funktionen zu kommentieren. So wissen Sie auch Monate später noch, wozu diese und jene Funktion eigentlich gut ist. In diesem Fall greifen wir in die Darstellung von Formularen ein. Dies geschieht über die Funktion `hook_form_alter()`, die sich auf alle Formulare bezieht. Damit unsere Funktion greift, beginnt sie mit dem kurzen Namen unseres Moduls. Das `hook` wird also durch `epmini` ersetzt. Das einzige, was unsere Funktion ändert, ist, dass die Variable `$form_id` als Nachricht auf der Seite angezeigt wird. Wenn Sie nun ein neues Produkt anlegen – oder ein bestehendes ändern – erscheint die Meldung: »Die Form ID lautet: produkt_node_form«.

Mit dieser ID können wir eine spezifischere Funktion schreiben. Denn `epmini_hook_alter()` greift bei allen Formularen, wir müssen aber nur die Formulare beim Bearbeiten eines Inhaltstyps *Produkt* ändern. Dafür können wir die Funktion `hook_form_FORM_ID_alter()` verwenden und setzen dort die ID ein, die wir eben herausgefunden haben. Ersetzen Sie Ihr Modul durch:

```php
<?php

/**
 * Anwendung der hook_form_produkt_node_form_alter()
 */
function epmini_form_produkt_node_form_alter(&$form, $form_state, $form_id) {
  $form['title']['#disabled'] = true;
  $form['field_masse']['#disabled'] = true;
  $form['field_preis']['#disabled'] = true;
}
```

Dadurch erhalten der Titel, das Feld für die Maße und das Feld für den Preis innerhalb des Inhaltstyps *Produkt* das Attribut `disabled` und können nicht mehr bearbeitet werden.

Abbildung 32.5 Das neue Modul in Aktion; die gewünschten Felder können nicht bearbeitet werden.

Nun stellt sich die Frage: Wie kommen Sie darauf? Zum einen können Sie auch hier wieder die entsprechenden Foren der Drupal-Community nutzen. Unter *http://api.drupal.org/api/drupal* finden Sie eine entsprechende Dokumentation der Schnittstellen. Und um hier konkret die Felder ansprechen zu können, die in dem Node-Formular vorkommen, können Sie das Modul *Devel* aus Abschnitt 32.1.3 nutzen.

32.2.2 Punktzahlen für Benutzer

Ein weiteres, kleines Beispiel sehen wir uns noch an. Hier soll es um eine Community-Seite gehen. Die Nutzer können dort eigene News und Artikel anlegen, ins Forum posten und Kommentare schreiben. Nun soll hinter den Benutzernamen eine Punktzahl für die Aktivität erscheinen. Das könnten wir mit dem Modul *User Points* erledigen. Aber zur Übung schreiben wir uns hier ein kleines Modul. Für einen Artikel soll es zehn Punkte geben, für eine News fünf, für ein Thema im Forum drei Punkte und für einen Kommentar zumindest einen.

Wir nennen das Modul *activity*. Die Information in der *activity.info* kann so aussehen:

```
name = Activity
description = Show user points after username
core = 7.x
version = "7.x-0.9"
```

Hier ist lediglich eine Versionsnummer hinzugekommen. Wenn sich das Modul weiterentwickelt, könnten wir es vielleicht irgendwann veröffentlichen. Wir legen es hier deswegen gleich auf Englisch an.

Die Hilfe

In diesem Fall beginnen wir unser Modul mit einer Hilfe. Dazu notieren Sie:

```
<?php

/**
 * Add Help
 */
function activity_help($path, $arg) {
  $output = '';
  switch ($path) {
    case "admin/help#activity":
      $output .= '<p>' . t('Add user points to a user name. Users are awarded 10 points for an article, 5 points for news, 3 for writing in a forum an 1 point for every comment.') . '</p>';
```

```
    break;
  }
  return $output;
}
```

Diese Funktion sorgt allein für eine Hilfe. Im Grunde geht es hier nur um den Pfad und den Text der Hilfe. Durch den Pfad *admin/help#activity* fügt Drupal einen Hilfe-Link neben Ihrem Modulnamen hinzu. Die Hilfe ist automatisch unter */admin/help/activity* verfügbar. Dort steht der Text, den Sie als `$output` zurückgeben. Wir nutzen hier die Übersetzungsfunktion `t()`, sodass der Text durch Drupals Übersetzungs-Interface (siehe Abschnitt 26.1.2, »Übersetzungen der Module«) in andere Sprachen übertragen werden kann.

Datenbankabfragen

Das Modul erlaubt uns einen Einblick in Drupals *Database abstraction layer*. Das bedeutet, dass es eine eigene Syntax für Datenbankabfragen gibt. Dadurch müssen Sie Abfragen nicht für eine bestimmte Art von Datenbanken (etwa SQL) schreiben. Außerdem kann Drupal über die eigene Syntax einige Sicherheitsabfragen vornehmen (siehe auch *http://api.drupal.org/api/drupal/includes--database--database.inc/group/database/7*).

Eine übliche SQL-Abfrage sieht vielleicht so aus:

```
<?php
SELECT n.nid, n.title, n.created FROM node n WHERE n.uid = $uid LIMIT 0,
10;
?>
```

Stattdessen verwenden Sie den Abstraction Layer und diese Funktion:

```
<?php
$result = db_query_range('SELECT n.nid, n.title, n.created
  FROM {node} n WHERE n.uid = :uid', 0, 10, array(':uid' => $uid));
foreach ($result as $record) {
  // Perform operations on $node->title, etc. here.
}
?>
```

Für Abfragen werden Sie meistens `db_query()` und `db_query_range()` verwenden. Daneben gibt es etwa 20 weitere Funktionen, wie etwa `db_insert()` oder `db_delete()`, um Daten hinzuzufügen oder zu löschen.

Beachten Sie, dass es üblich ist, innerhalb der Abfrage zunächst Platzhalter zu benutzen (:uid), denen danach in einem Array ihre Werte zugewiesen werden. Wenn Sie bei der Installation ein Tabellen-Präfix vergeben haben (siehe Kapitel 2), müssen Sie dieses nicht berücksichtigen, das erledigt Drupal. Wenn also die Tabelle, die Sie ansprechen wollen, in der Datenbank examplast_node heißt, reicht es hier, lediglich {node} zu notieren.

Ergänzung der Punkte beim Benutzernamen

Nun müssen wir also bei der Ausgabe des Benutzernamens eingreifen. Dazu müssen wir wieder den richtigen Hook wählen. Hier ist das hook_username_alter(). Fügen Sie diese Zeilen nach der Funktion für die Hilfe hinzu:

```php
/**
* Add points after username
*/
function activity_username_alter(&$name, $account){

  $uid = $account->uid;

  if ( $uid > 0 ) {
    $summe = 0;
    $summe = db_query("SELECT count(cid) FROM {comment} WHERE uid = :uid", array(':uid' => $uid))->fetchField();
    $summe = $summe + ( db_query("SELECT count(nid) FROM {node} WHERE type = :type AND uid = :uid", array(':type' => 'forum', ':uid' => $uid))->fetchField() * 3);
    $summe = $summe + ( db_query("SELECT count(nid) FROM {node} WHERE type = :type AND uid = :uid", array(':type' => 'news', ':uid' => $uid))->fetchField() * 5);
    $summe = $summe + ( db_query("SELECT count(nid) FROM {node} WHERE type = :type AND uid = :uid", array(':type' => 'artikel', ':uid' => $uid))->fetchField() * 10);

    $name = $account->name . ' (' . $summe . ')';
  } else {
    $name = variable_get('anonymous', t('Site Visitor'));
  }
}
```

Die Funktion ändert die Ausgabe des Benutzernamens ($name). Dazu stehen uns die Kontodaten aus der Variablen $account zur Verfügung. Zunächst holen wir uns die interne User-ID des Benutzers ($uid). Nodes und Kommentare werden mit der User-ID gespeichert. Falls ein Node oder Kommentar dem anonymen Benutzer bzw. Gast zugeordnet ist, wird als User-ID die 0 gespeichert. Wir fügen nur bei echten Benutzern die Punktzahlen hinzu, deshalb überprüfen wir zunächst, ob die User-ID größer als 0 ist.

In diesem Fall bilden wir die Punkte über die Variable $summe ab. Zunächst zählen wir alle Kommentare mit dieser User-ID in der Tabelle comment. Danach zählen wir die Anzahl der Nodes der jeweiligen Typen (Forum, News und Artikel) für den Benutzer und multiplizieren mit den entsprechenden Werten (3, 5 und 10). In unseren Abfragen geht es jeweils um einen Wert, deshalb verwenden wir die Funktion fetchField(). Zum Schluss ergänzen wir den bisherigen Usernamen durch die Punktzahl, die wir in Klammern anhängen. Für anonyme Benutzer zeigen wir lediglich den entsprechenden Wert aus den Drupal-Variablen.

Installieren und aktivieren Sie das Modul. Hinter Ihren Benutzernamen erscheinen nun die entsprechenden Punktzahlen. Dafür müssen natürlich auch Inhalte von den Typen *Artikel*, *News* und *Forum* mit den entsprechenden maschinenlesbaren Namen und/oder Kommentare hinterlegt sein. Im Zweifel wird jedem Benutzer zumindest ein »(0)« angehängt.

	BENUTZERNAME	STATUS	ROLLEN	MITGLIED SEIT ▼	LETZTER ZUGRIFF	OPERATIONEN
☐	zuzu (0)	aktiv	• Autor	3 Wochen 6 Tage	vor 3 Wochen 2 Tage	Bearbeiten
☐	Klara (16)	aktiv	• Autor	1 Monat 3 Tage	2 Wochen 6 Tage	Bearbeiten
☐	Lukasch (0)	aktiv	• Redakteur	1 Monat 4 Tage	2 Wochen 2 Tage	Bearbeiten
☐	Phil (26)	aktiv	• Autor	1 Monat 5 Tage	1 Woche 4 Tage	Bearbeiten
☐	Christian (22)	aktiv	• Autor	1 Monat 1 Woche	2 Wochen 3 Tage	Bearbeiten

Abbildung 32.6 Benutzernamen mit ergänzten Punktzahlen

So weit funktioniert das Modul zwar, aber es hat einige Unzulänglichkeiten. Zum Beispiel sind die Punkte pro Inhalt fest im Modul vorgegeben. Besser wäre es, dem Admin die Möglichkeit zu geben, die Punkte pro Inhaltstyp selbst zu vergeben. Außerdem führen wir für jeden User vier neue Datenbankabfragen durch. Stattdessen könnten wir die Userprofile um ein entsprechendes Feld erweitern und die Punktzahl dort bei jedem neuen Kommentar und Node anpassen. Dann steht die Punktzahl direkt zur Verfügung, wenn der User geladen wird. Das muss uns hier nicht stören, für weitere Funktionen gibt es ja bereits das Modul *User Points*, auf das wir aufbauen können.

Wenn Sie nun anfangen möchten, eigene Module zu entwickeln, können Sie sich auch einige der kleineren Module genauer ansehen, zum Beispiel *SEO Checklist*, *Login Destination* oder *Search 404*.

Anhang

A **Nützliche Programme** 423
B **Glossar** 451
C **Inhalt der DVD** 457
D **Bildnachweise** 459

»Wer kein Messer hat, kann kein Brot schneiden.«
– Sprichwort

A Nützliche Programme

Zum Abschluss zeige ich Ihnen ein paar Programme, die grundsätzlich für die Arbeit mit Drupal interessant sind.

A.1 Lokale Testumgebungen mit Acquia Drupal

In diesem Buch arbeiten wir mit Installationen auf Webservern, Sie können Ihre Projekte aber auch lokal anlegen und testen. Das ist insbesondere sinnvoll, wenn eine Webseite schon online ist und neue Funktionen hinzukommen sollen. Diese testen Sie am besten nicht im laufenden Betrieb, sondern in einer parallelen Installation. Grundsätzlich kommen für lokale Testumgebungen die Programme XAMPP für Windows und MAMP für den Mac infrage. Für Drupal stellt die Firma *Acquia* eigene Installer für Windows und Mac OS X zur Verfügung, die bereits *Acquia Drupal*, *Apache*, *MySQL* und *PHP* beinhalten. Sie finden die Programme unter *http://network.acquia.com/downloads*.

Starten Sie den Installer, und gehen Sie die einzelnen Schritte durch. Das geht recht schnell und ist einfach zu handhaben. In einem Schritt haben Sie die Möglichkeit, die Port Settings zu ändern. Wenn Sie keinen Grund haben, andere Ports zu benutzen, belassen Sie es bei den Default-Werten. Im nächsten Schritt geben Sie den Namen Ihres Webprojekts und den ersten User an (siehe Abbildung A.2). Dieser fungiert für das Projekt als Superuser.

Nach der Installation können Sie gleich den Acquia Drupal Stack starten. Rechts finden Sie einen Button GO TO MY SITE (siehe Abbildung A.3). Mit einem Klick öffnet sich nun Ihr Projekt in einem Browser. Als URL sehen Sie dort zum Beispiel *http://localhost:8082/*.

A | Nützliche Programme

Abbildung A.1   Der Acquia Dev Desktop Installer

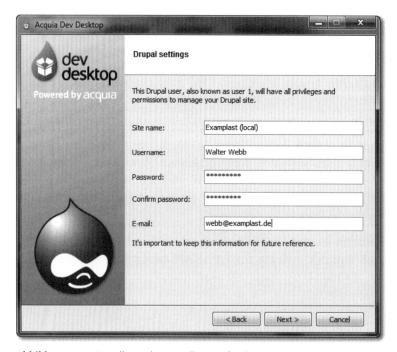

Abbildung A.2   Grundlegende Einstellungen für das Webprojekt

Lokale Testumgebungen mit Acquia Drupal | **A.1**

Abbildung A.3 Mit einem Klick zum Projekt

Mit den Daten für den eben angelegten Superuser können Sie sich anmelden. Sie befinden sich nun im Backend Ihrer lokalen Installation. Dort wird Ihnen zunächst ein 30-tägiger Test-Support von Acquia angeboten, den Sie aber nicht nutzen müssen (siehe Abbildung A.4). Den Hinweis können Sie entfernen, wenn Sie die Acquia-Module deaktivieren. Zusätzlich zum Core sind bereits ein paar andere Module installiert und aktiviert, etwa *Pathauto* und *Token*. Je nach System und Einstellungen finden Sie die Drupal-Installation nun zum Beispiel auf Ihrem Rechner unter *Main/Benutzer/Ihr Benutzername/Sites/acquia-drupal*.

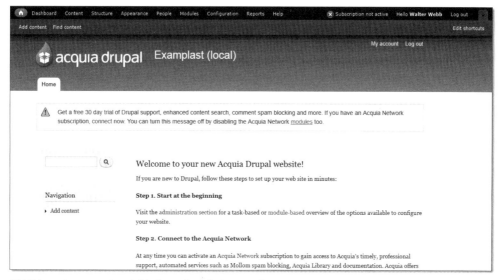

Abbildung A.4 Der Startbildschirm der lokalen Installation

A.2 Filezilla als FTP-Client

Sobald Sie nicht mehr lokal arbeiten, müssen Sie die Daten der Webseite auf Ihren Server verschieben. Dazu benutzen Sie einen FTP-Client. Das Kürzel FTP steht für *File Transfer Protocol*, ein Netzwerkprotokoll zur Übertragung von Dateien. Sie haben die Auswahl aus einer ganzen Reihe von FTP-Programmen wie etwa *WS_FTP Professional*, *FlashFXP*, *fireFTP*, *FTP Yoyager* oder *Cyberduck*. Ich stelle Ihnen hier *Filezilla* vor, ein kostenloses Tool, das unter Windows, Linux und Mac OS X läuft.

Um mit dem Programm arbeiten zu können, benötigen Sie FTP-Zugangsdaten für Ihren Webspace. Solche FTP-Zugänge können Sie in der Regel in Ihrem Webpaket selbst anlegen. Nötig sind dafür die Daten für den Server, den Benutzernamen und das Passwort.

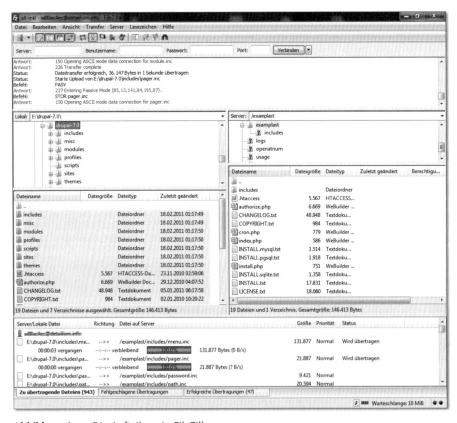

Abbildung A.5 Die Aufteilung in FileZilla

Ein kurzer Überblick über die Oberfläche des Programms (siehe Abbildung A.5): In den obersten Zeilen können Sie verschiedene Einstellungen vornehmen. In dem ersten größeren weißen Feld erscheinen Befehle an den Server, dessen Antworten und Status-Meldungen. Darunter sehen Sie links die Struktur und Dateien auf Ihrem lokalen Rechner und rechts die Struktur und Dateien auf dem Server. In dem unteren Feld werden Ihnen die Dateien angezeigt, die gerade übertragen werden.

Nun klicken Sie oben links auf das erste Symbol unter DATEI. Damit öffnen Sie den Servermanager (siehe Abbildung A.6). Sie können mehrere Verzeichnisse anlegen, um Ihre Projekte zu gruppieren. In jedes Verzeichnis können Sie weitere Verzeichnisse oder Serververbindungen packen. Klicken Sie auf NEUER SERVER, und geben Sie einen Namen für diese Serververbindung an. Rechts sind nun vier Reiter aktiv.

In den meisten Fällen reicht es, wenn Sie Ihre FTP-Zugangsdaten im Reiter ALLGEMEIN einstellen. Es geht also um die Felder SERVER, BENUTZER und PASSWORT (unter VERBINDUNGSART stellen Sie »Normal« ein). Klicken Sie auf OK, damit die Daten gespeichert werden. Neben dem Symbol für den Servermanager sehen Sie einen kleinen Pfeil. Damit können Sie Ihre Serververbindungen ausklappen und eine als Verbindung auswählen. Wenn die Verbindung steht, erhalten Sie eine Status-Meldung »Verbunden«, und rechts erscheinen die Dateien auf dem Server.

Falls die Verbindung nicht zustande kommt, sollten Sie Ihre Daten prüfen. Manchmal kann es passieren, dass Sie zusätzliche Einstellungen vornehmen müssen, etwa einen bestimmten Port angeben. Tipps und Tricks finden Sie auf *filezilla.de*.

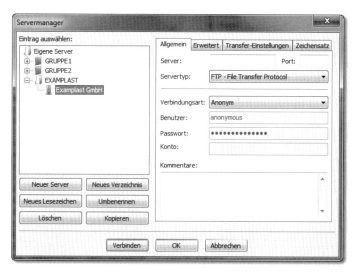

Abbildung A.6 Legen Sie eine neue Serververbindung an.

Sobald die Verbindung hergestellt ist, können Sie Dateien hin- und herschieben, indem Sie sie per Drag & Drop von links nach rechts (oder umgekehrt) ziehen.

Wenn Sie versuchen, bestehende Dateien zu überschreiben, öffnet sich ein neuer Dialog (siehe Abbildung A.7).

Abbildung A.7 Aktionen bei bestehenden Dateien

Sie können dann zum Beispiel die alte Datei überschreiben oder die Aktion überspringen. Unter BEARBEITEN • EINSTELLUNGEN können Sie hier auch eine Aktion fest vorgeben.

Über Filezilla können Sie auch die Rechte an Dateien und Verzeichnissen ändern. Dazu klicken Sie mit der rechten Maustaste auf ein Element auf dem Server und wählen den letzten Punkt, DATEIBERECHTIGUNGEN.

Abbildung A.8 Dateirechte ändern mit Filezilla

Fast alle Webserver arbeiten unter UNIX/Linux. Ich beschränke mich bei den Dateirechten darauf. Für Windows-Systeme finden Sie auf *drupal.org* entsprechende Dokumentationen und Hilfen. In Unix-Dateisystemen gibt es drei Gruppen an Benutzern: den *Eigentümer* (Besitzer), eine spezielle *Unix-Benutzergruppe* (Gruppen) und *Sonstige* (Gäste, Besucher, öffentliche Berechtigungen). Jede der drei Gruppen kann das Recht bekommen, Dateien zu lesen, zu schreiben oder auszuführen. Daraus leiten sich entsprechende Zahlenkombinationen ab. Bei drei Ziffern steht die erste Ziffer für den Besitzer, die zweite für die Gruppe und die dritte für Sonstige. Eine einzelne Ziffer setzt sich aus den folgenden Rechten zusammen: *Lesen* (4) + *Schreiben* (2) + *Ausführen* (1). Bei einer 0 hat die Gruppe keine Rechte. Die Zahl 4 steht nur für das Leserecht, eine 5 steht für Lesen und Ausführen (4+1), eine 6 für Lesen und Schreiben (4+2). Die Zahl 7 bedeutet, dass die Gruppe alle Rechte (Lesen + Schreiben + Ausführen) besitzt. Die Kombination 777 bedeutet also, dass alle drei Gruppen alle Rechte haben.

Sie sollten die Rechte jeweils so weit beschränken, dass Drupal noch funktioniert, denn unnötige Rechte für Gruppen bedeuten Sicherheitsrisiken. Die Empfehlungen hierzu lauten:

- */sites/default* auf 755 setzen
- */sites/default/files* sowie alle Unterordner und Dateien auf 744 (oder 755) setzen
- */sites/default/themes* sowie alle Unterordner und Dateien auf 755 setzen
- */sites/default/modules* sowie alle Unterordner und Dateien auf 755 setzen
- */sites/default/settings.php* und */sites/default/default.settings.php* auf 444 setzen

Zwei kleine Tipps: Im Reiter ERWEITERT können Sie bei einer Serververbindung Standard-Verzeichnisse auf Ihrem Rechner und auf dem Server festlegen, das erspart es Ihnen, jedes Mal aufs Neue die Verzeichnisse zu durchwühlen. Und mit dem vorletzten Button in der Icon-Zeile oben können Sie den synchronisierten Verzeichniswechsel aktivieren. Wenn Sie dann auf Ihrem Rechner in den Ordner */sites* wechseln und der Ordner auch auf dem Server existiert, wechselt Filezilla auch dort das Verzeichnis.

Lesen Sie auch das FAQ und die Tipps und Tricks auf *filezilla.de*.

A.3 MySQLDumper

Der *MySQLDumper* ist eine Alternative oder auch Ergänzung zum Modul *Backup and Migrate* aus Abschnitt 28.5, »Automatische Sicherungen der Datenbank«. Mit diesem Programm können Sie Ihre Datenbank sichern und bei Bedarf wiederherstellen. Im Gegensatz zum Modul *Backup and Migrate* umgeht MySQLDumper den Timeout-Error mithilfe eines kleinen Tricks:

»Er liest nur eine bestimmte Anzahl von Datensätzen aus der Tabelle aus, merkt sich, wie weit er gekommen ist, und ruft sich anschließend selbst auf. Dadurch erhält das Skript bei jedem Aufruf wieder die volle Ausführungszeit und umgeht so geschickt das Problem des Abbruchs durch den Server. Das gleiche Prinzip benutzt MySQLDumper auch beim Wiederherstellen der Daten.« (http://www.mysqldumper.de/)

Das Projekt ist Open Source und kann über eine GNU-Lizenz genutzt werden. Sie finden auf der Webseite *mysqldumper.de* übrigens nicht nur das Programm zum Download, sondern auch ein FAQ, Tutorials mit Videoanleitungen und ein Support-Forum.

A.3.1 Die Installation

Sie können das Projekt zum Beispiel in einem Unterordner Ihrer Webseite installieren, etwa *www.examplast.de/mysqldumper* oder *www.examplast.de/msd*. Das ist nicht unbedingt nötig, denn Sie könnten es auch parallel zu Drupal oder in einem anderen Projekt Ihres Webspace speichern, solange Sie über das Web darauf zugreifen können und ebenso eine Verbindung zu der Datenbank möglich ist, die Sie sichern wollen. Aus Sicherheitsgründen können Sie zusätzlich auch eine Buchstabenkombination wie */mxyzptlk* für Ihr Verzeichnis wählen. Außer Ihnen soll schließlich niemand an der Datenbank herumhantieren.

Die Installation verläuft wie folgt: Wählen Sie zunächst DEUTSCH oder DEUTSCH (MIT ANREDEFORM DU). Nun müssen Sie eventuell die Rechte der */config.php* anpassen (Wert 0777). Danach stellen Sie die Verbindung zur Datenbank her (siehe Abbildung A.9). Beachten Sie, dass Sie hier den Namen der Datenbank nur benötigen, wenn das Programm selbstständig keine Datenbank finden kann.

Abbildung A.9 Sie benötigen die Zugangsdaten zu Ihrer Datenbank.

Nun versucht das Programm, ein paar Verzeichnisse einzurichten (siehe Abbildung A.10). Falls es dazu nicht die nötigen Rechte besitzt, müssen Sie die Verzeichnisse selbst anlegen.

Diese vier Ordner müssen zusätzlich die Rechte 777 bekommen. Nun sind Sie auch schon mit der Installation fertig und sehen die Startseite (siehe Abbildung A.11).

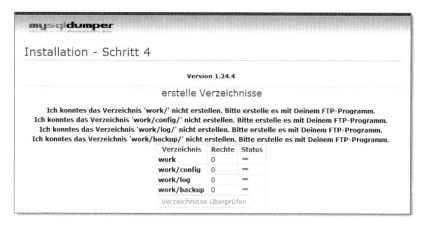

Abbildung A.10 Ein paar Verzeichnisse müssen Sie ggf. selbst anlegen.

Abbildung A.11 Zum Start sollten Sie einen Verzeichnisschutz anlegen.

Hier finden Sie ein paar Informationen zur Programmversion und über Ihren Server. Insbesondere sehen Sie unten die Hinweise zu Ihrer Datenbank samt Anzahl der aktuellen Sicherungsdateien und die Größe des freien Speichers auf dem Server. Falls Sie mehrere Datenbanken für diesen Nutzer angelegt haben, können Sie in der linken Spalte unter DATENBANK WÄHLEN zwischen diesen umschalten.

A.3.2 Verzeichnisschutz erstellen

Das Programm liegt im Moment für alle offen zugänglich im Web. Damit wäre es Besuchern möglich, alle Daten Ihrer Datenbank herunterzuladen, zu verändern oder zu löschen. Das darf natürlich nicht so bleiben. Also bietet Ihnen das Programm die Möglichkeit, einen Verzeichnisschutz zu erstellen, die Sie unbedingt nutzen sollten (siehe Abbildung A.12).

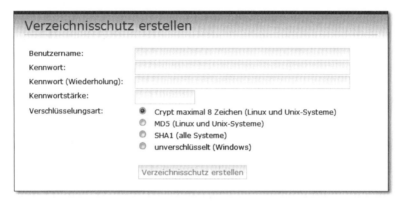

Abbildung A.12 Der Verzeichnisschutz bietet mehrere Optionen.

Benutzername und Kennwort können Sie hier völlig frei wählen. Achten Sie nur darauf, dass beide auch sicher sind. Meine Empfehlung für ein Passwort lautet (wie bereits in Kapitel 2 erwähnt): Mindestens 12 Zeichen in einer Kombination aus Zahlen, Klein- und Großbuchstaben und Sonderzeichen. Achten Sie einfach darauf, dass der Balken, der Ihnen hier die Kennwortstärke anzeigt, möglichst lang wird.

Das Programm bietet Ihnen mehrere Optionen für die Verschlüsselungsart. Diese richten sich nach dem Server, auf dem Sie arbeiten. Sehen Sie dazu auf der Startseite vom MySQLDumper nach, ob Sie auf einem Linux- oder Windows-System arbeiten. Bei den meisten Webservern dürfte es sich um Linux/Unix-Systeme handeln. Das Programm erstellt Ihnen nun im obersten Verzeichnis des MySQLDumpers eine *.htaccess*- und eine *.htpasswd*-Datei, die Ihre Installation schützen. Dazu muss allerdings das Verzeichnis das Recht 777 besitzen. Nachdem die Dateien erzeugt wurden, können Sie das Recht wieder auf 755 setzen.

Wenn Sie eine Option für den Verzeichnisschutz gewählt haben, die nicht funktioniert, oder wenn Sie Ihr Passwort vergessen, können Sie einfach diese beiden Dateien löschen. Dann ist das System wieder offen für alle, und Sie können einen neuen Schutz anlegen.

Über das Menü in der linken Spalte erreichen Sie die wichtigsten Punkte: BACKUP, VERWALTUNG und WIEDERHERSTELLUNG.

A.3.3 Neues Backup

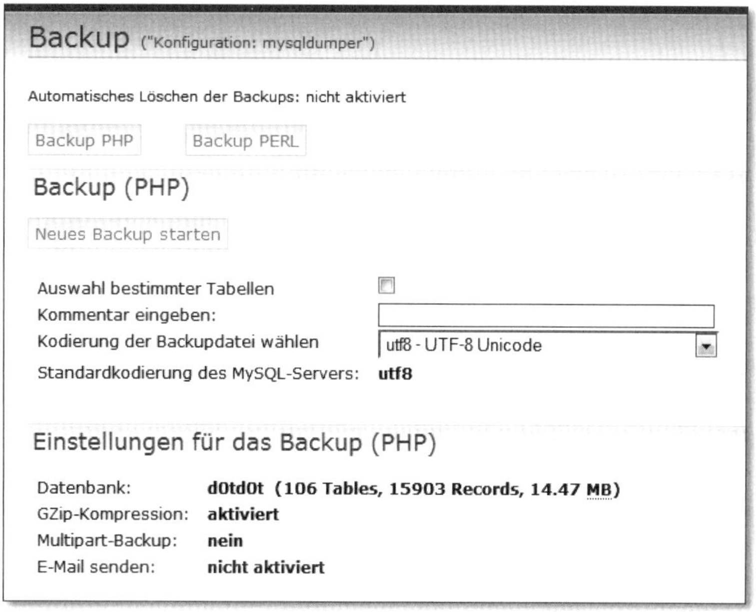

Abbildung A.13 Ihre Optionen für ein Backup

Sie können nun ein NEUES BACKUP STARTEN (siehe Abbildung A.13). Vielleicht möchten Sie vorher auch bestimmte Tabellen auswählen, wenn zum Beispiel die Daten von *Piwik* in derselben Datenbank liegen und Sie diese Daten nicht sichern möchten. Außerdem empfiehlt es sich, einen Kommentar anzugeben, etwa »Vor Update von 7.5 auf 7.7«. Die gezippten Dumps der Datenbank werden auf dem Server im Ordner */work/backup* verwaltet.

A.3.4 Die Verwaltung

Ihre gesicherten Datenbanken finden Sie nun in der VERWALTUNG wieder (siehe Abbildung A.14). Dort können Sie Ihre Sicherungen auch vom Server löschen. Oder Sie klicken auf die Datenbank, um das File auf Ihren Rechner herunterzuladen.

A | Nützliche Programme

Abbildung A.14 Die Verwaltung der gesicherten Dateien

A.3.5 Wiederherstellung

Die Darstellung unter WIEDERHERSTELLUNG sieht recht ähnlich aus, nur dass Sie dort eine Datei auswählen und mit einem Klick auf WIEDERHERSTELLEN alle Daten der gesicherten Datenbank wieder eingespielt werden.

A.3.6 SQL-Browser

Unter SQL-BROWSER finden Sie eine einfache Möglichkeit, um direkt auf die Daten in der Datenbank zuzugreifen. Dort können Sie entsprechende Daten nachschlagen oder ändern – wenn Sie wissen, was Sie tun.

A.3.7 MySQLDumper & Backup and Migrate

Auch mit MySQLDumper können Sie automatische Backups anlegen. Es ist aber vermutlich einfacher, auf eine Kombination von *Backup and Migrate* und dem *MySQLDumper* zu setzen: Über das Drupal-Modul erstellen Sie automatisiert Ihre Backups und verwalten die verschiedenen Sicherungen über Drupal. Den MySQLDumper nutzen Sie nur, um gesicherte Dateien wiederherzustellen – falls die Datei so groß geworden ist, dass Backup and Migrate damit Probleme hat. Dazu schieben Sie die gesicherten Dateien einfach in den Ordner */work/backup*, damit der MySQLDumper die Datei anzeigt.

A.4 Firebug + YSlow zur Analyse Ihrer Webseite

Im Drupal-Forum finden Sie immer wieder die Frage, wie man per CSS dieses oder jenes Element grafisch anpassen kann. Die Antwort lautet fast immer, es über *Firefox* und *Firebug* ausfindig zu machen.

Firebug ist eine Erweiterung für den Browser Firefox. Das Add-On rüstet Ihren Browser mit einigen nützlichen Tools für Webworker auf. Unter anderem können Sie damit HTML, CSS und JavaScript bearbeiten und die Änderungen gleich auf der Webseite beobachten. Außerdem können Sie Firebug selbst mit weiteren Add-Ons erweitern. Ich beschränke mich hier auf einfache Funktionen. Für andere Browser können Sie übrigens *Firebug Lite* benutzen, das kompatibel mit IE6+, Firefox, Opera, Safari und Chrome ist.

Nachdem Sie Firefox mit Firebug erweitert haben, sehen Sie in der unteren Zeile ein kleines Icon mit einem Käfer. Klicken Sie darauf, öffnet sich im unteren Bereich des Browsers die Firebug-Leiste (siehe Abbildung A.15). Auf Wunsch können Sie Firebug auch in einem eigenen Fenster öffnen. Dazu gibt es rechts oben in Firebug ein kleines Icon FIREBUG IN EINEM NEUEN FENSTER ÖFFNEN.

In der oberen Zeile in Firebug sehen Sie als zweites Icon einen Pfeil. Klicken Sie einmal auf den Pfeil und dann auf ein Element in der Webseite darüber. In der linken Box blättert Firebox nun den HTML-Code auf und wählt – bestmöglich – das Element aus, das Sie angeklickt haben. In der rechten Box sehen Sie alle CSS-Eigenschaften, die auf das Element Einfluss nehmen. Je weiter unten ein Element dort steht, desto allgemeiner ist es, wie zum Beispiel eine Schriftanweisung für den `body`. Zwischendurch sind Eigenschaften durchgestrichen, weil eine Eigenschaft in einem Element darüber diesen Wert überschreibt. Das liegt daran, dass einige Anweisungen spezifischer sind und allgemeinere Anweisungen überschreiben. So ist eine Anweisung für einen Absatz mit der Klasse »teaser« `p.teaser` wichtiger als für einen reinen Absatz `p` (das ist die sogenannte Spezifität der CSS-Selektoren). Sie sehen dort auch gleich, in welcher Datei und in welcher Zeile die Anweisung steht. Das macht es Ihnen leichter, den Wert in Ihrem CSS zu ändern.

Allerdings sollten Sie alle Änderungen nur innerhalb Ihres eigenen Themes vornehmen. Das Core-System und die Module haben ihre eigenen CSS-Anweisungen. Sie sollten an diesen Dateien nichts ändern, denn beim nächsten Update werden diese ohnehin wieder überschrieben. Ihre CSS-Dateien aus dem gewählten Theme werden zuletzt eingelesen. Sie können dort alle Eigenschaften überschreiben, die Module in anderen CSS-Dateien vielleicht gemacht haben.

A | Nützliche Programme

Um Firebug richtig benutzen zu können, benötigen Sie ein wenig Erfahrung mit HTML und CSS, um zu entscheiden, für welches HTML-Element Sie nun Werte ändern möchten – insbesondere dann, wenn diese ineinander verschachtelt sind. Sie können dazu im linken Feld die einzelnen Elemente ausklappen und darauf klicken, um sich das jeweilige CSS anzusehen. Wenn Sie eine Stelle gefunden haben, die Sie ändern möchten, können Sie das zunächst in Firebug testen. Klicken Sie einfach auf eine CSS-Eigenschaft in der rechten Spalte, und verändern Sie dort die Werte. Ihre Änderungen werden sofort auf der Webseite angezeigt. So müssen Sie nicht immer Ihr Theme ändern und neue Dateien hochladen. Erst, wenn Sie die richtige Stelle ausgemacht haben, ändern Sie auch Ihr Theme.

Abbildung A.15 CSS-Analyse mit Firebug

Einen guten Einstieg in Firebug finden Sie auch im Netz unter *http://t3n.de/magazin/css-bearbeiten-firebug-web-layouts-analysieren-variieren-220315/*.

A.4.1 YSlow

Die Performance (d. h., wie schnell lädt Ihre Webseite?) ist eine wichtige Eigenschaft für ein erfolgreiches Webprojekt. *YSlow* bietet eine Möglichkeit, die Geschwindigkeit Ihrer Seite zu testen. Das Tool stammt von *Yahoo!* und gibt Ihnen (englischsprachige) Tipps, um die Performance zu verbessern. Sie müssen es zusammen mit Firebug installieren.

Dann besuchen Sie einfach die Seite, die Sie testen möchten, und klicken auf den YSLOW-Button in der unteren Leiste in Firefox. Das Tool bewertet die Seite nun anhand verschiedener Kriterien und errechnet daraus eine Note (*Grade*) zwischen A und F (siehe Abbildung A.16). Die Kriterien beziehen sich auf den Content, Cookies, CSS, Images, JavaScript und den Server. In einer Liste finden Sie alle Kriterien samt Einzelnoten. Sie können sich also darauf konzentrieren, die Elemente zu verbessern, die schlecht abgeschnitten haben. Ich gehe hier nicht weiter darauf ein. Sie benötigen weitergehendes Wissen, um die Empfehlungen einschätzen zu können. Im Netz gibt es verschiedene Erklärungen zu YSlow und den einzelnen Kriterien.

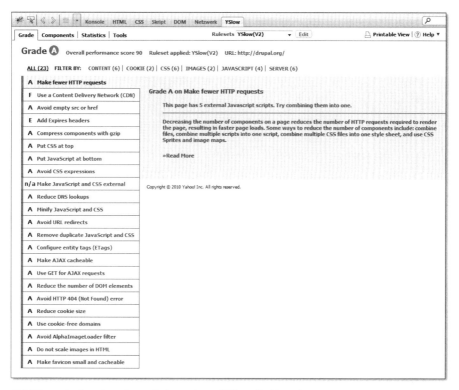

Abbildung A.16   »drupal.org« bekommt von YSlow die Note A.

Außer auf den Reiter GRADE möchte ich auch auf die Reiter STATISTICS und TOOLS hinweisen. Unter STATISTICS liefert Ihnen YSlow zwei Grafiken: Links sehen Sie, wie die Webseite bei leerem Cache geladen wird. Die Grafik rechts zeigt den Ladevorgang, wenn die Seite nochmals geladen wird, sich also bereits Daten im Cache befinden (siehe Abbildung A.17). Hier können Sie leicht erkennen, welche Elemente den meisten Platz benötigen; meist werden es Bilder sein. Wenn Sie aber zum Beispiel sehen, dass 15 verschiedene Stylesheets geladen werden, können Sie diese meist leicht über Drupal zusammenfassen lassen (siehe Abschnitt 4.10, »Die Performance auf Live-Seiten verbessern«).

Im Reiter TOOLS finden Sie Links auf weitere Hilfen, um die Performance zu verbessern. Ein leicht zu bedienendes Werkzeug ist hier zum Beispiel *All Smush.it*. Es reduziert automatisch die Größe Ihrer einzelnen Bilder. Sie können es einmal testweise auf einer Seite mit vielen Bildern ausprobieren.

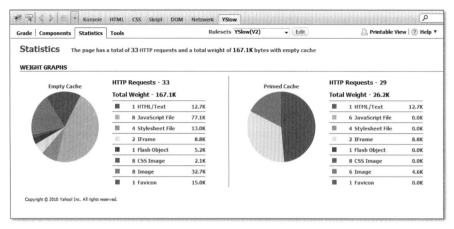

Abbildung A.17 Grafische Auswertung der Dateigrößen von »drupalcenter.de«

Ein kurzer Test auf *spiegel.de* würde zum Beispiel knapp 20 % an den Dateigrößen sparen – etwa 80 Kilobyte (siehe Abbildung A.18). Für Ihre Webseite kann sich das schnell bezahlt machen.

Abbildung A.18 »Smush.it« macht Ihre Bilder performanter.

A.4.2 Andere Erweiterungen

Es gibt für Firebug noch eine ganze Reihe anderer Erweiterungen:

- *Page Speed* ist eine Erweiterung von Google, die die Performance Ihrer Webseite bewertet, ähnlich wie YSlow.
- *FireRainbow* päppelt die Highlight-Funktionen von Firebug etwas auf.
- *FireDiff* merkt sich die Veränderungen, die Sie am HTML oder im CSS vornehmen.
- *Firecookie* erweitert Firebug um einen Cookie-Viewer, der Namen, Werte und das Expire-Datum in den Cookies anzeigt.
- Die *Jiffy Firefox Extension* ist etwas für JavaScript-Entwickler. Sie können damit verfolgen, wie lange Ihre JS-Funktionen brauchen.

A.5 Piwik als Besucher-Statistik

Mit *Piwik* erhalten Sie eine umfangreiche Besucherstatistik für Ihre Webseite. Die Entwickler des Tools haben sich das Ziel gesetzt, eine Open-Source-Alternative zu *Google Analytics* zu bieten. Der große Vorteil ist, dass die Software auf Ihrem eigenen Server läuft und deshalb keine Daten an Dritte weitergegeben werden. Wenn es keinen zwingenden Grund dafür gibt, Google Analytics einzubinden, weil etwa Ihr Kunde darauf besteht, empfehle ich, auf ein Tool zu setzen, das auf dem eigenen Server läuft. Neben Piwik gibt es auch eine ganze Reihe anderer – teilweise kostenpflichtiger – Möglichkeiten, wie zum Beispiel *Slimstat*, *Mint*, *Woopra*, *etracker* oder *Webalizer*.

A.5.1 Installation

Sie installieren Piwik zum Beispiel in einem Unterverzeichnis */piwik* Ihrer Drupal-Seite. Wenn Sie die Daten mit Filezilla hochladen, setzen Sie dort zunächst über den Menüpunkt TRANSFER den Transfertyp auf BINÄR und übertragen erst dann die Daten. Andernfalls kann es passieren, dass Piwik Ihnen während der Installation einen Fehler bei der Dateiintegrität anzeigt.

Da ich bereits die Installationsprozesse für Drupal und den MySQLDumper beschrieben habe, gehe ich hier schneller vor: In neun Schritten prüft Piwik die Serverbedingungen. Sie verknüpfen Piwik mit der Datenbank und legen den Admin an – alles wie gehabt.

Zu Beginn versucht Piwik, ein paar Verzeichnisse anzulegen – */piwik/tmp* und weitere Unterverzeichnisse. Wenn Piwik dazu keine Rechte hat, können Sie das mit einem FTP-Programm eben selbst erledigen. Ähnliches kann bei der SYSTEMPRÜFUNG noch einmal passieren, dort müssen Sie dann dem Verzeichnis */piwik/config* die Rechte 777 geben. Unter OPTIONAL bemerken Sie vielleicht einen Fehler bei der Dateiintegrität, den ich oben erwähnt habe (siehe Abbildung A.19). Laden Sie in solch einem Fall die Daten im Binär-Modus erneut hoch.

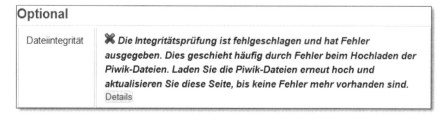

Abbildung A.19 Fehler bei der Dateiintegrität

In Schritt 8 zeigt Ihnen Piwik einen Code, den Sie am Ende Ihres Templates vor dem abschließenden `</body>`-Tag unterbringen können. Durch diesen Code zählt Piwik den jeweiligen Besucher. Zunächst wird versucht, den Besucher per JavaScript zu zählen. Falls beim Gast JavaScript deaktiviert sein sollte, wird er trotzdem gezählt – über ein unsichtbares Bild, das im Code im `<noscript>`-Bereich untergebracht ist. Der Code sieht wie folgt aus:

```
<!-- Piwik -->
<script type="text/javascript">
var pkBaseURL = (("https:" == document.location.protocol) ? "https://
www.examplast.de/piwik/" : "http://www.examplast.de/piwik/");
document.write(unescape("%3Cscript src='" + pkBaseURL + "piwik.js'
type='text/javascript'%3E%3C/script%3E"));
</script><script type="text/javascript">
try {
var piwikTracker = Piwik.getTracker(pkBaseURL + "piwik.php", 1);
piwikTracker.trackPageView();
piwikTracker.enableLinkTracking();
} catch( err ) {}
</script><noscript><p><img src="http://www.examplast.de/piwik/
piwik.php?idsite=1" style="border:0" alt="" /></p></noscript>
<!-- End Piwik Tracking Tag -->
```

Alternativ nutzen Sie das Drupal-Modul für Piwik (siehe Abschnitt 21.2, »Piwik für ausführlichere Statistiken«). In dem Fall kümmert sich das Drupal-Modul um den Tracking-Code, und Sie müssen ihn nicht von Hand ins Theme kopieren.

A.5.2 Benutzereinstellungen

Klicken Sie oben rechts auf die EINSTELLUNGEN. Unter dem Reiter BENUTZEREINSTELLUNGEN können Sie Ihre E-Mail-Adresse ändern (siehe Abbildung A.20). Ihren Benutzernamen können Sie nicht mehr wechseln. Sie können mit einer Piwik-Installation mehrere Webseiten beobachten, daher stellen Sie hier ein, ob Sie zum Start eine Übersicht über alle Webseiten oder nur eine bestimmte erhalten möchten. Ebenso geben Sie an, welcher Zeitraum standardmäßig angezeigt wird (HEUTE, GESTERN, AKTUELLE WOCHE, AKTUELLER MONAT, AKTUELLES JAHR).

Im Moment zählt Piwik alles, was passiert, und das schließt Ihre eigenen Besuche auf der Webseite ein. In der Regel wollen Sie Ihre Besuche aber nicht in der Statistik sehen. Mit einem Klick auf den Link im Bereich SCHLIESSEN SIE IHRE BESUCHE MIT EINEM COOKIE AUS, legen Sie einen Piwik-Cookie auf Ihrem Rechner ab. Wenn Sie nun mit demselben Rechner (und demselben Browser) auf Ihrer Webseite unterwegs sind, werden Ihre Bewegungen nicht mehr protokolliert.

Die GAST-BESUCHER (»ANONYMOUS«) EINSTELLUNGEN sind nur wichtig, wenn auch anonyme Gäste Ihre Statistiken sehen sollen. Das ist standardmäßig nicht eingerichtet – und auch nicht erwünscht. Sie können das aber über den nächsten Reiter einrichten.

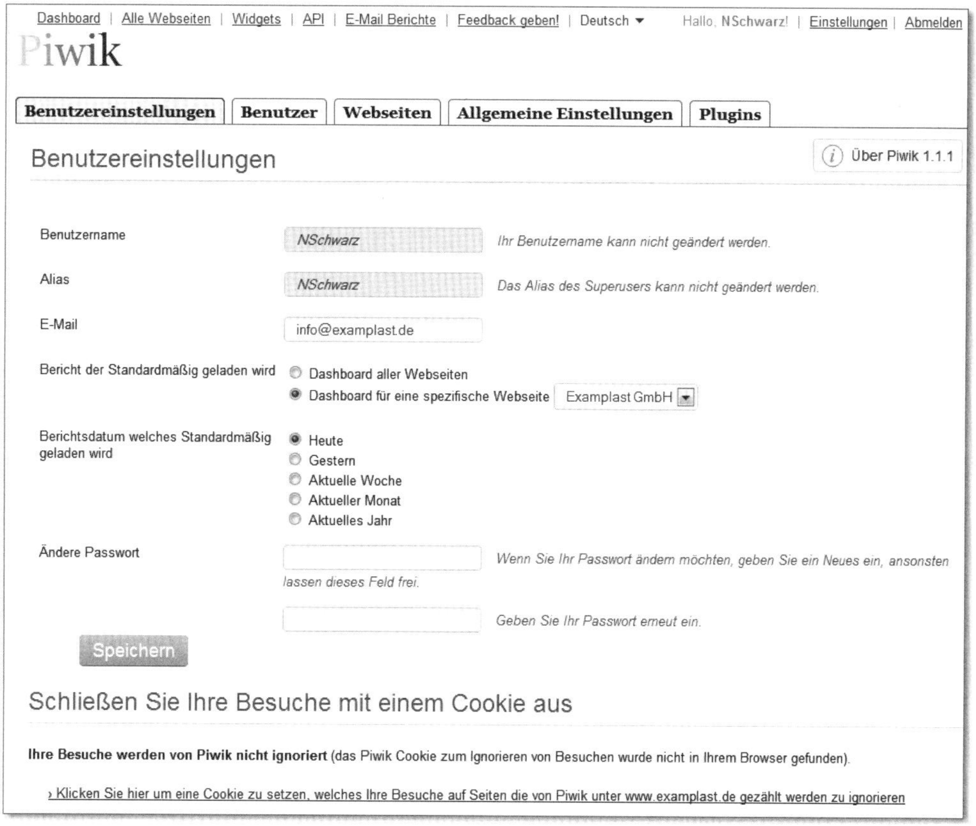

Abbildung A.20 Piwiks Benutzereinstellungen

A.5.3 Benutzer

Bei manchen Projekten möchten auch Kunden oder Redakteure über die Besucherzahlen Bescheid wissen. Hier können Sie weitere Benutzer hinzufügen (siehe Abbildung A.21). Für jeden benötigen Sie einen Benutzernamen, ein Passwort und eine E-Mailadresse. Das Alias können Sie optional für einen realen Namen benutzen. Klicken Sie dann auf den grünen Haken in der Spalte ÄNDERN, um den Benutzer anzulegen. Er erscheint nun oben in der Übersicht.

Wenn Sie mehrere Webseiten anlegt haben, können Sie mit der Select-Box SEITEN zwischen diesen umschalten. Sie legen nun für jede Seite und jeden Benutzer die Rechte fest. Es gibt nur drei Zustände: KEIN ZUGRIFF, ANSICHT (= Besucherzahlen ansehen) und ADMINISTRATOR (=Webseiten und Benutzer hinzufügen, löschen etc.). Für Kunden und Redakteure reicht das Recht *Ansicht*. Klicken Sie einfach auf den entsprechenden Punkt, und Piwik verschiebt den grünen Haken dorthin. Anonyme Gäste dürfen maximal das Recht *Ansicht* bekommen, nicht aber das Recht *Administrator*.

Der Wert *Token_Auth* dient übrigens dazu, die Schnittstellen von Piwik zu nutzen. Der Wert ist geheim, ebenso wie Ihre Benutzernamen und das Passwort. Wenn Sie Ihren eigenen *Token_Auth* als Hauptnutzer nutzen möchten: Sie finden ihn über den Link API in der obersten Zeile.

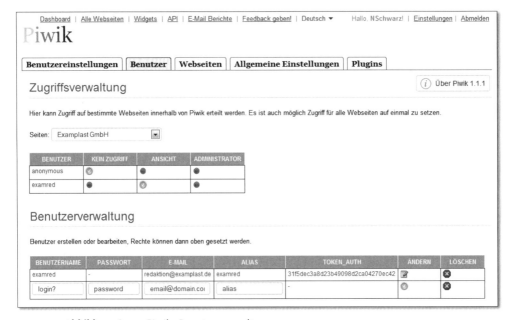

Abbildung A.21   Piwiks Benutzerverwaltung

A.5.4   Webseiten

Wie bereits erwähnt, können Sie mit Piwik gleich die Besucher mehrerer Webseiten zählen lassen (siehe Abbildung A.22). Bei Kundenprojekten empfiehlt sich meistens jeweils eine eigene Installation. Aber wenn Sie für einen Kunden mehrere Projekte umsetzen, können Sie diese alle mit einer Piwik-Installation überwachen.

Im unteren Bereich, GLOBALE WEBSEITENEINSTELLUNGEN, können Sie globale Listen von IP-Adressen anlegen, die ignoriert werden, eine Standardzeitzone festlegen oder eine Standardwährung. Oben fügen Sie in der WEBSEITENVERWALTUNG neue Webseiten hinzu. Sie erhalten für jede Webseite einen eigenen Tracking-Code, den Sie wie zuvor beschrieben in das Template der jeweiligen Seite einbauen müssen (oder über das Drupal-Modul einbinden).

Abbildung A.22   Mit Piwik können Sie mehrere Websites beobachten.

A.5.5   Allgemeine Einstellungen

Im Register ALLGEMEINE EINSTELLUNGEN können Sie die Art der Archivierung vorgeben, einen SMTP-Server für E-Mails festlegen, und Sie erhalten eine kurze Anleitung für ein Opt-Out-Verfahren für Ihre Nutzer. Wenn Ihnen die Optionen nichts sagen, lassen Sie die Einstellungen so, wie sie sind (siehe Abbildung A.23).

Allenfalls die letzte Option können Sie im Auge behalten. Piwik benutzt Cookies mit eindeutigen Identifikationsnummern, um wiederkehrende Besucher zu erkennen. Bauen Sie dieses Opt-Out-iFrame in Ihre Webseite ein, können Besucher stattdessen einen Opt-Out-Cookie auf Ihrem Rechner speichern. Piwik wird diese Besucher dann nicht mehr als wiederkehrende Besucher zählen. Das ist im Sinne des Datenschutzes eine besucherfreundliche und notwendige Methode.

Speziell zum Thema Datenschutz finden Sie unter *http://nicolaischwarz.de/web/2011/03/23/piwik-1.2-auf-datenschutz-trimmen* eine entsprechende Anleitung.

Abbildung A.23 Piwik bietet ein Opt-Out-Verfahren für Besucher an.

A.5.6 Plugins

In der Plugin-Verwaltung möchte ich nur auf zwei Plugins hinweisen, die zunächst beide abgeschaltet sind.

AnonymizeIP sollten Sie einschalten. Piwik merkt sich zunächst die IP-Adressen seiner Besucher. In Deutschland ist zumindest umstritten, ob Sie diese speichern dürfen oder nicht. Es gibt ein paar Gerichtsurteile, bei denen dann immer die Frage ist, ob diese in Ihrem speziellen Falle auch gelten oder nicht. Im Zweifel klären Sie das mit Ihrem Rechtsanwalt. In der Zwischenzeit aktivieren Sie hier einfach das Plugin, und Piwik speichert keine IP-Adressen Ihrer Besucher mehr; siehe dazu auch den oben erwähnten Artikel.

Wenn Sie zu Beginn Piwik einfach nur testen möchten, können Sie mit dem *Plug-in VisitorGenerator* zufällige Besucherdaten generieren. Aber Vorsicht: Diese Daten stehen in der Datenbank, und Sie bekommen sie nicht einfach per Knopfdruck wieder heraus. Sie sollten diese Option also nicht nutzen, wenn bereits reale Besucherdaten gespeichert wurden. Alternativ können Sie sich auch die offizielle Piwik-Demo unter *http://demo.piwik.org* ansehen.

A.5.7 Dashboard

Je nach Einstellungen sehen Sie nach dem Login das Dashboard mit der Übersicht der heutigen Besucher der Webseite (siehe Abbildung A.24). Die kleinen Boxen nennen sich hier *Widgets*. Sie können sie per Drag & Drop verschieben. Hovern Sie über der grauen Fläche mit der Überschrift eines Widgets, sehen Sie rechts ein kleines Kreuz, mit dem Sie es vom Dashboard löschen können. Mit einem Klick auf WIDGETS HINZUFÜGEN fügen Sie neue Boxen hinzu. Oben links können Sie über die Zeitspanne zwischen Tag, Woche, Monat und Jahr umschalten.

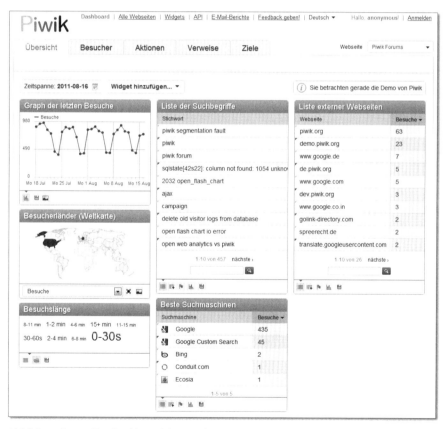

Abbildung A.24 Das Dashboard der Piwik-Demo

Die Übersicht bietet Ihnen auf einen Blick einen Graph der letzten Besuche, Browser und Bildschirmauflösungen der Besucher, ihre Verweildauer und ggf. die Suchbegriffe oder die Webseiten, über die Besucher zu Ihrer Seite gekommen sind. Über die Reiter BESUCHER, AKTIONEN und VERWEISE können Sie genauere Informationen abrufen.

A.6 Open Atrium für die Projektverwaltung

Mit *Open Atrium* erhalten Sie eine professionelle Projektverwaltung, die komplett auf Drupal aufgebaut ist. Open Atrium bietet Ihnen ein Gesamtpaket, zusammengeschnürt aus dem Drupal-Kern (in diesem Fall ist es noch Drupal 6) und einigen aufeinander abgestimmten Modulen. Da alles auf Drupal basiert, könnten Sie die Projektverwaltung um zusätzliche Module erweitern. Nach demselben Muster wäre es möglich, komplette Drupal-basierte Pakete zu schnüren, die zum Beispiel auf einen einzelnen Blog zugeschnitten sind oder eine übliche Vereinsseite.

Ich selbst benutze das System als Projektverwaltung für meine Kunden und eigene Projekte. Für jedes Projekt gibt es eigene Gruppen (über das Modul *Organic Groups*), die eigene Benutzer haben und sich inhaltlich nicht in die Quere kommen. Dort nutze ich dann ein Ticketsystem für Bugs oder neue Features, die in den Projekten bearbeitet werden müssen.

A.6.1 Installation

Die Installation funktioniert grundsätzlich analog zu Kapitel 2, weil Sie hier eben auch nur wieder Drupal installieren. Der Unterschied ist das Installationsprofil im ersten Schritt, über den gleich alle benötigten Module eingebunden und konfiguriert werden. Die Installation in Kurzform:

1. Wählen Sie das Installationsprofil *Open Atrium*.
2. Wählen Sie Deutsch als Sprache
3. Beseitigen Sie Fehler, falls Sie im nächsten Schritt zum Beispiel einen Ordner */sites/default/files* anlegen müssen.
4. Sorgen Sie für die Verbindung zu Ihrer Datenbank.
5. Unter WEBSEITE KONFIGURIEREN geben Sie grundsätzliche Informationen zu Ihrer Webseite an und richten den Superuser ein.
6. Das System wird nun selbstständig nach Übersetzungen suchen und diese installieren. Dann folgt die ebenfalls automatische Installation der benötigten Module samt Konfiguration.

Das war es dann auch schon mit der Installation. Die Webseite startet mit einem (englischsprachigen) Video, das Sie in Open Atrium einführt (siehe Abbildung A.25).

Abbildung A.25   Der Startscreen von »Open Atrium«

Wenn Sie bisher nur die Module und Anleitungen in diesem Buch verfolgt haben, werden Sie bei Open Atrium etwas umdenken müssen. Zum einen basiert es (derzeit) auf Drupal 6 und funktioniert deshalb teilweise etwas anders. Zum anderen sind bestimmte Funktionen fest verdrahtet, und Sie müssen sich erst mit *Features*, *Context* und *Spaces* vertraut machen, um Funktionen vernünftig anpassen zu können. Für die reine Projektverwaltung können Sie das System aber so nutzen, wie es ist. Dafür wurde es schließlich entwickelt.

A.6.2   Beispielgruppe

Nehmen wir eine Beispielgruppe, in der eine Minisite für eine neue Produktserie der Examplast GmbH besprochen werden soll. Richten Sie also eine neue Gruppe ein – über den Link GRUPPE HINZUFÜGEN unter dem Video auf der Startseite.

A | Nützliche Programme

Abbildung A.26   Eine erste Gruppe in »Open Atrium«

Als TITEL wählen wir »Examplast Minisite«, als PFAD »minisite«, und die Gruppe soll nicht öffentlich sein (siehe Abbildung A.26). Für die Beschreibung nehmen wir schlicht: »Neue Minisite für die Examplast GmbH«. Dann speichern wir oben rechts die neue Gruppe. Das System richtet Ihnen Ihre Gruppe mit einigen Standardfunktionen ein, die wir hier jedoch nicht benötigen. Klicken Sie oben rechts unter EINSTELLUNGEN auf FEATURES ANPASSEN. In Open Atrium stehen jeder Gruppe sieben Funktionen zur Verfügung, von denen Sie meist nur wenige benötigen (siehe Abbildung A.27):

▸ Das ATRIUM BLOG hilft Ihnen, mit Ihren Gruppenmitgliedern verschiedene Themen zu besprechen. Sie können einem Eintrag Anhänge hinzufügen, die Einträge kommentieren und diesen Kommentaren ebenfalls Dateien anhängen.

▸ Einem Eintrag im ATRIUM NOTIZBUCH dürfen Sie auch Dateien anhängen, die Einträge können aber nicht kommentiert werden. Dafür ist das Notizbuch gleich als Buch konzipiert (über das Drupal-Core-Modul *Book*), und Sie können Keywords/Tags vergeben.

▸ Im ATRIUM CALENDAR notieren Sie Termine, etwa die Deadlines für verschiedene Bereiche Ihres Projekts. Auch diesen Inhalten können Sie Dateien anhängen.

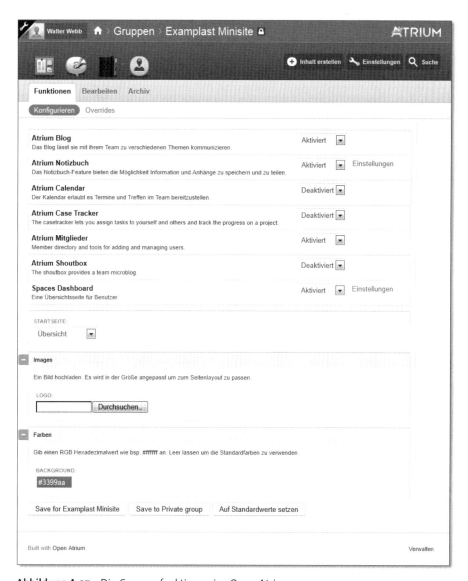

Abbildung A.27 Die Gruppenfunktionen in »Open Atrium«

- Der ATRIUM CASE TRACKER ist die Aufgabenverwaltung. Sie legen hier erst verschiedene Projekte an und fügen dann Aufgaben innerhalb der Projekte hinzu. Die Aufgabe können Sie einem Mitglied Ihrer Gruppe zuweisen und auf verschiedene Arten kategorisieren. Als Status stehen Ihnen *Open*, *Resolved*, *Deferred*, *Duplicate* und *Closed* zur Verfügung. Die Priorität ist entweder *High*, *Normal* oder *Low*. Und der Typ der Aufgabe ist entweder *Bug*, *Feature Request* oder *General Task*. Auch die Aufgaben können Dateianhänge bekommen, mit Keywords versehen und kommentiert werden.

- Unter ATRIUM MITGLIEDER verwalten Sie die Mitglieder Ihrer Gruppen.
- Die ATRIUM SHOUTBOX stellt Ihnen eine Art Twitter-Meldung zur Verfügung, die innerhalb des Projekts kurze Mitteilungen ermöglicht.
- Auf dem SPACES DASHBOARD sehen Sie auch hier eine Übersicht der letzten Aktivitäten. Via EINSTELLUNGEN können Sie das Dashboard analog zu Drupal 7 anpassen.

Bei allen neuen Einträgen und auch Kommentaren steht Ihnen eine Benachrichtigungsfunktion zur Verfügung, über die Sie optional alle oder einzelne Nutzer per E-Mail über den neuen Inhalt informieren können. Auf diese Weise bekommen alle Mitglieder mit, was auf der Webseite passiert. Sie behalten bei mehreren Projekten aber einen besseren Überblick über Diskussionen und offene Aufgaben.

Wie gesagt, ich nutze Open Atrium für meine eigene Projektverwaltung. Bei einigen Kunden klappt das optimal; sie schreiben Ihre Fragen und Feature-Wünsche selbst in Ihre Projektgruppen. Andere Kunden kann man vorsichtig an eine Projektverwaltung gewöhnen. Wieder andere bleiben bei einer Kommunikation per E-Mail. Sie nutzen Open Atrium einfach nicht. In dem Fall ist es aber einfacher, die E-Mails selbst in Open Atrium zu übertragen. Es ist zwar mehr Arbeit, bietet aber immer noch einen besseren Überblick.

B   Glossar

Accessibility   Auf Deutsch: *Barrierefreiheit*. Bedeutet, ein Produkt – in unserem Fall also eine Webseite – so einzurichten, dass es von möglichst vielen Menschen unabhängig von deren körperlichen und technischen Möglichkeiten genutzt werden kann. Hier geht es also darum, die Webseite für blinde, sehgeschädigte, gehörlose, schwerhörige und/oder motorisch gestörte Menschen oder Besucher mit kognitiven Behinderungen zugänglich zu machen. Siehe Abschnitt 31.6.2.

Ajax   Steht für *Asynchronous JavaScript and XML*. Ajax ist eine Möglichkeit, HTTP-Anfragen im Hintergrund durchführen zu lassen und Elemente auf einer Webseite zu verändern, ohne sie komplett neu zu laden.

Alias   Für Ihre einzelnen Seiten nutzt Drupal zunächst einen internen Pfad, wie zum Beispiel */node/10*. Mithilfe eines Alias können Sie einen zusätzlichen (lesbaren, sinnvollen) Pfad hinzufügen, der zum Beispiel */produkte* lautet und auf denselben Inhalt verweist. Siehe Kapitel 8, »Sprechende URLs«.

ANSI-Zeichensatz   Ist ein Zeichensatz, der vom *American National Standard Institute* festgelegt wurde und 256 Zeichen enthält. Deutsche Umlaute wie *ä, ö, ü* oder *ß* sind darin nicht enthalten.

ASCII   Ein Zeichensatz, der aus 128 Zeichen besteht; deutsche Umlaute sind darin nicht enthalten. Ein Teil des Zeichensatzes stimmt mit dem ANSI-Zeichensatz überein.

Benutzer   In Drupal sind die Benutzer (User) einzeln angelegte Accounts, die über einen Benutzernamen und ein Passwort auf das System zugreifen können. Was ihnen als angemeldete Benutzer erlaubt ist, hängt von ihren Rollen und den Berechtigungen ab. Siehe Kapitel 12, »Benutzer und Rechte verwalten«.

Berechtigungen   Einzelne Module stellen Ihnen Rechte zur Verfügung, die Sie einzelnen Rollen zuweisen können. So dürfen zum Beispiel Rollen Inhalte nur dann ändern, wenn sie die entsprechenden Rechte besitzen. Siehe Kapitel 12, »Benutzer und Rechte verwalten«.

Block   Blöcke sind die Boxen, die in den verschiedenen Regionen Ihres Themes erscheinen. Das sind zum Beispiel Boxen für das Login oder die letzten Kommentare. Einige Module stellen eigene Blöcke zur Verfügung. Sie können auch komplett eigene Blöcke anlegen. Siehe Abschnitt 3.7, »Blöcke mit zusätzlichen Inhalten«.

Breadcrumbs/Brotkrumen-Navigation
Eine Brotkrumen-Navigation zeigt Ihnen Ihren aktuellen Standort auf der Webseite – meistens anhand der Hierarchie des Hauptmenüs. Wenn Sie zum Beispiel die Menüpunkte UNTERNEHMEN und dort STANDORTE der Examplast GmbH ansehen, lautet die entsprechende Brotkrumen-Navigation: STARTSEITE > UNTERNEHMEN > STANDORTE. Sie kommen dadurch also schnell zu den höhergelegenen Menüpunkten bzw. zur Startseite zurück. Die Darstellung der Brotkrumen können Sie über Ihr Theme beeinflussen. Siehe auch Abschnitt 31.5.3.

Core   Der Core enthält das Drupal-Grundpaket, das Sie zum Beispiel als *Drupal 7.7* (oder in der jeweils aktuellen Version) von *drupal.org* oder *drupalcenter.de* herunterladen können.

Cron Ein Cron-Job ist eine Aktion, bei der im Hintergrund die Datei */cron.php* aufgerufen wird. Dadurch werden einige Aufgaben erledigt, die für verschiedene Module wichtig sind. So werden etwa neue Inhalte für die Suche indiziert oder E-Mails für einen Newsletter versendet. Ohne einen funktionierend eingerichteten Cron-Job werden solche Module nicht richtig laufen. Siehe Abschnitt 4.7.

CSS Die *Cascading Style Sheets* sind Dateien, die zusammen mit HTML eingesetzt werden und für das Design einer Webseite sorgen.

Dashboard Das Core-Modul *Dashboard* erlaubt Usern personalisierte Seiten, auf denen sie sich Blöcke mit den Informationen anzeigen lassen können, die für sie interessant sind, zum Beispiel Blöcke mit den neusten Inhalten oder Kommentaren.

Datenbank In der Datenbank speichern Sie dynamische Daten wie die Inhalte Ihrer Webseite und ihre Benutzer oder verschiedene Konfigurationen der Module. Um Drupal zu nutzen, benötigen Sie immer sowohl die Dateien aus dem Core und den zusätzlichen Modulen als auch eine Datenbank.

Default Ein Standardwert. Zum Beispiel haben alle Module bestimmte Standardwerte für verschiedene Funktionen, die Sie in der Konfiguration ändern können.

Drag & Drop Bedeutet »Ziehen und Fallenlassen« und bezieht sich auf Elemente der Webseite, die Sie mit der Maustaste greifen und verschieben können, zum Beispiel einzelne Menüpunkte in einem der Menüs, bei denen Sie durch Drag & Drop die Reihenfolge ändern können.

Dump Ein Dump enthält den gespeicherten Inhalt aus Ihrer Datenbank. Es empfiehlt sich zum Beispiel, vor einem Update die aktuellen Inhalte der Datenbank in einem Dump zu sichern. Siehe dazu die Abschnitte 28.5, »Automatische Sicherungen der Datenbank«, und 29.6, »Updates«.

Favicon Ein Favicon ist ein 16 × 16 Pixel großes Mini-Icon Ihrer Webseite, das im Browser meist in der Adresszeile neben der URL erscheint.

Feldtypen In Drupal können Sie Inhaltstypen beliebig mit Feldtypen erweitern. So können Sie etwa Felder für Bilder, Dateien, Texte, Zahlen oder Selectboxen vorsehen. Durch weitere Module können Felder für ein Datum oder eine Geo-Location dazukommen.

FTP Das *File Transfer Protocol* (FTP) ist ein Netzwerkprotokoll zur Übertragung von Daten. Sie nutzen es zum Beispiel, um Dateien von Ihrem Computer auf einen Webserver zu übertragen. Siehe Anhang A.2.

Hook Drupals Modulsystem basiert auf dem Konzept der Hooks. Ein Hook ist eine PHP-Funktion nach dem Muster `foo_bar()`, wobei `foo` für den Namen des Moduls steht und `bar` für den Namen des Hooks. Jeder Hook hat definierte Parameter und ein Ergebnis. Durch das Hook-Konzept können Sie mit eigenen Modulen in die Ausgabe bestimmter Werte eingreifen (siehe die Beispiele in Abschnitt 32.2, »Aufbau eigener Module«).

Hovern Wenn Sie die Maus über ein Element bewegen, »hovern« Sie über dem

Element. Mithilfe von CSS oder JavaScript können Sie verschiedene Änderungen vorgeben. Hovert der Mauszeiger über einem Element des Hauptmenüs, verfärbt sich vielleicht der Hintergrund. Hovert die Maus über einem Nachrichtenticker, könnte der Ticker kurz anhalten. Bei Bildern mit einem `title`-Attribut wird der Tooltip angezeigt.

HTML Die *Hypertext Markup Language* bildet als Auszeichnungssprache das Grundgerüst für Inhalte im Web. Darin legen Sie zum Beispiel fest, ob Texte als Überschriften, Absätze, Listen oder Tabellen dargestellt werden, und binden Bilder und andere Dateien ein. Durch CSS kommt das Design der Webseite hinzu, und mit JavaScript können Sie das Verhalten der HTML-Elemente steuern.

HTML-Elemente, -Tags und -Attribute
Ihr HTML-Gerüst besteht aus Elementen, Tags und Attributen. In dem Beispiel `<element attribut="wert">Inhalt</element>` ist `<element attribut="wert">` das öffnende HTML-Tag (Start-Tag) mit dem Attribut `attribut`. Das letzte `</element>` ist das schließende HTML-Tag (End-Tag). Alles zusammen ergibt das HTML-Element `element`. In manchen Artikeln gehen die Begriffe durcheinander. Ein Attribut ist in jedem Fall etwas anderes als ein Element. Wenn im Text von einem `<p>` die Rede ist, ist das an der Stelle zwar ein einzelnes Tag, meint aber als `<p>`-*Element* das gesamte Element im betreffenden Quelltext.

Inhaltstypen In Drupal regeln Sie Ihre Hauptinhalte über verschiedene Inhaltstypen. Für jede Art von Inhalt erstellen Sie einen Inhaltstyp mit den nötigen Feldtypen. So können Sie zum Beispiel Inhaltstypen für News und einfache Seiten nutzen (siehe die Kapitel 5, »Webseiten über Inhaltstypen strukturieren«, und 6, »Inhaltstypen mit eigenen Feldern aufrüsten«).

IP-Adresse Eine IP-Adresse ist eine Adresse in Computernetzen. Sie wird verwendet, um Daten zum vorgesehenen Empfänger zu verschicken. In Deutschland gibt es immer wieder Diskussionen darüber, wie diese Adresse rechtlich zu werten ist. Daraus leitet sich ab, ob Sie auf Ihrer Webseite die IP-Adressen Ihrer Besucher speichern dürfen oder nicht. Fragen Sie Ihren Anwalt.

JavaScript ist eine Skriptsprache, die hauptsächlich auf Webseiten zum Einsaz kommt. Damit können Sie dynamische Elemente ermöglichen, indem Sie zum Beispiel Elemente mit einem Klick ein- und ausklappen oder aber verschiedene Bilder in einem Slider auswechseln.

jQuery jQuery ist ein freies und beliebtes JavaScript-Framework. Drupal 7 beinhaltet im Core bereits jQuery 1.4.4 und jQuery UI 1.8.7. Sie können in Ihren Themes oder eigenen Modulen auf beide Bibliotheken aufbauen.

Modul Ein Modul erweitert Drupal um bestimmte Funktionen. Einige Module sind bereits im Core vorhanden (zum Beispiel ein Forum oder eine Suche), weitere Module können Sie zusätzlich installieren. Einige Module bieten nur eine Grundlage für andere Module (zum Beispiel *Voting API*), stellen selbst aber dem Endnutzer keine neuen Möglichkeiten zur Verfügung.

Node Ein Node ist ein einzelner Inhalt eines Inhaltstyps. Beispielsweise existieren auf der Beispielseite der Examplast GmbH vier einzelne News. Dafür existiert ein eigener Inhaltstyp namens *News*. Die vier Meldungen sind nun vier Nodes des Inhaltstyps *News*.

Performance Mit Performance meint man die Leistung einer Webseite: Wie schnell wird die einzelne Seite angezeigt? Dazu müssen die entsprechenden Informationen zunächst auf dem Server zusammengestellt und dann zum Browser des Users übertragen werden. Siehe dazu die Abschnitte 31.6.1, »Optimierung der Performance«, und Anhang A.4.1, »YSlow«.

Permalink Ein Link, der einmal angelegt wird und danach auch so bleibt (bleiben sollte), zum Beispiel der Permalink auf einen bestimmten Kommentar.

Pfad Ein Pfad ist der Teil der URL nach der Domain. Bei einer URL wie *http://examplast.de/unternehmen/standorte* ist *examplast.de* die Domain und */unternehmen/standorte* der Pfad.

PHP Ist eine Skriptsprache, die hauptsächlich bei dynamischen Webseiten oder Webanwendungen verwendet wird und auf dem Server ausgeführt wird. Drupal basiert auf PHP.

Referrer Ist die Webseite, über die ein Besucher durch einen Link auf Ihre Webseite gefunden hat – die Webseite also, die auf Ihre verwiesen hat.

Regex/reguläre Ausdrücke Ein regulärer Ausdruck ist eine Zeichenkette mit einem bestimmten Muster. Eine PLZ besteht in Deutschland zum Beispiel aus fünf Ziffern. Für E-Mail-Adressen gibt es ebenso (komplizierte) Muster. Mit regulären Ausdrücken können Sie zum Beispiel URLs im Text ausfindig machen und durch einen Link ergänzen.

Rollen In Drupal legen Sie für bestimmte Funktionen verschiedene Rollen für Gruppen von Nutzern fest. Diese Rollen statten Sie mit verschiedenen Rechten aus. So können Sie Benutzern zum Beispiel Rollen wie *Autor*, *Redakteur* oder *Administrator* geben. Die Rechte vergeben Sie in jedem System wieder neu, sodass die Rolle *Autor* in verschiedenen Systemen auch unterschiedliche Rechte haben kann.

SEO Steht für *Suchmaschinenoptimierung* (Search Engine Optimization). Siehe Kapitel 18, »Module für die Suchmaschinenoptimierung«.

Shortcuts Sie können das Core-Modul *Shortcut* benutzen, um kleine Listen mit Links zu verwalten. Je nach Theme können Sie diese an prominenter Stelle anzeigen und Ihren Nutzern so Links zu häufig benötigten Seiten zur Verfügung stellen. Siehe Abschnitt 27.1.

Superuser Der erste Nutzer, den Sie bei der Installation eintragen, ist der Superuser. Er darf automatisch »alles«.

Tagcloud Eine Schlagwortwolke, die oft alphabetisch sortiert erscheint. Begriffe, die häufiger verwendet wurden, werden in der Wolke größer dargestellt. Mit einem Klick auf diese Begriffe kommen Besucher meist auf Übersichtsseiten mit allen Artikeln zum angeklickten Begriff.

Taxonomie Hinter der Taxonomie steckt ein Mechanismus, um Inhalte Ihrer Webseite zu rubrizieren oder eine freie Verschlagwortung zu benutzen. Auf einer Webseite mit Tutorials könnten Sie diese zum Beispiel auf die Rubriken »Anfänger«, »Fortgeschrittene« und »Experten« verteilen. Siehe Kapitel 11, »Inhalte mittels Taxonomie kategorisieren«.

Template Die Templates sind Teil eines Themes. In Drupal können Sie einzelne Bereiche der Webseite mit eigenen Templates überschreiben und dadurch anders ausgeben. Siehe Kapitel 31, »Theming«.

Theme Ein Theme enthält alle Templates, Bilder, Icons, CSS- und JavaScript-Dateien, die dafür sorgen, dass die Webseite in einem bestimmten Design erscheint. Siehe Kapitel 31, »Theming«

Toolbar Das Core-Modul *Toolbar* fügt am oberen Ende Ihrer Webseite eine Leiste mit den Hauptmenüpunkten des Menüs MANAGEMENT hinzu (falls die betreffenden Rollen das Recht haben, darauf zuzugreifen). Für Administratoren ist es meist hilfreicher, statt der Toolbar das Modul *Admin Menu* zu nutzen. Siehe Abschnitt 3.8.1, »Module installieren«.

Tooltip Sie können in HTML verschiedene Elemente wie Bilder oder Links mit einem `title`-Attribut ausstatten. Wenn Sie mit der Maus über dem Element hovern, wird dieser Text als kleiner Tooltip angezeigt. Das Aussehen wird vom Browser beeinflusst und kann sich daher von Browser zu Browser unterscheiden. Sie können Tooltips auch durch JavaScript-Effekte erzeugen.

Unicode Ist ein internationaler Standard, der langfristig jedes sinntragende Schriftzeichen aller bekannten Schriftkulturen und Zeichensysteme enthalten soll. Insofern ist er sehr viel umfangreicher als der ANSI-Zeichensatz.

URL Der *Uniform Resource Locator* dient dazu, eine bestimmte Ressource über eine vorgegebene Zugriffsmethode zu finden. Bei Webseiten sind damit Adressen gemeint, die über das Netzwerkprotokoll HTTP angesprochen werden, zum Beispiel über *http://examplast.de*. Bei E-Mail-Adressen wäre die URL zum Beispiel *mailto:info@examplast.de*.

Usability Meint die Benutzerfreundlichkeit/Gebrauchstauglichkeit eines Produkts. Im Kontext mit Webseiten geht es darum, dass sich ein Besucher gut zurechtfindet und wichtige Elemente schnell erfasst.

UTF-8 Dies ist ein Zeichensatz, der für die Kodierung von Unicode-Zeichen sorgt.

View Ein View ist eine einzelne Ansicht, die Sie mit dem Modul *Views* angelegt haben. Damit geben Sie zum Beispiel alle Inhalte von einem bestimmten Autor aus. Siehe Kapitel 23.

Webserver Der Webserver ist ein Computer, der Dokumente wie HTML-Seiten an einen Browser überträgt.

WYSIWYG-Editor Das Akronym WYSIWYG steht für *What You See Is What You Get* (Was du siehst, bekommst du). In einem solchen Editor wird Ihnen kein HTML-Quellcode angezeigt. Stattdessen können Sie Elemente ähnlich wie in einem Office-Programm bearbeiten und sehen so schon im Editor, wie die Inhalte später auch dem Besucher der Webseite präsentiert werden. Siehe Kapitel 13.

YAML *Yet Another Multicolumn Framework*. Ein CSS-Framework von Dirk Jesse, das Ihnen hilft, ein Webdesign für viele verschiedene Browser umzusetzen, und dabei Bugs verschiedener Browser-Versionen umgeht. Siehe Abschnitt 31.6.3.

Zeichenkodierung Sowohl Ihre Dateien als auch die Daten in der Datenbank können in verschiedenen Zeichenkodierungen gespeichert werden. Die Datenbank nutzt automatisch UTF-8. Die meisten Dateien des Systems sind vermutlich im ANSI-Format gespeichert. Wenn Sie in eigenen Templates deutsche Umlaute nutzen möchten, müssen Sie diese Dateien im Format »UTF-8 ohne BOM« speichern.

C Inhalt der DVD

Auf der DVD finden Sie die folgenden Inhalte:

DRUPAL_CORE
Dieses Verzeichnis enthält den aktuellen Drupal-Core in der deutschsprachigen Version von drupalcenter.de.

DRUPAL_MODULE
Hier finden Sie die zusätzlichen Drupal-Module, die in diesem Buch besprochen werden.

WEITERE_TOOLS
Dieser Ordner enthält weitere Programme und Bibliotheken. Zum Beispiel die externen WYSIWYG-Editoren oder die Tools aus dem Anhang.

EXAMPLAST
Hier liegen alle Daten, die mit der Webseite und dem Theme der Examplast GmbH zusammenhängen, die als Beispiel im Buch dient:

/examplast/theme
Das Theme, das Sie wie andere Themes in Drupal installieren können.

/examplast/bilder
Die Bilder, die für die Beispielwebseite verwendet werden. Getrennt nach den Fotos für die News und weitere Bilder.

/examplast/examplast-de
Alle nötigen Daten für die deutschsprachige Examplast-Webseite. Enthält Drupal 7.7, das Zusatzmodul Admin Menu, und einen Dump der Datenbank. Sie müssen den Dump in Ihre Datenbank einspielen und in der *settings.php* Drupal mit dieser Datenbank verknüpfen. Diese Daten enthalten bereits das Examplast-Theme und erste Inhalte. Der Stand entspricht dem Ende von Kapitel 4. Siehe auch das *Readme.txt* auf der obersten Ebene.

/examplast/examplast-de-en
Alle nötigen Daten für die internationale Examplast-Webseite (deutsch/englisch). Enthält Drupal 7.7, einige Zusatzmodule wie Admin-Menu, Internationalization oder Views, und einen Dump der Datenbank. Sie müssen den Dump in Ihre Datenbank einspielen und in der *settings.php* Drupal mit dieser Datenbank verknüpfen. Siehe auch das *Readme.txt* auf der obersten Ebene.

VIDEOS
Als besondere Beigabe finden Sie ausgewählte Lektionen zum Thema »jQuery« des Video-Trainings »jQuery«, von André Wösten, erschienen bei Galileo Press. (Mehr

Informationen zu diesem Video-Training erhalten Sie auf *http://www.galileo-computing.de/2863*.)

Um das Video-Training zu starten, legen Sie bitte die DVD-ROM in das DVD-Laufwerk Ihres Rechners ein. Der Kurs startet automatisch nach wenigen Augenblicken. Sollte das Training auf Ihrem PC nicht von alleine starten – beispielsweise weil in Ihrem System die Autoplay-Funktion ausgeschaltet ist –, so können Sie es auch selbst starten, indem Sie im Windows-Explorer im Verzeichnis »Video-Training« die Anwendungs-Datei »start.exe« per Doppelklick aufrufen.

Am Mac starten Sie das Video-Training mit der Datei »start.app«. Sollten Sie Probleme mit der Leistung Ihres Rechners feststellen, können Sie alternativ die Datei »start.html« aufrufen.

Unter Linux rufen Sie bitte die Datei »Start_Linux.html« auf.

Bitte vergessen Sie nicht, die Lautsprecher zu aktivieren oder gegebenenfalls die Lautstärke zu erhöhen. Die erforderliche Bildschirmauflösung beträgt mindestens 1024 × 768 Pixel.

Wählen Sie im Hauptmenü per Mausklick ein Kapitel aus. Das jeweils ausgewählte Kapitel ist markiert. Bewegen Sie nun die Maus im rechten Feld des Hauptmenüs auf das Video, mit dem Sie starten wollen. Mit einem Klick rufen Sie das ausgewählte Video auf, und das Training beginnt! Aus dem laufenden Videokurs heraus können Sie nach Belieben mit einem Klick auf den Titel des Videos die Schnellnavigation aufrufen und jedes Kapitel und jedes dazugehörige Video auswählen.

Folgende Video-Lektionen können Sie sich ansehen:

1 Grundlagen von jQuery
- 1.1 Einleitung [00:19 Min.]
- 1.2 Was ist jQuery? [06:42 Min.]
- 1.3 Früher war nicht alles besser [07:30 Min.]
- 1.4 Unobtrusive JavaScript im Web 2.0 [14:50 Min.]

2 Eine Webseitennavigation als erstes Beispiel
- 2.1 Einleitung [00:19 Min.]
- 2.2 Eine Entwicklungsumgebung einrichten [08:28 Min.]
- 2.3 Eine einfache HTML/CSS-Navigation erstellen [08:47 Min.]
- 2.4 Stile für die Navigation [07:48 Min.]
- 2.5 jQuery einbinden [05:03 Min.]
- 2.6 Das Event-Handling [06:10 Min.]
- 2.7 Selektoren und das jQuery-Objekt [02:52 Min.]
- 2.8 Die Untermenüs animieren [07:10 Min.]
- 2.9 Das Layout finalisieren [12:37 Min.]
- 2.10 Neue Blöcke im Layout [05:21 Min.]

D   Bildnachweise

Das Examplast-Theme enthält einige Bilder, die die Urheber auf Flickr unter einer Creative-Commons-Lizenz veröffentlich haben. Im einzelnen:

»Plastic Followed Function« von Materials Aart
http://www.flickr.com/photos/materialboy/120004316/
Lizenz: CC BY-SA 2.0

»timepiece prime time clock closeup watch« von zoutedrop
http://www.flickr.com/photos/zoutedrop/2317065892/
Lizenz: CC BY 2.0

»Plastic Flaming« von RLHyde
http://www.flickr.com/photos/breatheindigital/4844566639/
Lizenz: CC BY-SA 2.0

»Green Heart (And the Green Grass Grows All Around, All Around)« von CarbonNYC
http://www.flickr.com/photos/carbonnyc/991004550/
Lizenz: CC BY 2.0

»Fantastic Plastic« von tourist_on_earth
http://www.flickr.com/photos/tourist_on_earth/2948217985/
Lizenz: CC BY 2.0

»packaging« von jessicacasetorres
http://www.flickr.com/photos/jessicacasetorres/4597106175/
Lizenz: CC BY 2.0

Die Fotos der Beispiele aus Kapitel 15 stammen von Nicolai Schwarz.

Index

A

Ajax   287, 312, 451
Alias   40, 41, 64, 79, 86, 129, 131, 135, 151, 153, 389, 400, 451
Autorenzeile   42, 43, 44, 81, 114, 352, 373, 393, 395, 401

B

Backend   20, 37, 56, 274, 296, 425
Barrierefreiheit   38, 99, 323, 371, 404, 451
Benutzer   22, 31, 37, 44, 49, 74, 79, 157, 451
   Benutzerkonto   37
   Benutzername   169
   E-Mails   160
   hinzufügen   157
   Kontoeinstellungen   157
   löschen   159, 165
   maskieren   167
   Passwort   159, 172
   Profilbilder   159
   Profile   21, 44, 71, 111, 117, 125, 139, 159, 165, 177, 213, 309, 349
   referenzieren   104, 124, 125
   registrieren   60, 158, 170
   Signaturen   159
Berechtigungen   31, 37, 44, 47, 65, 86, 157, 162, 451
   Contextual Links   349
   Forward   267
   GMap   282
   Menüs   83
   Node Clone   122
   Nodes   79
   Piwik   276
   Poll   214
   Role Delegation   166
   Statistics   272
   Textformate   107
Berechtigungen → Rechte
Berichte   37
   Protokolleinträge   60, 67, 353, 368, 411
Berichte (Forts.)
   Sicherheitslücken   357
   Statusbericht   32, 69, 239, 363, 366
Besucher-Statistik   439
Bilder   40, 43, 87, 97
   Bildstile   100, 106, 108, 109, 111, 113, 115, 404, 408
   einfügen   190
   GD Toolkit   112
   ImageMagick   112
   optimieren   437
Bildergalerien   201
Blöcke   21, 35, 46, 47, 65, 79, 451
   Einstellungen   47, 155
   Forum   118
   Location map   282
   Masquerade   168
   Menüs   141, 142, 144
   Neueste Blogeinträge   117
   Neuste Umfrage   214
   Panels   375
   Refresh   312
   Simplenews   326
   Sprachumschalter   338
   Statistics   273
   Webform   224
Blog   18, 44, 80, 81, 82, 85, 117, 139, 182
Brotkrumen-Navigation   110, 371, 380, 388, 389, 402, 451
Bücher   145

C

Cache   72, 163, 387, 393, 394, 437
Changelog   362
Content-Management-System   15, 18, 20, 23, 363
Cookies   219, 224
Core   21, 49, 58, 80, 85, 104, 173, 363, 451
   Verzeichnisstruktur   362
Cron   32, 67, 363, 452
   Key   69
   Newsletter   325
   Scheduler   122

Cron (Forts.)
  Suche 69
  Systemereignisse 354
  Umfragen 213
  XML Sitemap 246
CSS 15, 16, 58, 63, 74, 116, 145, 369, 371, 376, 379, 380, 386, 395, 398, 404, 435, 452

D

Dateirechte 29, 31, 32, 194, 428, 429, 430, 431, 439
Dateisystem 60, 93, 94, 97, 354, 363, 365
Datenbank 26, 29, 216, 360, 366, 452
  Abfragen 312, 410, 417
  Dump 57
  MySQL 30
  sichern 354, 364, 365, 429, 433
  wiederherstellen 355, 429, 434
Datenschutz 216, 218, 243
  Piwik 443, 444
delicious 270
Dries Buytaert 16
Drupal 15, 16, 18, 22
Drupal-Funktionen
  arg() 400
  db_delete() 417
  db_insert() 417
  db_query() 417
  db_query_range() 417
  hook_form_alter() 414
  hook_form_FORM_ID_alter() 415
  hook_username_alter() 418
  node_load() 400
  t() 403, 417
Druplicon 17

E

Editoren 39, 173
  BUEditor 173, 182
  CKEditor 176
  FCKEditor 176
  HTML Purifier 176, 180
  HTML-Elemente 178, 181
  Import aus Word 180
  Markdown 174
  Markup-Sprache 173, 174

Editoren (Forts.)
  Textformate 108
  Textile 174
  TinyMCE 176
  WYSIWYG 114, 127, 173, 176, 186, 190, 197, 455
  YUI Editor 176
Entitys 22, 196, 244, 285
Examplast 57, 109, 113, 142, 246, 277, 287, 322, 325, 367, 373, 396, 401, 408, 412, 447

F

Facebook 263, 268
Favicon 54, 58, 382, 452
Fehler 28, 29, 37, 50, 69, 353, 364
  Bugs 361, 365
  Fehlermeldungen 389
  Fehlerquellen 367
  Fehlerseiten 71, 137, 339
  Quellen 23
  Serverkonfiguration 359
Felder 87, 88
  Anzeige 71, 104, 112
  Feldliste 104
  Feldtyp Bild 97, 113, 115
  Feldtyp Boolean 92
  Feldtyp Datei 93, 113
  Feldtyp Datum 313
  Feldtyp Dezimalzahl 100
  Feldtyp E-Mail 128
  Feldtyp Fivestar 266
  Feldtyp Fließkommazahl 100
  Feldtyp Ganze Zahl 100
  Feldtyp Langer Text 90, 91, 114, 126, 400
  Feldtyp Langer Text und Zusammenfassung 90, 114, 179
  Feldtyp Link 128
  Feldtyp Listen 101, 112, 154, 396
  Feldtyp Multimedia Asset 199
  Feldtyp Referenz 124
  Feldtyp Select (or other) 231
  Feldtyp Text 88, 112, 126
  Feldtyp Video 208
  Feldtyp Zahlen 112
  Feldtypen 285, 452
  Tabelle 87

Formulare 64, 211, 216
   abgeschickt 223
   Bestellformular 219
   E-Mail-Bestätigung 218, 225
   mehrseitig 230
   vorbelegte Felder 228
Forum 18, 82, 118
   Kommentare 118
Frontend 20, 37, 54
FTP 26, 31, 51, 60, 96, 355, 360, 368, 452
   Filezilla 29, 32, 194, 360, 426

G

Geodaten 104, 277
   Cluster 281
   Google Maps 279, 280, 281, 282
   Google Maps API Key 280
   Makro 282, 283
   Maps Picker 282
   Ortsinformationen 278
Google Analytics 243, 271
Google Webmaster-Tools 249

H

Hilfe 22, 37, 351
   Advanced Help 351
   Foren 369
   für Entwickler 409
   Hilfetexte 88, 104, 114, 115, 123, 350
   Online-Handbuch 350, 399
   Readme 368
Hooks 22, 452
.htaccess 25, 359
HTML 15, 16, 39, 46, 62, 89, 106, 108, 112, 114, 174, 178, 182, 200, 294, 303, 351, 378, 379, 380, 390, 391, 392, 398, 435, 453

I

Icons 96, 108
Inhaltstypen 21, 38, 42, 49, 58, 62, 77, 84, 85, 87, 453
   als Buch gliedern 146
   Anzeigemodi 104
   Beispiel News 114
   hinzufügen 77

Inhaltstypen (Forts.)
   Kommentare 147
   Panels 373
Installation 25
   Acquia Stack Installer 25, 423
   lokale Testumgebung 25, 423
   Module 50, 51
   Multi-Site 50, 366
   Themes 50, 54
   Webhoster 25, 29
Installationsprofile 26, 27, 38, 88, 151, 161, 334, 362, 407
Internationalisierung 331
IP-Adresse 272, 453

J

JavaScript 74, 127, 145, 170, 311, 386, 404, 453
   Slider 311, 371
jQuery 453

K

Kommentare 21, 43, 81, 86, 106, 147
   Baumstruktur 82, 114
   Benachrichtigungen 149, 261
   erweitern 148
   Gravatar 150
   Moderationsschleife 148
   schließen 150
   schreiben 148, 163
   veröffentlichen 148, 164
   verwalten 148
Kontaktformulare 64, 157, 211, 375

L

Lokalisierung 331

M

Maschinenname 78, 114, 288, 385, 388, 395
maximale Ausführungszeit → Maximum Execution Time
Maximum Execution Time 359, 360, 368
Medienverwaltung 16, 189
   Flickr 196

Medienverwaltung (Forts.)
  IMCE 189, 194
  IMCE Filebrowser 195
  IMCE Mkdir 195
  IMCE-Filebrowser 194
  Media 195
  Media Browser 196
  Medientypen 196
  Styles 200
  YouTube 196, 200
Mehrsprachigkeit 53, 66, 80, 331
  Blöcke 340, 346
  Datumstypen 337
  Inhaltstypen 337, 343
  Kontaktformular 338, 343
  Menüs 338, 341
  Nodes 338
  Pfade 129
  Pfadpräfix 333
  Region-Einstellungen 331
  Sprachen 332, 339
  Spracherkennung 333
  Sprachumschalter 338
  Taxonomie 344
  Textformate 339
  Themes 345
  Translation Sets 342
  Übersetzungen 30, 334, 336, 403
  Übersetzungen der Module 334
  Variablen 340
Memory Limit 25, 53, 359, 360, 368
Menüs 83, 114, 139
  ausklappbar 144
  bearbeiten 140
  Haupt- und Sekundärlinks 59, 141, 144, 386, 388
  Hauptmenü 40, 64, 72, 139
  hinzufügen 139
  Management 139
  Megamenü 371
  Navigation 139
  Panels 375
  Pfade 129
  Reiter 309
  User menu 139
Metadaten
  Canonical Link 135
  Metatags 244
  RDF 352

Mister Wong 270
Module 19, 21, 30, 37, 49, 453
  General Public Licence 384
Module (Core)
  Blog 85, 117
  Book 145
  Color 54
  Contact 64, 157, 211, 216
  Content translation 337
  Contextual Links 164, 348
  Dashboard 35, 46, 452
  Database Logging 353
  Forum 85, 118, 151
  Help 351
  Locale 80, 129
  Menu 139
  Overlay 49, 201
  Path 129
  PHP filter 400
  Poll 85, 211, 213, 216
  RDF 352
  Search 65, 69
  Shortcuts 38, 347, 454
  Statistics 271
  Syslog 353
  Taxonomy 151
  Toolbar 35, 44, 53, 347, 351, 455
  Tracker 308, 349
  Trigger 251
Module (zusätzliche)
  AddToAny 268, 270
  Admin Menu 51, 53, 347, 351
  Advanced Contact 213
  Advanced Forum 119
  Advanced Help 351
  Audiofield 201
  Automatic Nodetitles 120
  Backup and Migrate 354, 364, 365, 429, 434
  Block Refresh 312
  Block Visibility by Term 155
  Calendar 320
  Captcha 233, 234, 243, 252
  Captcha Pack 235, 239
  Captcha Riddler 235, 242
  Chaos Tools 49, 285, 373
  Chaos tools 196
  Colorbox 201, 408
  Comment closer 150

Module (zusätzliche) (Forts.)
   Comment Notify 149, 261
   Contact Form 213
   Content Lock 128
   Context 49, 447
   Date 88, 100, 104, 123, 313
   Devel 409, 416
   Diff 128
   Display Suite 378
   Drush 410
   Edit Limit 128
   Email Field 128
   Entity API 169
   Entity Translation 346
   Facebook Share 270
   Features 408, 447
   Field Group 128
   Fivestar 88, 263
   Flag 128, 261
   Forward 266
   Front Page 378
   Global Redirect 72, 134
   GMap 277, 279, 280
   Google Maps API Key 284
   Gravatar 150
   HTML Mail 323
   HTML Purifier 108, 176, 186
   ImageMagick 112
   IMCE 189
   IMCE Mkdir 195
   IMCE Wysiwyg API bridge 189, 194
   Internationalization 338
   Internationalization Views 346
   Libraries 311
   Link 128
   Localization Client 346
   Localization Update 53, 334
   Location 88, 104, 277
   Login Destination 419
   LoginToboggan 170
   Masquerade 162, 167
   Maxlength 115, 126
   Media 189, 195, 201
   Media Gallery 201
   Media YouTube 200
   MediaElement 201, 205
   MediaFront 201
   Menu Block 142
   Meta tags quick 244, 246

Module (zusätzliche) (Forts.)
   Mime Mail 323
   Mollom 233, 239, 242, 243, 252
   Nice Menus 144
   Node clone 120
   Nodes In Block 400
   Override Node Option 167
   Override Node Options 80, 165
   Panels 49, 80, 373
   Pathauto 131, 136, 151, 425
   Piwik Reports 275
   Piwik Web analytics 274
   Print 128
   RealName 169
   Redirect 135
   References 104, 124, 154, 284
   Relation 128
   Revision Deletion 80
   Revision Moderation 80
   Role Delegation 166
   Rules 149, 172, 251, 253, 255
   Scheduler 122
   Search 404 72, 419
   Search By Page 71
   Search Files 71
   Security Review 357
   Select (or other) 231
   SEO Checklist 243, 419
   SEO Compliance Checker 243, 244
   Service Links 270
   ShareThis 270
   Simple Access 128, 165
   Simplenews 67, 151, 323
   Smileys 108
   Spaces 447
   SpamSpan 108, 233
   Styles 200
   Tagadelic 155
   Taxonomy Access 84, 154, 165
   Taxonomy Access Control 155
   Taxonomy Breadcrumb 155
   Taxonomy Menu 154
   Textile 174
   Title 346
   Token 120, 131, 169, 425
   Translation Overview 346
   Transliteration 127, 133
   TweetMeme 270
   User Points 416, 419

Module (zusätzliche) (Forts.)
  Variable 338
  Vars 174
  Video 201, 207
  Views 20, 49, 63, 77, 80, 84, 285, 349
  Views Bulk Operations (VBO) 312
  Views Slideshow 311
  Webform 211, 213, 216, 233
  Webform Conditional (Same Page Conditionals) 230
  Webform Validation 231
  Wysiwyg 176
  XML Sitemap 84, 246
Module, eigene
  .info-Datei 412, 413, 416
  .module-Datei 412, 414
  Aufbau 411
  Dokumentation 411
  Hilfe 416
mp3-Dateien 205
MySQLDumper 57, 357, 364, 365, 429
  Installation 430
  Verzeichnisschutz 432

N

Newsletter 162, 323
  HTML-Mails 323
  senden 323, 325, 326, 329
  Subscriptions 324, 326, 328
  Test-Mail 323
  Text-Mails 323, 329
Nodes 21, 453
  an einen Freund senden 266
  auf der Startseite 80, 289
  bewerben 263, 266
  bewerten 263
  duplizieren 120
  für die Bearbeitung sperren 128
  Menüs 83, 86
  oben in Listen 80
  Panels 375
  referenzieren 104, 124, 126
  Teaser 43, 80, 91, 104, 114, 116, 288, 375, 391, 396
  terminieren 122
  veröffentlichen 80, 86, 289, 292
  Versionen vergleichen 128

Nodes (Forts.)
  Versionierung 80, 86, 164
  voller Beitrag 43, 104, 116, 375, 390

O

Open Atrium 350

P

Patch 361, 368
Performance 72, 163, 403, 404, 437, 454
  YSlow 404, 436
Permalink 44
Personas 58
Pfade 20, 151, 310, 454
PHP 15, 16, 22, 46, 66, 96, 285, 300, 339, 359, 362, 379, 385, 400, 407, 411
php.ini 359, 361
Piwik 271, 273, 439
  Benutzer 441
  Installation 439
  Tracking-Code 274
  Webseiten 442
Piwik → Besucher-Statistik
Projektverwaltung 350
  Open Atrium 446

R

Rechte 22
Regionen 21, 46
robots.txt 34
Rollen 22, 37, 38, 45, 49, 58, 86, 107, 157, 161, 274, 454
  Administrator 45, 58, 149, 157, 161, 163, 351
  Authentifizierter Benutzer 45, 161, 399
  Autor 22, 58, 65, 79, 154, 166, 167, 251, 347
  Gast 45, 65, 148, 157, 159, 161, 163, 233, 267
  Redakteur 22, 65, 79, 149, 153, 166, 251, 296, 339, 347, 357, 399
  Views 294
  zuweisen 166
RSS 63, 105
Rubriken 151

S

SEO → Suchmaschinenoptimierung
settings.php 29, 359, 360, 365, 367
Shop 19
Shortcuts 375
Sitemap 84
Social Media 263, 268
Spam verhindern 212, 233, 252
   Analyse-Tool 239
   Audio-Captcha 239
   Bild-Captcha 234, 235, 239
   Captcha 234
   Captcha oder Mollom 242
   Frage und Antwort 235
   mathematische Frage 234, 235
Sprachen 60
Startseite 35, 41, 42, 47, 63, 80, 155, 289, 338, 346, 373, 378
Statistiken 271
Suche 69
   Ergebnis 105
   Index 69, 105
Suchmaschinenoptimierung 38, 99, 129, 243, 404, 454
   Basis-Check 244
   Checkliste 243
   Metatags 244
   XML Sitemap 246
Superuser 31, 44, 86, 169, 423, 454
Systemmeldungen 380, 389

T

Tabellenpräfix 29, 367
Tags 40, 41, 43, 44, 87
Taxonomie 22, 44, 104, 151, 284, 454
   Begriffe 44, 151
   Felder 153
   Foren 118
   Menü 154
   Newsletter 323, 325
   Tagcloud 454
   Vokabular 44, 151
Taxonomie → Rubriken
Taxonomie → Verschlagwortung
Teaser → Node
Templates 21

Textformate 39, 44, 62, 90, 106, 112, 164, 175, 177, 186
   Filter 106, 107, 175, 180, 188, 199, 200, 233
   HTML Purifier 186
Themes 16, 21, 37, 38, 46, 47, 54, 78, 79, 81, 104, 113, 116, 141, 144, 159, 379, 455
   .info-Datei 382, 384, 386
   Adaptive Theme 379
   Bartik 46, 222, 368
   Basis-Themes 379
   block.tpl.php 383, 392
   Blöcke 380
   Blueprint 379
   Clean 379
   Code-Snippets 383
   comment.tpl.php 387, 393
   Corolla 54
   CSS-Sprites 404
   Dokumentation 387
   Dreispalter 381
   Einstellungen 54
   Examplast 57, 65
   Features 386
   field.tpl.php 383, 391
   Firebug 369, 376, 435
   Framework 379
   Fusion 379
   General Public Licence 384
   Genesis 379
   Grundlagen 382
   html.tpl.php 383, 387, 388, 404
   Klassen 381
   Konfiguration 386
   konfigurierbar 371, 379
   layout.css 382, 384
   Marinelli 371
   NineSixty 379
   node.tpl.php 383, 389, 391, 395, 397, 399
   page.tpl.php 383, 387, 388, 389, 391, 395, 402
   Panels 373
   PHPTemplate 384, 387
   Raster 380
   region.tpl.php 383
   Regionen 380, 385, 388
   Screenshot 385

Themes (Forts.)
  Seven 46
  Standardtheme 54
  Stark 58, 380, 382
  Sub-Themes 385, 393
  template.php 361, 401, 402
  Templates 230, 375, 383, 385, 387, 393, 394, 399, 440, 455
  Templates Beispiel 394, 396, 399, 400
  Web Performance Optimierung 404
  YAML 405, 455
  Zen 379
Titel 38, 40, 79, 113
  Block 47, 65
  Kommentare 43, 82, 114
  Nodes 119
Twitter 263, 268, 270

U

Umfragen 85, 211, 213, 216
Update 32, 362, 363, 366, 382
  Hauptversionen 365
  Module 50
  update.php 363, 364, 365, 366, 367
Upload 94, 127, 190
  Maximalgröße 360
URL 20, 25, 40, 41, 79, 86, 107, 129, 131, 153, 287, 333, 359, 391, 455
  Canonical Link 135
  Weiterleitungen 134, 135
Usability 347, 350, 399, 455
Username 43
Userprofile → Profile

V

Verschlagwortung 151
Video 207
  Player 207
  Transcoder 208
Views 16, 77, 151, 285, 373
  Argumente 308
  Beispiel 286, 287
  Beziehungen 312
  Block 288, 290, 291, 306
  Block details 291
  Blockeinstellungen 293
  Contextual Filter 308, 320, 321

Views (Forts.)
  Date 318
  Displays 291
  duplizieren 305, 308
  Erweitert 294, 308, 312
  Export 305
  Felder 292, 297, 299, 302, 306, 318
  Felder gruppieren 305, 307
  Filter 292
  Filter, exponiert 304
  Format 291
  hinzufügen 287, 296, 306
  HTML-Liste 291
  HTML-Tabelle 291, 297, 298, 304, 308, 319
  Import 305
  Kalender 320
  keine Ergebnisse 294
  Raster 291
  Reihenfolge 298
  Seite 288, 290, 296
  Seitennavigation 289, 295, 298, 306
  Slider 371
  sortieren 293, 298, 303
  Sprungmenü 291
  unformatierte Liste 306
  Vorschau 291, 297, 305, 309
  Zugriff 294, 300

W

Wartungsmodus 74, 364
Webserver 25, 455
  Konfiguration 359
  Umzug 365
Workflow 128, 149, 251
  E-Mails senden 252, 253
  Rules 255
  Rules Beispiel 255
  Rules Beispiel Redaktion 258
  Trigger und Aktionen 251

Z

Zeichensätze 455
  ANSI 382, 384, 451
  ASCII 127, 133, 451
  Dateien 127
  UTF-8 382, 384, 455

Zeitangaben
  Date (ISO Date) 314
  Datestamp (Unix Timestamp) 313
  Datetime 314
  Datumsformate 67, 122, 300, 316
  Datumstypen 66, 399
  Granularität 315
  Kalender 313, 315, 320
  Kalender Popup 318
  Lokalisierung 66
  Start- und Endtermine 315
Zeitzonen 60, 315, 316

- Grundlagen, Praxisbeispiele, Referenz

- Modernes Webdesign mit CSS

- Inkl. CSS-Layouts, YAML, Mobiles Webdesign u. v. m.

Kai Laborenz

CSS

Das umfassende Handbuch

Endlich findet sich das vollständige Wissen zu CSS und Co. in einem Band. Einsteiger erhalten eine fundierte Einführung, professionelle Webentwickler einen Überblick über alle CSS-Technologien und Praxislösungen für CSS-Layouts sowie Tipps, um aus dem täglichen Webeinerlei herauszukommen. Inkl. HTML5 und CSS3

804 S., 2011, mit DVD und Referenzkarte, 39,90 Euro
ISBN 978-3-8362-1725-5

>> www.galileocomputing.de/2556

454 S., 3. Auflage 2012, komplett in Farbe, mit DVD, 44,90 Euro
ISBN 978-3-8362-1695-1

>> www.galileocomputing.de/2511

Ingo Chao, Corina Rudel

Fortgeschrittene CSS-Techniken

Inkl. Debugging und Performance-Optimierung

In drei umfangreichen und reich illustrierten Teilen zeigen Ihnen die beiden Autoren die Vielfalt der CSS-Prinzipien anhand von vielen Kurz-beispielen, stellen kompetent den Umgang mit Inkonsistenzen in modernen Browsern dar und vermitteln professionelle Debugging-Techniken.

442 S., mit DVD, 29,90 Euro
ISBN 978-3-8362-1848-1

>> www.galileocomputing.de/3005

Florian Franke, Johannes Ippen

Apps mit HTML5 und CSS3

für iPad, iPhone und Android

Entdecken Sie die Möglichkeiten von HTML5 und CSS3 für die Entwicklung von modernen Apps. Schnell erhalten Sie ein Gefühl für die technischen und gestalterischen Möglichkeiten einer mobilen Anwendung. Sie erstellen erste Apps, gestalten Zeitschriften und Bücher für iPad und Co. und nutzen alle Möglichkeiten der mobilen Geräte.

Leseprobe im Web!

- Von den Grundlagen zum perfekten Seitenlayout

- Navigationen, Bildergalerien, Formulare, Mikroformate, Weblogs, Online-Shops u.v.m.

- Mit DVD: Alle Beispieldateien zu den Workshops

Heiko Stiegert

Modernes Webdesign mit CSS
Schritt für Schritt zur perfekten Website

In ausführlichen Praxisworkshops zeigt Ihnen Heiko Stiegert, wie Sie moderne und professionelle Webdesigns standardkonform mit CSS realisieren. Attraktive Beispiele demonstrieren dazu sowohl die Gestaltung einzelner Seitenelemente als auch das Layout ganzer Websites. Zahlreiche Profi-Tipps und -Tricks zu CSS3 lassen garantiert keine Fragen offen!

444 S., 2011, komplett in Farbe, mit DVD, 39,90 Euro
ISBN 978-3-8362-1666-1

>> www.galileodesign.de/2455

»Im gesamten Fachbuch überwiegt die Praxis, die die Effekte von CSS anschaulich an farbigen Bildern und Codebeispielen erläutert.«
Der Webdesigner

778 S., 2011, mit DVD, 34,90 Euro
ISBN 978-3-8362-1652-4

>> www.galileocomputing.de/2442

Esther Düweke, Stefan Rabsch

Erfolgreiche Websites

SEO, SEM, Online-Marketing, Usability

Alles, was Sie für Ihren erfolgreichen Webauftritt benötigen. Zahlreiche Praxisbeispiele zeigen Ihnen anschaulich den Weg zu einer besseren Webpräsenz. Inkl. SEO, SEM, Online-Marketing, Affiliate-Programme, Google AdWords, Web Analytics, Social Media-, E-Mail-, Newsletter- und Video-Marketing, Mobiles Marketing u.v.m.

552 S., 2012, mit DVD, 39,90 Euro
ISBN 978-3-8362-1843-6

>> www.galileocomputing.de/2991

Michael Kamleitner

Facebook-Programmierung

Entwicklung von Social Apps & Websites

Michael Kamleitner führt Sie Schritt für Schritt in die (auch fortgeschrittenen) Konzepte der Facebook-Anwendungs-Entwicklung mit vielen Praxisbeispielen ein. Entwickeln Sie Social Apps und Websites. Aktuell zu Timeline!

Begleiten Sie uns: www.facebook.com/GalileoPressVerlag

Anne Grabs, Karim-Patrick Bannour

Follow me!

Erfolgreiches Social Media Marketing mit Facebook, Twitter und Co.

Folgen Sie der Erfolgsstrategie: Was ist Social Media? Wie gehen Sie damit um? Welche Schritte müssen in welcher Reihenfolge erfolgen? Welche Gefahren drohen und wie können Sie diese Gefahren minimieren? Inkl. Strategien zum mobilen Marketing, Empfehlungsmarketing, Crowdsourcing, Social Commerce, Google+, Rechtstipps u.v.m.

538 S., 2. Auflage 2012, komplett in Farbe, 29,90 Euro
ISBN 978-3-8362-1862-7

>> www.galileocomputing.de/3028

Lukas Adda

Face to Face

Erfolgreiches Facebook-Marketing

Face to Face bietet einen umfassenden Überblick zum Einsatz von Facebook als Marketing-Instrument. Inkl. Definition von Zielen, Strategien und zahlreichen Best Practices. Lukas Adda stellt Ihnen auf unterhaltsame Weise Facebook vor und gibt Ihnen erprobte Strategien und kreative Denkanstöße an die Hand, um selbstständig erfolgreiche Social-Media-Kampagnen auf Facebook zu planen.

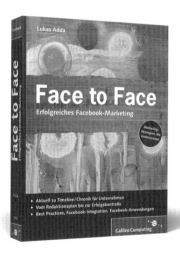

433 S., 2012, komplett in Farbe, 29,90 Euro, ISBN 978-3-8362-1842-9

>> www.galileocomputing.de/2992

Galileo Press

Sebastian Erlhofer

Suchmaschinen-Optimierung
Das umfassende Handbuch

Das Standardwerk von Sebastian Erlhofer zur Suchmaschinen-Optimierung bietet Grundlagenwissen zur Arbeitsweise von Google & Co. und zeigt in einem umfangreichen Praxisteil, wie Ihr Internetauftritt optimiert werden kann.

692 S., 5. Auflage 2011, 39,90 Euro
ISBN 978-3-8362-1659-3

>> www.galileocomputing.de/2447

Alexander Hetzel

WordPress 3
Das umfassende Handbuch

Unser Buch bietet Unterstützung bei jeder Fragestellung im Umgang mit WordPress. Angefangen bei der Installation bis hin zur Anpassung und Konfiguration des Systems. Dazu zählt auch die Darstellung der komplexen Entwicklung von eigenen Design-Vorlagen und Erweiterungen. Inkl. Einbindung von Social Media-Diensten und SEO

597 S., 2012, mit CD, 29,90 Euro
ISBN 978-3-8362-1727-9

>> www.galileocomputing.de/2559

Das gesamte Buchprogramm: www.galileocomputing.de

- Suchmaschinen-Optimierung, SEM, Online-Marketing, Affiliate-Programme

- Google AdSense, Web Analytics, Social Media Marketing

- E-Mail-, Newsletter- und Video-Marketing und Mobile Marketing

Esther Düweke, Stefan Rabsch

Erfolgreiche Websites

SEO, SEM, Online-Marketing, Usability

Alles, was Sie für Ihren erfolgreichen Webauftritt benötigen. Zahlreiche Praxisbeispiele zeigen Ihnen anschaulich den Weg zu einer besseren Webpräsenz. Inkl. SEO, SEM, Online-Marketing, Affiliate-Programme, Google AdWords, Web Analytics, Social Media-, E-Mail-, Newsletter- und Video-Marketing, Mobiles Marketing u.v.m.

778 S., 2011, mit DVD, 34,90 Euro
ISBN 978-3-8362-1652-4

>> www.galileocomputing.de/2442

»Das Buch ist sehr empfehlenswert und sollte zur Pflichtlektüre gehören, wenn man seine eigenen Webseiten optimieren möchte oder sich mit dem Thema Onlinemarketing beschäftigt.«
eStrategy

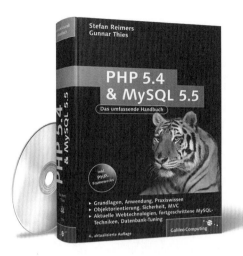

1085 S., 4. Auflage 2012, mit CD,
39,90 Euro, ISBN 978-3-8362-1876-4

>> www.galileocomputing.de/3045

Stefan Reimers, Gunnar Thies

PHP 5.4 und MySQL 5.5
Das umfassende Handbuch

Das Buch für ambitionierte Einsteiger und fortgeschrittene Entwickler, die umfangreiches Grundwissen in der Datenbankentwicklung und Programmierung mit PHP erhalten möchten. Die Autoren bieten Ihnen eine praxisorientierte Einführung in Techniken, Arbeitsweisen und Werkzeuge für Ihre Website mit PHP und MySQL.

880 S., 4. Auflage 2012, mit DVD,
39,90 Euro, ISBN 978-3-8362-1741-5

>> www.galileocomputing.de/2831

Carsten Möhrke

Besser PHP programmieren
Handbuch professioneller PHP-Techniken

Besser PHP programmieren bietet Know-how und Grundlagen zur Theorie des Programmierens und Lösungsansätze aus der Praxis. Darunter finden sich viele grundsätzliche Informationen zum Umgang mit PHP.

Ausführliche Informationen: www.galileocomputing.de

- Installation, Konfiguration, Administration, Programmierung

- Skalierung, Hochverfügbarkeit und Performance-Tuning

- Wichtige Tools wie »mysqladmin«, zahlreiche Praxistipps und Befehlsreferenz

Stefan Pröll, Eva Zangerle, Wolfgang Gassler

MySQL
Das Handbuch für Administratoren

Wie Sie als Administrator MySQL installieren, konfigurieren und in der Praxis verwalten, erfahren Sie hier. Von Performance- und Abfrageoptimierung über Zusatz-Tools bis hin zu Sicherheit werden alle wichtigen Themen erläutert. Inkl. umfassender Befehlsreferenz zum Nachschlagen und großer Beispieldatenbank auf DVD.

750 S., 2011, mit DVD, 49,90 Euro
ISBN 978-3-8362-1715-6

>> www.galileocomputing.de/2533

»Mit knapp 700 Seiten kann das Fachbuch als Kompendium für MySQL betrachtet werden.«
Der Webdesigner

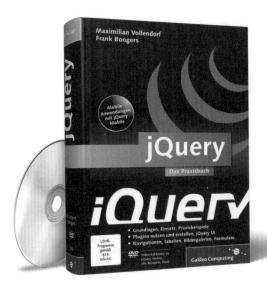

- Grundlagen, Einsatz, Praxisbeispiele
- Professionelle Techniken, Effekte und Animationen
- Plug-ins nutzen und eigene Plug-ins erstellen

Frank Bongers, Maximilian Vollendorf

jQuery
Das Praxisbuch

Mit jQuery kann man zaubern. Auch JavaScript-Muffel kommen mit dem Framework schnell zu Ergebnissen, die sich sehen lassen können. Dieses Buch zeigt Ihnen, wie Sie die Funktionen von jQuery effektiv auf Ihren Webseiten einsetzen können. Inkl. Entwicklung mobiler Anwendungen mit jQuery Mobile

730 S., 2. Auflage 2011, mit DVD, 34,90 Euro
ISBN 978-3-8362-1810-8

>> www.galileocomputing.de/2930

»Das Fachbuch eignet sich für den Einsteiger (als Starthilfe) und für den jQuery-Profi (als Nachschlagewerk) gleichermaßen.«
Der Webdesigner

In unserem Webshop finden Sie unser aktuelles
Programm mit ausführlichen Informationen,
umfassenden Leseproben, kostenlosen Video-Lektionen –
und dazu die Möglichkeit der Volltextsuche in allen Büchern.

www.galileocomputing.de

Galileo Computing

Wissen, wie's geht.